한양
학술총서
005

사회적 경제와 사회적 임팩트

SOCIAL ECONOMY
AND SOCIAL IMPACT

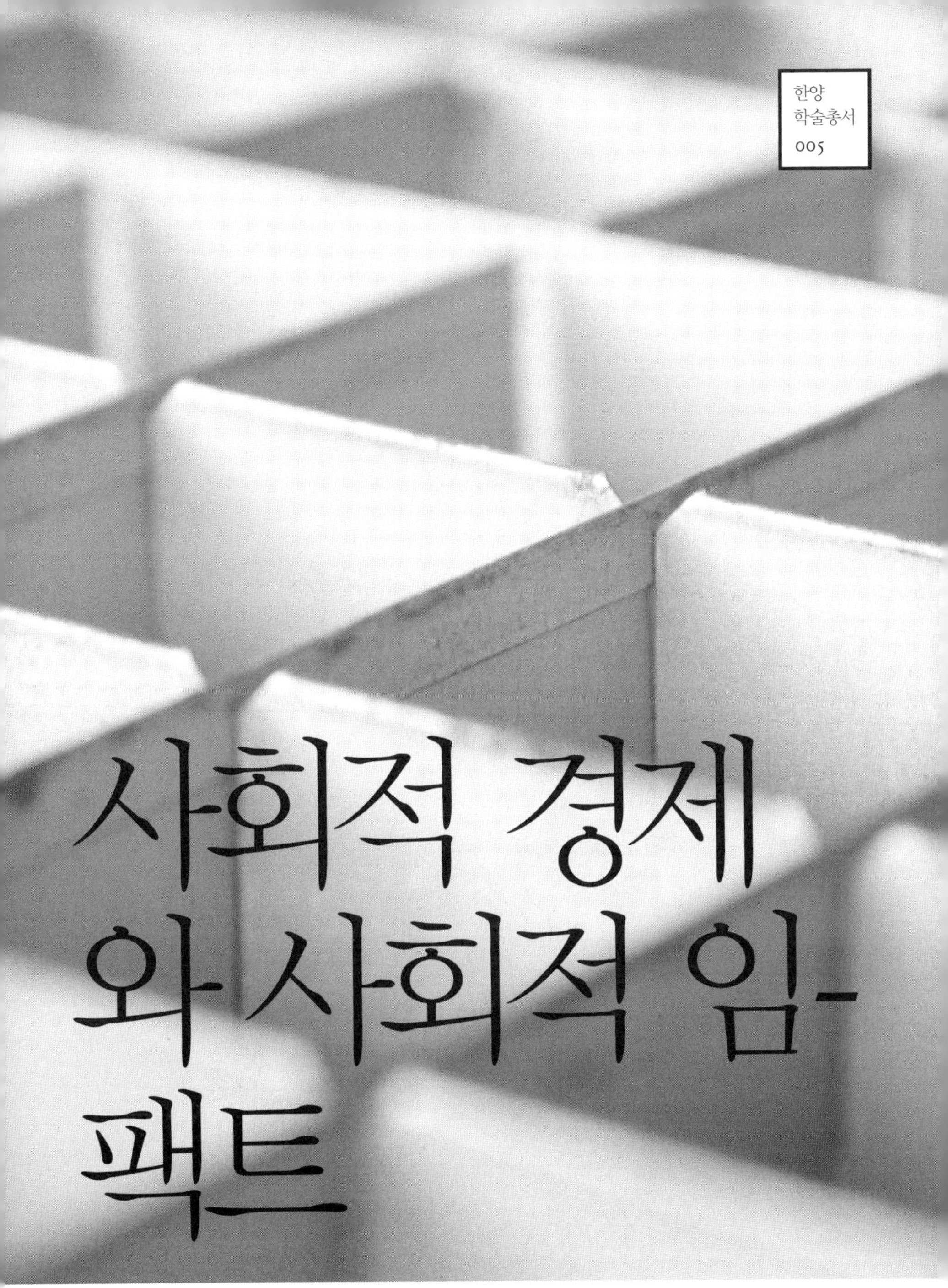

한양 학술총서 005

사회적 경제와 사회적 임팩트

SOCIAL ECONOMY AND SOCIAL IMPACT

주성수 지음

한양대학교 출판부

서문

글로벌 '사회적 임팩트' 패러다임은 한국에서도 정착될 수 있는가

사회적 경제는 10여 년 전만 해도 세계적으로 불확실한 상태에 있었다. 사회적 경제의 임팩트가 알려지기 시작했던 유럽 국가들에서도 금융위기까지 덮쳐 불확실성이 더 깊어졌다. 이런 글로벌 위기의 시대상황에서 한국의 사회적 경제가 사회적 기업법 시행으로 출발하였다. 일자리 창출 등 국내 경제적 상황이 다급했던 것이다. 그런데 금융위기 이후 지금까지 유럽의 사회적 경제는 오히려 위기극복에 기여하며 상당한 사회적, 경제적 임팩트를 생산한 것으로 좋은 평가를 받아왔다. 한국에서는 아직 임팩트 평가가 제대로 이뤄지지 않은 가운데 사회적 기업, 협동조합에 대한 기대와 관심만 높아져 있는 불확실한 상황에 있다.

사회적 경제의 사회적, 경제적 임팩트는 엄밀한 측정과 분석 방법으로 검증되지 않고 있는 문제가 심각하다. 그래서 '사회적 임팩트'에 학계와 현장뿐 아니라 정부와 중간조직들과 투자자들의 관심이 집중되고 있다. OECD, EU, WEF, UN, GIIN 등 리더 기관들과 학계의 공동노력으로 '사회적 임팩트' 분석과 평가 프레임워크가 개발, 시행되며, 임팩트 보고서들이 점차 늘고는 있다. 사회적 목적 수행이 강한 민간 재단 등 벤처 필랜스로피(venture philanthropy) 조직들이 투자자로, 중간기관으로 '임팩트 투자'(impact investing)를 선도하고 있다. 이에 정부기관, 개발기관들도 민간재원의 활용으로 사회적 임팩트 확장에 동참해, 임팩트 투자 시장의 생태계가 점차 갖춰지고 있다. 그래서 '사회적 임팩트'는 사회혁신 차원을 넘어선 새로운 패러다임이라는 논의는 OECD, EU, UN, WEF, G8 각국의 자문위원회 등의 보고서들에서 넘쳐나고 있다. 정부나 기업, 시민사회 모두가 사회적 임팩트를 창출하지 못하는 사업이나 프로그램이나 정책을 심각하게 고려해야 한다는 제안과 요청들도 무수하다. 한정적인 재원의 효율적 관리와 운영으로 사회문제를 해결하고 예방하기 위한 법과 제도와 정책에 사회적 임팩트 창출 방안들이 통합될 것을 주문한다.

특히 2013년 G8 〈사회적 임팩트 투자〉 회담은 '사회적 임팩트'에 대한 저자의 관심을 본격적인 연구 착수로 이끌었다. 회담결과로 제시된 보고서 「임팩트 투자: 보이지 않는 시장의 심장」은 사회적 임팩트 패러다임의 개막을 알렸고, 미국 국가자문위원회의 보고서 「공공선을 위한 민간 자본의 활용」은 국내외 정책의 '성과기반'의 혁신을 강조했다. 이 회담을 이끌었던 영국은 이미 Big Society Capital, 사회임팩트채권(SIB) 시행으로 임팩트 투자를 선도하며, 개발협력에도 개발임팩트채권(DIB)으로 새로운 개발 패러다임 전환을 시도하였다.

저자는 지난 20여 년간 영국과 미국의 새로운 사회혁신과 제3섹터 파트너십 국정전략을 저서와 논문으로 많이 소개해왔다. 시민사회, 제3섹터, 사회적 경제, 사회복지, 복지국가, 자원봉사에 관한 저서와 논문들에서, 그리고 이 책 『사회적 경제와 사회적 임팩트』에서도 영국과 미국의 국정을 비중 있게 소개한다. 지금의 '사회적 임팩트' 패러다임은 제3섹터 파트너십의 응용이자 확장으로 볼 수 있다. 1990년대 말 영국에서는 '제3의 길'(The Third Way) 국정철학으로 제3섹터 파트너십이, 미국에서는 복지의 권위와 책임이 중앙정부 → 지방정부 → 제3섹터로 위임되는 복지개혁이 추진되었다. 국가와 시장 다음의 제3섹터를 국정 파트너십으로 활용한 철학과 지혜가 사회적 임팩트 패러다임의 등장을 가능하게 만들었다. 국가도 시장도 시민사회도, 시민들도 사회문제의 혁신적 해결을 모색하는 '사회적 임팩트'를 제3의 길, 대안으로 인정해 정당성을 부여해주고 있는 것이다.

그럼 한국에서도 '사회적 임팩트'가 새로운 패러다임으로 정착될 수 있는가? 미국과 영국처럼 민간 자원과 자본을 잘 활용해 국정의 파트너십을 정착시키는 데는 적지 않은 장애들이 있을 것 같다. 금전 등 수치로 환산해 성과평가 등에 적용하는 임팩트 측정방법에 대한 거부가 있을 것이다. 특히 수익추구적인 민간자본의 공공선 투자 활용에도 이해관계자 합의가 필요하다. 그럼에도 경제가 어렵고 국가 재정도 여유가 없으며 사회문제 해결도 어려운 현실에서 일자리 창출, 삶의 질 개선 등 '결과기반'의 의미 있는 사회적 임팩트를 창출해야 하는 정부도 기업도 시민사회도 결국 '사회적 임팩트' 주류에 동참하지 않을 수 없을 것이다.

2010년 저자의 『사회적 경제 : 이론, 제도, 정책』 책이 나왔을 때에는 국내의 사회적 경제는 태동기에 있었다. 2017년 현재 이 책 『사회적 경제와 사회적 임팩트』를 대하는 학계나 현장의 '사회적 임팩트'에 대한 관심 또한 초기 단계에 있는 것으로 생각한다. 이 책은 '사회적 임팩드' 페러다임의 특성과 전망을 알리면서 교육과 연구와 정부정책과 프로젝트에 활용되도록 저술되었다. 올해 2학기부터 한양대학교 공공정책대학원에 '사회적 임팩트' 전공을 신설해, 다양한 교과목으로 사회적 임팩트 전문교육을 지원하려 한다. 2015~2016년에 KOICA '사회적 경제 접근법을 활용한 민간협력' 연구를 시작으로, 2016년 한국연구재단이 '개발의 임팩트 투자' 연구에 3년 지원을 해주었고, 또 한양대학교 출판부가 이 책을 2016년 우수학술저서로 지원해준 덕분에 2014년에 시작한 연구를 저서로 출간하게 되었다. 한양대학교 출판부 선생님들의 수고에 감사드리며, 이제 '사회적 임팩트'가 교육과 연구에서 활성화되고 정부정책과 시민사회와 사회적 경제 프로젝트에도 적극 활용되어 사회와 경제와 삶의 질에 미치는 긍정의 임팩트가 확장되는 사회혁신을 기대해본다.

2017년 7월, 저자 주성수

차례

제1장

사회적 임팩트

1. '사회적 임팩트' 패러다임

'사회적 임팩트'(social impact)란 무엇인가? 사회적 경제(social economy)는 의미 있는 '사회적 임팩트'를 창출하는가? 사회적 임팩트를 목표로 추구하는 사회적 경제는 사회적 임팩트를 창출하지 못하면 존재가치를 인정받지 못한다. 경제위기의 시대상황에서는 사회적 경제의 위기극복 임팩트에 관심의 초점이 맞춰지고 있다. 먼저 사회적 또는 소셜(social)의 의미와 특성에 대해 살펴보자.

1) '소셜' 시대의 사회적 임팩트

'소셜' 시대가 조용한 혁명처럼 다가오고 있다. '소셜' 시대는 시민들이 자발적인 참여로 열어가며, 국가도 시장도 시민사회도 모두가 '소셜' 시대로 가지 않으면 안 되는 시대상황이 되고 있다. 경제상황이 악화되고 사회문제가 심각해지는 시대의 요청이다.

'소셜'은 행동이자 사업이자 투자이며 정책으로, 그 어느 시대에도 볼 수 없었던 전대미문의 독자적인 영역을 갖춰가고 있다. 시민들은 자발적인 기부와 자원봉사와 윤리적 소비 등 소셜 행동(social action)으로 소셜 영역의 기반을 마련해준다. 정부는 정책과 서비스 공급에 대한 시민의 불만을 해소하기 위해 사회적 일자리, 사회적 경제, 사회적 기업(social enterprise) 정책으로 소셜 영역의 생태계 조성 역할을 맡는다. 기업 또한 비즈니스 경쟁에서 생존하고 사회적 책임(social responsibility) 요청에 순응하기 위해 소셜 마케팅(social marketing), 사회적 금융(social finance)이나 사회적 투자(social investment)로 소셜 시대에 동참하고 있다. 시민사회는 소셜 시대의 개막과 더불어 사회적 목적을 추구하기 위한 다양한 기회와 여건들이 제공되면서 사회적 기업이나 협동조합으로 비즈니스 활동을 개시해 새로운 사회적 혁신(social innovation)을 추구하고 있다.

'사회혁신'은 국가, 시장, 시민사회 모두의 불가피한 선택이자 전략이 되고 있다. 초기의 사회혁신은 국가의 책임이 되는 사회복지의 부분적인 민영화에만 초점을 맞추었지만 지금의 사회혁신의 주체들은 중앙과 지방정부기관, 사회적 기업가, 사회적 경제 조직, 은행과 금융기관, 학계 등으로, 이들이 다자 이해관계자 그룹을 형성한다. 또 세계적으로도 시민들이 소셜 활동을 통해 '사회혁신운동'에 동참하는 글로벌 동향이 되고 있다(EC 2014b: 14). 이 같은 주체들뿐 아니라 제도들과 사상의 급진적 전파도 사회혁신의 공통적인 특징이 된다. 전통적인 경제 주체들은 사회혁신이 복잡한 사회문제들을 해결한다는 사고를 비전으로 제시하고, 여기에 금융기관들도 사회적·환경적 임팩트 파이낸싱 등의 윤리적 투자 상품을 개발해 주요 이해

■ **그림 1-1** 소셜(social) 섹터의 형성

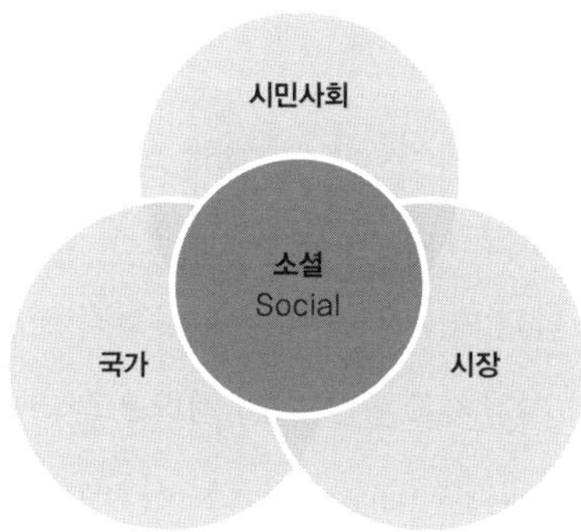

관계자로 동참한다. 공공기관들, 특히 사회복지, 보건과 교육 분야의 공공기관들은 내부 혁신을 추구하며 외부와는 새로운 형태의 파이낸싱, 파트너십, 연대를 추진하고 있다. 사회혁신에 관한 사상의 발전과 확산이 가속화되며, 연구, 프로젝트, 실험, 토론, 문서, 도서. 행사들이 크게 늘며 지난 10년 기간의 사회혁신의 또 다른 특징을 이루었다(앞글: 14-15).

'소셜' 섹터는 국가, 시장, 시민사회가 각기 다른 동기와 목적에 의해 형성되고 확장되면서 뚜렷한 자율적인 영역으로 성장하고 있다. 성장의 배경에는 경제가 더욱 어려워지고 사회는 기존의 문제들이 더욱 고질화되는 가운데 새로운 문제들도 늘기만 하는 시대상황이 있다. 그래서 소셜 섹터에는 사회문제 해결을 위한 혁신적인 사회기업가(social entrepreneur) 처방들이 시행되고 있고, 정부의 공공서비스 공급 실패가 새로운 사회서비스(social service) 공급으로 대체되고 있으며, 수익추구적인 기업들도 일자리 창출과 소외층 지원 등의 사회적 책임 요청에 '사회적 투자'로써 호응하고 있다.

국가(state) → 소셜, 시장(market) → 소셜, 시민사회(civil society) → 소셜

의 점진적인 이동으로 소셜 섹터는 점차 확대되고 있다. 소셜 섹터에서 공공과 민간과 시민사회의 공조적 파트너십(cooperative partnership) 등 새로운 사회혁신이 진행 중이다.

'소셜'의 시대는 한국에서는 1990년대 말 외환위기 이후 2000년대 초부터 추진된 사회적 일자리, 사회적 기업 정책 등이 서막을 열었다. 이후 최근까지 협동조합과 마을공동체 등의 사회적 경제의 활성화와 사회적 투자의 실험 등이 지금의 소셜 시대의 개막을 앞당기고 있다. 유럽에서는 1980년대 대량실업에 대한 대응전략으로 사회적 기업의 제도화를 추진한 이후부터 개막되었다. 1970년대 1차, 2차 오일쇼크를 겪은 이후 경제위기의 시기 1980년대와 1990년대가 소셜 시대의 맹아기였다. 이후 2000년대는 본격적인 소셜 시대의 형성기에 해당된다. 사회적 기업을 비롯한 협동조합과 상조회와 결사체 등의 사회적 경제 조직들의 활성화와 이를 지원하는 정부와 기업 등의 '소셜 생태계'(social ecosystem) 환경 조성이 뒷받침된 것이다. 특히 시민들의 윤리적 소비(ethical consumerism), 공정무역(fair trade), 사회적 투자자 역할 등 소셜 행동과 시민문화의 진전이 두드러진 변화를 갖다주었다. 포스트모던(post-modern) 시대의 시민들의 의식과 행태의 변화는 정부와 기업의 변화를 유도하였으며, 시민사회단체들과 사회적 경제 조직들도 시민주도적인 참여에 기초하는 사업과 프로그램에 혁신성, 지속가능성, 사회적 임팩트를 디자인해서 시행하며 평가한다.

소셜 섹터는 제3섹터 다음의 제4섹터로 독자적인 영역을 갖춰가며, 몇 가지 독특한 특성을 보여준다. 다음의 특성들이 소셜 섹터의 형성을 가능하게 한다.

첫째는 '사회적 목적'(social purpose)이 분명하다. 사회적 목적은 빈곤, 실업, 차별, 불평등, 고령, 폭력, 이주, 주거, 교통, 이산화탄소(CO_2) 배출 등 심각한 사회문제를 해결하는 데 초점을 맞춘다. 사회문제들이 해결되지 않고 심각해지면서 정부도 기업도 시민사회도 소셜 섹터에서 사회문제 해결에 공조해야 하는 시대의 특징을 보여준다. 정부는 사회적 목적 실행의 효과성과 효율성 증진을 위해 시민사회의 역량을 활용하고, 또 기업과 시장의 기술과 자본의 투자를 진흥시키는 혁신적 정책을 추진해 소셜 생태계 환경 조성에서 핵심적인 역할을 맡는다. 기업도 사회적 목적을 실천하는 시민사회조직의 프로젝트를 지원하는 후원자 또는 파트너 역할에서 이제는 직접 사회적 목적 사업에 자본을 투자하는 투자자 역할로 진전한다. 시민사회는 사회적 목적 추구에 필요한 재원의 중요성을 수용해 사회적 경제 접근을 활용해 정부와 기업과 임팩트 사업 파트너로 공조하는 새로운 변화를 추진한다.

둘째는 '공조적 임팩트'(cooperative impact)이다. 국가, 시장, 시민사회, 각 영역이 독자적으로는 사회문제를 해결하기는 어렵고 뚜렷한 사회적 임팩트를 산출하지 못한다. 따라서 시민참여를 비롯한 국가, 시장, 시민사회 주체들이 소셜 섹터에서 공조적인 활동으로 사회적 임팩트를 창출하는 특성이 있다. 지역사회의 관련 기관들 다수가 핵심 이해관계자로 동참해 기획부터 시행과 평가에 이르는 모든 과정에 역할분담으로 동참해 활동하는 '집단적 임팩트'(collective impact)가 대표적인 모델이 된다(Kania & Kramer 2011). 공조적 임팩트를 추진하는 데 소요되는 재원과 자본은 전통적인 증여(grant)에서 자본 투자로 패러다임이 이동하는 과정에 있다. '공조'가 중시되고 있음에도 자본 제공자와 투자자의 이해관계 때문에 분절된 소셜 섹터는 공조보다는 '경쟁'이 지배적이다(Lumley 2017).

셋째는 '경제적 활동'이다. 심각한 사회문제 해결은 국가만의 노력이나 재원으로 해결하지 못하는 한계가 뚜렷하다. 따라서 민간 사회기업가 활동과 기업과 재단 등의 민간 재원으로 이뤄지는 사회적 투자(social investment)나 임팩트 투자(impact investment)가 점차 증대되고 있다. 전통적으로 경제적 활동을 하지 않는 시민사회조직들도 사회적 목적 달성을 위한 전략으로 소셜 영역의 핵심이 되는 사회적 경제로 이동하는 과정에 있다. 정부 재원과 시장 자본이 결합된 다양한 '블렌딩'(blending 또는 blended financing)이 사회문제 해결에 필요한 투자 자본의 지렛대 작용으로 사회적 임팩트를 증대시키는 새로운 변화들이 확장되고 있다(OECD 2016c; EU Blending).[1]

소셜 섹터의 일반적 특성이 되는 사회적 목적, 공조적 임팩트, 경제적 활동은 다양하게 복합되어 있다. 〈그림 1-2〉에서 A유형은 사회적 목적을 추구하는 공조적 임팩트로 정부, 기업, 시민사회가 빈곤, 실업 등 사회문제 해결을 공조해 추진하는 경우이다. B유형은 일자리 정책, 직업교육훈련에 공조하는 임팩트 사업이나 투자가 있다. C유형은 일반적인 사회적 경제에 해당되는데, C유형 가운데 '공조적 임팩트'를 추진하는 사회적 기업 등이 D유형을 대표한다. 또 A유형에 '경제적 활동'이 추가되면, B유형에 '사회적 목적' 활동이 중시되면 D유형으로 발전한다. '사회적 임팩트 투자'가 창출되는 유형이 D유형으로, 사회적 목적이 분명하고 사회적 임팩트 창출이 검증되는 활동이나 사업에 대한 공공 및 민간의 블렌딩이 '사회적 투자' 또는 '임팩트 투자'로 이뤄진다.

소셜 섹터에 동참하는 시민, 정부, 기업, 시민사회단체들은 세 가지 특성 중 하나 이상의 활동이나 프로그램으로 동참해 소셜 시대를 열어간다. 소셜 섹터는 시민사회 섹터가 더 분명한 사회적 목적을 실천하거나, 국가나

1 https://ec.europa.eu/europeaid/policies/innovative-financial-instruments-blending_en

■ **그림 1-2** 소셜 섹터의 일반적 특성

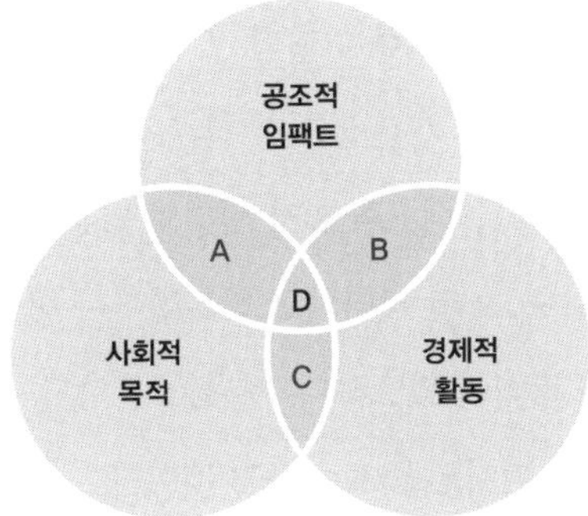

기업과 공조적 파트너가 되거나, 또는 사회적 기업 등의 사회적 경제 활동에 관여하게 되며 형성되는 새로운 소셜 섹터 또는 세4섹디괴 볼 수 있다.

소셜 섹터는 점차 확대되고 있다. 소셜 섹터의 확대를 이끄는 추동력은 소셜 섹터의 삼대 특성을 갖춰가는 사회적 경제의 활성화에 있고, 사회적 경제의 활성화는 사회적 투자 또는 임팩트 투자의 활성화에 의존한다고 볼 수 있다.

또 다른 추동력은 IT 혁명이다. 사회적 목적과 공조적 임팩트를 추진할 만한 환경이 조성되고 기회가 확장되는 IT 혁명의 활용이 필요하다. 그럼에도 소셜 섹터는 미국에서도 아직 '네트워크의 파워'를 잘 활용하고 있지 못한 것으로 평가받는다. IT 혁명을 잘 활용하는 새로운 패러다임 이동이 있기 위해서는 다음과 같은 변화들이 선행되어야 한다(Lumley 2017). 소셜 섹터가 서비스 이용자들이 수동적인 수혜자에서 자치역량을 가진(empowered) 고객으로 바뀌는 전환이 일어나야 한다. 자치역량을 가진 고객들은 생산된 제품과 서비스의 생태계뿐 아니라 고객들의 욕구, 선호, 경험에 관한 자료에 기반하는 지원에 대해서도 접근과 통제를 하는 고객들이다. 소셜 섹터의 디지털 전환은 다음 세 가지 변화에 의존한다. 첫째, 조직들이 자신들의 앱과 솔로션에 대한 고립된 생각에서 다른 많은 생산품과 함께하는 플랫폼을 자신들의 생산품으로 간주하는 변화가 필요하다. 둘째, 자본제공자와 투자자들은 테크놀로지 섹터와 다른 접근방식의 스케일링(scaling)을 필요로 한다. 소셜 섹터의 스타트업이나 디지털 생산품에 대해서는 다른 스케일링 방식이 필요하다. 셋째, 모든 성공적인 테크 생산품의 기초로 이용자 중심의 디자인을 포용하는 것이다.

2) 경제위기 극복의 사회적 경제

'소셜' 섹터를 대표하는 사회적 경제는 의미 있는 '사회적 임팩트'를 창출하는가? 사회적 경제가 활성화되어 있는 유럽의 경우, 21세기 초에는 사회적 경제 회의론이 다소 지배적이었지만 이제는 낙관론이 우세하는 새로운 변화가 일어나고 있다. 경제위기의 시대상황에서 나온 낙관론이기 때문에 더욱 주목해볼 만하다. 1980년대에 팽배했던 복지국가 위기에 대처하기 위한 처방으로 사회적 경제에 의한 사회혁신이 추진되었고, 2010년대 금융위기와 경제위기가 지속되는 상황에서도 사회적 경제의 임팩트에 의존하는 혁신적 처방이 추진되고 있다.

사회적 임팩트의 주류화

'포용적 경제와 사회'의 건설은 모든 국가의 핵심적 관심사가 된 지 오래다. 이런 목표를 추구하기 위해 EU와 OECD가 공동으로 탐구해서 추진하는 정책이 사회적 경제이며, 특히 사회적 기업 정책이다. "사회적 기업은 경제적 가치와 사회적 가치의 창출을 연계시켜" 포용적 경제와 포용적 사회를 만드는 일을 현실화하고 있다. OECD(2017b: 3)는 "사회적 기업들은 새로운 일자리를 만들고, 효과적이며 효율적인 서비스 공급의 전달자이며, 시민의 지역 공동체 참여를 진흥시키며, 혁신적 아이디어를 공공선의 혜택이 되는 행동으로 옮기고 있다"며 평가한다. 그럼에도 사회적 기업들의 사회적 임팩트가 잘 알려지지 않은 것은 사회적 기업들의 임팩트 측정의 필요성 인식이 부족하거나 역량강화 미흡 문제가 제기되고 있음을 상기시켜 준다. 자원과 기술과 시간이 부족한 문제도 있지만, 정부나 기업과 교육계가 사회적 기업의 임팩트 측정 역량강화를 지원하는 생태계 조성 과제가 중요하다(앞글: 28-29).

EU의 보고서 〈사회적 경제와 사회기업가정신〉은 사회적 경제의 '사회적 임팩트'에 초점을 맞춰 경제위기 극복의 방안을 소개한다. 보고서는 "유럽은 경제위기와 21세기의 도전들에 대응하기 위해 사회적 모델의 업그레이드를 추진해왔는데, 비즈니스 모델 또한 업그레이드를 필요로 한다"며, 사회적 경제와 사회적 기업의 특성이 되는 참여적 의사결정, 지역공동체 개발에 대한 초점, 수익의 재투자 또는 사회적 임팩트 목표에 주목할 것을 강조한다(EC 2013: 4).

또한 개인 소비자나 저축자들의 행태 변화도 주목된다. 이들은 시장이 작동하는 방식으로 두드러진 질적 차이를 만들어내며, 소비자 기반의 사회적 경제 변화들을 이끌고 있다. 무엇이 어떻게 생산될 것인지, 경제에 대해 관심을 갖고 목소리를 내는 것이 혁신에 장애가 되는 게 아니라 오히려 혁신과 효율성 증진에 기여한다. 그래서 "이제 유럽은 심각한 실업과 사회적 위기를 겪고 있지만 사회적 경제와 사회적 기업이 회복을 위한 영감과 에너지의 중요한 원천을 대표한다"는 낙관적인 시각을 제시한다(앞글: 4).

실제로 유럽의 사회적 경제는 금융위기와 경제위기의 상황에서 중요한 '사회적 임팩트'를 생산한 것으로 평가받고 있다. 경제개발과 삶의 질에 대한 사회적 경제의 기여는 경제위기 대응에서도 확증되고 있다는 여러 근거들이 제시되고 있다(앞글: 52-4). 협동조합 은행들은 상업적 은행들과 달리 지금의 금융위기를 초래한 리스크가 큰 금융사업에 관여하지 않았고, 투기적 금융상품 투자보다는 실물 경제에 집중하는 지속가능성을 보여주었다. 또 금융위기와 경제위기 기간에는 상업적 은행들이 대출을 제한시킨 것과는 달리 사회적 경제 은행들은 대출을 지속해 신뢰를 확보했다는 것이다. 이런 행태의 차이는 두 조직의 차이에서 발생하는 근본적인 차이라 볼 수 있다. 상업적 은행들이 주주의 수익 극대화를 위한 목적으로 설립되었지만 협동조합 은행들은 은행의 운영에 관여하는 조합원들에 대한 금융서비스 등 사회적 목적에서 설립되었다.

또 금융위기로 밝혀진 또 다른 사실은 사회적 경제 조직들이 투자자 소유의 기업들에 비해 위기극복에 더 강한 대응력을 갖고 있다는 점이다. ILO의 연구보고서는 역사적으로 협동조합은 경제위기 상황에서 소득과 고용을 보존하고 경제적 고통을 완화시키는 데 가장 효과적인 방법이라는 연구결과를 제시해 보여준다(Birchall and Ketilson 2009). 연구보고서에는 세계대공황 시기의 미국과 스웨덴, 그리고 1970년대와 1980년대 산업구조 조정기에 들어간 서구에서 경제위기 상황에서의 협동조합의 사회적, 경제적 임팩트를 분석한 결과들이 제시되어 있다. 협동조합은 농업, 노동자 소유 등 모든 유형들이 중요한 임팩트를 생산한다는 연구결과를 주목해볼 만하다.

서구의 역사에서 산업화와 경제위기 상황에서 협동조합이 어떤 중요한 역할을 수행했는지는 이미 잘 알려져 있다. 제1세대 협동조합은 19세기

초 산업화로 만연해 있는 도시 실업 사태와 빈곤에 대한 대응으로 출현하였다. 협동조합 지도자들은 인적 자본이 재정 자본보다 더 중요하며, 경제는 인간을 섬겨야 한다는 사상에 기초해, 노동자와 소비자들이 소유하는 소비자 협동조합과 금융 협동조합들을 설립하였다(CCA, DID 2012: 5). 그 후 협동조합은 세계적으로 발전해, 한국과 일본의 농민 90% 이상이 농업협동조합원이며, 프랑스의 농산물 40%가 협동조합을 통해 유통, 소비되며 또 금융 서비스 60%가 협동조합을 통해 이뤄진다(앞글: 5).

경제위기뿐 아니라 글로벌 경제시스템의 불안, 식량공급의 불안, 소득불평등의 증대, 급진적인 기후변화와 환경피해 등에도 사회적 경제 모델이 상당한 임팩트를 제시한 것으로 평가받고 있다(Trembley 2012: 23). 그래서 세계화와 신자유주의를 대신하는 대안적 경제 또는 사람 중심의 경제(people-centered economy)가 제시되고 있다. "사회적, 보건, 경제적, 생태적 조건의 불평등 증대를 해결하고, 신자유주의 주도의 세계화의 실패에 대한 대안적 처방을 제시하고, 나아가 공동체의 사회적 자본의 약화를 차단하기 위한 처방으로 사회적 경제의 개념과 프레임워크를 진전시키는 '글로벌 운동'이 확대되고 있다"(앞글: 14-5).

사회적 경제가 경제위기 대처에 강한 임팩트를 보여준 혁신적 사례들로 프랑스와 이탈리아와 캐나다를 살펴볼 수 있다. 프랑스에서는 임금직 고용의 9.9% 비중을 차지하는 사회적 경제는 2006~2008년 기간에 모든 새로운 일자리의 18%를 창출했고, 2008~2009년 기간 사회적 경제의 고용은 7만 개의 새로운 일자리와 함께 2.9% 고용 증가율을 보였다. 이는 영리기업 분야의 1.6% 감소와 공공부문 4.2% 감소에 비교하면 놀라운 실적이다(EC 2013: 53). 또 이탈리아에서는 2007~2011년 기간에 전체 경제의 고용이 1.2%, 기업 고용이 2.3% 감소한 것에 비해 협동조합의 고용은 오히려

8% 증가하였다. 캐나다 협동조합 비즈니스(cooperative business)는 일반 기업들에 비해 위기극복의 회복력이 더 강한 것으로 평가된다. 협동조합 비즈니스는 경쟁 기업에 비해 높은 생존율과 낮은 파산율을 기록한다(Amyot et al. 2012: 123). 또 2008년 이후 경제위기 기간에도 협동조합의 회원과 고용은 오히려 증가해 경쟁 기업들보다 높은 경쟁력을 갖고 있다.

영국의 브리티시 카운슬(British Council 2014)의 〈2020년의 사회적 기업 전망〉 보고서는 사회적 기업 등 사회적 경제의 전망을 낙관적으로 평가하면서 '사회적 임팩트의 주류화'(mainstreaming)를 제시한다.

> 2020년이 되면 사회적 임팩트 측정은 사회적 경제, 사회적 기업, 자선기관, 결사체 등 사회목적기관(SPO)에서 주류가 될 것이다. 그뿐 아니라 정부와 기업 섹터에서도 사회적 임팩트 측정이 상당한 기대를 모으게 될 것이다. 사회적 임팩트 측정과 리포팅은 보다 정교해지면서 모든 조직들의 구매와 기부와 투자 결정방식에 상당한 영향을 미치며, '사회적 임팩트 스펙트럼'(Social Impact Spectrum) 기준에서 판단되는 결과를 낳게 될 것이다. 많은 조직들이 사회적, 환경적, 경제적 임팩트 관련 연간 보고서를 발행할 것이다. 합의된 '사회적 임팩트 스펙트럼'의 존재 자체가 모든 조직들을 '진정한 사회적 혜택'이라는 단일의 기준에서 판단하게 되는 사회적 분위기가 만들어질 것이다.

사회적 임팩트 투자의 발전

'사회적 임팩트'의 성장은 '사회적 임팩트 투자'(social impact investment: SII)의 성장으로 진전되고 있다. OECD의 2015년 〈사회적 임팩트 투자〉 보고서는 SII가 경제위기를 극복하고 사회혁신을 가져다줄 수 있는 대안으로 제시한다. 사회적 문제들이 다양하게 제기되며 심화되는 상황에서 정부의 긴축재정 압력이 심하게 가해지면서 SII의 필요성이 더욱 높다는 것이다. SII에 대해 OECD는 "측정 가능한 사회적, 재정적 수익에 대한 확고한 기대로 사회적 욕구 충족에 활동하는 조직들에 대한 금융의 제공"이라 정의하며, "혁신적 해결방안에 재정, 공급, 규모 확장을 할 수 있는 새로운 형태의 민관 파트너십(public and private partnership: PPP)"을 비롯해, 사회적, 경제적 도전들을 해결하기 위한 공공 및 민간 자본을 효과적이고 효율적으로 배분하는 새로운 방법들을 제공할 수 있는 잠재력을 갖고 있다고 평가한다(OECD 2015a: 12).

지방, 국가, 글로벌 차원에서 사회적 문제들을 해결하는 혁신적 방안들에 대한 개인과 기관 투자자들의 관심 증대 등도 SII의 성장 가능성을 높여주고 있다. 특히 정부는 민간 부문의 모델들이 새로운 혁신적 접근법을 제시해줄 것으로 기대하며 새로운 효과적인 민관 파트너십 방안을 모색하고 있는 중이다.

SII는 지금 초기 발전의 단계에 있지만, 2013년 G8 정상회담의 의제로 채택되면서 국제적인 이니셔티브들이 줄지어 시행되고 있다. SII 태스크포스(www.siit.org)가 조직되어 연구와 개발, 임팩트 투자 시장의 활성화와 생태계 조성, 정부와 기업 등 다양한 민관 파트너십의 개발 등 인프라와 생태계 구축 단계에 진입해 있다. 태스크포스의 〈임팩트 투자: 보이지 않는 시장의 심장〉 보고서는 임팩트 투자를 '새로운 패러다임'으로 제시하며 다음과 같이 강조한다(SIIT 2014a: 1).

> 세계는 지금 가장 심각한 사회문제들을 해결하는 방법에서 일종의 혁명적 순간에 와 있다. 이 같은 혁명을 주도하는 동력은 사회적 개선을 이끄는 기업가정신, 혁신, 그리고 자본을 동력화하는 '사회적 임팩트 투자'이다. 사회

적 임팩트 투자는 이미 여러 분야에서 두드러진 진전을 이뤄내고 있다. 전과자 재범률 감소, 아동보육과 노인요양, 지역사회 재생, 금융적 포용, 주거 등이 대표적인 분야들이다. 사회적 임팩트 투자는 개발국뿐 아니라 개발도상국에서도 상당한 혜택을 창출하는 잠재력을 갖고 있다.

또한 G7과 호주 등 각국의 국가자문위원회 보고서들도 임팩트 투자의 새로운 혁신의 패러다임 등장을 환영하는 정책 전망을 제시한다. 영국의 국가자문위원회 보고서는 다음과 같이 설명한다(UK National Advisory Board 2014: 25).

> 사회적 임팩트 투자는 사회적 욕구를 지속가능한 방법으로 충족시키는 데 도움을 주는 잠재력을 갖고 있다. 강력하며 다양한 사회적 임팩트 투자 시장을 구축해 공급되는 사회적 결과물들이 지속되고 성장할 수 있도록 보장해준다. 영국은 아직 강력한 대규모의 사회적 임팩트 투자 시장을 갖고 있지 않지만 사회적 임팩트 투자의 혁신에서는 국제적으로 주도적인 역할을 수행해왔다.

미국의 국가자문위원회 보고서(US National Advisory Board 2014: 5)는 '공공선을 위한 민간 자본의 활용'을 강조한다.

> 그것은 모든 섹터에 걸쳐, 모든 지역으로, 디트로이트의 소기업 융자를 델리의 지역사회개발 파이낸싱에 연계시키고 있다. 기업가 세대에 활기를 불어넣어 주며, 세계 지도자들의 상상력을 사로잡고, 자선의 사회적 의식을 시장의 비즈니스 원칙들에 연결시켜, 시장의 파워가 가장 심각한 일부 문제들

에 대한 해결방안들을 탐색하도록 지원하는 방법에 관한 것으로, 이 운동은 임팩트 투자(impact investment)라 부르고 있다. 그것은 기업가, 투자자, 재단, 공공부문 지도자, 비영리기관, 중간기관들을 함께 불러 '공공선을 위한 민간 자본'(private capital for public good)을 활용하게 한다. 간단히 표현하면, 임팩트 투자는 재정수익 이외에 측정 가능한 사회적, 환경적인 임팩트 혜택을 창출한다.

임팩트 투자는 주류 투자자의 투자에 결정적으로 의존할 수밖에 없다. 임팩트 투자가 성장을 지속하면서도 주류 투자자들의 참여가 부진하면 성장에는 한계가 있다. 세계경제포럼(World Economic Forum 2013)은 이 같은 진단에서 임팩트 투자의 진전을 점검한 결과, 임팩트 투자가 주변에서 주류로의 성장을 낙관적으로 전망한다.

새로운 혁신적인 SII 접근법은 전통적인 공공부문의 핵심적인 역할 또는 자선기관의 역할을 대체하는 것은 아니다. 시장 기반의 자본 활용의 접근법으로 사회적 임팩트를 확대시키는 새로운 모델을 제시하는 '보충적' 역할을 하는 것이다. 경제위기와 긴축재정의 시대에 가장 중요한 이슈로 부각되는 것은 사회서비스를 효과적, 효율적으로 제공할 수 있는 사회적 경제 조직들의 재정확보 방안이며, 이를 위해 SII가 뒷받침될 필요가 있다.

혁신적인 사업을 운영하는 것으로 평가받고 있는 사회적 기업들이 당면하는 가장 심각한 문제도 안정적인 재정확보에 있다. 사회적 기업은 일반적으로 재화와 서비스 판매를 통한 시장자원과 정부의 지원금과 민간의 기부나 투자 등 비시장 자원, 자원봉사자의 비금전적 자원에 의존한다. 정부, 재단 등으로부터의 증여(grant)는 사회적 기업의 초기 정착 단계에 필요하지만, 증여는 사회적 기업이 점차 규모와 시장 역량을 구축함에 따라 감소

될 수 있다. 사회적 기업들이 재정적 지속가능성을 확보하기 위해서는 장기적인 기금이 필요하다. 사회적 기업들은 독자적으로 자체 재정조달이 어렵지만 공공혜택을 제공하고 그럼으로써 공공비용을 절감하는 여러 영역에서 더 많은 재원이 필요하다(앞글: 25).

사회적 기업들이 추가적인 재정을 확보하기 위해서는 사회적 기업의 성장 단계별로 필요한 다양한 민간시장의 금융상품들이 개발될 필요가 있다. 그간 핵심적인 금융상품은 융자(loan)인데, 사회적 기업에게는 은행 등 금융기관의 거부로 융자기회 제공이 쉽지 않았다. 그래서 SII와 같은 새로운 금융수단이 제시되어, 이제 초기 성장 단계에 접어들고 있다. OECD(2015a: 25)에 따르면, 강력한 사회적 임팩트를 가질 수 있는 사회적 기업을 지원하기 위한 적극적인 투자 선택들에 초점을 맞춘 SII에 대한 관심과 활동이 성장해, 사회적 기업의 규모 확대와 성장에 기여할 것이다.

3) 사회적 경제는 지속가능한가?

사회적 경제의 경제위기 대처 역량은 충분한 자료와 사례들로 제시된 보편적인 글로벌 동향이라 판단하기는 어렵다. 그럼에도 21세기 초 시대상황과 비교해보면 지금의 사회적 경제는 더 중요한 임팩트를 창출하는 것으로 평가되고 있다.

21세기 초의 비관론

21세기 초의 사회적 경제에 대한 주요 연구들의 평가는 몇 가지로 요약될 수 있다(주성수 2010: 227-30). 대표적인 사례가 되는 영국은 당시에 가장 적극적이고 광범위한 사회적 경제 정책을 '제3의 길' 국정철학으로 추진했음에도 사회적 경제에 대한 성과에서는 부정적인 분석이 더 많았다. 사회적 기업에 관련된 종사원은 전체 노동인구의 6.6%에 달하고, 사회적 기업의 일자리 마련 실적은 일반 시장의 5~6배에 달했으며, 정부의 재정투입도 21세기 초의 수년간 연간 10% 이상의 실질 성장률을 보였다. 그런데 사회적 경제가 한창 번창하던 1997~2000년 기간에 실시된 대형 사회적 경제 연구 프로젝트의 주요 결과들은 다음과 같은 심각한 문제들을 제기하였다 (Hudson 2005: 5-9).

첫째는 전국적으로 모범 또는 모델이 될 만한 사회적 경제 또는 사회적 기업 모델은 찾기 어렵다는 것이다. 지방의 실정에 따라 부분적인 성공사례만이 있을 따름이다. 글래스고에서는 강력한 노동당 기반의 지자체가 사회적 경제 조직들의 등장과 활동에 매우 유리한 환경을 제공해주고 있다. 또 비슷한 산업, 사회적 조건에 있는 지역마다 다양한 차이를 보여준다.

둘째, 사회적 경제는 주류 국가와 시장의 관계를 떠나 그 개념을 올바로 정의할 수 없다는 점이다. 역사적으로 사회적 경제는 여러모로 정부에 의존한다. 일부 사회적 기업들은 정부와의 관계에 상관없이 성공적인 비즈니스 실적을 갖고 있지만 많은 사회적 기업들은 정부의 보조금이나 공공기관과의 서비스 계약 등으로 성장하고 있다. 또 사회적 기업의 번영은 영리기업과의 관계를 떠나 존재하기 어려운 상태에 있다. 영리기업이 융성한 런던이나 브리스톨에서 사회적 기업은 이들의 지원을 받아 번성하고 있다. 지방기업 임원들의 임시적 파견, 물자의 구매나 재정적 기부, 사회적 경제에서 재훈련된 인력에 대한 지방 노동시장의 흡수역량에 의존한다. 반면에 탈산업화되어 경제적으로 빈약한 지방에서는 이런 기업들이 사회적 기업 활동을 지원할 수 있는 조건들이 제약을 받고 있다.

셋째, 사회적 경제는 실제로 지방공동체의 자원에 크게 의존하지 않는다는 것이다. 사회적으로 배제된 낙후된 지방공동체에서 지역경제를 활성화하기 위한 기술과 자원이 부족하고, 이곳에 활동하는 사회적 경제 조직들도 초보적 수준에 있어 사회적 욕구 충족이나 경제 활성화를 위한 사회기업가들은 거의 존재하지 않는다. 사실 사회적 경제의 성패가 달려 있는 지방공동체의 유대적 시민들의 활성적 참여가 중요한 요소들이지만 실제 사정은 그렇지 않다는 것이다.

넷째, 사회적 경제가 일자리 창출, 기업가정신, 지역활성화, 복지제공에 혁신적인 역할을 한다는 것은 천진하고 비이성적인 판단이 될 수 있다는 것이다. 사회적 경제의 역할은 국가와 시장과 동등한 수준의 핵심적인 역할이 아니라 보조적인 역할을 하며 장기적으로 대안적 처방을 할 수 있다는 기대에 지나지 않는다. 지방단위에서 작은 서비스 생산과 공급의 실험들이 축적되면 기존의 정부와 시장의 방식과 다른 새로운 창의적 변화를 기대해볼 수 있다.

금융위기 이후의 낙관론

그런데 2008년 금융위기 이후 경제위기의 지속 추세는 새로운 변혁을 요청했는데, 그것은 정부와 기업과 시민사회 모두에서 공통적인 '혁신'(innovation)이라는 특징이 있다. 경제위기의 여파로 심각한 수준에 달한 사회통합의 문제를 해결하기 위해서는 지난 수세기간 전통적인 주류 처방으로 의존해왔던 방식들이 이제는 한계에 이르렀다는 것이 더욱 분명해졌다. 공공부문의 확대가 초래한 재정적 한계와 글로벌 경제의 새로운 복잡성과 불안정성이 초래된 심각한 결과이다. 국가는 더 이상 사회정의와 경제자유 사이의 균형을 유지하게 하는 유일한 가능한 공급자로 간주되고 있는 것은 아니다(EC 2013: 13).

EU의 2013년 보고서는 새로운 글로벌 개발의 맥락에서 사회적 협약(social compact)의 필요성을 제기한다. 유럽 단일시장의 출범 이후 20여 년간 그리고 유로화 시행 이후 10여 년간 유럽의 경제성장을 회복하기 위한 처방으로 '유럽 2020'이 제시되어 경제위기를 극복하기 위한 처방으로 관례적인 접근법이 아니라 전혀 새로운 혁신적 접근법을 추진한다(앞글: 14). 경제의 세계화, 낮은 경제성장률, 사회의 복잡성, 새로운 서비스에 대한 요구의 증대가 유럽의 개발 모델에 심각한 도전으로 제기되고 있다. 인구동태와 경제적 변화 또한 사회적 요구의 두드러진 변화를 초래하고 있다. 평균수명 연장으로 노인부양 문제가 심각한 사회적 이슈가 되며, 여성들이 노동시장에 진입하면서 더불어 보육 문제도 새로운 개입의 영역이 되고 있다.

복지국가 모델의 한계 또한 뚜렷하다. 새로운 사회적 요구들은 복잡화·다양화되며, 양질의 서비스 공급 문제와 재정적 한계 등은 전통적인 복지국가 모델로 해결하기 어려운 한계를 보여준다. 유럽 국가들은 국가 차원의 개혁조치들을 도입해, 경제위기로 초래된 서비스의 수요와 공급 사이의 불균형 문제를 해결하기 위한 방안으로 전통적인 국가적 개입 방식이 아닌 비영리 사회적 경제 조직들의 기업가정신에 의한 혁신적 처방에 기대하고 있다(앞글: 16). 교육, 보건, 사회복지 서비스 등의 핵심 영역에서 수요와 공급의 불균형이 두드러지게 나타나며, 이 영역들이 사회적 경제 조직들의 새로운 사업과 활동의 영역으로 부각되고 있다.

또 사회경제적 측면의 심각한 변화들로 인해 많은 전통적인 지혜와 가치에 대한 의문이 제기되고 있다. 많은 부가 생산되고 있지만 동시에 사회적, 경제적 불평등이 두드러지게 확대되고 있다. '사회적 계층 상승이동'은 줄고, 삶의 질이 악화되며, 사회통합이 저해되고 있다는 인식이 확산되고 있다. 사람들은 자신들이 통제할 수 없는 경제적 전환의 여파로 고통을 받으며, 대부분이 사회적 배제나 무력감을 인식하고 있다.

이런 상황에 대한 시민들의 반응은 복합적으로 분열되고 있다. 한편으로는 고립과 개인주의 확대와 다른 한편으로는 사회적 이슈들에 참여해 해결하려는 의지 사이에서 점차 양극화되고 분열되고 있다(앞글: 16). 지금의 도전들을 대응하기 위한 대안의 조직화 시도는 전통적인 정당이나 노조 밖에서, 덜 위계적이고, 더 참여적인 조직 형태에 초점을 맞춘다. 젊은 세대들 사이에서도 탈집중화, 탈의존적인 새로운 조직형태에 대한 관심이 모아지고 있다. 사회적 이슈들에 대한 새로운 민감성과 관심이 시민들의 행태의 특성으로 정착되고 있다. 지금도 지속 중인 경제위기는 시장, 국가, 제3섹터, 개인의 역할에 대해 재고할 것을 요청한다.

그 결과 다음과 같은 몇 가지 동향이 나타나고 있다. 시민 개인 차원의 사회적으로 책임 있는 행동, 시민단체들에 의한 직접적인 상향식의 '공익' 서비스 제공, 공공 및 민간 부문에서의 (사회적 혁신에 대한 관심의 증대와 함께) 경제적, 금융적 활동의 사회적 임팩트에 대한 관심 증대 등이 그것들이다(앞글: 17). '공익'(general interest)이란 사회 전반에 걸쳐 웰빙과 삶의 질에 강력한 임팩트를 가진 다양한 활동 전체를 포함한다. 에너지와 식수 공급, 수송, 우편, 쓰레기 처리 등 기초 인프라부터 보건과 교육, 케어, 사회서비스 등 핵심 분야가 해당된다(앞글: 21).

이 같은 아래로부터의 상향식 이니셔티브들은 시장과 공공정책의 실패에 대한 사회의 '내재적 반응'이다, 또 시민의 책임감을 확고하게 표현한 것으로 해석될 수 있다. 사회적 반응에 참여하는 모든 조직들은 동기, 행태, 원칙들(연대, 상호성, 관리에 직접 참여, 정의와 평등 추구, 사회적 임팩트 달성의 책무성)에 기초한다(앞글: 17). 이 조직들은 경제적 발전은 사적 이해를 추구하는 개인들의 행동에서 비롯될 뿐 아니라 개인들의 투자와 집단적 행동의 혁신적인 결합과 공공 재화의 생산에 관여하는 지역사회의 집합적 행동에도 기인한다는 것을 중시한다(앞글: 18). 실제로 사회적, 지역사회, 협동조합 기업들은 경제 위기의 상황에서도 비즈니스 성장을 이룩할 수 있었던 것은 우연이 아니었다.

많은 기업들도 변화하고 있다. 기업들은 비즈니스의 사회적 결과에 더 많은 관심을 갖고 복합적인 이해관계자들과의 관계 개선에 더 개방적인 노력을 하고 있다. 이 같은 개방성은 비즈니스 과정에서의 사회자본과 평판의 중요성에 대한 인식의 증대와 일치하는 흐름이며, 이로써 기업들은 미션에 사회적 차원을 포함시키는 등 복합적인 목표들을 통합하고 있다. 전통적인 비즈니스 모델들 또한 변화해, 기업들은 이제 경제적 차원에서의 관계의 시스템(system of relationships)뿐 아니라 사회가 공유하는 다른 가치들과의 조화를 추구하는 비즈니스 운영을 해야만 한다(앞글: 18).

사회적 경제 조직들은 사회적 가치증진의 장점을 보여준다. 이들이 공통적으로, 전통적인 기업들로부터 구분되는 가장 중요한 특징은 이윤추구와 소유주에 대한 수익배분을 중시하지 않는 활동을 궁극적인 목표로 한다는 점이다. 실제로 사회적 경제 조직들이 추구하는 핵심 목표는 자신들의 구성원들과 지역사회에 필요한 (고용을 비롯한) 재화와 서비스의 제공, (공익에 부합하는 서비스의 제공 등의 사회 전체에 혜택이 되는 활동 등) 공익을 위한 목표 추구 등이다. 공익 서비스는 기본 욕구의 충족, 사회적 포용, 경제성장, 환경보호 측면에서 지속가능한 경제적, 사회적 개발에 기여하는 핵심적인 역할을 한다. 공익 서비스는 기본적인 권리의 향유를 위한 기본전제가 되며, 유럽에서는 유럽식 사회 모델의 한 기둥이자 유럽 시민권의 필수 요소로 간주되고 있다.

4) 사회적 경제를 통한 사회혁신

사회혁신은 이제 주류 정책 동향이 되고 있다. 사회혁신은 사회적 경제의 진흥을 통해 실증적으로 달성될 수 있고, 사회적 경제는 사회혁신의 핵심 영역이라는 시각이 지배적이다. 사회적 경제의 성장은 금융위기와 경제위기 극복의 혁신적 대안이 되고 있기 때문이다.

사회혁신의 사회적 경제

유럽은 사회적 비즈니스 이니셔티브(Social Business Initiative: SBI)를 통한 사회혁신에 지속적인 정책 투자를 해왔다. 2014년에는 스트라스부르에서 사회적 기업을 통한 사회혁신과 사회기업가정신으로 경제와 사회문제를 해결할 것을 선언하였다(EC 2014b: 49). 2000여 이상의 사회적 경제조직 대표들은 회의의 결론으로 스트라스부르 선언문을 채택해 새로운 혁신적인 재정지원 재원, 기업의 지원, 네트워킹 등으로 사회적 기업과 사회적 경제의 진흥을 주창하였다.

사회적 경제의 지속적인 성장

유럽의 사회적 경제는 경제 규모 측면에서 성장을 지속하고 있다. EU의 2013년 보고서에 제시된 사회적 경제의 성장 지표들은 다음과 같다(EC 2013: 45). 전통적인 4대 조직(협동조합, 상조회, 결사체, 재단)의 합계로 추산해보면 1450만 명의 임금직 근로자로 EU 27개국 노동인구의 6.5%, EU 15개국 노동인구로는 7.4%에 해당되는 대규모 인구를 갖고 있다. 여기에는 대부분의 사회적 기업들이 포함되어 있으며, 사회적 협동조합, 기업가정신의 결사체들도 포함된다.

표 1-1 스트라스부르 선언: 사회적 기업 진흥을 위한 정책지원

정부와 공공기관은 사회기업가정신의 파워를 인식해, EU 회원국 대부분이 주요 정책실행으로 사회적 기업의 성장을 진흥시키고 있다. EU 차원에서 사회적 비즈니스 이니셔티브(SBI)는 사회적 기업의 생태계 조성에 긍정적인 시도를 해왔는데, 이제 그 결정적 시기를 놓이지 말아야 한다. 따라서

1. EU는 SBI에서 취한 모든 실행의 후속 조치들을 취해야 한다. SBI의 제2단계를 개발해, 정책 영역을 확대하고, 회원국들과 지역과 지방정부들과 시민사회조직과 생태계의 주요 행위자들과의 파트너십을 심화시켜야 한다.
2. 유럽경제사회위원회, 차기의 유럽이사회와 유럽의회는 스트라스부르에서 제시한 실행에 완전한 소유권을 갖고 실행해야 한다.
3. 지역 실정에 적합한 사회적 기업을 지원하는 새로운 정책의 공동창출에 EU, 지역, 지방 차원에서의 실행이 강화되어야 한다.
4. 유럽이사회는 사회적 기업 생태계 창출 실천을 이사회의 정책 주류에 해당된다는 것을 확증해야 한다.
5. 사회적 기업 분야와의 파트너십에서 회원국, 지역과 지방정부들은 사회적 기업의 성장을 완벽하게 지원하며 사회적 기업 역량구축을 지원해야 한다. 법률적 프레임워크, 금융접근, 비즈니스 창업과 개발 지원, 교육과 훈련, 공공조달 등이 주요 사례이다.
6. 유럽의 기관들과 회원국들은, 특히 사회적 경제가 잘 발달되지 않은 지역은 위기 탈출을 위한 구조개혁에서 사회적 기업의 역할을 강화해야 한다.
7. 유럽이사회, 회원국, 지역 당국들은 국경과 영역을 초월하는 사회적 기업 간의 공조를 진흥시켜 지식과 실행을 공유하도록 해야 한다. 마찬가지로 모든 공공기관들은 서로 긴밀히 공조해 사회적 기업의 성장을 지원하는 자신들의 역량을 향상시켜야 한다.
8. 공공 및 민간 기관들은 사회적 기업의 생애주기에 걸쳐 지원하는 적절한 금융 도구들과 중간지원조직들을 종합적으로 개발해야 한다.
9. 정책결정층과 일반 시민의 이해와 인식과 가시성 증진을 위해 사회적 기업 관련 연구와 국가통계 수집이 필요하다.
10. 이 같은 새로운 유럽에서 모든 행위자들이 사회적, 경제적 진전의 보고에서 사회적 지표를 포함시키고 긍정적인 사회적 임팩트를 제시하며 보다 광범한 시각에서 성장과 가치창출을 바라볼 필요가 있다.

자료 EC 2014b: 49.

EU 전역의 사회적 경제는 2015년 조사에 따르면(Social Economy Europe 2016), 사회적 기업을 비롯한 조직들이 200만 개에 달할 정도로 성장해, EU의 전체 기업의 10%를 차지한다. EU가 전반적으로 실업률이 늘어나는 추세이지만, 사회적 경제 분야에서는 경제위기 기간에도 고용이 증대해, 2002~2003년 1100만 명에서 2009~2010년 1450만 명으로 늘었다.

특히 프랑스, 스페인, 이탈리아 등지의 성장이 주목할 만하다(앞글: 3-4). 프랑스 사회적 경제는 2015년 0.2% 증가해 전체 고용의 10.5%를 차지해 237만 명에 달하며, 이 중 여성 인력이 68%를 차지한다. 경제규모는 프랑스 전체 GDP의 6%를 차지할 정도이다. 스페인의 사회적 경제는 전체 고용의 12.5%를 차지하고, 이 중 여성은 50%이며 40세 미만 인구가 47%를 차지한다. 경제위기를 맞은 2008년부터 2015년 기간에 사회적 경제 기업들이 3만 1000개 창업되어 일자리는 21만 개 늘었다. 스페인의 사회적 경제는 GDP의 10%를 차지할 정도로 성장했다. 이탈리아 사회적 경제는 2006~2015년 기간에 39% 증가해 220만 명에 달해, 전체 33만 50000개의 기업과 조직들에서 일한다. 룩셈부르크 사회적 경제는 3만 3490개의 사회적 기업에서 전체 고용의 8%에 달하는 노동력이 활동한다. 이는 2000년에 비해 지난 15년간 두 배 이상 성장한 것으로, 사회적 경제 노동력의 2/3가량은 여성이다. 벨기에 브뤼셀과 와로니아 지역의 사회적 경제는 전체 고용의 12%에 달하는 24만 6000명이 일하며, 이들 중 71%가 여성이다.

사회적 경제 조직은 경제위기에도 지속적으로 성장하는 특징을 보여준다. 임금노동자 인구 비중에서 2002~2003년 기간 6%에서 2009~2010년 기간 6.5%로 늘었다. 1100만 명에서 1450만 명으로 늘어난 것이다. 그 가운데 가장 많은 비중을 차지하는 것은 협회 등의 결사체들과 재단으로 259만 개가 넘으며, 협동조합 유형들은 20만 정도에 달하며, 전체 1% 비중을 차지하는 상조회사 유형은 2만 1790개로 추산된다(EC 2013).

국가별로는 유럽에서 영국과 독일이 각기 87만 5000개와 51만 3000개로 가장 많은 사회적 경제 조직들을 갖고 있다. 그만큼 정부의 정책이나 기업과 시민사회의 공조적 활동이 활성화된 결과로 나타난 것이다. 그 다음으로 오랜 전통을 가진 스페인(20만 개), 프랑스(19만 2000개), 핀란드(13만 4000개), 오스트리아(11만 8000개), 체코공화국(10만 1000개) 등이며, 나머지 국가들에서는 1만 개 이하 6000~9700개가량의 사회적 경제 조직들이 운영 중인 것으로 파악된다(앞글: 46).

사회적 경제 조직 가운데 결사체와 재단 유형이 가장 일반적인 유형이다. 이들은 임금직 노동자와 자원봉사자를 합산하면 유럽의 사회적 경제 전체 고용에서 약 65%를 차지한다(앞글: 47). 유럽에서 농업 협동조합은 농업 생필품의 제조와 마케팅 분야에서 60% 가량 시장점유율을 차지하며, 투입공급 분야에서는 약 50%를 차지한다. 유럽에는 4200개의 협동조합 은행과 6만 3000개의 지점들이 있는데, 이들의 조합원들은 EU 인구의 10% 가량인 5000만 명에 달하며, 고객 1억 8100만 명, 종사자 78만 명에 달한다. 자산규모는 65조 유로로 시장점유율이 20% 가량 된다. 유럽의 도매업 분야에서 3200개의 소비자협동조합이 40만 명의 종사자와 2900만 명의 조합원를 두고 연간 수익 30억 유로를 올리고 있다.

또 부가가치 성장에서도 사회적 경제의 경제적 성과는 적지 않다(앞글: 53). 2006~2010년 기간에 부가가치 성장률에서 협동조합이 기업에 비해 네 배 더 높은 비율을 이룩했다(24.7% 대 6.5%). 같은 기간에 노동자의 임금은 협동조합의 경우 29.5% 증가한 반면에 일반 기업의 경우 12.7%에 그쳤다. 스페인에서도 협동조합이 일반 기업에 비해 고용 회복과 성장이 더 빠른 것으로 분석되고 있다. 전체 고용이 2008~2009년에 슬럼프에 달했다가 2011년에는 노동자협동조합의 고용은 4.7% 증가한 반면에 다른 기업들의 고용은 2008년 이래로 줄곧 하락세를 면치 못했다.

2. 사회적 임팩트와 사회적 금융

1) 사회목적조직에 대한 투자

빈곤퇴치나 실업극복 등 사회적 목적을 가진 사회적 경제 조직 이외에도 자선 재단이나 법인, 복지기관이나 시설, 시민사회 결사체 등도 대부분 사회목적조직(social purpose organization: SPO)에 해당된다. SPO들이 사회적 목적을 추구하는 활동의 결과로 창출한 임팩트를 일반적으로 '사회적 임팩트'로 간주한다.

다음의 〈표 1-2〉에서 SPO에 대한 지원 또는 투자를 하는 영역이 벤처 필랜스로피(venture philanthropy: VP)이며, VP 지원기관 또는 투자기관이 VPO로 지칭되는데, VP는 일부 SII뿐 아니라 전통적인 증여 지원도 포용하는 영역이다. 또 SPO를 왼편의 자선조직(재단, 복지법인 등)부터 수익형 사회적 기업 및 수익배분형 사회적 투자기관으로 구분해볼 수 있다. 왼편에서 오른편으로 이동하면 임팩트 우선에서 점차 재정수익을 고려하는 SPO 스펙트럼을 보여준다.

그런데 임팩트 투자는 사회적, 환경적 임팩트를 목표로 하면서 재정적 수익을 보장하므로 리스크를 감안한 시장비율의 재정수익이 보장된 것으로 볼 수 있다. 투자자들의 투자 동기는 사회적 임팩트와는 상관없이 일정

■ **표 1-2** 사회목적조직(SPO)에 대한 임팩트 투자 스펙트럼

사회목적조직(social purpose organizations)								
자선조직 Charities		수익형 사회적 기업 Revenue Generating			사회적 Social	전통적 기업 Traditional Business		
자선만 집중 : 사업 없음	사업 수익과 증여	잠재적 지속 가능(75% 이상 사업 수익)	이익도 손해도 없음 모두 사업 수입	사업수익 흑자 재투자	수익배분형 사회적 투자	CSR 기업	자선 기부형 기업	주류 시장기업
임팩트만 초점 Impact Only		사회적 임팩트 우선 Impact First				재정수익 우선 Finance First		
증여(grant) 지원			사회적투자 (social investment)		임팩트 투자 (impact investment)			
벤처 필랜스로피(venture philanthropy)								

자료 UN 2013: 42.

한 재정수익이 보장된다는 점이다. 실제로 임팩트 투자는 자선과 비즈니스 모델의 스펙트럼에서 매우 제한적인 펀딩에 해당된다. 한편 수익형 사회적 기업 중에는 오른편의 사업수익 흑자를 유지하는 사회적 기업만이 재투자하고, 다른 두 유형은 수익이 비교적 적지만 대신 임팩트를 사회적 목적으로 중시하는 유형이다.

2) 사회적 금융의 성장

사회적 임팩트를 생산하는 사회목적기관(SPO)에 대한 투자를 사회적 금융(social financing) 또는 사회적 투자(social investment)라 칭한다. 사회적

금융에는 VP와 SII가 포함되어 있다.

사회적 금융의 특성

사회적 금융은 유럽과 미국에서 역동적으로 성장하며, 사회적 혁신과 실험을 추진해가고 있다. 사회적 금융은 "주류 금융기관들이 이미 상당 부분을 제공하고 있는 사회적, 문화적 또는 환경적 이니셔티브에 대한 금융뿐 아니라 보다 '사회적 임팩트'가 있는 방식으로 자금을 제공하는 일이며, 또한 투자 결정이 가치(value)에 기초하고, 수익(profit) 뿐 아니라 지구(planet)와 사람(people)을 고려하는 총체적인 방식으로 평가되는 새로운 금융 패러다임을 개발하는 일이다"(EU 2016).

사회적 금융 또는 사회적 투자는 다음 몇 가지 특성들을 갖고 있다.

a) 최소한 명목상으로나마 회수 가능한 투자이어야 하며,
b) 책무성을 가진(accountable) 사회적, 문화적, 또는 환경적 목적을 추구하고,
c) 국가(정부)로부터 독립적인 자율성을 갖추며,
d) 투자의 일차적인 수혜층인 투자처에 대한 미션(misson)을 갖고 있고,
e) 투자로 창출하려고 하는 사회적 임팩트(social impact)를 사정·측정·보고하는 데 투명하며,
f) 투자처가 자기 성장에 투자하고 자산을 확보하고, 관리를 강화해 소득과 저축을 창출하도록 지원하며 광범위한 비금융적 지원을 제공하는 등 장기간에 걸쳐 금융적 가치 또는 조직역량이나 지역사회 역량을 창출하도록 구조화되어야 하고,
g) 취약층을 위한 포용적(inclusive) 투자가 되어야 한다(앞글: 11).

사회적 금융의 생태계

사회적 금융 생태계(social financing ecosystem)에는 많은 이해관계자들이 있다. 사회적 금융의 제공자, 투자처가 되는 사회적 기업 등 조직, 그리고 사회적 투자 활동에 참여하거나 영향력을 갖고 있는 또는 임팩트 대상이 되는 모든 이해관계자들이 포함된다. 사회적 금융 생태계는 사회적 투자의 수요와 공급이 만나는 사회적 금융 또는 투자 시장이다.

사회적 투자 생태계는 일차적으로 경제적, 사회적, 문화적, 또는 환경적 목표를 달성하기 위해 자본을 활용하는 다양한 투자자들로 구성되어 있다. 투자자들의 투자 동기는 특이하며 다양하다. 정부는 시장구축자 역할도 하고, 또 촉진자, 자금제공자, 정책 프레임워크 개발자, 세제를 통한 인센티브 제공자 등 다양한 역할을 한다. 그럼에도 사회적 투자 시장에서 주역은 정부가 아니라 민간재단 등 VPO들이다.

또 무수하고 다양한 유형의 중간지원조직(intermediaries)은 투자자와 투자처를 연계시켜 SPO와 지역사회에 투자하도록 조정하는 역할을 한다. 이들은 금융, 자원, 기술, 공간, 시스템뿐 아니라 시장개발, 사업 추진과 서비스 제공 관여 등 팔방미인의 역할을 한다. 제3섹터 조직들은 협동조합이나 공제회와 같은 상조적 사익(mutual self-interest) 추구적인 조직들과 사회적 욕구에 직접적으로 호응해 활동하는 자선 조직들로 양분된다. 여기에 1990년대부터 활성화된 사회적 기업을 포함하면, 전체가 '사회적 경제' 영역이라는 생태계를 형성한다.

끝으로, 사회적 투자 생태계는 시장 인프라를 갖춰야 한다. 인프라에는 전문 리스크 관리 기술, 상업 집단과 네트워크, 교육, 메트릭스 등이 있다. 사회적 투자 생태계는 다른 생태계와 마찬가지로 정태적이지 않고 동태적(dynamic) 특성을 갖고 있어 끊임없이 변화에 순응한다. 특히 그 변화의 속도는 금융 테크놀로지의 영향으로 가속화되는 경향이 있다.

사회적 금융의 전망

사회적 금융은 유럽의 경우 비교적 낙관적인 전망을 보여준다. 영국의 브리티시 카운슬(British Council 2014: 4-5)은 사회적 금융과 임팩트 투자를 다음과 같이 전망한다. '사회적 임팩트 측정'이 주류화로 정착되면서 사회적 금융, 사회적 투자의 성장이 가속화될 것으로 전망한다. 더 장기적인 투자기간과 더 장기적인 성과 측정방법이 이뤄지면서 단순한 산출(outputs) 차원이 아닌 더 장기적인 임팩트(impacts) 차원에 초점이 맞춰질 것이다. 2020년이 되면 최대한의 금융적 수익을 위한 투자로 모은 수익으로 증여를 하는 방식의 전통적인 재단 모델은 시대착오적인 것으로 추락할 것이다. 대신 재단들은 모든 투자와 증여에서 사회적 임팩트를 모니터링해서 종합적인 사회적 임팩트를 최대화시키는 모델을 대안으로 선택할 것이다. 사회임팩트채권(Social Impact Bonds: SIB)과 사회투자채권(Social Investment Bonds)과 같은 선도적인 모델들이 투자자, 자선기부자, 정부, 사회적 기업들을 모아 서로 긴밀한 공조 관계를 갖도록 만들 것이다. 이 정도는 사회적 대의를 위한 민간 부문의 자금 유용성을 증대시키고 정부재정과 사회적 기업에 리스크를 감소시키는 초기의 임팩트가 될 것이다.

또 브리티시 카운슬은 2020년이 되면 사회적 기업들도 금융 수익을 높이면서 사회적 임팩트를 최대화시키는 성장 분야들이 등장할 것이라 전망한다(앞글: 5). 투자 준비성과 임팩트 리포팅이 점차 중시되면서 사회적 기업들은 전문화로 급성장할 것이다. 투자 가능한 사회적 기업들이 점차 늘면서 주류 금융기관들도 사회적 투자 상품을 자신들의 평판을 재구축하기 위한 수단으로 삼게 될 것이다. 상업적 금융과 사회적 금융 사이의 갭이 점차 줄면서 투자자들은 자신들의 모든 투자에서 사회적·환경적 임팩트를 고려하게 될 것이다. 동시에 사회적 기업들이 자신들의 금융서비스 공급에 관여하게 되고, 취약 공동체에 뿌리를 두고 있는 신뢰받는 사회적 기업들이 주류 금융기관에서 배제된 주민들에게 은행계좌와 융자를 제공하게 될 것이다. 한편 정부는 정부지출을 절약하기 위해 검증될 수 있는 결과에 대해서만 지불하는 방식을 고수해 결과적으로 사회적 프로그램에 대한 지출을 줄이게 될 것이다.

한편 거대한 새로운 사회적 금융 기관들은 전통적인 사회적 기업 분야보다 훨씬 더 많은 자원을 갖고 임팩트 측정과 리포팅에 투자해 기업 섹터들로부터 상당한 도전을 받게 될 것이다(앞글: 5). 사회적 금융의 성장으로 재단, 유럽 펀드, 정부 프로그램들도 모두가 금융적 수익뿐 아니라 사회적 혜택을 수복하게 될 것이다. 펀딩의 추 이동이 증여(grants)에서 융자(loans)와 벤처 캐피탈(venture capital)로 기울게 되면서 우선순위의 평가 기준은 사회적 결과가 수익을 가져다줄 수 있는지, 금전화되거나 시장화될 수 있는지를 우선시할 것이다. 사회적 결과에 금융적 가치를 적용시키기 어려운 사회적 이슈들은 펀딩을 받기 더 어렵게 될 것으로, 결국 사회적 대의들의 새로운 하층화(underclass) 문제를 야기할 것이다. 반면에 과거 모금이 어려웠던 사회적 이슈 중 일부는 사회적 투자를 받을 수 있는 확률이 높아질 것이다.

또 펀딩 우선순위가 증여에서 투자로 이동하는 변화에 따른 또 다른 변화가 주목받고 있다. 그 변화는 새로운 혁신적인 아이디어에 대한 단기 펀딩으로부터 검증된 아이디어와 개념들에 대한 투자로의 변화로 소개된다(앞글: 5). 이에 따라 혁신의 엔진 역할을 하는 사회적 기업들이 자금 고갈로 고사될 위험도 뒤따른다. 투자 준비성을 갖춘 사회적 기업들을 위한 변화는 비즈니스 기술 등의 기술개발에 대한 수요가 증대할 것이다. 경험이 풍부한 비즈니스 리더들이 기업 섹터에서 충원될 것이고 사회적 지도자들의 기술개발을 위한 많은 자원들도 활용될 것이다.

3) 벤처 필랜스로피

사회적 금융을 제공하는 벤처 필랜스로피(venture philanthropy: VP)는 공공부문이 해결하지 못하는 민간부문의 사회적 금융의 소스가 되고 있다. VP는 〈표 1-2〉에서 볼 수 있듯이 전통적인 증여와 임팩트 투자뿐 아니라 비금융적 자원의 제공으로 사회적 임팩트를 확장시키는 중요한 역할을 맡고 있다.

벤처 필랜스로피의 발전

벤처 필랜스로피(VP)는 1960년대 미국에서 생겨난 용어이지만, 1990년대에 와서 학계 논의를 거쳐 재단들의 사업 실행으로 옮겨진 실천적인 '벤처 투자' 개념이다(EVPA 2016a: 8). 1997년 *Harvard Business Review* 학술지에 실린 한편의 원고가 지금까지 글로벌 임팩트를 가진 중요한 연구로 발표되면서, VP는 미국을 넘어 유럽 전역과 세계로 확장되는 사회적 임팩트 투자로 이해되고 있다. 논문을 발표한 레츠 등(Letts et al. 1997)은 심각한 사회문제를 해결하는 사회목적조직(SPO)이 필요로 하는 프로그램 차원을 넘어선 조직 차원의 벤처 캐피탈 투자방식을 재단의 새로운 벤처투자 방식으로 제안하였다. 이들은 사회문제 해결의 임팩트를 확장시키기 위해서는 리스크 관리, 성과 관리, 관계 관리, 출구 전략 등 벤처 자본가의 도구들을 활용할 것을 권고하였다. 같은 학술지에 게재된 포터와 크래머(Porter and Kramer 1999)의 논문은 자선 재단들이 사회적 가치를 창출하는(creating value) 더 큰 역할을 할 것으로 주문하였다.

VP에 대한 학계의 논의 또한 활성화되고 있다. 비숍과 그린(Bishop and Green 2008)은 '자선 자본주의'(philanthrocapitalism)라는 용어를 만들어, "재산 증식에 성공한 비밀을 기부 분야에 활용하는 빌 게이츠(Bill Gates)와 워렌 버펫(Warren Buffet) 등 성공한 자선가들의 전략을 활용하는 VP 모델"이라는 의미를 제시하였다. 또 에머슨 등(Emerson et al. 2007)은 VP와 벤처 캐피털을 비교해 전자가 사회적 수익을, 후자는 상업적 수익을 지향하는 것으로 구분한다.

VP는 이제 민간재단들에서 일반화되는 동향을 보여준다. 민간재단을 대표하는 포드 재단, 록펠러 재단, 게이츠 재단 등이 최근까지 VP와 SII 시장에서 핵심적인 역할을 해왔다. 포드 재단은 1968년 최초로 프로그램 관련 투자(Program-Related Investment: PRI)를 개시해, 전통적인 증여 지원 방식에서 재단의 목적과 관련되는 프로그램에 투자를 해서 장차 투자 규모를 확장하기 위해 지원한 원금을 회수해 재투자하는 새로운 임팩트 투자 방식을 실험하였다. 이 방식은 재단들 사이에서 일반화된 방식이 되어 게이츠 재단은 주로 PRI 방식의 임팩트 투자를 하고 있다.

또 1970년대에는 국제개발 원조의 수요가 증대함에 따라 국가재정과 다른 민간 자금을 개발에 파이낸싱을 하기 위한 목적으로 미국에서는 OPIC(Overseas Private Investment Corporation)가 개설되었다. 영국에서는 1948년에 CDC(Commonwealth Development Corporation)가 창설되어 지금까지 민간자금의 개발협력 투자 활성화 역할을 맡아왔다. 이들은 모두 국가기관으로 기업과 재단 등의 민간자본을 개발도상국 개발협력 투자에 유치해, 오늘날 임팩트 투자의 붐과 함께 큰 주목을 받고 있다. 또 1970년대에는 세계에서 가장 가난한 국가에 속하는 방글라데시에서 그라민뱅크(Grameen Bank)가 소액대출 사업을 개시하면서 UN이 소액대출을 빈곤문제 해결의 혁신적 방식으로 인정해 2005년 '세계 마이크로 파이낸싱'의 해를 시행하였다. 소액대출은 이제 아시아, 아프리카, 남미 등 글로벌 VP 또는 SII의 주요 비즈니스 모델로 통용되고 있다.

1980년대와 1990년대에는 사회적 책임 투자(socially responsible investment: SRI) 가 점차 활성화되었다. 대표적인 사례로, 사회적 책임 투자자들이 남아공에서의 인종학살을 종말을 고하도록 자본을 인출시키는 책임 있는 행동이 줄을 이었다(USA Advisory Committee 2014: 12). 동시에 사회적으로 책임 있는 투자에 대한 관심이 증대하면서 2013년 G8 '사회적 임팩트 투자' 회담이 개최되며, G7과 호주가 국가적으로 SII 진흥정책을 강화시키고, 점차 G20 수준으로 확장시킬 것을 결의해, 시행에 들어갔다.

21세기에 들어서며 PRI와 SII의 성장이 두드러지게 나타났다. 미국의 파운데이션 센터(Foundation Center)는 42개 민간 재단들이 4000개에 가까운 PRI를 시행해 약 30억 달러를 투자한 것으로 조사하였다. 그럼에도 100대 재단들의 투자는 PRI 방식보다 전통적인 증여 방식에 의존해 증여는 약 2000억 달러에 달해, PRI 방식보다 70배가량 더 높은 비중을 보였다. 2007년 록펠러 재단은 최초로 'SII' 개념을 제시해 SII 시장 등 생태계 조성을 위한 임팩트 투자 중간지원조직인 GIIN을 설립하였다. 다른 유럽 국가들에서는 독일과 이탈리아의 개인 자선가들의 역할이 주도적이었다. 2002년 독일에서는 최초의 VPO인 본벤처(BonVenture)가 스탈(Erwin Stahl)의 투자로 설립되며 일부 부유 가문들의 자본투자를 받았으며, 같은 해 이탈리아에서는 발보(Luciano Balbo)가 올트레 벤처(Oltre Venture)를 설립해 최초의 이탈리아 VPO가 등장했다. 유럽의 VP는 2008년 이후에는 SII로 발전하는 새로운 변화가 있었다(앞글: 20).

한편 VP 성공 사례로 NESsT를 살펴볼 만하다. NESsT는 동유럽의 VP를 대표하는데, 1997년에 국제적 비영리조직으로 설립되었다. NESsT는 동유럽 등지의 신흥 시장경제에서의 심각한 사회문제들을 해결하기 위한 지속가능한 사회적 기업의 개발 목적으로 15년 기간에 120개 사회적 기업 설립을 지원했고, 3900명의 사회적 기업과 기업가들의 교육훈련을 맡았으며, 800만 달러 이상의 투자를 했다(앞글: 22). 동유럽의 신흥 시장경제의 상황은 다른 유럽의 상황과 달라, 기존의 사회적 기업의 성장과 확장을 지원하기보다는 초기 단계의 비영리조직들의 사회적 기업의 설립을 중점적으로 지원하는 전략을 추진하였다. NESsT의 새로운 변화는 2.0 전략으로 소개되는데, 2011년 이후에는 높은 임팩트를 생산하는 사회적 기업으로 비즈니스 모델이 검증되고 스케일 확장이 가능한 사회적 기업에 지원을 초점을 이동시켰다(OECD 2017b: 240). 노동 포용, 지속가능한 소득과 적정 가격의 테크놀로지 분야에 초점을 맞춰, 소수의 혁신적 사회적 기업에 장기적인 재정지원으로 사회적 임팩트 확장을 목표로 한다.

VP 비즈니스 모델

VP 모델은 급성장하는 조직들에 잘 적용될 수 있는 모델이다. 일반적으로 SPO들은 비즈니스 기술과 성장 자본 등 내부 역량이 부족해 사회적 미션의 규모를 확장시키고, 새로운 시장에 접근하거나 정부용역 수주에도 경쟁력이 부족한 문제들을 안고 있다. 그런데 이런 문제들을 개선하면 상당한 성장 잠재력을 갖고 있어, 사회적 투자가 필요하다는 인식이 널리 공유되고 있다. 상업적 기업에 비해 SPO의 사회적 혁신을 위한 '자본 시장'은 그만큼 다변화되어 있거나 효율적이지 못한 것이 현실이다.

VP는 비영리, 소셜 섹터에서 새롭게 부각되는 영역으로 기업가정신과 혁신의 진흥에 새로운 해법을 제시하는데, 다음과 같은 생태계 조성의 이슈들에 직면해 있다. 유럽에서 VP의 진흥을 위해 2004년에 설립된 유럽VP 협회(EVPA: 2016a: 24)는 다음 몇 가지를 생태계 조성 과제로 제시한다.

a) 비영리섹터에서 활동하는 VP의 활동 현황을 알리고 마케팅한다. 주요 대상으로는 고객인 SPO, 제도기관, 비영리섹터 재정지원기관 등이다.
b) SPO가 당면한 문제를 해결하고 욕구를 충족시켜주는 금융적 수단과 비즈니스와 자문 서비스를 광범위하게 개발한다.
c) SPO 그리고 VPO의 성과와 사회적 임팩트를 측정한다.
d) 재단, 민간 지분 및 벤처 자본사, 금융기관, 기업 및 공공 재정기관들과 공조하고 그들로부터 학습해 비영리섹터에 필요한 추가적인 자원을 유치한다.
e) 정책당국과 관계 개선을 통해 VPO와 투자처를 위한 호혜적 환경을 조성한다.

한편 VP는 증여 펀딩(grant funding)과 SII를 병행하는데, 전자에서는 사회적 수익만이 유일한 임팩트가 되는데, 이는 투자기관인 재단과 사회에 대한 임팩트가 된다. 반면에 SII에서는 펀드가 조성되어 펀드에 대한 금융 수익과 함께 사회적 수익이 함께 펀드 투자자들에게 돌려진다.

VP 모델은 전통적인 증여 메커니즘에서 복합 금융으로의 변화를 추구하며, 중장기에 걸쳐 투입이나 산출보다는 결과와 임팩트를 성공의 기준으로 제시하는 모델이다(표 1-3).

표 1-3 벤처 필랜스로피(VP)의 전략적 차원

차원	현상태에서	개선 방향
전략적 프레임	광범위한 기부 (전통적인 자원 이전)	타깃 투자 (새로운 방식의 자원 타깃)
개입의 정도	프로젝트 기반	시스템/섹터 기반
섹터 초점	제3섹터(비영리섹터)	여러 섹터
펀딩 메커니즘	증여	복합 파이낸스 (증여, 융자, 지분투자 등)
관여 형태	최소한	기술, 관리지원, 역량개발 등
관여 기간	단기(1-2년)	중장기(5-10년 이상)
문화/스탭 역량	자선적, 행정적, 금융적	혁신적, 다원적, 상업적
성공 기준	투입(inputs)/산출(outputs)	결과(outcomes)/임팩트(impact)

자료 OECD netFWD 2014: 42.

유럽의 VP와 SII 현황

유럽VP협회(EVPA)의 2013~2014년 서베이 결과는 다음과 같이 유럽 전체의 VP와 SII의 대략적인 현황을 보여준다. 유럽 VP에서 실제로 증여 비중이 가장 높은 전체 57% 비중을 차지하고, 부채(debt) 20%, 지분/준지분(equity/quasi-equity) 투자가 15%, 기타 5% 등이다(EVPA 2016a: 28). 유럽의 VP 조직들(VPO)의 70%는 비영리조직들로 개인 등의 독립적 재단이 33%, 기업 관련 재단 7%, 자선단체 14%이며, 영리기업 19%, 펀드 9%, 기타 복합적 기관 2% 등이다.

또 VP/SII 설립 조직들은 사회적 미션 조직들이 36%로 가장 많은 비중을 차지한다(앞글: 38). 그들은 민간재단을 비롯해서 비영리기관들이다. 다음으로 금융분야가 32%로 높은 비중을 차지하는데, 여기에는 민간 지분 및 벤처 캐피탈, 도매 및 투자 은행, 자산 관리 및 헤지 펀드 등이 있다. 다음으로 기업들도 27% 비중을 차지하는 주요 설립기관들이며, 정부는 5% 비중으로 낮은 편이다.

VP/SII 펀딩 제공자는 개인이 19%로 가장 많고, 다음으로 기업과 재단들이 각기 17%와 14%, 그리고 정부와 기관 투자자들이 11%와 9% 비중을 차지한다(앞글: 40). 민간 지분과 벤처 캐피탈 및 헤지 펀드의 비중은 2012년 7% 비중에서 2014년 2% 비중을 크게 낮아졌다.

VP 투자분야는 경제 개발과 사회 개발이 22% 비중으로 가장 높고, 다음으로 교육 14%, 연구 13%, 보건의료 13%, 문화와 레크리에이션 9%, 환경 8% 등이다(앞글: 51). SPO 중에서 상업거래 수입이 있는 비영리조직들과 사회적 기업들이 각기 전체의 35%와 32%의 높은 VP/SII 투자를 받은 것으로 나타난다(앞글: 54). VP는 SPO 중에서 신생, 중소 규모의 조직으로 성장 잠재력이 높은 기업들에 대한 투자를 선호한다. 투자처 조직들의 가장 보편적인 운영기간은 2년으로 전체 80% 비중을 차지한다. 일부 VPO들은 1년도 채 안 된 신생 기업들에 투자를 선호해, 스타트업 기업들이 전체 61% 비중을 차지하고, 반면에 5년 이상의 성장 기업들에 대한 투자 비중은 29%에 불과하다.

SPO에 대한 비금융 지원

사회목적조직(SPO)은 다양한 유형의 투자를 필요로 한다. 금융적 투자뿐 아니라 비금융 지원들이 필요하며, 이들은 정부나 기업 등 제도적 기관들의 지원과 투자뿐 아니라 최근에는 VPO 또는 SII 기관 등의 지원이 늘고 있다. VPO는 특히 중간지원조직으로서 투자자와 공동투자자들의 펀딩을 연계시키는 기능뿐 아니라 투자처가 되는 SPO에 대한 다양한 비금융 서비스를 지원한다. 비금융 서비스는 VPO가 직접 제공하는 경우와 다른 제3기관들이나 전문가들이 제공하는 경우 등 다양하다. SPO는 이 같은 비금융 지원으로 역량을 구축하고 프로젝트 수행에 필요한 전문기술과 역량을 갖춰 계획된 임팩트를 창출하도록 디자인된다. 사회적 투자의 임팩트는 프로젝트 수혜층에게 제공된 서비스와 임팩트뿐 아니라 서비스제공기관인 SPO의 역량강화 등의 사회적 임팩트도 중요한 부분이다.

유럽의 현황에 관한 EVPA의 2014년 서베이 결과를 보면 VPO는 SPO에 다양한 '비금융' 지원을 한다. 비금융 서비스 지원에 관한 유럽 VPO들의 조사 결과를 보면, 절반 이상 52%가 이 같은 비금융 서비스 지원을 측정하지 않고, 11%만이 항상 측정하는 것으로 나타난다(EVPA 2016a: 66). VPO들이 제공하는 비금융 서비스 유형으로는 전략 컨설팅이 가장 많은 77%, 네트워크 접근 76%, 금융 관리 65%, 모금과 수입 전략 61%, 거버넌스 56%, 마케팅과 커뮤니케이션 47%, 법률자문 45%, 운영 관리 45%, 변화 관리 32%, 인력 관리 27%, IT 16% 등이다.

비용 측면에서는 금융적 서비스 투자비가 비금융 지원비를 훨씬 능가하지만(93.5% 대 6.5%), SPO의 입장에서는 비금융 지원이 금융적 서비스에 못지않은 중요한 비중을 차지한다(앞글: 20). 실제로 VPO의 지원을 받은 SPO들은 비금융 서비스가 금융적 서비스와 같은 중요한 비중을 차지한다는 의견이 74%, 또 비금융 서비스가 금융 서비스보다 더 중요하다는 의견(16%)이 그렇지 않다는 의견(11%)보다 더 많다(앞글: 18).

3. 사회적 경제와 임팩트 투자

사회적 경제의 양적 성장이 질적 성장인 임팩트로 나타나는 것은 아니지만, 사회적 경제는 상당한 사회적, 경제적 임팩트를 창출하는 것으로 평가되고 있다. EU(EC 2013, 2014)와 OECD(2015a, 2016c)의 평가에서 재정실적 이외에도 오랜 역사적 전통을 통해 사회적 경제가 경제발전과 삶의 질 개선에 기여한 객관적 증거들을 확인해볼 수 있다.

1) 사회적 경제의 경제적 임팩트

사회적 경제의 임팩트는 우선 경제적 임팩트에 초점을 맞춰볼 수 있다. 영리추구적인 기업들과 경쟁하며 다양한 소유권 구조를 갖추고 다양한 목표를 추구한다. 사회적 경제의 비즈니스 모델의 다양성은 소비자들에게는 많은 선택의 기회를 제공하고, 독점의 형성을 차단하는 역할을 하며, 도매가격을 낮추고, 기술개발과 혁신의 기회를 제공해주고, 정보의 비대칭을 해소함으로써 전반적으로 시장 경쟁력을 개선시키는 경제적 임팩트가 발생한다.

협동조합들은 특히 상당한 불확실성과 가격변동성이 강한 금융과 농업 분야에서 경제 안정화 역할을 하는 것으로 평가받는다. 농업의 경우, 농산품 생산을 특징짓는 가격변동성을 낮춰 생산자의 활동에 안정성을 보장해주는 역할을 한다. 또 금융 분야의 경우 유럽의 농업협동조합과 북미의 신용조합은 은행 시스템에 안정화 임팩트를 갖고 있는 것으로 평가되고 있다. 협동조합의 존재는 미래의 불확실한 변화에 대응하는 사회의 역량을 개선시킨다고 말하는 것은 무리가 아니다(EC 2013: 49). 협동조합들의 사

표 1-4 철강 협동조합: 오스트리아 스투바이 벨리

오스트리아 알프스의 스투바이 벨리(Stubai Valley)는 스키, 하이킹, 그리고 철강 제조로 잘 알려진 지역이다. 14세기 이래로 철강 채굴이 이뤄졌는데, 지금은 인구 1400명이 연간 수만톤의 철강 제품을 생산해 미국과 유럽 등지에 수출하고 있다. 이곳이 글로벌 철강 프로세스 분야로 성공한 것은 협동조합의 설립과 성장으로 가능했다. 1997년 지역의 철강 기능공들이 당시의 비즈니스에 대한 불만에서 협동조합을 설립해 1990년에 공동으로 기계를 구입해 공장생산으로 수입을 올려 생계를 유지할 수 있었다. 스투바이 협동조합은 400명의 종사자와 정부지원금으로 120명의 추가 고용으로 종사자를 두고 있지만 조합원은 규정대로 24명의 지역출신들로 구성되어 있다, 협동조합의 성장은 조합원들의 공동작업으로 철강 원자재를 공동구매하는 규모의 경제 덕분으로 분석된다. 또 다른 성공의 요인으로는 각종 공구로부터 산악장비에 이르기까지 제품의 다양성과 개별 기업들 사이의 경쟁보다는 전문화를 중시하는 규정에 있다고 분석된다.

출처 www.stories.coop
자료 EC 2013: 50.

회혁신의 사례들은 Stories.coop(http://stories.coop/)에서 스투바이 벨리(표 1-4) 등 많은 사례들을 참고해볼 만하다. EU는 독일의 RWAG 또한 혁신사례로 소개한다(표 1-5).

또 사회적 경제 조직들은 사회적 재화와 서비스 공급을 확대해 공공부문의 서비스 저공급 문제를 보완하는 임팩트를 발휘한다. 재화와 서비스 공급의 확대로 지역 고용의 확대와 임금 증가라는 경제적 임팩트도 발생한다.

2) 사회적 경제의 사회적 임팩트

사회적 경제가 시장과 국가의 메커니즘으로부터 구분되는 핵심적인 특징은 협동과 상호성이라는 조정의 메커니즘에서 찾아볼 수 있다. 시장

표 1-5 크라우드 펀딩: 독일의 지속가능한 식량공급사슬

Regionalwert AG는 독일의 프라이버그 지역의 시민주주 회사이다. 유기농과 로컬 푸드 생산, 마케팅, 배분을 전문 비즈니스로 하는데, 특이한 것은 크라우드 펀딩을 활용하는 것이다. 지속가능한 경제적으로 실행가능성이 있는 식량공급 사슬을 구축해 지역의 부가가치를 생산하기 위해 결합한 사회적 기업 네트워크 개발에 크라우드 펀딩이 투자된 사례이다. 지역 시민들의 사회적 투자자, 생산자, 고객, 사회기업가들을 하나의 지붕인 Regionalwert AG (RWAG)에 모은 것이다. RWAG는 대부분 지역의 주주 500명으로부터 백만 유로를 동원해 유기농과 토지와 식품 제조 비즈니스, 마케팅 비즈니스에 자본금을 투자한 것이다. 협력사와 기업들은 독립적으로 운영되지만 모두가 하나의 네트워크에 결합되어 공동의 비즈니스를 수행한다. 이 같은 협동으로 비용을 줄여 소규모의 기업들도 경쟁력을 갖게 된 것이 중요한 경제적 임팩트이다. 낙농업의 경우, 야채농사의 쓰레기를 활용하고 야채농사에 소의 배설물을 활용해 농산물을 생산, 판매하는 공급사슬이 구축되어 있다. RWAG은 지역의 투자가 미치는 사회적, 경제적, 환경적 임팩트를 보고하는 방법론을 개발해 보고하며, 타 지역에도 시민주도형 비즈니스의 운영을 선도하는 역할을 한다. 지속가능한 농업으로의 전환과 지속가능한 식량 공급사슬의 구축이라는 경제적, 사회적. 환경적 임팩트가 유럽 전역에서 인정받고 있는 것이다.

출처 http://www.regionalwert-ag.de
자료 EC 2013: 51.

메커니즘은 사익에 기초한 교환의 메커니즘을 갖고 있고, 국가는 법의 지배와 관료적 집행의 메커니즘을 갖고 있다. 이에 비해 사회적 경제는 협동과 상호성이라는 집단적 메커니즘을 갖고, 조직을 설립한 사람들의 관여뿐 아니라 광범위한 이해관계자들의 참여에 의한 의사결정을 중시한다(앞글: 49). 의사결정이 핵심이기 때문에 참여자들 사이의 신뢰를 바탕으로 한다.

따라서 사회적 경제 조직의 사회적 임팩트는 참여자들의 공통된 미션과 구조의 직접적인 결과에 기초한다. 조직의 거버넌스에 이해관계자들이 관여함으로써 조직이 구성원들의 이해와 지역사회의 이해에 충실한 조직

으로 유지될 수 있다. 사회적 경제 조직들은 지역사회 주민들의 관여와 공조에 기초한 활동을 수행함으로써 사회와 경제의 신뢰 수준이 되는 사회자본(social capital)을 증대시키는 중요한 역할을 한다.

EU에서의 동향이 두드러진 변화를 보여준다. 사회적 경제의 사회경제적 임팩트의 중요성을 입법으로 인정하며 임팩트 측정을 기초로 사회적 경제에 대한 다양한 임팩트 투자를 유지하는 정책들이 지속적으로 추진되고 있다. EU는 〈사회적 임팩트 측정에 대한 접근법 제안〉 보고서에서 사회적 임팩트 측정의 배경에 대해 다음과 같이 설명한다(EC 2014a: 3). 21세기의 첫해 2000년에 UN은 8대 새천년개발목표(MDG)를 발표해 2015년까지 모든 국가들에서 모든 사람들의 생계를 개선하는 데 공동 노력할 것을 천명하였다. 이즈음에 유럽에서는 사회적 기업과 사회적 비즈니스의 중요성에 주목해 이들이 MDG 8대 목표들을 수행할 것으로 기대하였다. 사회적 기업들의 목표 달성을 지원하기 위해서는 가장 중요한 과제가 다양한 재원으로부터의 투자 펀딩을 확보하는 것으로 파악되어, 두 가지 특별한 프로그램이 추진되었다. 하나는 사회적 기업들의 운영을 지원하는 포트폴리오 투자를 위해 디자인된 펀드의 구조와 운영에 관한 프로그램이다. 다른 하나는 사회적 기업들이 투자를 유치하기 위한 준비를 지원하는 증여, 투자, 보증 펀드(grant, investment, guarantee fund)이다(앞글: 3). 두 가지 프로그램 모두가 투자의 사회적 임팩트를 측정해 보고하는 시스템의 구축에 관한 입법을 필요로 하였다.

2012년 3월 EU의 '단일시장법 II'(Single Market Act II)은 "사회적 기업이 창출하는 사회경제적 혜택을 측정하는 방법론을 개발할 것"을 규정한다. "지역공동체에 대한 사회적 기업의 임팩트에 대한 강력하고 체계적인 측정의 개발은 사회적 기업에 투자된 자금이 저축과 소득을 산출한다는 것을 제시하는 데 필수적이다"고 강조한다(앞글: 3). 유럽 사회적 경제 전반에 적용될 수 있는 유럽형 방법론에 합의하기 위한 실행그룹이 2012년 10월에 설치되어, 실행그룹은 2013년 말까지 사회적 기업의 활동에 대한 사회적 임팩트를 측정하는 방법론을 개발하는 의무가 부여되었다. 방법론은 두 가지 배경에서 가장 필요로 하였다. 하나는 유럽 사회기업가정신 기금(European Social Entrepreneurship Funds)의 개발 필요성이다. 사회적 펀드 운용사들이 특정 사회적 기업에 투자해 투자의 결과를 모니터링하고 제시할 수 있는지를 어떻게 결정하는지를 잘 조정해주기 위한 추가적인 기준들이 필요한 것이다. 둘째는 2014년부터 '측정 가능한 사회적 임팩트'를 가진 사회적 기업에 8000만 유로가 지원된다.

사회적 임팩트 측정에 대한 관심은 최근에 급증하는 추세이다. 그 이유는 부분적으로 글로벌 금융위기의 여파로 공공 및 민간의 기금 제공자와 투자자들은 희소자원을 객관적으로 검증될 수 있는 임팩트를 가진 이니셔티브들에 집중하려는 의도들이 높아지고 있기 때문이다(앞글: 8). 또 다른 이유는 확고한 임팩트 측정으로 서비스 공급자와 위탁기관 모두가 서비스 공급의 효과성 개선과 사회적 기업의 욕구를 충족시키는 노력에 더욱 집중할 수 있다는 점을 인식한 것이다.

사회적 기업의 임팩트 측정의 초점은 다음과 같다(앞글: 19).

- 개인 차원과 지역사회 차원의 임팩트 측정,
- 단기적 임팩트보다 장기적 임팩트,
- 지리적 넓이와 깊이 측면의 사회적 임팩트의 범위, 취약층과 특정 소지역에서의 임팩트 강도와 범위,
- 직접적인 임팩트와 간접적인 임팩트의 구분.

표 1-6 사회적 임팩트 측정: Eurodiaconia (오스트리아 Diakonie 멤버)

지난 십여년간 유럽에서는 다른 분야보다도 사회와 보건 시스템 분야에서 일자리가 많이 창출되었다. 또 이 분야들에 대한 투자로 일자리가 많이 생겨나면서, 100만 유로를 투자하면 사회, 보건 분야에서는 17개의 새로운 일자리가 창출된 셈이 되는데, 이는 에너지 분야 13개 일자리, 기타 분야 11개 일자리에 비하면 대단한 실적이다. 사회와 보건 분야의 서비스는 공공 보건, 보육, 교육을 통해 불평등을 해소한다. 또 보건과 사회 분야에서 일하는 사람들은 일반적으로 취약지역에서 사회적 수요가 가장 많은 분야에서 일하므로, 이 점이 이 분야들에서 새로운 소득원이 발생하는 중요한 근거가 된다. 사회서비스에 대한 투자의 임팩트는 대단하다. 특히 아동에 대한 투자수익(ROI)은 대단해서, 1유로 투자로 6~8유로의 수익이 발생하는 것으로 추산된다. 또 사회적 수익은 상호적으로, 사람들의 소득이 늘고 더 많은 일자리를 갖게 되면 취약지역의 인프라가 개선되고 그럼으로써 투자자들에 대한 높은 수익이 발생할 가능성이 높아진다.

자료 EC 2014a: 10.

표 1-7 프랑스 아키텐 지역 사회적 경제의 임팩트

프랑스 국가와 컨설팅사(AVISE) 파트너십으로 시행된 경제활동통합국가위원회의 지역사회 임팩트 연구에 따르면, 프랑스 남서부의 아키텐 지역에서 사회적 경제를 통한 노동통합서비스로 노동시장에 종업원 50% 이상이 통합되어 국가 차원에서 1억 400만 유로의 절약 성과가 발생하였다. 아키텐 사회적 경제 조직들이 6만 명 이상의 일자리를 제공했고, 그중 1만 2000명의 풀타임 일자리가 마련되었다. 1억 7100만 유로의 수익을 생산해 지역경제에 기여했고, 종사원의 임금(1억 5400만 유로)와 구매(5000만 유로)를 통해 지역경제에 2억 유로 이상의 경제적 임팩트를 생산하였다. 또 다른 측면에서는 국가재정의 절약 성과를 올렸다. 공공 증여 8000만 유로, 세금 혜택 1900만 유로, 세금 납부 4500만 유로 등이 국가 차원에서 절약된 셈이다. 나아가 실업자 일인당 사회적 비용 1만 8300유로를 추산해보면 사회적 경제에 고용된 인원만큼의 실업과 고용 서비스 비용 절약이 발생해 국가재정에 기여한 것이다.

자료 EC 2014a: 19.

모든 유형의 개입과 모든 상황에 공통적으로 적용될 수 있는 임팩트 측정의 초점은 다음과 같다(앞글: 20).

- 측정은 달성되어야 하는 결과에 대한 분명한 이해와 누구를 위한 임팩트인지를 규명하는 데 기초해야 한다.
- 측정은 개입의 결과에 대해 설명해야 한다. 공급된 서비스와 제품에 기초한 측정이 되어야 하며, 서비스와 제품의 효과성과 개선에 기여해야 한다.
- 개입의 임팩트로 그리고 개입에 따른 삶의 변화에 초점을 맞춰 임팩트가 발생한 근거를 명확하게 설명해야 한다. 명확한 변화의 이론(theory of change)을 제시해야 한다.
- 활동이 산출(output)과 결과(outcome), 나아가 임팩트(impact)를 창출하는 과정에 대한 명확한 이해로부터 산출을 활용한 주요시점의 측정이 될 수 있다.
- 측정은 의사결정의 배경에서 추진되어 의사결정을 지원해야 한다.
- 측정에 대한 검증이 뒷받침되어야 한다.
- 측정은 측정의 욕구 충족을 위해 개발되어 그것을 위해 이용되어야 한다.
- 측정을 위한 재정 지표들(SROI 지표들)이 핵심 이해관계자의 견해에 부가가치가 되는 조건에서 이용되어야 한다.

3) 사회적 임팩트 투자

사회적 임팩트에 대한 관심은 이제 사회적 임팩트 투자(social impact investment: SII)로 진전되고 있다. 사회적 경제의 금융적 취약성을 강화시키기 위한 공공과 민간 부문의 공통된 혁신으로 SII가 새로운 글로벌 동향으로 발전되며 SII 시장 등 생태계가 조성되는 동향이다.

사회적 투자와 임팩트 투자

'사회적 투자'(social investment)란 무엇인가? 2013년 6월 영국 정부가 주관하는 G8 〈사회적 임팩트 투자〉 컨퍼런스는 '사회적 투자'에 대해 소셜 섹터(social sector) 조직들에게 사회적, 재정적 수익을 공급하는 역량을 제공하는 자본을 제공하는 것이라 정의한다. 사회적 투자는 소셜 섹터 조직의 수입 펀딩(revenue funding)으로 또는 자본 투자(capital investment)로 이용될 수 있다. '수입 펀딩'으로 소셜 섹터 조직은 계획된 산출 또는 결과를 생산할 수 있는 역량을 갖추게 된다. 펀딩으로 일상의 활동을 위한 운영비로, 정규적인 서비스 공급과 시행 중인 프로젝트 비용으로 충당될 수 있다. '자본 투자'로는 조직의 사회적 미션을 달성하는 데 필요한 장기적인 역량 구축을 위한 금융으로 투자된다.

사회적 투자는 상환 가능한 투자이며, 원금과 함께 이자로 상환될 수 있다. 소셜 섹터 조직들이 소득을 창출하는 새로운 또는 기존의 활동들을 개발할 수 있는 자본이 사회적 투자이다. 이런 활동이 수익을 창출하면 투자자에게 상환할 수 있는 여유가 발생한다. 소셜 섹터 조직들은 상업거래, 공공서비스 공급 용역, 증여, 기부 또는 이런 유형의 다양한 파이낸싱의 복합으로 수익을 창출할 수 있다. 소셜 섹터 조직들로는 비영리단체, 사회적 기업 등이 대표적이다. 사회적 기업은 사회적, 환경적 문제들을 해결하면서 지역사회에서 주민들의 삶의 질 개선 등 비즈니스 활동을 한다. 영국에서 사회적 기업은 18만 명을 고용하고 있는데, 이는 중소기업 종사원 전체의 15%에 달하는 규모이다. 사회적 기업의 연간 수입액은 1630억 파운드로 경제에 기여하는 총부가가치가 550억 파운드에 달한다.

또 '사회적 임팩트 투자'(social impact investment: SII)는 측정 가능한 사회적, 금융적 수익에 대한 명확한 기대를 갖고 있는 조직들에게 제공되는 금융이다. 공공 자금만으로 사회문제를 해결하고 사회서비스를 제공하는 데는 한계가 있기 때문에 민간부문의 SII의 중요성은 점차 증대되고 있다. SII에는 공적 혜택을 주는 재화와 서비스의 제공에 기여하는 민간투자가 늘고 있다. 투자자들은 시장 수익을 생산할 수 없는 조직들을 위한 펀딩을 제공하는 투자자로부터 금융수익과 사회적 임팩트에 대한 관심을 갖고 있는 전통적인 투자자에 이르기까지 다양하다. 투자자 또는 투자기관의 입장에서는 사회적 책임에 전혀 관심이 없는 투자로부터 사회적 책임에 대한 관심의 단계를 거쳐 환경, 사회, 거버넌스(ESG) 관심으로 진전하고 있다. 최근에는 임팩트 투자에 대한 관심으로 넘어오면서 환경적, 사회적, 거버넌스 기회를 추구하는 적극적인 투자, 나아가 객관적인 자료로 측정 가능한 높은 임팩트 해결에 대한 투자까지 진전되고 있다.

지난 십여 년 새에 SII가 증대한 데에는 여러 배경 요인들이 있다(OECD 2015a: 13). 먼저 시대적 배경으로 개인과 사회적 책임을 수행하는 기관들이 지역사회, 국가, 글로벌 차원의 사회문제 해결에 대한 관심과 사회공헌 활동의 확대를 꼽을 수 있다. 또 2008년 금융위기 이후 지속되는 경제위기 상황도 각국과 글로벌 차원의 사회문제 해결에 대한 관심을 고조시켰다. 각국 정부들과 국제기관들도 다양한 해결방안을 모색하고 있는 가운데 전통적인 기관 중심의 공적 접근법을 보완하는 민간 참여의 사회적 투자 활성화에 기대하며 다양한 지원정책들이 추진되었다. 그중 대표적인 사회적 경제 정책이 사회적 기업 육성정책이다. 1980년대 이후 수십 년간 사회적 기업의 활성화로 지금의 SII의 활성화가 가능해진 것으로 볼 수 있다(Noya 2009; EC 2013).

이제는 기업들도 SII에 대한 실천으로 동참하는 추세이다. 사회적, 환경적 요인들이 기업의 보텀라인(bottom line)에 영향을 미치며 비즈니스와 시장, 경쟁에서 주요한 요인들로 제기된 것이다(Porter and Kramer 2011). 전통적인 시각에서는 사회적, 환경적 목표의 추구는 재정적 수익의 감소와 유사한 형태의 트레이드오프(trade-off)가 발생한 것으로 보았다. 그런데 이제 기업들은 시장 경험을 통해, SII가 재정 수익과 사회적 수익, 양자 모두를 생산할 수 있다는 인식을 갖게 되었다.

사회적 임팩트 투자의 성장세

SII 시장의 규모는 2011년부터 글로벌 서베이를 시행해온 J. P. Morgan과 GIIN의 조사결과를 참고해볼 수 있다. 2014년 핵심 임팩트 투자자, 125명의 펀드 운용사, 재단, 기관 투자자, 개발금융기관들을 대상으로 조사한 보고서에 따르면(GIIN 2014), 이들이 집합적으로 2013년 한 해에 460억 달러의 임팩트 투자를 해서 2012년에 비해 10% 성장세를 보여주었다. 또 거래량으로는 20% 증가하였다. 2014년에는 2013년에 비해 7% 성장세를 보였고 또 거래량으로는 13% 성장했다.

또 2014년 조사결과 자신들의 포트폴리오 대부분이 임팩트 기대치와 금융수익 기대치를 달성한 것으로 나타났다(J.P. Morgan, Global Social Finance. 2015). 각기 71%와 78%로 비교적 높은 편이며, 기대치 이상의 사회 임팩트와 금융 임팩트를 창출한 비중도 각기 27%와 14%에 달한다(앞글: 8). 반면에 기대치 미만의 성과를 낸 포트폴리오는 사회 임팩트에서 2%, 금융 수익에서 9%에 지나지 않았다. 한편 펀드 운용사들은 2014년에 47억 달러를, 2015년에는 152억 달러를 조성했고, 2016년에는 177억 달러를 조성할 계획이다. 펀드 운용사들에 따르면 현행 SII 관리자산 중 가장 많은 비중을 차지하는 순서는 복수의 금융기관/은행이 32%로 가장 높고, 다음으로 연금기금 또는 보험사(19%), 개발금융기관(18%) 등이다(앞글: 10).

4. 상호의존과 파트너십 모델

사회적 경제는 국가, 시장, 시민사회 사이의 상호의존(interdependence) 또는 파트너십(partnership) 관계로 설명될 수 있다. 이 책의 제2장, 3장, 4장의 주요 내용과 관련된 이론적 배경으로 상호의존의 파트너십 모델을 참고한다.

1) 상호의존의 이론적 배경

비영리조직과 사회적 경제의 등장 배경에 대해서는 두 가지 특이한 이론적 배경이 있다. 하나는 시장실패 이론이고, 다른 하나는 상호의존 이론이다. 시장실패 이론은 영리시장이 지역사회의 이해를 충족시키지 못한 것으로 간주한다(Ben-Ner 1986; Hansmann 1980; Weisbrod 1974, 1977). 그런데 샐러먼(Salamon 1995)은 비영리조직들은 시장실패보다는 정부와 지역사회조직 사이의 파트너십이나 상호의존에서 발전된 것으로 설명한다. 캐나다 연구자들(Quarter & Mook 2010) 또한 캐나다 협동조합들이 정부와의 파트너십이 발전된 도시지역에서 많이 등장한 사례를 분석해 상호의존 이론이 시장실패 이론보다 더 설득력이 있다고 설명한다.

한편 에버스(Evers 1995)는 제3섹터 이론을 제시해, 제3섹터를 시장, 정부, 비공식 가계로 구성되는 혼합 복지시스템으로 설명한다. 에버스는 완전한 통일체(monolith)로서 제3섹터가 존재하지 않고, 중개적 또는 하이브리드 영역으로서 제3섹터가 존재할 따름이라고 설명한다. 이런 점에서 샐러먼의 파트너십 개념과 유사한 상호의존 이론에 가까운 시각이라 볼 수 있다. 아민(Amin 2010) 또한 사회적 경제와 사회의 다른 부분들과의 상호의존에 대한 중요성을 지적한다. 이런 상호의존 시각과 섹터로서의 사회적 경제 시각 사이에 대조적인 긴장이 형성되고 있다는 것이다. 아민은 사회적 경제가 기능하는 시장경제의 배경이 성공적인 것인가 아니면 실패하는 것인가 하는 배경요인들의 중요성을 강조한다.

따라서 사회적 경제는 사회에 대한 대안적 특성보다는 광범위한 사회 안에 내재한 일부로 간주해, 사회적 경제와 사회의 다른 부분들과의 상호작용에 주목하는 것이 중요하다. 이 같은 상호작용 또는 상호의존의 시각에서 〈그림 1-3〉과 같은 공공부문, 영리부문, 사회적 경제 부문 사이의 상관관계를 살펴보면, 각기 독립적인 영역보다는 세 부문들이 중첩되는 영역에서의 사회적 경제 조직들의 기능과 역할에 초점을 맞춰볼 수 있다(Quarter & Mook 2010: 10-11).

여기에서 사회적 경제의 개념은 "자신들의 미션과 실천에서 사회적 목표를 갖고 있고 확고한 경제적 목표를 갖고 있거나 또는 자신들이 공급

■ **그림 1-3** 사회적 경제: 상호의존 접근법

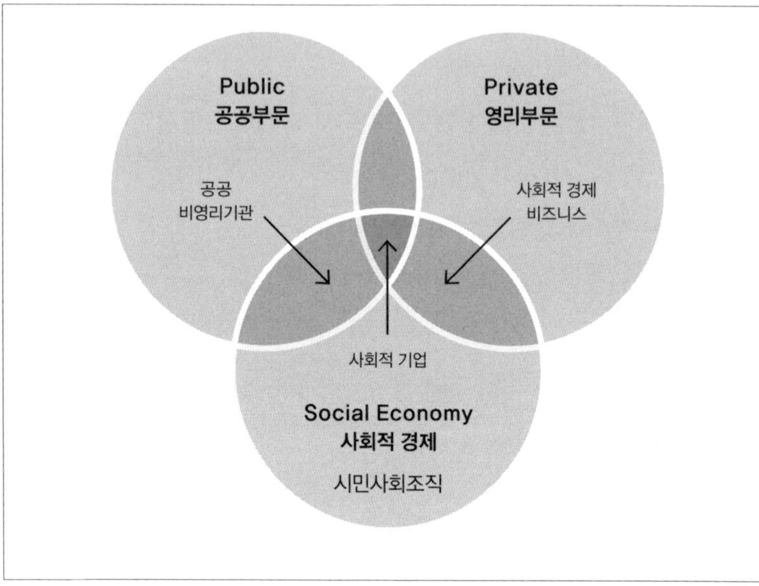

하는 서비스와 수행하는 구매를 통해 일정한 경제적 가치를 생산하는 조직들에 대한 교량적 개념(bridging concept)"이라 정의된다(Quarter, Mook & Armstrong 2009: 4). 공공 비영리조직, 사회적 경제 비즈니스, 지역공동체개발과 사회적 기업들은 각기 다음과 같은 특성들을 갖고 있다(Quarter & Mook 2010: 12-17).

2) 공공부문 → 공공 비영리기관

공공부문 비영리조직(public-sector nonprofits)은 독자적인 법인체이며 자체 이사회를 거버넌스 구조로 갖추고 있지만, 재정의 상당 부분을 정부

기관에 의존하고 대부분 정부정책의 영향권에서 활동하는 조직이다. 공공부문 비영리조직들은 한 발은 공공부문에 다른 한 발은 사회적 경제에 걸쳐 있는 하이브리드 조직이다. 샐러먼(Salamon 1995)은 이 조직들이 정부로부터 재정의 상당부분을 지원받아 정부정책 프레임워크의 범위에서 운영되어 일반 시민들 또는 특정 집단의 시민들에게 사회서비스를 제공하는 비영리조직이라는 점에서 '파트너십' 조직으로 간주한다. 정부로서는 공공부문 비영리조직들이 서비스 공급 역할을 대신하면 상당한 장점이 있다고 판단한다. 이 조직들이 공공기관들에 비해 시민들과 보다 밀접한 관계를 갖고 시민들의 욕구를 잘 파악해 서비스로 충족시켜주면 효과성과 효율성을 높일 수 있다는 것이다.

실제로 지금은 대부분의 국가에서 파트너십의 활용으로 공공부문에 밀착된 비영리조직들이 정부기관을 대신해 사회서비스 공급자 역할을 수행한다. 정부는 든든한 재정과 행정의 지원자 역할을 분담한다. 정부는 정책형성 단계부터 정부주도적인 역할보다는 재정지원을 받는 비영리조직들과 더불어 결정하는 거버넌스의 특성을 보여준다. 정책결정은 대부분 정부가 주도하며 비영리조직들의 영향력은 일반적으로 피드백 수준으로 구속력을 갖지 않고 정보와 자문 제공에 머무는 특징이 있다.

정부의 재정과 정책 가이드에 의존하는 공공부문 비영리조직도 사회적 경제에 해당되는지 의문이 제기되지만, 사회적 경제에 해당된다고 볼 수 있다. 오늘날 '공공부문'의 의미는 완전한 통일체(monolith)가 아니라 지역사회에 참여하면서 다양한 수준의 자율성을 가진 정부기관들의 광범위한 네트워크이다. 이런 정부기관들은 정부정책 프레임워크에서 운영되며, 공공부문 비영리조직들에 재정을 지원해 서비스 공급을 하도록 위임하는 공조적 관계를 유지한다.

공공부문 비영리조직들은 정부와의 파트너십을 맺고 상호의존성을 갖고 있다는 의미에서 준자율적 NGO(quasi autonomous non-government organizations: QANGO)라 부르기도 한다. 그럼에도 자체 자율적인 이사회를 갖추고 서비스 공급에서 상당한 자율적인 활동을 수행한다. 또 서비스 수혜층의 지역공동체와 정부 사이의 교량 역할을 한다는 의미에서 중간지원조직(intermediary organizations)이라 볼 수 있다.

공공부문 비영리조직들은 준공공(quasi-public) 서비스를 공급하며 정부와 사회적 경제 사이의 교량 역할을 맡고 있지만, 정부로부터의 독립성 정도는 조직에 따라 차이가 있다. 정부조직과 다를 바가 없는 조직이 있는가 하면, 대학처럼 정부입법에 의해 창설된 조직들은 상당한 자율성을 누린다. 다른 대형 조직들로는 정부로부터 독립적으로 설립되었지만, 고객들이 소득이 부족하거나 서비스 가격이 높아서 서비스 비용을 감당하지 못하는 서비스를 제공하는 조직들로, 사회적 주택(social housing), 보건, 보육 분야의 조직들이 있다.

3) 영리부문 → 사회적 경제 비즈니스

사회적 경제는 상당 부분 시장에서 기능을 한다. 협동조합들과 많은 비영리조직들이 그러하다. 시장에서 서비스 거래활동을 하지만 일반 영리기업들과 다른 특성을 가진 조직들을 〈그림 1-3〉처럼 '사회적 경제 비즈니스'로 구분해볼 수 있다. 일부 사회적 경제 비즈니스들은 영리기업들과 직접적인 경쟁을 하고, 다른 사례들은 틈새시장에서 시장기능을 하기 때문에 영리기업과 직접적인 경쟁은 하지 않는다. 신용조합과 농산물 마케팅 협동조합이 영리기업과 직접적인 경쟁을 하는 사회적 경제 비즈니스에 해당된다. 이들이 영리기업을 자신들처럼 사업을 하도록 유도하는가, 아니면 반대로 이들이 영리기업으로 변모하고 있는가? 이에 대한 보편적인 답은 없지만, 일부 사례들을 통해 사회적 기업들이 영리기업처럼 변모하는 사례들 또는 반대로 영리기업들이 사회적 경제 비즈니스로 확장한 사례들을 참고해볼 수 있다.

먼저 사회적 기업 비즈니스들이 영리기업으로 변모하는 '탈상조화'(demutualize)를 주목해볼 수 있다. 2009년 국제협동조합연맹(International Co-operative Alliance)의 홈페이지에는 '탈상조화 경계'(Demutualization Watch) 논문이 게재되며 영리기업화 동향이 주목을 받았다. 캐나다에서는 대형 곡물마케팅 협동조합들 모두가 릴리데일(Lillydale) 등 농산물 마케팅 협동조합들처럼 탈상조화되었다. 또한 밴쿠버의 유기농식품 노매상인 CRS 등 일부 대형 노동자협동조합들도 마찬가지가 되었다. 이보다 약한 수준의 영리기업화 단계는 영리기업의 특성 일부를 수용한 사회적 경제 비즈니스 유형으로, 신용조합이나 농산물 마케팅 협동조합들이 대규모로 합병하는 것으로, 합병의 폐단으로 지역사회와의 관계가 취약해진 문제들이 제기된다.

미국의 대표적인 신용조합(U.S. Central Federal Credit Union)은 2009년에 금융위기의 여파로 정부관리 체제에 편입되었다. 또 캐나다의 최대 신용조합연맹 데자르댕(Desjardins)은 투기적 투자로 인해 20억 달러 감가상각을 받았다. 이들은 은행이나 다른 주류 영리 금융기관의 투자 패턴을 따랐고, 그 결과 금융위기로 파산의 위기로 몰렸다.

농산물과 식품도매 협동조합들은 전통적인 비즈니스 관례를 따라 대형 조직들로 합병되었는데, 노동자협동조합에서는 이런 합병이 많지는 않았다. 그런데 몬드래곤협동회사(Mondragon Cooperative Corporation) 사례는 국제적인 합병 사례로 전 세계를 통해 여러 협동조합들의 합병을 추진하였는 데 세계 각지의 고용자들은 관례적인 고용을 유지할 수 있었다.

반대로 영리기업들이 사회적 경제의 특성을 갖는 경우도 있는데, 역사적 전통에서 그런 경우도 있고, 최근 사회적 경제의 동향에서 그런 경우도 있다. 주식시장에서 주식 거래나 다른 형태로의 교환이 허용되지 않은 경우가 일반적인 유형이다. 독일의 안경 부품 다국적기업 칼 자이스 시프퉁(Carl Zeiss Siftung)은 1898년 이래로 전통적으로 모든 주식이 거래될 수 없고 영구적인 신탁으로 유지되고 있다. "주식은 주식시장에서 거래로 상장될 수 없다"고 밝힌다. 이런 기업 사례들은 보기 드물지만 자이스만이 유일한 것은 아니다. 다른 사례가 되는 존 루이스(John Lewis)는 영국의 백화점 체인점 주식이 신탁이고, 독일의 다국적기업 보쉬(Bosch)는 92%의 주식이 영구적 신탁이다.

또 다른 유형으로 뉴먼스 오운(Newman's Own) 사례를 들 수 있다. 영화배우 폴 뉴먼(Paul Newman)이 친구 호치너(Hotchner)와 합작으로 1982년 설립한 회사로, 영리가 목적이 아니라 자선을 목적으로 비즈니스를 해서 세후 수익 전액을 기부한다. 설립 후 25년간 미국과 국제사회에 2억 달러를 교육 등에 기부해왔다. 또 캐나다의 불프로그 파워(Bullfrog Power)는 풍력, 수력 발전을 하는 영리기업이지만, 설립 지분의 10%를 지속가능성을 지원하는 조직들에게 기부한다. 불프로그는 기업 소유주들을 위해 수익활동을 하지만 사회적 기업 비즈니스와 같은 사회적, 환경적 목표들을 동시에 추구한다.

또 다른 사례는 다농과 그라민뱅크가 합작해 방글라데시의 빈곤층 아동들의 영양을 공급하는 요구르트를 생산해 저가로 공급하는 그라민-다농 푸드(Grameen-Danone Foods) 사회적 기업을 설립해 운영하는 사례이다. 영리기업이 사회적 기업을 설립해 빈곤층을 고용인력으로 채용해 생계를 보장하면서 생산품인 요구르트를 빈곤 아동들에게 무상에 가까운 가격으로 공급, 판매한다. 또 공급사슬에는 생산과 유통과 판매의 이해관계자들을 현지 빈곤층이나 실업자와 여성들로 활용해 이들의 생계를 지원하고 지역경제를 활성화시키는 등의 경제적 수익활동과 사회적 목적을 동시에 추구한다(주성수 외 2016).

한국에서도 대기업이 사회적 기업을 설립해 사회적 경제를 육성하는 데 선도적인 역할을 하는 사례들은 적지 않다. 2003년에 교보다솜이 간병봉사단을 시작으로 사회적 기업을 육성한 교보생명과 '행복을 나누는 도시락센터'를 개시한 SK텔레콤 등이 대표적인 사례들이다. 최근까지 선도적인 SK그룹은 2006년 결식아동 급식 사업인 '행복 도시락' 사업을 프랜차이즈 모델로 시행해 많은 주목을 받았고, 이어서 취약계층 고용을 위한 사업으로 2008년에 메자닌아이팩/에코원과 2009년 고마운손 사회적 기업 설립을 지원하는 등 20여 개의 사회적 기업 설립을 지원하거나 직접 설계해 투자하는 선도적인 역할을 해왔다(SK 동반성장위원회 2014). 대표적인 사례로 사회적 기업들을 지원하는 사회적 기업으로 SK행복나래 사례를 참고해 볼 만하다.

4) 시민사회조직 → 사회적 경제

사회적 경제 조직들은 시민사회조직에서 발전된 형태가 대부분을 차지한다. 시민사회조직들로는 회원제 조직인 비영리 상조조직들과 일반시

■ **표 1-8** 사회적 기업을 지원하는 사회적 기업, SK행복나래

> SK그룹의 계열사 행복나래는 '사회적 기업을 돕는 사회적 기업'이다. 볼펜, A4 용지 같은 소모성 자재(MRO)를 구매대행하는 회사로 영리기업에서 2011년 사회적 기업으로 전환한 것이다. 그룹의 사회공헌 차원에서 최태원 회장이 주도적인 역할을 하였다.
>
> 2013년 사회적 기업 인증을 받아, 연간 2200억 원에 달하는 매출액을 올리는 국내 최대의 사회적 기업이다. 매출은 대부분 SK그룹을 상대로 한 MRO 공급에 의존하는데, 다른 기업과의 거래로 올리는 매출은 20% 가량이다. 행복나래가 판로개척 지원 차원에서 구매하는 사회적 기업 제품은 올해 250억 원어치에 이를 전망이다. 순이익을 전액 사회적 기업에 대한 직접적인 지원과 사회적 기업 활성화에 투입하는 사회공헌을 한다. 사회적 기업 제품을 팔아 올린 매출은 이익의 50%를 해당 사회적 기업에 돌려주며 상생한다. 행복나래가 이익을 많이 낼수록 사회적 기업 생태계가 좋아지는 선순환을 만드는 것이다.
>
> 행복나래가 사회적 기업을 지원하는 일은 판로개척 지원, 사회적 기업 간 네트워크 구축 지원, 상품개발 및 개선 등이다. 사례로 제너럴바이오가 설립을 추진 중인 사회적 기업 품질센터를 지원해, 여기에서 다시 다른 사회적 기업들의 R&D를 돕는 지렛대 역할을 하도록 한 것이다. 친환경 세제 전문기업 다래월드도 제너럴바이오 덕에 친환경 천연 울샴프를 개발했다. 사회적 기업 간 네트워킹 효과이다. 행복나래 측은 이를 '사회적 기업 간의 융복합'으로 풀이했다. 이런 융복합을 통해 사회적 가치를 크게 창출하면 사회적 기업으로서 행복나래의 지속가능성도 증진된다는 것이다. 또 다른 사례로 해다미라는 브랜드로 발효원액을 만드는 사회복지법인 다운회아름다운에 생산설비를 지원해, 생산원가가 30% 가량 절감된 성과를 올렸다. 매출이 획기적으로 늘었고, 다운증후군을 비롯한 지적장애인이 일하는 이곳에 취약계층 고용을 크게 늘릴 수 있었다.

자료 한국사회적 기업진흥원 2015: 24-27.

민 참여형인 시민사회단체들로 구분될 수 있다. 전자는 다시 주된 목적이 경제적 목표를 가진 조직들과 사회적 목적을 가진 조직들로 양분될 수 있다. 경제적 목적의 비영리 상조조직에는 기업협회, 노조연맹, 전문협회, 소비자협회 등이 포함되는데, 이들 모두가 경제와 밀접히 관련되지만 서로 다른 정보의 차이가 있다. 기업협회는 영리부문의 연장으로 정부와 일반 시

민에 용역 입찰을 하는 비즈니스 활동을 한다. 농업협회처럼 일반적인 비즈니스 역할을 하거나, 상공회의소와 같은 역할도 있고, 또 농산물협회와 같이 특정 생산품 거래를 목표로 하는 경우도 있다. 이렇게 다양한 유형의 비영리 상조조직들의 공통점은 자신들의 회원의 이해 표출과 대표 기능을 한다는 점이다. 주로 영리 기업들이 회원으로 참여하지만 최근에는 사회적 기업 등의 사회적 경제 비즈니스들도 참여한다. 정부와 관계에서는 세제나 규제 등 주요 정책 이슈들에서 회원들의 이해를 대표하는 역할을 맡는다.

노조연맹과 기업협회들도 회원조직들의 이해를 대변하는 사민사회조직이다. 소비자협회들은 캐나다 소비자연맹(Consumers'Association of Canada)처럼 소비자들이 조직한 것이 있는가 하면, 기업들과 전문조직들이 자신들의 서비스의 질에 대한 책임을 보증하는 차원에서 조직한 협회들도 있다. 전문협회들도 특정 직업 분야별로 조직된 특성이 있다. 대부분의 회원제 기반의 시민사회조직들은 순수한 경제적 목적보다는 사회적 목적을 갖고 있다. 종교단체나 협회들이 가장 많은 비중을 차지하는 시민사회조직이다. 종교단체들은 대부분 소속 회원들에 서비스를 제공하지만, 대부분이 일반 시민들에 대한 서비스를 제공하는 역할을 맡으며 사회적 목적을 중시한다. 구세군(Salvation Army)은 종교단체이지만, 모금 전문 조직의 위상을 갖추고 모금을 통해 사회복지와 서비스 제공의 사업을 운영한다.

5) 지역사회경제개발(CED)과 사회적 기업

마지막으로, 지역사회경제개발(CED)은 사회적 경제 조직으로 공공부문과 영리부문과 겹쳐 있는 하이브리드 조직형태이다(그림 1-3의 중앙). 영리부문의 사회적 경제 비즈니스와 달리, CED는 자급자족력이 취약하며 그렇다고 정부에만 의존하지 않고, 다른 재정지원기관인 재단, 기업 후원자 등으로부터 초기 자본금 지원을 받아 이후 자기 지속가능성을 추구한다. CED가 추구하는 핵심적인 목표는 사회적, 경제적 불평등 문제해결이다. 국가에 따라 지역, 인종, 민족 등의 요인들에 기초한 불평등이 심각한 사회문제로 부각되는데, 특히 시장은 고용 등 생산성을 진흥시키는 역할을 하면서도 부와 관련된 혜택의 불균등한 분배 문제를 유발시켜, 다양한 형태의 빈익빈, 부익부 현상을 낳는다. 캐나다의 경우, CED 관련 조직들은 취약한 지역사회 개발에 초점을 맞춰, 대부분이 정부 재정지원의 지역개발 프로그램에 의존한다. 캐나다에서는 CED가 사회적 경제를 의미하는 것으로 통용되고 있다. CED는 "지속가능성과 포용성 기준에서 사회적·경제적·환경적 조건들의 개선을 위한 지역 주민들의 행동"으로 정의되는 '사람중심의 경제'(people-centered economy)를 의미한다(Amyot et al. 2012: 135). 캐나다의 사회적 기업 대부분은 지역의 사회적, 경제적 이슈들을 해결하기 위한 지역의 CED 이니셔티브들에서 탄생된 배경을 갖고 있다.

CED의 기본 추진전략을 사회적 기업 육성에 초점을 맞춰 시민사회의 비영리기관에 의해 설립되거나 비영리조직 내부에서 발전되는 경우가 일반적이다. 사회적 기업은 CED의 전형적인 유형으로 자체 사회적 목적을 수행하는 수단으로 시장에서의 재화와 서비스를 교환하는 조직이다. 따라서 사회적 기업은 전통적인 영리기업과 다르지 않을 수 있지만, 지속가능성을 갖기 위해서는 정부나 기업이나 재단 등의 지원에 의존할 수밖에 없다.

정부는 사회적 프로그램에 대한 지출 감소를 추진하면서 시장을 통해 지출비용이 보상되거나 삭감될 수 있다는 사회적 기업의 아이디어를 적극 수용한다. 사회적 기업 관계자들은 신자유주의 '작은 정부' 이론에 사회적 기업이 근거한다는 시각에 대해서는 동의하지 않지만, 사회적 기업의 수입은 시장거래에 의한 수익보다는 정부지원 등의 비수익이 상당한 비중을 차지한다. 사회적 경제 비즈니스와 달리 사회적 기업 등의 CED는 공공 및 영리 부문의 투자자본과 기술지원에 크게 의존한다.

제2장

국가(state) → 사회적(social)

제1장에서 제시한 상호의존 모델에서 이제 '국가' 또는 '공공'(public) 부문이 '사회적'(social) 부문과 상호의존의 파트너십을 추진하는 배경에 초점을 맞춰본다. 특히 2008년 이후의 경제위기가 중요한 시대적 전환점으로 국가 → 사회적 이동, 즉 '소셜' 시대의 확장을 재촉하였다. 경제위기는 유럽의 복지국가에 다시 심각한 도전을 제기하였다. 위기 이전에도 복지국가는 이미 상당히 심각한 도전들에 직면해온 것이 사실이지만 이번에는 가장 심각한 위기로 보는 것이 일반적인 시각이다.

1. 복지국가 위기와 정부 불신

1) 경제위기와 복지국가

현대 복지국가는 심각한 위기에 처해 있다. OECD(2008, 2011a)의 분석에 따르면, 소득과 재산 등의 불평등이 점차 심화되면서 복지국가는 부의 재분배와 심화되는 소득불평등의 심각한 부정적 임팩트를 완화시킬 만한 효율성을 갖지 못한 것으로 평가받고 있다. 전면적인 개혁을 요청받고 있는 것이다. 재분배의 강력한 정책도구가 되는 세제개혁은 누진과세에서 후퇴해, 재분배에 역행하는 결과를 초래하였다. OECD 구리아 사무총장(Gurria 2013)은 지금은 "가장 심각한 위기"라 보면서도, 그렇다고 복지국가를 약화시키는 것은 사회적 진전을 후퇴시키는 분명한 실책이라 평가한다.

"재정적 강화정책이 추진되면서 강력하고 광범위하며 전문적인 그럼에도 공적 비용이 많이 드는 사회보장 시스템의 존재 자체에 대해 의문이 제기되고 있다. 일부 유럽 국가들에서는 복지국가의 심각한 다운사이징(downsizing)이 이미 추진 중이다. 그런데 이런 정책추진은 경제위기와 일자리 위기가 지속되는 상황에서 복지국가를 약화시키며 취약층의 생계를 위협하게 될 것이다."

영국의 브렉시트, 미국의 '미국 우선주의' 등 세계화(globalization)에 역행하는 새로운 변혁이 일어나고 있다. 실제로 세계화는 글로벌 경제를 '빈익빈, 부익부'의 불평등 세계로 재편해온 것이 사실이다. 그래서 이제 세계화의 혜택이 고루 배분될 수 있도록 세계화를 교정해야 한다는 시각이 주류를 형성하고 있다(OECD 2017a: 1). 그럼에도 세계화를 역행하게 되면, 보호주의의 확대로 부와 기회의 순손실이 발생하고 위험스러운 자국 중심의 정책들로 지난 수십 년간 이룩해놓은 혜택들 대부분이 리스크에 처해지게 될 것이다(앞글: 1).

이제 복지국가는 재정적 긴축의 한계와 경제적 경쟁력의 중요성 때문에도 효율성과 효과성을 중시해야 한다. 복지국가가 당면하는 구조적, 장기적 문제들을 해결하는 혁신적 방안들을 모색해야만 한다. 2008년 금융위기 이후의 사회복지 지출 GDP 대비 비율이 이전보다 늘어난 국가는 OECD 34개국에서 한국, 일본, 그리스, 멕시코, 미국 등 5개국에 지나지 않는다(OECD 2014c). 심각한 복지국가의 긴축재정이 유지되고 있는 것이다. 사회 이슈 중에서 고령화는 가장 심각한 도전이다. 출산율과 사망률의 동시 감소로 기대여명이 크게 늘면서 장기요양 비용이 2050년이면 두 배 이상 늘 것으로 예측된다. 동시에 20~64세의 노동인구는 점차 줄어 2050년 일부 국가에서 10% 이상 줄면서 사회보장 재정부담이 어려워질 것이다.

복지국가의 '금전의 가치'(value for money) 증진을 위한 비용효과성 문제 또한 중요한 이슈로 부상되어 있다. 보건의료 정책의 경우, OECD 국가들의 평균 공공지출비가 GDP에서 차지하는 비중이 2010년 6.3%에서 2060년 10%로 증가할 것으로 추정되어, 지속가능성이 심각한 이슈가 되고 있다. 경제위기로 OECD 국가들에서 전체 의료비 지출이 2010~2011년 기간에 감소세로 돌아섰다.

지금의 경제위기 상황에서 OECD에서 정부는 이중의 심각한 도전들에 직면해 있다. 한편으로는 경제위기뿐 아니라 고령화와 의료 테크놀로지의 진전에 따른 비용증가 등 구조적 동향이 몰고 오는 복지욕구와 사회적 수요의 증가를 충족시켜야 한다. 다른 한편으로는 재정적 긴축을 달성하고 글로벌 경쟁력을 증진시키기 위해 복지국가의 비용을 억제시켜야 한다.

사실 복지국가의 비용을 억제시키는 긴축정책과 혁신방안들은 오래 전부터 추진되어 왔다. 그런데 지금의 경제위기 상황은 즉각적인 정책추진을 압박하고 있는 특징이 있다. 사회적 경제가 경제위기 상황에서 주목을 받고 있는 것이다. 유럽에서 사회적 경제는 1970년대 말의 경제위기 상황에서 다시 부활하였다. 어떤 유토피아 사상이나 급진적 운동에 의해서가 아니라 또 개인이나 어떤 사회집단이나 시민사회가 주도한 게 아니라 경제위기에 처한 국가의 선택에 의해 부활되었다. 1980년대 초부터 프랑스와 벨기에 정부가 정부정책으로 논의하기 시작했고, 1980년대 말에는 EU가 유럽 전체의 어젠다로 상정해 사회경제적 위기의 타개를 위해 전략적으로 접근해왔다. 그 논의의 핵심은 사회적 변화를 추구하는 '사회적' 목적보다 실업 등 '경제적' 위기를 극복하기 위한 경제타개책으로 제시되었다. 또 복지국가의 서비스 축소 등 구조적 문제가 겹치면서 사회적 경제 논의는 협동조합이나 공제회의 경제적 활동에 국한된 문제가 아니라 시민사회 전체가 목소리를 내며 대안을 모색하는 새로운 변화를 맞게 되었다.

이처럼 서구 복지국가 체제의 위기와 지속적인 실업의 위협은 사회적 권리의 미래와 노동의 장래에 관한 심각한 논의를 일으켰다. 전후 지속적인 경제성장과 완전고용의 달성 그리고 사회적 권리의 보편적 보장으로 국민들은 경제성장의 몫을 분배받았고, 자신들이 공동체의 성원으로 참여하고 정치과정에 자발적으로 참여해왔다. 완전고용과 제도적 복지국가는 시민 개인들과 집단들의 욕구를 충족시켜주며 완전한 시민권의 개념을 포용한 것이 무엇보다도 중요한 실적이었다. 그런데 이런 '포용적 시민권'(inclusive citizenship)을 보장하는 두 엔진인 완전고용과 복지국가에 심각한 변화가 일어나며 대안을 찾는 탐색작업이 진행되었다(Shragge et al. 2001). 그중 하나가 사회적 경제로, 경제적 수익활동과 고용창출로 포용적 시민권이라는 사회적 목표를 추구한다는 점에서 매력적인 정책대안으로 부상하고 있다.

2) 사회적 경제와 복지국가

사회적 경제의 역사는 '복지국가'의 역사에 초점을 맞춰 이해해볼 필요가 있다. 사회적 경제는 복지국가 출현 이전부터 존재해온 오랜 역사를 갖고 있지만, 20세기 복지국가의 확대로 제도적으로 흡수되거나 심각하게 쇠퇴된 경험을 갖고 있다. 이런 쇠퇴의 시기는 복지국가가 번성하는 1970년대 말까지 지속되다, 그 이후 경제구조조정, 대량실업, 빈곤 확대 등으로 복지국가가 심각한 위기에 처하면서 다시 사회적 경제에 주목하는 새로운 변화를 맞이한 것이다. '새로운' 사회적 경제의 발전이다. 사회적 경제가 전혀 새로운 형태와 내용으로 등장한 게 아니라 국가와 시장에 의존해온 신자유주의(neoliberalism) 노선이 빚어낸 대량실업과 빈곤 등 사회적 배제의 확대를 처방하기 위한 전략적 대안으로 사회적 경제 접근법을 적극 활용한 것으로 볼 수 있다(주성수 2010: 17). 새로운 '사회적 기업', '공정무역', '소액대출', '윤리적 소비'등은 새로운 사회적 경제 조직과 활동으로 부상한다.

지금의 '새로운' 사회적 경제는 이전의 사회적 경제와 전혀 다른 전대미문의 사회경제적 위기 상황에 직면해 있다. '노동'의 위기와 '국가역할'의 위기가 그것이다(Fontan and Schragge 2000: 5). 전자는 1980년대부터 줄곧 지속되는 장기실업을 일시적인 경기순환의 현상이라기보다는 산업경제의 구조적 이슈로 간주한다. 또 후자는 복지국가의 역할을 축소해 복지 프로그램과 서비스를 폐지하거나 축소하는 '신자유주의' 정책에 따라 위축된 국가의 역할을 시민사회, 사회적 경제에 떠맡기는 새로운 변화가 몰고 오는 취약층의 삶의 위기다.

따라서 사회적 경제의 역할에 대해서도 새로운 논란이 일어나고 있다. 한편으로는 사회적 경제는 복지국가가 제공하지 못하는 사회서비스를 제공하며 국가를 대신해서 취약층의 '관리자' 역할을 하며, 신자유주의의 구조적 모순을 감추고 있다는 비판이 있다(앞글: 6). 다른 한편으로는 사회적 경제가 국가를 대신해서 취약층에게 경제적 지원뿐 아니라 나아가 분배정의 등 사회적 목표를 추구하며 지금의 위기를 극복할 수 있으리라는 낙관론이 있다. 지금의 사회적 경제에 관한 논의는 사회적 경제가 추구하는 '목표'와 민주적 기능과 과정에 관한 논의에 집중되어 있다.

사회적 경제란 국가와 시장의 실패를 의미하며, 제3섹터(third sector)를 통해 빈곤과 실업 두 마리 토끼를 함께 잡는 전략적 접근을 한다. 국가실패와 시장실패 다음의 '제3의' 대안이 된다. 국가와 시장이 공급하지 않고 또 그런 의지가 없는 일자리 창출과 사회서비스 제공을 위해 비영리조직의 역량으로 지역사회 자원을 동원하고 활용하는 전략이 그것이다(주성수 2010: 19). 사회적 경제는 빈곤과 실업을 동시에 해결해야 할 목표로 추구하며 사회적 배제를 극복하고 시민권을 강화하며 회복하는 대안이 되고 있다.

또 다른 변화는 국가나 시장이 제공했던 다양한 서비스가 이제 국가의 책임에서 사회적 경제로 위임되는 새로운 변화이다. 정부 재정지원에 의한 공공서비스 전달의 위임은 많은 사회적 경제 조직들이 용역에 기초한 위임 사업이다(Salamon 1995). 이처럼 새로운 복지국가의 정책, 실업의 위기상황, 새로운 공공서비스의 공급은 새로운 사회적 경제 영역을 개척하고 있다. 지역사회 기반의 새로운 사회적 경제 영역이 점차 거대한 '비영리' 시장을 형성하며, 식당, 재활용, 마이크로 크레딧, 공동체개발 등 많은 분야에서 새로운 조직들의 등장을 조장한다. 사회적 경제는 노동시장으로부터의 배제에 맞서 기업가적 비즈니스 활동으로 빈곤과 실업을 타개하는 새로운 기업활동이라는 평가를 받고 있다. 그럼에도 국가의 지원으로부터 자율적인 영역과 조직을 유지하며 시장의 기업들과 경쟁력을 갖춘 비즈니스 활동을 할 수 있을지, 그 존립에 관한 많은 의문이 제기되어 있다.

유럽에서는 사회적 경제가 사회문제 해결에 주도적인 역할을 하도록 하는 국가와의 '신사회계약'이 추진되고 있다(Fontan and Schragge 2000: 8). 이는 국가나 시장 역할의 한계에 대한 인식에서 비롯된 것으로, 실용주의 입장에서는 환영하는 분위기이지만, 진보적인 입장에서는 사회적 경제의 '지역'과 '공동체' 중심의 속성 때문에, 사회적 경제가 복지국가의 소득재분배 기능을 대행할 수 없는 한계를 비판한다. 사회적 경제가 기껏해야 빈곤층, 사회배제층을 위한 사회적 경제로 고착될 것이며, 복지국가가 포기한 복지 프로그램을 대신 맡아 사회서비스를 제공하는 대행자 역할에 지나지 않을 것이라 비판한다. 복지국가의 소득재분배 기능이 유지되지 않은 채, 지방

공동체 단위에서 빈곤층과 소외층을 위한 서비스기관으로 사회적 경제를 이용하려는 국가의 신자유주의 전략은 심각한 도전을 받을 것으로 본다. 급진적인 사회적 경제 운동은 사회적 경제가 신자유주의 사회경제적 발전에 대한 대안으로 간주해, 시장경제를 사회지향적 경제로 대체하는 운동을 중시한다. 사회적 '경제'보다 '사회적' 경제를 더 중시한다. 따라서 사회적 경제는 "경제전반 그리고 관련된 사회제도들의 기본적인 재정향을 의미"하며, 경제발전이 인간의 욕구충족에 충실하도록 하는 비전을 달성하는 수단이어야 한다(앞글: 9).

2. 공공부문 혁신과 공동생산

경제위기와 복지국가의 위기를 극복하기 위한 새로운 혁신적 처방은 공공부문 전반에 대한 혁신에 초점이 맞춰져 있다. 혁신의 추진전략의 하나로, 사회적 경제를 포함한 시민사회와 시민참여에 기반을 두는 '공동생산'(co-production), '공동창출'(co-creation) 추진전략을 주목해볼 만하다.

1) 공공부문의 혁신

공공부문의 혁신은 주요국의 공통된 관심이자 추진전략이 되고 있다. 오늘날 정부는 전대미문의 속도로 변화하는 테크놀로지, 인구동태, 사회적 변화에 직면해 정책에 대한 도전들도 날로 증대해지는 상황에 처해 있다.

이런 도전들에 대응하기 위해 혁신적 접근법이 필요하지만 지속가능한 혁신을 유지하는 정부의 추진력은 일관성을 잃고 있다(OECD 2014). 역사적으로 정부는 항상 혁신가들을 갖고 있었다. 시민들에게 열정적으로 서비스를 제공하고, 새로운 해결방안을 탐구하며 업무를 효율적으로 새로운 방식으로 처리하는 혁신가들을 갖고 있었다. 그럼에도 오늘날 공공부문 전체에 대한 혁신을 수용하고, 또 그 자체가 혁신적인 조직으로 전환되는 구조조정이 긴급히 요청되고 있다.

공공부문 조직들은 전환기를 맞고 있다. 정책결정과 서비스 공급은 점차 다양한 이해, 가치, 욕구를 갖고 과거 정부 단독으로 수행했던 역할들을 분담하는 많은 행위자들을 포용하고 있다. 인터넷과 모바일 커뮤니케이션은 공직자들이 어떻게 업무를 수행하고 시민들은 어떻게 정부와 상호작용을 하는지, 그 방법을 지금 혁명적으로 바꿔놓고 있다. 사회의 변화하는 부분들이 시민들의 기대와 서비스 욕구를 더욱 확장시켜 보다 호응적이고 결과적으로 맞춤형 서비스를 강화하도록 만들고 있다. 시민들은 정부가 더욱 개방적이고 투명하며 정보를 공개할 것으로 기대하며 요청한다. 정부는 일을 적게 해서 이 같은 기대를 집중적으로 충족시킬 수는 없다. 대부분의 정부는 많은 전통적인 처방으로는 효과적이지도 않고 충분하지도 않으므로, 새로운 보다 혁신적인 처방이 필요하다는 것을 인식한다. 이 같은 인식을 행동으로 실천하지 않게 되면 신뢰와 정통성을 상실하는 위기에 직면한다.

정부가 정책으로 실천해야 하는 핵심 행동들은 혁신의 도전을 해결하려면 시스템 차원의 접근법이 필요하다. 관련된 주요 이해관계자에 초점을 맞추고, 그들이 이용하는 정보에 그리고 그들이 공조하는 방식에, 그리고 그들의 활동을 지배하는 규율과 과정에 초점을 맞춰야 한다(OECD 2014).

첫째는 사람이 핵심이다. 정부는 공직자들을 혁신의 촉매자로 삼아 그들의 역량과 능력 개발에 투자해야 한다. 새로운 업무 방식을 진흥시키는 문화, 인센티브, 규범이 포함된다. 정부는 공공서비스가 혁신을 추진하고 시민들을 위한 바람직한 결과를 추진하기 위한 기술, 인센티브, 리스크 안기, 문제해결 역량을 갖춰야 한다.

둘째, 지식은 파워이다. 정부는 공공부문을 넘어 정보, 자료, 지식의 자유로운 흐름을 용이하게 하고, 새로운 도전과 기회들을 창의적으로 대응해 활용해야 한다.

셋째, 공조로 문제를 해결한다. 정부는 새로운 조직 구조를 진전시키고 다양한 접근과 도구들을 개선시키고 리스크를 분담하며 혁신에 필요한 정보와 자원을 이용해야 한다. 정부가 직면하는 복잡한 문제들은 새로운 공조의 방식을 필요로 한다. 시민, 시민사회, 학계와 기업계의 중요한 시각들을 통합하는 공조와 파트너십에 기조하는 접근법이 중요하다. 개방적이고, 네트워크형, 수평적 조직들을 갖추는 것도 중요하다. 또 공조를 강화하기 위한 풀링 탈렌트(pooling talent), 다면적 관리팀 등 융통적인 접근법이 필요하다.

넷째는 장애가 아닌 지원의 규정과 과정이 중요하다. 내부의 규정과 과정들이 자원을 보호하고 혁신을 추동하면서 리스크를 완화시키는 역량에 균형이 유지되도록 해야 한다. 내부통제, 규정과 과정들이 책무성에 중요한 부분이지만, 혁신에 장애가 되어서는 안 된다. 프로젝트 관리에 새로운 결과중심적인 접근법이 지휘와 통제 모델의 경직성으로부터 전환하는 중요한 단계가 된다.

공공기관들은 역사적으로 공공 미션을 수행하기 위한 새로운 방법들을 탐구해 추진하였다. 미국의 뉴딜 정책, 2차 대전 후 유럽의 재건, 복지국가의 발전, 신공공관리의 실험, e-정부의 등장은 공공행정에 일대 변화를 갖다준 혁신적 대안들이었다. 정부는 새로운 아이디어, 정책, 과정, 관리 도구와 테크놀로지 등을 실험해서 공공 가치를 창출하고 긍정적인 변화를 초래하였다.

오늘날에도 공공부문의 혁신은 지속되고 있다. 〈EU Innobarometer 2010〉의 조사결과를 보면, EU 27개국에서 66%에 달하는 조직들이 서비스 혁신을 시행했다. 영국의 2011년 지방정부와 국립의료서비스 조사에서는 90% 이상의 조직들이 서비스, 과정, 관리 기술에서의 혁신을 시행한 것으로 나타난다. 오늘날 복합적이고 난해한 사회적, 경제적 이슈들은 공공기관들이 시행한 전통적인 방법으로는 해결하기 어려워 우선적으로 정책의 효과성과 효율성 문제를 안고 있다. 빈곤, 기후변화, HIV, 인구 고령화 등 심각한 이슈들은 누적되고 있지만 정부의 문제해결 역량은 미치지 못한 상태에 있다, 다른 한편으로는 ICT 등 테크놀로지의 급진전으로 새로운 도구와 접근법과 모델을 개발해 문제해결을 할 수 있는 기회도 늘면서 정부에 대한 사회적 압력이 가중되는 현실이다.

이처럼 공공부문은 복잡성, 다차원성, 해결방안 부족 등의 속성으로 제기되면서, 혁신의 필요성과 중요성에 대한 인식은 거부할 수 없는 현실이슈로 부각된다. 2008년 금융위기 이후로 지속된 시대적 요청으로 공공부문은 이중의 압력에 직면해 있다. 경제위기로 시민들의 서비스 욕구는 증대하고 서비스 공급에 필요한 정부의 재정적 여유는 긴축예산으로 묶여 있는 상황이다.

'공공부문의 혁신'에 대한 개념 정의가 정립된 것은 아니지만 다양한 연구를 참고해 주요 특성들을 정의해볼 수 있다. 일반적으로 기업 부문의 혁신은 "새로운 또는 뚜렷하게 개선된 제품(재화 또는 서비스) 또는 과정의 시행, 새로운 마케팅 방법 또는 비즈니스 실천, 작업장 조직이나 외부 관계에서의 새로운 조직적 방법으로 정의한다(OECD 2015b: 5). 공공부문의 혁신의 특성은 몇 가지로 제시되는데, 혁신(innovation)은 특히 임팩트(impact)와 밀접히 관련될 것을 중시한다(앞글: 6). 첫째는 참신성(novelty)으로, 혁신은 새로운 접근법을 소개하는데, 접근법이 소개되는 배경에 비추어 상대적으로 새로운 것을 의미한다. 둘째는 집행(implementation)으로, 혁신은 아이디어로 그치는 게 아니라 실행으로 옮겨야 한다. 셋째는 임팩트(impact)로, 혁신은 효율성, 효과성, 이용자나 공직자의 만족을 포함하는 공적 성과 개선을 목표로 한다.

'사회혁신'이란 사회문제 해결에 타깃을 맞춰 사회 전체에 혜택이 돌아가는 혁신으로 정부의 영역을 넘어 시민사회와 시민들의 활동으로 수행된다. OECD는 혁신의 추진전략 몇 가지를 소개한다(앞글: 6).

첫째, 공공조직에 혁신적 역량을 구축한다. 새로운 문제들이나 오랜 고질적인 문제들에 대한 새로운, 배경에 적절한 해결방안을 탐구한다.

둘째, 개인의 역량을 구축한다. 성공적으로 혁신하기 위해 조직의 모든 차원에서 기술, 의식, 리더십을 파악한다.

셋째, 정부 전 분야에 걸친 임팩트와 혁신적 역량에 임팩트를 가진 특성들을 고도화하는 잠재력을 가진 혁신적 실행방안들을 파악해 혁신친화적인 조직 환경을 조성하는 방안들을 모색한다.

넷째, 정부기관들 사이에 아이디어들을 수정해 독특한 배경과 욕구들을 충족시키도록 하는 배경 요인들에 대한 이해를 갖추며 서로 혁신을 공유하도록 진흥시킨다.

2) 공공서비스의 공동생산

경제위기와 불확실성의 시대 상황에서 정부는 공공서비스 분야의 혁신을 추진해야 한다. 정부는 실직자들이 교육과 훈련과 구직활동을 통해 안정적인 삶을 유지하도록 지원해야 하는 책임을 가진다. 정부는 경제위기로 인한 긴축재정으로 공공서비스 공급의 효율성과 효과성 증진과 함께 서비스 접근의 기회와 활용의 확대로 계층 간 불평등 해소도 추구해야 하는 이중의 부담을 안고 있다.

이용자 욕구 충족과 사회적 임팩트

공공서비스의 생산과 공급에서 새로운 혁신으로 서비스 이용자의 욕구 충족 등 사회적 임팩트를 증진시킬 수 있는 다양한 제도적 방안들이 탐색되고 있다. 공공 입찰이나 인가 등 시장형 방안들이 시행되었지만 시행결과에 따른 서비스의 질과 만족에 대한 평가는 별로 긍정적이지 않다(OECD 2011b: 16). 서비스 비용감소와 같은 효율성이 성과로 제시되기는 하지만 비용절감이 계약 준비와 모니터링 등 거래비용의 증가로 상쇄되기도 한다. 게다가 단기적인 시각, 수익추구 행태 등은 형평성, 포용성, 지속가능성을 추구하는 공공서비스의 목표들에 배치되고 있다.

OECD에서는 이 같은 시장형 방안들에 대한 불만에서 탈피해 공공서비스의 새로운 혁신적 방안으로 시민과 시민사회와의 '공동생산'(co-production)에서 찾고 있다(앞글: 16). 공동생산 패러다임은 시민의 관심, 에너지, 전문성, 의욕을 견인하기 위해 공공서비스의 디자인과 공급 단계에서 시민들과의 파트너십으로 효과가 더 높아질 것으로 전제한다. 공동생산은 공공서비스의 기획과 공급에 시민 개인들과 시민단체들의 직접적인 개입을 의미한다. 단계별로 공동디자인(co-design), 공동창출(co-creation), 공동공급(co-delivery), 공동관리(co-management), 공동결정(co-decide), 공동평가(co-evaluate) 등이 있다. 예를 들어 정부는 시민들과 공동생산으로 정보를 공개하면 시민들이 이 정보를 활용해 서비스 개선이나 새로운 서비스 개발을 한다.

시장형 경쟁 모델은 비용 감소로 얻어진 혜택이 경쟁 입찰이나 계약절차와 모니터링 등의 거래비용을 증가시켜 결국 이득이 되지 않는다(앞글: 26). 또 경쟁체계는 서비스 이용자 입장에서 서비스의 질적 개선을 고려하지 않는다는 비판도 받는다. 시장형 경쟁 모델은 서비스 공급에 효율성 개선의 압력을 행사하는 긍정적인 평가를 받기도 하지만, 공공서비스가 당면하는 복잡한 도전들(이용자 만족도 개선, 서비스 질, 신뢰, 포용성 등)에 대응하기 위한 혁신과 변화를 갖다주는 데는 실패할 수 있다.

공동생산의 필요성과 지지

공공서비스를 제3자 개입으로 공급하는 정책의 규모는 공공부문이 서비스 분야에서 이들과 함께 공동생산을 하는 비중으로 추정해볼 수 있다. 공동생산은 “시민, 서비스 이용자 및 시민사회단체의 직접적인 투입으로 공공서비스를 기획, 디자인, 공급 및 평가하는 방법”이다(OECD 2011b: 5).

OECD 26개국의 2011년 조사에 따르면 58개 공동생산 사례 중 19%가 사회보호, 16%가 주택과 지역사회, 10%가 환경·교육·보건·경제 서비스 등으로 나타난다(OECD 2015b: 68). 또 공공서비스 공급에서 이용자와 시민사회의 파트너십 필요성 요구는 26개국 조사에서 95%인 25개국이 필요성에 공감하며, 서비스 이용자와 일반 시민 사이에서도 파트너십의 필요성에 대한 공감이 다수를 차지한다.

그림 2-1 공공서비스 공급에서 공동생산 필요성 지지도 (단위: %)

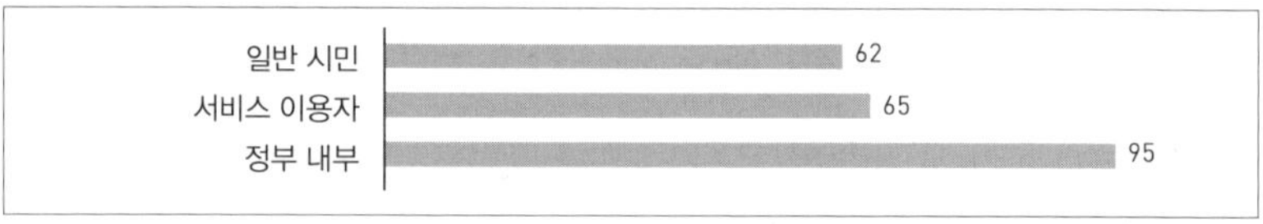

자료 OECD 2015b: 68.

그림 2-2 공동생산은 왜 필요한가? 26개국 2011년 조사결과 (단위: %)

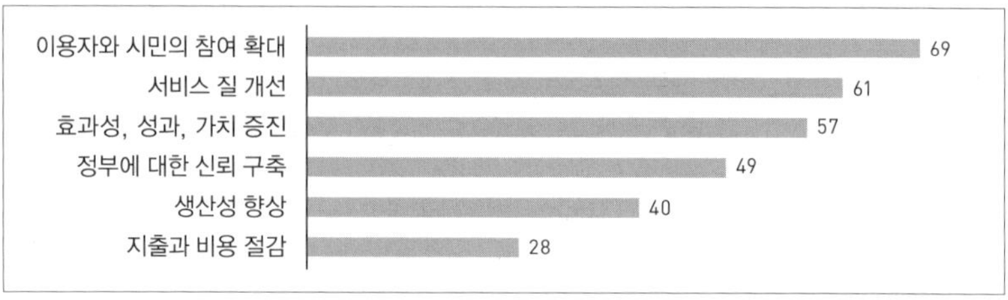

자료 OECD 2015b: 68.

그림 2-3 공동생산 단계별 시민, 이용자, CSO 참여수준: OECD 26개국 (단위: %)

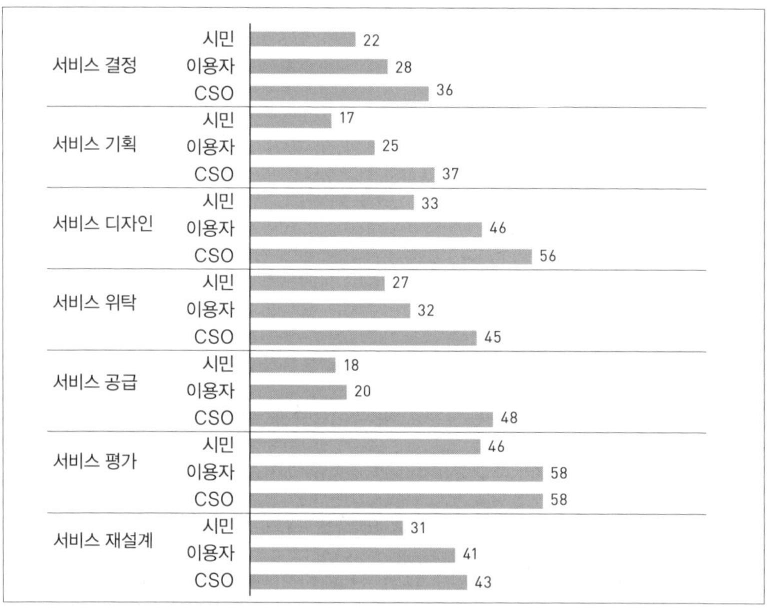

자료 OECD 2015b: 68.

한편 시민 이용자와 시민사회와의 공동생산이 필요한 이유에 대해서는 시민참여 확대가 가장 중요한 것으로 나타난다. 그 밖에 서비스 질 개선, 효과성과 성과 등이 중시되고 있다.

또한 공동생산의 주요 단계별로 시민, 이용자, CSO(시민사회단체) 참여 현황을 살펴보면, 26개국에서 CSO 참여가 모든 단계에서 광범위하게 이뤄지고 있고, 이용자와 일반 시민의 참여 또한 상당히 발전되고 있다는 것을 주목해볼 만하다.

캐나다 퀘벡의 소셜 하우징 공동생산

캐나다 퀘벡의 사회적 경제는 1990년대 중반부터 정부정책의 도입과 시행으로 사회 모든 분야에 적용될 정도로 광범하게 추진되었다. 시행 초기 6년 기간에 수천 개의 사회적 기업들이 설립되어, 취약층을 위한 2만 개의 새로운 일자리가 창출되었고, 수만개의 일자리가 아동케어센터, IT, 지역사회 미디어, 사회적 관광, 레크리에이션 등에 마련되는 성과를 냈다(Trembley 2012: 34). 공공 및 혼합경제의 통합이 순조롭게 진행되며 '신사회적 경제' 시대를 맞게 된 것이다. 신사회적 경제에는 시민위원회를 중심으로, 푸드뱅크, 커뮤니티센터, 가족경제 협동조합협회, 커뮤니티보건센터, 법률클리닉, 비영리 아동케어센터, 지역사회서비스센터의 퀘벡 네트워크 조직 등 새로운 시민사회 이니셔티브들이 출범했다.

특히 퀘벡 시의 사회적 경제는 공공정책의 공동생산이 세계적으로 발달한 모델을 갖고 있다. 대표적인 사례가 사회적 주택(social housing)이다. 1960년대 캐나다 연방정부는 사회적 주택의 비용분담 프로그램(cost-sharing programs)을 전환하는 개혁을 추진하였다(앞글: 62). 저소득층 주택공급에 주력하는 공공부문뿐 아니라 주택 협동조합과 비영리조직들이 참여하는 새로운 사회적 주택 개발에 광역정부(provinces)에 보조금 지원을 제시한 것이다. 이 시기에 퀘벡 정부는 주택조합들과 비영리조직들에게 사회적 주택 참여에 인센티브를 제공하는 등 진흥정책을 추진해, 1997~2007년 기간에 2만 개의 새로운 사회적 주택들이 개발되어 많은 저소득층에게 혜택을 제공하였다.

3) 시민의 공동창출 역할

세계 어디서나 시민들은 심각한 전대미문 수준의 불평등과 부패의 만연, 정책결정 과정에서의 시민 목소리 부재 등을 목격하고 있다. 특히 시민들이 요청하고 바라는 것들과 정부가 이런 수요에 호응하는 것들 사이에 심각한 갭, 이른바 피드백 루프(feedback loop) 또는 책무성 갭(accountability gap)이 점차 벌어지고 있다(EPSI 2016: 3). 시민들은 자신들의 목소리를 표출하기 위해 더 많은 정보와 인센티브들을 갖기를 바라고, 정부는 시민들의 목소리를 경청해 피드백으로 정책의 중요한 투입으로 삼아 정책을 결정하고 시행할 필요가 있다.

공공서비스의 공동디자인(co-design) 또는 공공정책의 공공생산(co-production)에 주요 이해관계자들이 관여함으로써 서비스의 질적 제고와 공공정책 결정의 가치 증진이 이뤄진다는 기대가 높아지고 있다. 이에 따라 시민참여에 기반하는 '공동창출'(co-creation)에 대한 관심과 정책추진의 변화도 일어나고 있다. 2015년 매킨지(McKinsey) 보고서에 따르면 정부가 시민들의 욕구에 기반한 서비스를 제공하면 시민들의 만족도를 높이고 비용도 절감하게 된다(앞글: 4). 시민들은 도시나 농촌, 어느 곳이든 거주지에 상관없이 투명하고 접근가능하며 호응적인 공공서비스를 기대한다.

실제로 공공정책에서 시민의 공동창출의 역할을 반영하는 기획과 결정과정이 추진될 수 있다. 〈표 2-1〉과 같이 전통적인 정책기획에서 새로운 시민 공동창출의 방식으로의 전환이 진전되는 추세에 있다. 기획은 정부기관이 반드시 해야 하는 일로 간주하는 의식에서 시민들과의 협의와 합의에 의해 하는 일이며, 또 그런 합의의 달성을 성과로 간주한다.

다음과 같은 이슈들이 사회문제 해결에서 정부기관들로 하여금 시민들과의 관계의 특성을 재규정하도록 만들고 있다(IBM 2014: 6). 첫째, 정부의 긴축재정은 새롭고 자원집약성이 낮은 문제 해결의 방식을 요청한다. 둘째, 문제의 복잡성은 시민을 포함한 외부 파트너들이 포함된 보다 공조적인 접근법을 요청한다. 셋째, 새로운 정보 테크놀로지는 시민들과의 관계를 아주 쉽게 만들어주며 문제해결에서 이 같은 공조의 비용을 절감시켜준다.

이 같은 요인들의 복합적인 작용으로 공공서비스 제공에서 시민들의 역할 재규정의 근거가 마련되며, 이는 소극적인 서비스 이용자로서의 시민들을 문제해결과 공공서비스 혁신의 적극적인 파트너 또는 공동창출자(co-creator)로서의 시민들로 역할을 변화시킨다.

시민의 공동창출 역할

시민들의 공동창출자 역할은 몇 가지 특이한 역할로 구분해볼 수 있다(앞글: 6-17).

첫째는 탐색자(explorers)로, 시민들은 새로운 문제들과 기존의 문제들을 파악하거나 발견해서 정의하는 역할을 맡는다. 시민들의 탐색자 역할을 증진시키는 변화들을 주목해볼 수 있다. 하나는 테크놀로지의 연계성이 확대됨에 따라 시민들이 문제에 관한 지식을 신속하고 효율적으로 공유할 수

■ **표 2-1** 시민의 공동창출 역할에 기초한 정책 기획과정

전통적인 정책 결정과 관련된 기획 과정	시민의 공동창출에 기반한 기획 과정
1. 제한적인 정보와 피드백 생성;	1. 정보/피드백이 포함;
2. 시민들과 협의가 거의 이뤄지지 않음;	2. 시민과 협의로 시민 역할 중시;
3. 좋은 정보가 좋은 정책결정을 유도한다는 가정;	3. 다양한 이해관계자의 관여에 기초한 공개적 참여가 좋은 정책결정이라는 가정;
4. 데이터의 조작에 초점;	4. 모든 이해관계자의 지지의 동원에 초점;
5. 기획은 곧 반드시 해야 하는 일로 간주;	5. 기획은 합의에 의해 하는 일로 간주;
6. 계획의 목표 달성으로 성과를 측정.	6. 합의의 달성으로 성과를 측정.

자료 ESPI 2016: 18-19.

있는 기회가 증대되고 있다. 동료 시민들과 함께 문제를 파악하고 문제에 대한 종합적인 이해를 개발, 표출할 수 있게 되었다. 둘째는 정부의 공개와 투명성이 크게 높아지고 공공 데이터에 대한 접근이 높아지면서 시민들이 개방적인 D/B를 활용해 문제들을 파악할 수 있게 되었다.

둘째는 상상자(ideators)로, 시민들은 탐색 단계에서 잘 정의된 문제에 대한 신선한 해결방안을 개념화시킬 수 있다. 상상가로서의 역할은 시장 영역에서는 기존 제품의 개선과 새로운 제품의 개발에서 고객들이 아이디어 제공자 또는 혁신자 역할을 하는 것과 다르지 않다. 시장에서 고객들은 기존의 제품과 서비스에 대해 새로운 욕구를 충족시키는지를 평가해 개선방안을 제시하는 역할을 하며, 자신들의 독특한 창의력과 지식을 결합시켜 혁신적인 해결방안을 제시한다.

셋째는 디자이너(designers)로, 시민들은 잘 정의된 문제들에 대한 해결방안을 디자인해서 실행 가능한 방안을 개발할 수 있다. 디자이너로서 시

민들의 역할은 단순한 아이디어나 해결방안의 제시 역할을 넘어서 해결방안의 디자인 또는 개발에 적극적인 참여자 역할을 의미한다. 특정 문제에 대한 시민전문가 역할로, 예를 들면 모바일 앱 개발의 코딩기술, 동료집단이나 지역사회 욕구의 심층적 분석과 이해, 정부기관의 역할과제 등을 디자인, 개발하는 역할이 있다.

넷째는 전파자(diffusers)로, 시민들은 대상 인구층에 대해 공공서비스의 혁신방안의 도입과 보급을 직접적으로 지원하거나 촉진시키는 역할을 할 수 있다. 이 같은 역할들은 시민들이 고객(customers)으로서 시장의 혁신에 기여하는 역할을 하는 것과 다르지 않다. 전파자로서의 시민의 역할은 새로운 서비스의 도입이나 이용에 정부 기관의 조력자 역할을 의미한다. 마치 시장에서 기업들이 신제품과 서비스에 대한 고객들의 반응과 피드백을 경청하는 과정과도 유사한 과정이다. Microsoft, Apple 등의 온라인과 오프라인의 고객 커뮤니티들에서 개인 고객들은 제품의 전도자 역할을 맡아 다른 고객들의 제품에 대한 인식에 긍정적인 영향을 미치며, 급속한 전파를 조장시키는 역할을 한다.

공공부문과 민간부문 사례들에 기초해, 시민들의 '공동창출자' 역할을 진흥시키는 메커니즘으로 다음 몇 가지를 제시해볼 수 있다(앞글: 17).

- 온라인 경합과 경쟁(Online contests and competitions);
- 모발일 앱(Mobile apps);
- e-청원(E-petitions);
- 혁신 잼(Innovation jams);
- 버추얼 디자인과 프로토타이핑 도구(Virtual design and prototyping tools);
- 오픈소스 데이터베이스(Open-source databases).

3. 공공조달과 사회적 경제

1) 공공조달의 혁신

유럽의 공공조달은 "사회적 책임의 공공조달"(socially responsible public procurement: SRPP)을 새로운 전략으로 제시한다(EC 2011). SRPP는 공공기관이 기업들에게 사회적으로 책임 있는 관리를 개발하도록 실질적인 인센티브를 제공할 수 있다. 공공기관들은 사회적으로 책임 있는 구매를 통해 고용기회를 확대하고 양질의 일자리, 사회적 포용, 모든 사람들을 위한 접근가능성과 디자인, 윤리적 무역, 사회적 기준에 순응 등을 증진시킬 수 있다. 일부 제품, 작업, 서비스는 공공구매가 시장의 대규모 몫을 관장함으로써 그 임팩트는 상당하다고 볼 수 있다.

일반적으로 공공기관은 대규모 소비자로 EU 전체의 약 17%를 소비한다(앞글: 5). 따라서 공공기관은 바람직한 사회적 결과를 생산하는 재화와 서비스를 선택하는 구매력을 활용해 지속가능한 개발에 기여할 수 있다. EU에서 공공조달의 법률적 기초는 2004년과 2008년의 '조달 규정'에 근거한다. 이 규정은 용역의 주요 내용과 관련되고 용역의 요건으로 적용되며 '금전의 가치'(value for money) 원칙과 모든 공급자에 대한 동등한 접근 원칙이 준수되는 한 사회적 고려를 하는 범위를 제시한다.

사회적 책임의 공공조달(SRPP)이란 다음과 같은 '사회적' 고려사항 중 하나 이상을 반영하는 조달 업무를 말한다. 그것들은 고용기회, 양질의 일자리, 사회권리와 노동권리에 대한 준수, 사회적 포용(장애인 포함), 동등한 기회, 모든 사람을 위한 접근가능성과 디자인, 지속가능성 기준의 고려, 윤리적 무역, 자발적인 기업 사회적 책임(CSR)의 실천 등이다(앞글: 7). SRPP는 지속가능한 개발과 EU의 사회적 목표 달성에 중요한 정책도구가 될 수 있다. SRPP는 계약기관이 조달단계에서 고려할 수 있는 광범위한 사회적 고려사항들을 담고 있는데, 사회적 고려사항들은 환경적 고려사항들과 함께 공공구매에서의 지속가능성에 대한 통합적 접근법을 구성한다. EU는 2004년과 2008년에 '환경친화적 공공조달'을 동시에 도입해 시행하고 있다.

2) 공공조달의 사회적 고려

공공조달에는 다음과 같은 '사회적' 고려사항들이 규정되고 있다(앞글: 8-9).

① 고용 기회의 증진

- 청년 고용의 증대,
- 젠더 균형의 증진(노동/생활 균형, 부문/직업별 분리에 대한 거부 등)
- 장기 실업자와 노인 노동자에게 고용 기회 확대,
- 취약층(이주노동자, 민족 소수자, 종교 소수자, 저학력자 등)을 위한 다양성 정책과 고용 기회 확대,
- 포용적이고 접근 가능한 작업 환경 조성과 함께 장애인을 위한 고용 기회 확대 등이다.

② 양질의 일자리 확대

사람들은 자유, 형평성, 안정과 인간적 존엄성의 조건에서 생산적인 고

용을 누릴 권리를 갖고 있다는 확신은 보편적으로 인정되는 개념이 되고 있다. 또 다른 중요한 양질의 일자리 개념에는 생산적이고 자유롭게 선택한 노동에 대한 권리, 노동의 근본적인 원칙들과 권리, 적절한 소득과 사회보장과 사회적 대화를 제공하는 고용 등이 포함된다. 젠더 평등과 비차별 원칙들이 범분야 이슈들로 고려되어야 한다.

그 밖에도 다음 이슈들도 양질의 일자리에 포함되는 주요 고려사항들이다.

- 노동기준에 대한 준수;
- 정당한 급여;
- 직업 보건과 안전;
- 사회적 대화;
- 훈련에 대한 접근;
- 양성평등과 비차별;
- 기본 사회보장에 대한 접근.

③ 사회적 권리와 노동권리 준수 증진

- 국가의 법률과 단체협정에 대한 준수,
- 동등한 가치의 노동에 대한 동등한 보수 원칙을 포함한 남성과 여성 사이의 동등한 대우의 원칙 및 양성평등의 증진,
- 직업 보건과 안전 법률 준수,
- 연령, 장애, 인종, 종교 및 신념, 성 오리엔테이션 등에 근거하는 차별의 금지와 동등 기회의 창출.

④ 사회적 포용의 지원과 사회적 경제 조직의 증진

- 협동조합, 사회적 기업, 비영리조직 등이 소유한 기업이나 취약층(인종/소수자)을 고용하는 기업에 대한 공공조달 기회에 대한 동등한 접근,
- 장애인을 위한 지원적 고용.

⑤ 모든 사람을 위한 접근가능성과 디자인

장애인들의 공공서비스, 공공 건물, 대중교통, 공공정보와 웹기반 응용을 포함한 ICT 재화와 서비스에 대한 접근을 확보하는 기술적 특수사항들을 의무적으로 제시한다. 핵심 이슈가 되는 것은 모든 사람들에게 접근가능한 재화와 서비스를 구매하는 것이다.

⑥ 윤리적 거래에 대한 고려

특수한 상황에서 계약의 특이사항과 조건에서 윤리적 거래를 고려한다.

⑦ 자발적인 기업의 사회적 책임(CSR) 실천

자발적으로 일상적인 비즈니스 활동에서 환경적, 사회적 목표를 추구하는 기업들이 CSR 가치 추구에 실천하도록 지원한다.

⑧ 인권 침해에 대한 보호와 인권에 대한 존중을 증진

⑨ 중소기업 지원

중소기업에 대해 SRPP 기회 참여의 비용과 부담을 감소시켜 줌으로써 공공조달의 접근을 증진시킨다. 중소기업들이 입찰에 참여할 수 있는 충분한 시간 여유를 제공하고 시간에 맞춰 대금을 지불하며 균형 있는 자

격요건과 경제적 요건들을 제시함으로써 계약의 규모에 따른 제약을 받지 않도록 지원한다. 하청용역이 가능하도록 동등한 기회를 제공한다.

3) 공공조달의 잠재적 혜택

사회적 책임의 공공조달(SRPP)의 잠재적인 혜택들은 다음과 같이 다양하다(앞글: 9-10).

첫째는 사회적 법률과 노동법에 대한 준수 및 관련된 국가적, 국제적 정책 이행이다. SRPP는 사회적 개발 목표에 대한 국가적, 국제적 이행에 기여할 수 있다. 유럽에서는 사회정의와 사회통합의 증진을 위한 전통적인 메커니즘은 더 이상 적절하지 않다는 시각이 지배적이다. SRPP는 사회적, 경제적 고려사항들이 상호 강화적인 관계를 가질 수 있다는 것을 잘 보여준다.

둘째는 사회적 의식을 가진 시장의 진흥이다. SRPP는 사회적 목표 달성을 지원하고 소비자들에게 표준과 정보를 제공하는 모델 역할을 하는 기존의 재화와 서비스 시장을 확장시키거나 또는 새로운 시장을 창출해서 사회적 혜택이 되는 시장개발에 기여할 수 있다.

셋째는 사회적으로 호응적인 거버넌스 제시이다. SRPP는 정부로 하여금 사회적으로 책임 있는 활동을 하도록 압력을 행사하는 대중적 요청에 호응하며 지역사회 가치와 욕구 충족에 기여할 수 있다. 장애인 등 취약층을 포함한 모든 이용자의 욕구를 고려하는 사회서비스 용역이 체결되면 공공기관의 입장에서는 서비스를 제공해야 하는 지역사회의 다양한 요구들을 충족시키는 성과를 갖게 된다.

넷째는 사회와 경제의 통합 증진이다. 공공조달 등의 공적 개입으로 장애인, 소상공인, 여성, 소수자 등 사회의 특정 계층을 핵심 시장활동에 통합시켜 효과적인 시장이 개발되도록 진흥하는 역할을 하는 것이 바람직하다.

다섯째는 공공지출의 효과성 증진이다. 공공조달의 거대한 규모뿐 아니라 긴축예산 정책으로 인한 직접적인 사회적 개입의 한계 때문에도 공공조달은 사회적 포용과 통합을 증진시키는 매력적인 정책 영역이 되고 있다.

EU는 2004년에 공공조달 규정(Procurement Directives)을 도입해 그간의 각종 입법 규정들을 통합하였다. 조달 업무에서 기술평가, 선정기준, 가산점과 계약 성과 조항 등에 '사회적' 고려를 통합시킨 것이다. 공공조달 규정은 모든 공공 계약에 적용되는 것은 아니며, 일부 계약 기관들은 SRPP 정책을 적용시키고 있다.

대표적인 사례로 프랑스 낭트 시의 혁신적 공공구매를 살펴보면 〈표 2-2〉와 같다.

표 2-2 프랑스 낭트 시정부의 혁신적 공공구매

> 인구 28만 5000명의 소도시 낭트는 장기 실업자들에게 최초의 일자리 제공을 위한 공공구매 정책을 지난 15년간 추진해 두드러진 사회적 임팩트 성과를 보여준다. 프랑스는 2006년에 공공구매 관련법을 개정해 공공 공사의 일부가 특정 계층의 전문기술을 적용해 수행되도록 하였고, 낭트 시와 주변 기초단체들이 이와 관련한 공사용역을 수주해, 수영장, 도로, 버스노선, 미디어 센터 등 공사를 시행하였다. 여기에서 창출된 일자리들은 목공, 도색, 건물작업, 녹지관리, 도로포장, 외벽청소 등 다양하다.
>
> 장기 실업자들을 양질의 기술훈련을 갖춘 노동자로 역량을 강화시키기 위해 지원 조직인 사회적 기업 'Entreprise d'insertion'의 설립과 운영으로 민간부문에서 새로운

일자리 창출을 추진하였다. 2008년의 현황은 다음과 같다.

- 183개의 공사용역 관리에 실업구제 일자리 창출이라는 사회적 목적이 포함되었고,
- 483명의 신규 노동자들이 고용계약으로 일자리를 갖게 되었고,
- 200명 풀타임 일자리에 해당되는 34만 작업시간이 기록되었고,
- 266명의 장애인들을 위한 일자리에 해당되는 9만 2000작업시간이 기록되었으며,
- 133개 기업들이 공공 공사 수주에 참여했고,
- 전체 수혜층의 75%가 고용훈련 전문의 사회적 기업의 서비스 혜택을 받았다.

자료 EC 2014: 39.

4. 정부의 사회적 임팩트 투자

공공서비스가 사회적 경제를 포함한 시민사회의 사회서비스로 전환하는 과정에서 최근 주목할 만한 변화는 '사회적 임팩트 투자'(SII)이다. 공공부문의 혁신을 위한 처방으로 SII가 활용되고 있는 것이다.

1) 사회적 임팩트 투자에 대한 정부의 지원

'사회적 투자'(social investment)는 사회 조직들이 사회적 임팩트를 증진하도록 지원하는 도구이다. 소셜 섹터 기관들이 서비스를 전달하고 성장하며 지속가능하기 위해 필요한 자본을 제공해 진흥시키는 역할을 한다. 세

계의 모든 정부는 사회적 임팩트의 잠재력을 인지하고 있다. 사회적 투자로 경제 성장을 지원하고, 공공서비스 전달의 혁신을 추구하며, 궁극적으로 심각한 사회문제들을 해결한다.

가장 선도적인 영국 정부는 2011년부터 대규모 지속가능한 SII 시장을 조성하는 정책을 세 분야에 초점을 맞춰 추진해왔다(UK HM Government 2016: 7).

- 사회적 투자에 대한 공급을 증대시키기,
- 사회적 투자에 대한 수요를 증대시키기,
- 시장 성장을 지원하는 환경을 창출하기 등이다.

수요와 공급 증대, 지원 환경의 조성

첫째는 사회적 투자를 위한 수요 증대 역할이다(앞글: 8). 2012년 영국 정부는 세계 최초의 독립적인 도매 시장의 사회적 임팩트 투자기관, Big Society Capital(BSC)을 창설하였다. BSC는 사회적 임팩트 섹터의 시장 챔피언으로 중간지원조직들에 자금을 제공한다. 휴면계좌에서 4억 파운드, 영국의 4대 은행들로부터 2억 파운드 등 10억 파운드를 자본금으로 조성하였다. 2015년 말 BSC는 2억 6100만 파운드를 투자했고, 이에 매칭된 민간 공동투자금은 더 많은 3억 2000만 파운드에 달했다. BSC는 Nesta Impact Investments 펀드에 800만 파운드를 투자해, 이 펀드가 사회문제 해결에 혁신적인 소셜 벤처들에 투자되었다. 일례로 Nesta는 노인의 케어 활동을 지원하는 사회적 기업 Oomph!에 20만 파운드를 투자해, Oomph!가 영국 최대의 노인 운동치료 서비스기관으로 성장할 수 있었다.

2014년에는 세계 최초의 사회적 투자 면세의 도입으로 사회적 투자 시장을 진흥시켰다. 사회적 투자 자본을 제공하는 개인 투자자에게 면세 인센티브를 제공해 향후 5년 기간에 4억 8000만 파운드의 투자금이 증대될 것으로 예측했다. 2015년 말 기준, 면세혜택 자격에 관한 55개의 신청서가 기업들로부터 접수되었다.

2015년에는 정부 기금을 활용해 민간자본을 유치하는 전략을 추진하기 위해 치매발견펀드와 예술임팩트펀드를 조성해, 각각 7000만 파운드, 700만 파운드 민간기금 유치가 이뤄졌다.

둘째는 사회적 투자에 대한 수요 증대 역할이다(앞글: 8). 수요 증대를 위한 이니셔티브들은 2012~2014년 기간에 시작되었다. 2012년 1400만 파운드 규모의 투자와 계약 준비기금이 마련되어, 사회기관들이 맞춤형 역량 구축 비용에 활용해, 공공 용역 준비와 계약 체결을 성사할 수 있도록 지원하였다. 1파운드의 지원금이 18파운드의 용역 체결과 민간투자의 성과를 냈다. 또 사회적 인큐베이터기금으로 초기 단계의 벤처들에 대한 지원금 1000만 파운드를 투자해, 민간자본 1000만 파운드를 유치해, 10개 인큐베이터 중간지원조직이 235개 비영리기관의 스타트업을 지원하게 되었다. 2014년에는 비영리기관들의 사회적 임팩트 측정을 지원하기 위해 임팩트 준비 펀드 150만 파운드를 조성하였다. 2015년 사회적 투자를 지원하는 재단(Access)를 1억 파운드 자본금으로 창설해, Big Lottery Fund와 Big Society Capital와의 공조 체계를 갖추었다. Access는 투자 준비 프로그램을 통해 성공의 경험을 축적한 다음 향후 10여 년간 역량구축 지원에 초점을 맞추는 역할을 수행한다. 또한 Access는 시장개발 챔피언으로 사회 조직들의 사회적 투자 준비를 갖추는 데 지원의 초점을 맞춘다. Access는 도매공급자로 프로그램 공급에서 기존의 시장 관계자들과 공조하며, 자체의 투자와 지출에서는 최대의 긍정적 임팩트를 달성하는 '토털 임팩트'(total impact) 접근법을 추진한다.

그리고 셋째는 시장 성장을 지원하는 환경 창출 역할이다(앞글: 9). 2012년 영국 정부는 총리실 내부에 사회임팩트채권센터(Centre for Social Impact Bonds)를 창설해, SIB 진흥을 위한 시장 챔피언 역할을 하게 하였다. 센터는 단위비용 DB, 계약서류 작성 등의 기술지원과 새로운 SIB 개발 지원 역할을 해왔다. 2013년에는 2000만 파운드 규모의 사회결과기금(Social Outcomes Fund)을 조성해, 18개의 중앙정부와 지방정부 위탁의 SIB 개발을 촉매시키는 역할을 했다. 기금으로 청년 실업, 아동 케어, 장기 질환, 사회적 고립 등의 심각한 사회문제 해결에 임팩트를 창출하는 프로그램들을 추진하였다. 장기간 질환으로 고통을 받고 있는 1500만 명은 정기적인 검진과 케어 서비스가 필요하다. 국립의료원(NHS)에 폭증하는 수요를 관리하기 위해 뉴캐슬의 위탁위원회는 8000명의 주민들의 건강 개선을 위한 2년 기간의 800만 파운드 SIB를 개설해, 사회결과펀드에서 100만 파운드를 지원받아, 성과를 달성하면 납세자의 세금 1500만 파운드를 절감하는 성과가 기대된다.

2013년에는 영국 정부가 주도해 G8 사회적 임팩트 투자 회담이 있었고, 후속조치로 사회적 임팩트 투자 TF가 조직되어 G8 국가와 글로벌 SII 시장 개발과 확대에 기여하였다. 2015년 'GREAT Britain' 캠페인을 통해 사회적 투자를 영국 정부의 공식적인 국제적 국가 프랜드 캠페인에 포함시켰다. 영국이 글로벌 사회적 경제와 사회적 투자의 허브 국가로 소개하는 캠페인이다.

사회적 투자는 정부뿐 아니라 기업, 사회적 기업, 재단 등 민간기관들이 참여해 시장을 개척하고 성장시키고 있다. 사회적 투자를 하는 조직들은 소셜 섹터의 사회목적조직(SPO)으로, 사회적 목적을 추구하는 활동을

■ **표 2-3** 수익 모델을 활용한 사회적 임팩트 조직

자산동결 조직 **(일반적으로 자산과 수익의 배분에 관한 규제를 통해)**		**자선동결 아닌 조직**
수익 모델의 재단	사회적 기업	미션주도적 비즈니스
트러시트, 기업 및 자선위원회(Charity Commission) 규제를 받으며 수익활동을 하는 자선기관	일반 사회적 기업에 지역사회 공익회사(community interest company), 지역사회공익조직 등이 광범위하게 포함	일반기업으로 사회적 임팩트 생산을 위해 비즈니스 모델을 활용. 거버넌스 구조와 운영 모델을 갖춤.
St Mungo's thinkforward	FOOTBALL CLUB UNITED OF MANCHESTER REALISE FUTURES Developing your potential	RAPANUI THIRD SPACE LEARNING

자료 UK HM Government 2016: 10.

하면서 활동에 필요한 자본을 유치하고 축적하기 위해 수익활동을 하지 않으면 안 된다. 수익활동이 없는 사회기관들은 SPO에 해당되지 않는다고 볼 수 있다. 사회목적조직의 개념은 광범해서 개념정의가 모호하지만 이들을 인정하는 비영리기관들이 등장해 사회적 임팩트 창출을 확증해주는 인증제를 참고해볼 수 있다. B Corp이 대표적인 사례이다(제3장 참조).

영국 정부의 사회적 투자 이행 실적

영국 정부의 사회적투자 진흥 이행 실적은 다음 세 가지로 요약될 수 있다(앞글: 11-14). 첫째는 사회적 투자 접근성 확대로 투자자 인센티브 제공이다. 사회적 투자 면세(SITR)의 효과적인 실행 지원이다. 이를 위해 SIB에 SITR 혜택을 지원하기 위한 인증시스템을 개발해 시행한다. 영국 정부는

소셜 벤처 캐피탈 트러스트(Social Venture Capital Trust)를 개발해 사회조직들에 투자를 조장하기 위해 투자금의 30%에 대해 면세 혜택을 제공하는 방안을 제시하였다. 일례로 홈리스 SIB에 대한 면세 혜택 사례로, 490명의 청년 홈리스들의 주거, 고용훈련 서비스를 제공하는 4개의 지방 자선기관들에 100만 파운드를 제공하는 두 개의 SIB가 2015년 SITR 혜택을 받아, 개인 투자자들은 선행 투자금의 30%에 대해 개인 소득세 감면 혜택을 받았다.

둘째는 투자자와 투자처를 연계시키는 플랫폼 개설이다. 영국 정부는 민간기업과 사회기관들의 파트너십 조직인 적정수준의 대출 포털(Affordable Lending Portal) 개설을 지원해, 사회기관들이 신용조합이나 지역사회 개발금융기관의 대출을 적정이자로 제공받을 수 있는 기회를 확장시켰다.

셋째는 시장 활성화 지원이다. 사회적 임팩트 조직들이 상업적, 기업 및 공공 시장에 접근을 증진시키는 역할을 한다. 일반 소비자를 대상으로 사회적 투자 홍보를 위해 영국 사회적 기업협회와 '소셜 토요일'(Social Saturday) 연중행사를 추진하였다. 또 영국사회적 기업협회와 공조해 사회적 기업의 제품이나 서비스 구매를 확대하는 기업들의 네트워크를 구축해, 소셜 구매 등록부(Buy Social Directory)를 개설하였다. 온라인 플랫폼을 개설해 공공부문 전문가들의 자원을 소개하고 중앙정부기관의 시니어 챔피언들의 네트워크를 개설해 사회적 투자 모델의 이용 증대를 지원하였다. 정부기관의 지속적인 SIB 진흥을 위해 등급 카드를 개발해, 청년참여펀드(Youth Engagement Fund), 페어찬스펀드(Fair Chance Fund) 등의 성과지불의 최대금액 계산방법을 소개하였다.

2) 사회적 임팩트 대상 분야

사회적 임팩트 투자(SII)의 대상 분야는 배경에 따라 다양하고 복합적이다. 먼저 '사회적 욕구'에 초점을 맞춰보면, 장애와 실업 등 전통적인 여러 분야들이 높은 사회적 임팩트가 생산될 수 있다. SII 생태계 조성의 역할을 수행하는 SII 태스크포스(SIIT)와 글로벌 임팩트 투자 네트워크(GIIN), 두 기관의 시각을 참고하면 보건, 주택, 교육 분야가 공통 분야로 꼽힌다. SIIT는 고령, 장애, 아동과 가족, 범죄, 실업 문제를 우선 상정한다. GIIN은 글로벌 차원으로 시각을 넓혀 농업, 에너지, 환경, 금융서비스, 마이크로 파이낸스, 식수, ICT 분야를 주요 SII 분야로 제시한다(OECD 2015a: 46).

수혜층 배경

어떤 사회적 투자가 SII 유형인가? 일부 사회적 투자는 전형적인 SII에 해당되지 않는 분야에 투자활동을 하게 되는데, 그 활동이 취약층의 욕구를 충족시키는 문제해결형이 되면 SII 유형으로 간주해볼 수 있다. 금융서비스가 대표적인 사례가 된다. 개발도상국에서 금융서비스는 제한적이기 때문에 경제적으로 취약한 분야에 금융서비스가 제공되어 대상층의 삶의 조건이 개선되는 임팩트가 생산되면 투자에 대한 수익이 발생한 SII로 볼 수 있다. 개발금융 영역에서 이 같은 활동은 넓은 의미의 SII로 볼 수 있다(앞글: 47).

마찬가지로 다양한 수익활동의 비즈니스는 SII로 보기 어렵지만 빈곤해소, 고용창출, 취약층 생계개선 등을 수반하는 사회적 차원의 임팩트는 SII의 조건을 충족하는 것으로 볼 수 있다. 취약층의 경우, 가족형태, 연령, 기타 사회적 인구동태 등은 특정 계층의 사회적 배제로 결과될 수 있다. 사

■ **그림 2-4** 공공성(publicness)의 정도 : 사회적 임팩트 투자의 위치

회적 배제는 소득과 부 등의 경제적 요인뿐 아니라 사회인구학적 요인들의 복합적 작용으로 발생해 방치해두면 심각한 사회적 비용을 요구한다. 따라서 인구동태적 요인들로 인한 특정 계층이 사회적 배제의 리스크에 처해 있는지를 파악해 대상층이 SII의 범위에 해당되는지를 결정하는 것이 바람직하다. OECD의 개념정의에서 SII는 취약층을 타깃으로 하는 것이 바람직하다(앞글: 48).

취약층에게 적합한 주택을 공급하는 것은 거리에서 생활하는 사람들을 수용하는 것과 같은 사회적 임팩트를 생산할 수 있다. 반면에 여유 있는 계층에게 주택을 공급하는 일은 이들의 생활개선에 도움이 될 수 있지만 홈리스 수의 감소와 같은 사회적 욕구 충족에는 기여하지 않게 된다. 런던에서 시행되는 홈리스를 위한 사회임팩트채권(Social Impact Bond: SIB)은 '열악한 잠자리' 문제를 해결하기 위한 안전한 잠자리 제공에 목표를 두고 있는 사례이다.

재화와 서비스

어떤 형태의 재화와 서비스가 SII의 개념에 적합한가? 순수한 사적(private), 순수한 공적(public), 그리고 양자의 혼합 등으로 재화와 서비스가 제공될 수 있다. 〈그림 2-4〉에서는 순수한 사적 부분과 순수한 공적 부분,

■ **표 2-4** 사회적 수익과 경제적 효율성 임팩트: 개인과 사회 차원

공공성의 정도	개인 효율성 혜택	시스템 효율성 혜택
개인에 대한 사회적 임팩트	(1) 사적 private	(2) 사회적 임팩트 투자
사회에 대한 사회적 임팩트	(3) 사회적 임팩트 투자	(4) 공적 public

자료 OECD 2015a: 50.

양자 사이의 스펙트럼에 SII의 조건이 충족된다고 볼 수 있다. SII의 '사회적'(social)의 의미는 개인 차원의 사적 재화나 서비스를 의미하는 것도 아니며, 국가나 정부가 제공하는 '공적' 재화와 서비스를 의미하는 것도 아니라, '사회적' 재화와 서비스를 제공한다고 볼 수 있다(OECD 2015a: 49).

사회적 재화(social goods)는 순수한 사적 재화나 순수한 공적 재화로부터 구분되는 독특한 특성을 갖고 있다. SII의 타깃 대상층이 아닌 인구를 사회적 임팩트의 혜택으로부터 완전히 배제할 수 없지만 이들이 추가적인 비용을 지불하지 않고 혜택을 누리는 데는 기회가 제한된다. 이는 중요한 수익원칙(profit principle)이다. 혜택의 배제가 가능한 재화와 서비스는 순수하게 사적 모델에서 더 효율적일 수 있다. 그런데 다른 한편으로는 잠재적 수혜층을 배제시키기 어려운 재화와 서비스는 공적 공급 모델에서 제공되는 것이 일반적이다.

따라서 SII 목록에 따라, 각각의 사회적 재화나 서비스를 '공공성 정도'로 분류해볼 수 있다. 그런데 실천적 적용에서는 한계에 부딪힌다. 특정 재화/서비스의 공공성 정도를 측정하고 재화/서비스 공급에 따른 부수적 효과를 완벽하게 파악하기는 쉽지 않다. 일부 재화/서비스의 혼합형 특성 때

문에 민관 공조를 필요로 한다. 특정 재화/서비스가 공적, 사적 또는 혼합적인 것인지에 대한 결정은 결국 정책당국의 판단에 맡겨지게 된다.

일반적으로 SII는 사회적 혜택을 개인적, 사회적 임팩트로 생산하는데 이는 개인 차원과 사회 차원의 효율성 또는 비용효과로 구분해볼 수 있다(표 2-4).

먼저 두 가지 차원의 '사회적' 차원을 구분해볼 수 있다. 하나는 사회적 임팩트(social impact) 차원으로, 재화/서비스의 공급으로 개인이나 사회의 욕구를 충족시키는 삶의 개선 결과를 생산하는 사회적 임팩트이다. 다른 하나는 효율성 수익(efficiency gains) 차원으로, 재화/서비스 공급으로 사회적 욕구 충족을 위한 공급의 효과성 개선 또는 비용절감의 저축 효과이다. 재화의 소비가 개인 차원에서만 이뤄지면서 시스템 차원의 효율성 이익이 발생하지 않은 경우(1)가 '사적' 차원으로 SII의 영역에 해당되지 않는다. 한편 재화의 소비가 사회 전체에 대한 사회적 임팩트를 생산하며 시스템 차원의 효율성 혜택이 되는 경우(4)가 '공적' 차원으로 SII 영역으로 간주되기 어렵다.

이상과 다른 두 가지 영역이 SII 영역으로 간주해볼 수 있다. 하나는 재화의 소비가 개인 차원에서 이뤄지면서 시스템 차원의 효율성 혜택으로 기여되는 경우(2)는 사회적 임팩트의 관심이며 대상 영역이 된다. 또 재화의 소비가 사회 전반에 걸쳐 이뤄지며 개인들에게 효율성 혜택으로 임팩트가 생산되는 경우(3)도 SII 영역으로 간주할 수 있다. 모잠비크의 말라리아 퇴치를 위한 개발임팩트채권(Development Impact Bond: DIB) 사례를 보면, 최소 30% 이상의 말라리아 발생률 감소를 결과수치로 제시한다. 재화/서비스 공급책임기관은 취약 대상층에게 모기장과 실내용 스프레이를 제공해 개인 차원의 말라리아 감염자 감소와 시스템 차원의 보건이슈 해결의 효율성 혜택을 추구한다.

SII가 이뤄질 수 있는 배경은 국가에 따라 다양하다. 주요 배경 요인들로는 SII를 진흥하는 역할을 하는 법률과 금융 규제, 사회적 욕구, 공적 개입의 규모와 역할, 다양한 사회서비스 공급 모델, 그리고 민간개입의 정치경제 등이다.

2) 사회적 결과와 사회 지출

SII 시장영역을 추정하기 위해 공적, 사회적 개입의 범위 수준에서 이뤄지는 사회적 결과에 대해 국가별 자료를 검토해 볼 수 있다. SII의 '시장영역'은 공공 효율성과 효과성 이슈를 초월하는 범위까지 SII가 추구하는 사회적 결과라고 볼 수 있다. 그럼에도 모든 국가에서 사회적 이슈와 결과에서 최대의 투자자는 정부이기 때문에 핵심 사회적 결과에 대한 공공지출의 구체적인 역할에 우선 초점을 맞춰 살펴볼 수 있다(앞글: 59-62).

사회적 결과는 다양한 사회분야에서 다양한 방향으로 발전하고, 사회서비스는 긍정적이고 부정적인 배경 모두에서 지원의 역할을 맡는다. 예를 들면 기대여명의 연장으로 고령사회는 치매, 요양보호 등 다양한 유형의 장기요양에 대한 수요를 증가시키고 있고, 반면에 한 부모 가정이나 부모 모두가 일하는 가정의 증가로 유치원교육과 방과 후 학교에서의 보육서비스가 지원될 필요가 있다. 나아가 보건, 고용, 교육, 주택, 공공질서, 가족서비스 분야에서의 사회적 욕구의 증대 사례들을 우선 살펴볼 수 있다.

보건과 노인 케어 욕구

보건 분야는 SII의 우선 대상영역이지만, 특히 노인보건과 케어 분야가 우선적인 관심을 끄는 데는 이유가 있다. 첫째, 평균수명의 연장으로 고령사회가 급진전되면서 노인의 건강문제는 심각한 사회적 관심이 된다. 둘째, 노인 영역에는 가장 높은 비중의 자발적인 민간사회지출(voluntary private social spending)이 이뤄지고 있다.

노인요양에 대한 사회적 욕구의 범위가 대단하며 또 장래의 욕구 기대치 또한 대단히 높다. 요양기관과 가정에서 장기요양 서비스를 받고 있는 65세 이상 노인이 호주와 일본에서는 OECD 평균치 12% 이상 높은 비중을 보여준다. 또 치매노인의 비율도 OECD 평균이 5.5%인데, 호주·일본·독일·프랑스·미국·이탈리아에서는 평균 이상의 비중을 차지한다.

장기요양의 수요는 OECD 국가들에서 65세 이상 노인 8명 중 1명꼴로 매우 높은데, 이들 중 절대다수인 2/3가량이 가정에서 요양서비스를 받고 있다. 또 60세 이상 노인의 절반 이상은 높은 수준의 요양서비스를 받아야 할 것으로 추산되고 있다. 또 고령부양비율(old-age support rate: 노동인구 대비 65세 이상 인구 비율)이 2050년에 이르면 2012년의 두 배로 높아지면서 고령사회가 가속화될 것으로 보인다. 노인 건강문제 해결에 대한 공공 지원정책과 사회서비스의 확대와 함께 SII 등의 민간자본 투자시장의 활성화가 전망된다. OECD(2015a)의 분석에 따르면, 사회서비스 공급기관들의 혁신적인 기여가 기대된다.

고용과 중도탈락 학생

바람직한 사회적 결과 목록에는 양질의 고용과 고용의 안정성이 포함된다. 고용으로부터 얻어지는 개인과 사회 차원의 혜택에는 가계 빈곤의 감소, 생산성 향상, 복지 의존의 감소가 포함된다. 또 장래에는 개인의 연금과 노후 요양에 필요한 비용을 지불하는 사회적 기여를 구축하고 지금의 보건, 교육 등 공공 사회지출의 재원이 되는 세금 기여에 고용은 절대적으로 중요한 역할을 한다. 고용분야에서 청년층이 양질의 일자리를 갖거나 학교 교육을 중단하지 않고 졸업할 수 있도록 지원하는 일은 건강한 경제와 사회 모두의 성과에 기여하는 기초가 된다.

기초적인 고용 자료들을 살펴보면, 장기 실업자의 규모가 심각하다는 점이다. 일본과 이탈리아는 12%가 넘는 규모이며, 영국과 OECD 평균도 심각한 수준이다, 학교 중도포기자 중 20~24세 노동인구의 비중도 이탈리아 20%를 넘고 OECD 평균도 15%에 달한다. NEET(교육, 고용, 훈련 상태에 있지 않은 경우) 비율은 20~24세의 경우 OECD 평균이 18.5%로 5년 전에 비해 2.4% 늘었다.

주택

국민에게 편안한 주택을 제공하는 것은 인권과 윤리적 우선순위라 볼 수 있다. 주거안정은 고용안정과 가정의 유지에 기여하며, 또 공동체건설, 지역환경의 보호, 사회통합의 증진에도 기여한다. 갤럽 인터내셔널의 글로벌 설문조사 결과를 보면, OECD 국가들에서 주택에 대한 불만이 세 명 중 한 명꼴로 높은 편이다. 또 치솟는 주거비를 감당하기 어렵다는 응답도 거의 10%에 달한다. 호주가 50인 중 1인으로 가장 낮고, 미국이 7명 중 1명으로 가장 높다.

사회적 임팩트 투자(SII)에 대한 중요한 메시지는 대부분의 국가에서 주택에 대한 수요가 매우 높고, 기존 주택의 질적 개선을 위한 서비스 욕구 또한 높다는 점에서 사회적 투자 가치를 높인다. 영국의 Tesco 슈퍼마켓 체인은 고객의 주택 수요에 대한 논의를 거쳐 자체 소유의 토지은행을 주택 프로젝트에 투자하였다. 자체 10억 파운드의 주택건설 프로젝트 자금이 포함되어 있다(앞글: 63).

안전과 범죄

범죄는 그 경험의 강도에 따라 개인과 사회에 심각한 임팩트를 남긴다. 범죄 감소와 범죄 공포로부터의 해방은 중요한 사회적 목표가 되며, 여기에 SII의 필요성은 현재의 범죄에 대한 불안 분위기와 밀접히 관련된다.

범죄에 대한 불안 분위기는 심각하다는 것을 알 수 있다. 10명 중 3명이 밤길이 불안하다고 느끼고 있고, 또는 지역의 경찰에 대한 신뢰를 갖고 있지 않은 것으로 조사되고 있다. 인구 10만 명당 교도소 수감인구 비율이 OECD 평균 193명인데, 미국의 경우 939명으로 평균의 다섯 배가 넘는다(앞글: 64). 그래서 기존의 교도소 수감이 가능한 100% 비율이 초과된 국가들도 프랑스 117%, 이탈리아 128%, 영국 112%로 나타나, 전과자의 재범을 줄이는 데 사회적 목표를 설정해 SII 방식으로 추진되는 영국과 미국의 사회임팩트채권(SIB)은 많은 주목을 받고 있다.

가족서비스와 여성고용

아동의 발달, 가족 형성, 여성 고용 차원에서의 보육의 사회적 가치는 충분히 인정받고 있다. OECD 주요국에서 저출산임에도 불구하고 보육에 대한 공공지출과 공공투자는 2008년 금융위기 전까지만 해도 증가 추세를 유지했다(앞글: 65). 보육을 통한 학교준비, 성인기의 생산성 증대, 그리고 반사회적 행태의 감소 등으로 보육은 사회시스템의 효율성에 기여하는 중요한 정책도구이다. 또 보육서비스 제공으로 여성의 고용과 양성 평등에 크

표 2-5 노령과 보건 지출비의 공공 사회보장비 비중 (GDP 비중, %)

		호주	캐나다	프랑스	독일	이탈리아	일본	영국	미국	OECD 30개국
노령	1996	3.9	4.2	10.8	8.0	11.0	5.4	5.4	5.1	6.5
	2011	5.0	4.0	12.5	8.6	13.4	10.4	6.0	6.0	7.4
보건	1996	4.6	5.8	8.0	7.8	5.1	5.3	5.3	5.8	4.9
	2011	5.8	7.2	8.6	8.0	7.0	8.2	7.7	8.0	6.2
가족	1996	2.8	0.8	2.7	2.0	0.7	0.5	2.3	0.5	1.8
	2011	2.8	1.2	2.9	2.2	1.5	1.4	4.0	0.7	2.2
고용	1996	1.7	1.6	2.9	2.9	1.0	0.8	1.1	0.5	1.9
	2011	0.8	0.9	2.5	2.0	1.2	0.6	0.8	0.9	1.6
주거	1996	0.2	0.6	0.9	0.3	0	0	1.7	–	0.4
	2011	0.3	0.3	0.8	0.6	0	0.1	1.5	–	0.4

자료 OECD 2015a: 66.

게 기여한다. 그런데 OECD에서 보육서비스는 늘고 있지만 이에 비례하는 여성의 고용 관련성은 분명하게 드러나지 않고 있다.

이상과 같이 사회서비스 분야별 공공 사회지출의 규모와 유형 자료가 SII에 시사하는 의미들은 다음 몇 가지로 구분해 살펴볼 수 있다. 첫째, 국가별로 공공기관들이 사회서비스 분야별로 어느 정도를 지출하고 있는지를 분석해 SII의 중요성을 가늠해볼 만하다. 둘째, 서비스 분야별로 지출규모를 비교해 다양한 SII 시장의 규모와 우선순위를 분석하는 데 활용될 수 있다. 셋째, 사회적 요구 측면에서 국가별로 사회지출을 비교해 공공부문의 비용효율성 이슈들을 제기하고 SII를 포함한 혁신과 새로운 접근방법의 수요 정도를 가늠해볼 만하다.

OECD 7개국의 사례를 통해 주요 사회지출의 동향을 살펴보면, 노인 복지와 서비스 지출과 보건지출이 공공 사회보장 지출에서 차지하는 비중이 가장 높다. 대부분의 국가에서 1996~2011년 기간 빠른 증가세를 보여준다. 이탈리아와 일본이 낮은 수준이나마 복지국가가 되고 있는 것이 전체 복지예산 중 노령연금과 의료비만도 80% 이상을 차지하는 고령사회이기 때문이다.

3) 사회서비스 공급 모델

이상과 같은 정부의 사회지출 자료를 통해 SII 시장의 잠재적인 영역을 추정해볼 수 있고, 이제 정부가 사회서비스의 수요를 어떻게 충족시키고 있는지를 자세히 살펴보며 SII의 전망을 내다볼 만하다. 사회서비스의 공급은 시장에서의 서비스 공급과 크게 다르지 않다.

사회서비스의 전달 사이클에는 기획단계부터 전달과정과 평가단계에 이른다. 첫째, 기획에서는 서비스 결정이 이뤄지면서 시장에서의 갭(gap)과 사회적 욕구가 제시되며, 사회서비스가 기획되어 디자인된다. 둘째, 전달과정에서는 서비스의 위탁 또는 공공기관에 의한 직접적인 서비스 전달이 이뤄진다. 셋째, 평가 과정에는 서비스 평가와 서비스 재설계가 이뤄진다.

전달과정은 대부분이 일종의 사이클로 되풀이되는 과정이다. 새로운 사회적 욕구가 파악되거나 시스템 혁신이 추진되지 않는 한 효과성과 효율성 근거에서 반복적인 과정을 이룬다. 최근에는 두 가지 요인들이 사회서비스 전달에서 새로운 혁신을 요구하게 만들었다. 하나는 대부분의 취약층으로부터 복합적인 서비스의 수요가 증대한 것이다. 다른 하나는 2008년 금융위기와 그 여파로 진행된 경제 침체의 영향으로 유용한 재원의 두드러진 감소이다. 실제로 OECD 34개국 중 GDP 대비 복지지출이 늘어난 국가는 한국과 일본과 멕시코 등 5국에 지나지 않는다. 대다수가 심각한 복지예산 긴축기에 들어갔다(OECD 2014c). 사회서비스의 혁신 요청, 취약층의 복합적인 서비스 수요 증대, 공공예산 감축 압력 등이 사회서비스 전달에서의 새로운 혁신을 압박하는 시대적 요청이 되고 있다. 혁신 추진전략에는 사회적 경제와 사회기업가정신이 핵심이 되는 동향이다.

그럼에도 공공서비스 전달체계의 특성상 사회적 경제의 서비스 관여에서는 여러 과제들이 제기되고 있다(앞글: 72-3). 첫째는 거버넌스(governance) 도전으로, 사회서비스가 중앙·지역·지방 차원에서 또는 복합적인 차원으로 관리되고 재원이 공급되는 문제는 많은 관련 행위자들에게는 다양한 정치적, 금융적 압력으로 서비스 전달방식, 바람직한 사회적 임팩트에 관한 논의를 제기한다. 복합적인 형태의 거버넌스는 통합적 사회서비스의 경우처럼 사회적 시장 영역에 동참하는 사적 사회서비스 전달 조직들에게는 다양한 도전들을 제기한다.

둘째는 시스템 기획으로 공적 개입은 시스템에 적합한 형태로 디자인되어, 디자인에는 보충적인 공적서비스가 고려될 필요가 있다. SII는 보충적인 공적서비스 시스템 안에 존재할 수 있다. 공적 사회보호 서비스는 홈리스들이 SII 홈리스 서비스에 유입되지 않도록 규제하고, SII에서 관리된 홈리스들이 프로그램 종료 후 공공 고용 서비스 혜택을 받을 수 있다. 이 같은 보충적 서비스는 SII가 추구하는 사회적 임팩트의 목적달성에 상당한 임팩트가 될 것이다.

공적 파이낸스가 복수의 분야들을 통제하는 경우, 시스템 기획으로 B 분야에서 시행된 개입의 결과로부터의 수익이 A 분야에 생겨날 수 있도록 허용한다. 또한 모든 수익들이 공적 시스템에서는 검토되거나 금전화될 필요도 없고 또한 기획된 일정에 따라 이뤄질 필요도 없다.

그밖에 고정 자본과 인적 자본 문제도 있다. 많은 국가에서 지금의 공적서비스 시스템은 고정 자본과 많은 종사자를 두고 있는 거대한 은행이다. 이것은 사회서비스 지출에서 감춰진 비용을 의미한다. 또 차용, 펀딩, 지속가능성 문제도 제기된다. 공적서비스는 국가에 의해 재정이 지원되며 전통적으로 경제위기의 상황에서도 사회적 욕구를 충족하기 위한 차용이나 재원지원 흐름에 대한 접근을 가지고 있다.

SII가 사회적 욕구 충족에 의미 있는 임팩트를 생산하기 위해서는 사회적 욕구 분야에서의 모범적인 사례에 대한 분석이 필요하다. 노인 장기요양에 대한 수요증대로 의료비지출 증가가 예상되며, 다음 30여년 기간에는 지금의 두 배 가량의 증가가 예상된다(OECD 2015a: 76). 이 같은 정책적 관심이 집중된 가운데 새로운 혁신적 대안을 제시하는 사례들을 예시하면 아래와 같다.

a) 캐나다의 75세 이상의 건강취약 노인들에 대한 장기적인 통합 요양서비스 제공 프로그램은 여러 펀딩들을 대표하는 공동 거버넌스 이사회를 구성해 통합 요양서비스를 제공한다. 프로그램 참여 노인들의 기능 감퇴를 감소시키고, 요양서비스에 대한 만족도를 높이고 퇴원 후 10일 이내에 응급실 재방문 가능성을 낮춘 성과를 보여준다.

b) 이탈리아에서 1990년대 두 지역의 소규모 통합 요양서비스로 건강취약 노인들에게 지역사회 기반의 의료와 사회서비스를 제공해, 참여 노인들의 병원 입원율 감소 등 노인건강 증진의 성과를 올렸다.

c) 호주 빅토리아에서는 병원 응급실을 주기적으로 방문하는 노인들에게 서비스를 제공하는데, 간병인·사례관리·방문서비스 등을 통해 응급실

내원을 20%, 입원 치료를 28% 감소하는 성과를 올렸다.

d) 영국에서는 2008년 통합 요양 파이롯트 프로그램은 병원 입원 리스크를 줄이는 목표로 복수의 기관들의 사례관리 등의 공조활동으로 프로그램을 진행하였다. 2년 기간의 프로그램 시행에 대한 평가결과는 입원, 외래환자 서비스 이용에서 두드러진 감소의 성과를 보고하였다. 그럼에도 환자 만족도나 응급실 방문 감소는 성과로 나타나지 않았다.

제3장

시장(market) → 사회적(social)

제1장에서 제시한 국가, 시장, 시민사회의 '상호의존' 모형에 따라, 제2장에서는 국가(state) → 사회적(social) 공조의 확대에 이어 여기에서는 시장(market) → 사회적(social) 공조의 동향과 특성을 정리해본다. 시장 또는 민간 부문은 영리기업들과 민간 재단들과 개인들이 대표하는데, 영리기업의 글로벌 차원 사회공헌과 임팩트 투자에 대한 관심과 이니셔티브의 발전 배경에 우선 관심을 초점을 맞춰본다.

1. 경제위기와 경제 시스템에 대한 불신

2008년부터 지구촌 전체를 휩쓸었던 글로벌 금융위기는 기업의 사회적 책임에 대한 의문뿐 아니라 나아가 자본주의와 경제 시스템에 대한 불신까지 키웠다. 금융위기는 부적절한 규제적 프레임워크에서 과도한 리스크 안기로 인한 금융 분야의 평판을 붕괴시켰다. 금융위기는 또한 글로벌 경제 시스템의 불안정성을 그대로 폭로시켰다. 선진 경제국에서의 거시경제적 불균형과 금융위기, 부실한 금융시장과 거대한 기금 보증이 없는 사회적 채무 등이 모두 밝혀진 것이다(UNGC 2014: 36). 기업에 대한 긴급 금융지원과 대형 경제촉진 패키지로 위기 수습이 진행되었지만 장기적으로는 경제 장기침체(stagnation)와 수백만 청년의 실업, 공공긴축 정책 시행 등으로 심각한 문제들을 수반하였다. 특히 위기를 초래한 피의자들은 처벌을 받지 않았고 일반 시민들만 고통을 받았다는 인식이 확대되었다. 그럼에도 금융 분야 내부에서는 윤리적 청렴성에 대한 인식이 거의 제기되지 않으면서 시민들의 신뢰는 지속적으로 추락하지 않을 수 없었다.

글로벌 차원의 기업에 대한 신뢰의 위기는 21세기에 접어들면서부터 제기되었다. 1999년 11월 거대한 반세계화, 반자본주의 시위가 미국 시애틀에서 시작되었다. 4만여 명의 시위대의 목표는 WTO의 새로운 무역협정 라운드를 무효화시키는 것이었다. 이 정도 규모로 경제적 세계화를 추진하는 국제기관에 대한 시위는 전대미문의 변화였다. 시위대들은 노동이슈들을 비롯해 환경피해와 소비자보호, 또 세계화가 빈곤국들에 미치는 부정적 영향 등을 알리고 공론화시키는 데 성공한 것이다.

냉전 종식 이후의 세계질서는 동서 양극 이데올로기 전쟁에서 다극 질서로 이동하였다. BRICS의 등장과 함께 나이지리아, 인도네시아, 멕시코, 터키 등의 선도적 시장의 확장으로 경제적 파워와 영향력이 분산되며 남과 동으로 확산되었다. 중국이 2001년 WTO에 가입하면서 강대국으로 등극한 것도 놀라운 일은 아니었다. 2009년 코펜하겐 기후회담의 결렬로 글로벌 이슈에 대한 국가들의 역량에 대한 심각한 신뢰의 붕괴를 초래했다. 2015년 파리 신기후협정이 가까스로 체결되었지만 미국 트럼프 정부의 반기후 정책 표명으로 새로운 암초를 만나게 되었다. 지금도 통합보다는 분열이 지배적인 주제가 되며, 글로벌 문제들에 해결을 추진하는 다자 접근을 위협하고 있다. 경제적 침체와 신흥경제국들의 경쟁강화 추세에서 권력은 분산되어 어느 곳에도 없고 어디서나 발견되고 있다. 글로벌 도전들과 기회들보다는 국가적 열망이 우선시되는 시계추 운동이 많은 국가들의 지배적인 동향이 되고 있다.

국가들의 국내 상황에서도 수직적 분열이 진행되어 왔다. 권력이 전통적인 행위자들로부터 다른 많은 행위자들에게 분산되었다(주성수 2003b). 새로운 정보원을 가진 성장하는 자치역량을 갖춘 중산층은 전통적인 권력기관들의 정통성에 심각한 의문을 제기하며 투명성과 책무성 제고를 요구하면서 정부의 신뢰는 추락하고 있다. 21세기에 들어서며 지난 세기에 달성한 놀라운 성장과 개발에 대한 의문은 사회적, 환경적 피해라는 대가로 이룩된 것이라는 인식의 확산에 기인한다.

자연재해들이 심각해지면서 기후변화가 글로벌 공론 어젠다를 점유하게 되었다. 극심한 기상이변으로 가뭄이나 홍수 등 재난의 발생은 기후변화의 현실화를 실감하게 만들고 있다. 기후변화 이슈에서 기업은 예외일 수 없다. 많은 기업들은 탄소배출 감소를 위한 이니셔티브를 주도하고, 일부 선도적 기업들은 정부 규제정책의 필요성을 지지하는 입장에서 더 나아가 자신들의 비즈니스 활동에 제품 생산과 공급사슬에서 기후변화를 전략으로 추진하고 있다. 거버넌스 실패도 기업에 대한 심각한 도전이 되는 이슈이다. 21세기 첫 10년간 Enron, WorldCom, Parmalat 등 기업의 부패 스캔들이 끊이지 않으면서 탐욕, 부패, 비리에 대한 세계적 관심과 우려가 증폭되었다.

21세기에 들어서면서 세계는 낙관론에서 분열의 퇴행으로 이동하였다. 현대적 의미의 기업의 지속가능성은 20세기 말 또는 1990년대 말에 시작된다. 냉전이 종식되고 클린턴, 블레어, 룰라, 시라크 등의 새로운 세대의 정치적 리더들은 글로벌 정치, 경제 질서의 낙관론과 기회를 구축하고 있었다. 기업들은 세계로 사업을 확장시켰고 국제무역과 투자가 급증했으며, 그 결과 세계 경제가 번영할 것이라는 믿음이 팽배했었다. 그런데 이런 낙관론은 세계화의 사회적, 환경적 비용으로 얻어지는 불안이 증폭되면서 이내 약화되었다. 세계무역이 확대되어 번영이 증대되면 인간자원과 환경자원의 이용기회가 더불어 증대될 것이라는 기대가 있었던 것이 사실이었다. 1980년대와 1990년대 초 체르노빌, 보팔, 엑손 발데즈 등의 초대형 사고의 재앙들이 전 세계적으로 환경과 사회문제들을 공공 어젠다에 확고히 상정시켰고, 그에 따라 기업에 대한 신뢰의 추락을 야기시켰다. 환경오염뿐 아니라 저개발국의 '착취공장'에서의 인권남용과 인간착취에 대한 관심이 고조되면서 여론지도층에서는 "세계화가 통제되지 않고 있는가?" 라는 의문들이 제기되었다(UNGC 2014: 36).

노조, 환경단체와 인권단체들은 글로벌 다국적기업들과 WTO 등의 시장을 규제하는 기관들에 대해 저항하기 시작했다. 세계화의 성장과 성공에도 불구하고, 환경적, 윤리적 이슈들은 사실 무시되거나 경시되고 있었다. 역사적 분기점이 된 것이 1999년 시애틀에서의 WTO 총회였다. 그 후 역사적인 전환점이 된 것은 9·11 사태와 테러에 대한 전쟁이었다. 뉴욕 세계무역센터 쌍둥이 빌딩에 대한 테러공격은 글로벌 지정학의 근본적인 변화를 초래시켰다. 글로벌 개방성과 공조의 비전에 대한 확신과 1990년대를 상징했던 글로벌 낙관주의가 휘청거린 것이다. 다자주의에 대한 정치적 지지와 신념 또한 약화되기 시작했다.

2001년의 9·11 사태와 2003년의 이라크 침공으로, '악의 축'과 문명의 충돌 등의 수사적 표현들이 상징하는 새로운 분열의 언어가 등장하였다. 세계가 이제 새로운 극단화와 갈등의 시기로 접어들었다는 사고가 지배적인 주류를 형성하였다. 지난 수십 년 기간의 정치적 이념과 경제적 경쟁에 기초한 시각을 반영하면서도 여기에 문화와 종교의 시각까지 복합된 글로벌 세계관이 된 것이다.

2017년 초까지 시리아 난민 수백만 명이 유럽으로 이주해가면서 유럽 전체가 정치사회적 소요의 도가니로 휘몰렸다. 난민을 거부하는 영국의 브렉시트(Brexit)가 현실화되었고, 최대 난민 수용국인 독일과 프랑스 등지에서도 난민을 둘러싼 문화적 충돌은 끊이지 않고 있다. 미국에서는 트럼프

대통령의 취임으로 이슬람 4국에 대한 미국 입국을 차단하고 멕시코에 국경의 담을 쌓는 정책이 추진되면서 미국 내 국론 분열마저 일으켰다.

2. 시민 행태와 사회적 경제

1) 소비자 행태의 변화

유럽인의 일상생활에서 나타나는 사회와 경제에 대한 책임 있는 행동은 먼저 '책임 있는 소비'에서 살펴볼 수 있다. 제품의 가격과 질뿐 아니라 제품이 생산되는 과정에서의 사회적, 환경적 의미들을 고려해 소비자 구매가 이뤄지는 경향은 이제 새로운 게 아니다. 소비자들은 특정 윤리적 기준(공정무역이나 윤리적 금융 등)을 충족하거나 (로컬 생산품이나 로컬 화폐에 대한 선호 등) 지역발전에 긍정적 임팩트를 미치는 제품에 프리미엄을 주고 있다(EC 2013: 61). 이 제품들과 서비스들은 영리적 비즈니스보다는 사회적 경제 조직들과 사회적 기업들이 공급하는 것으로 물량이 크게 늘고 있다. 나아가 시민들은 글로벌 차원에서 효과성 증진을 할 수 있도록 주창운동이나 단체를 조직해 참여하고 있다. 그 결과, 기업들과 정부 규제기관들에게 압력을 행사해 보다 책임 있는 실천을 하고 생산자와 소비자 사이에 자원의 보다 공정한 배분이 이뤄지게 하는 변화를 이끌어내고 있다.

시민 개인 차원의 변화에는 자신들의 지역공동체에 기여하는 조직을 위해 활동하고 또 경제적 목표뿐 아니라 사회적 목표를 추구하는 직업경로를 선택하는 적극적인 의지가 포함되어 있다. 예를 들면 사회적 기업을 직

■ **표 3-1** 사회적 경제 분야의 일과 직업 동기: 주요 연구결과의 시각

이탈리아 사회적 기업에서 일하는 4000명 이상의 근무자를 대상으로 한 설문조사 결과는 근무자의 직업선택이 여러 요인들에 의해 이뤄지는데, 특히 이타주의적 동기(직업의 사회적 연관성과 유익 특성)가 가장 강한 것으로 나타나 있다. 뒤를 이어 외재적(extrinsic) 동기로 직업안정성이 있으며, 또 내재적(intrinsic) 동기로는 기업과 동료들과의 공유된 이념과 가치 등이 중요한 것으로 꼽히고 있다. 임금이나 기타 경제적 인센티브들은 중간 정도의 중요성을 가진 동기들로 나타나 있다.

	평균 척도 (1–12)	**백분율 점수(%)**
1. 이타주의 동기		
– 취약층 돕기	9.48	62.3
– 하는 일의 사람과의 관련성	9.50	61.3
– 직업 외적으로 사람과의 관련성	8.73	52.0
2. 내재적 동기		
– 직업의 자율성, 다양성, 창의성	8.48	45.6
– 직업의 개인 훈련과의 연계성	7.06	33.0
– 직업의 사회적 가시성(visibility)	7.20	32.5
– 근로 환경과 분위기	7.44	38.4
– 조직과의 공유된 목표와 가치	8.77	52.5
3. 외재적 동기		
– 근무시간의 융통성	8.00	37.4
– 임금과 경제적 인센티브	8.63	49.2
– 자아실현과 캐리어 전망	8.38	44.8
– 직업 안정성	9.52	61.9

자료 EC 2013: 61.

업으로 선택한 사람들 가운데 이타주의(altruistic) 동기가 다른 동기들보다 훨씬 더 강하게 표출되고 있다(앞글: 61). 이 같은 결과들은 여러 선행 연구에서 확인되고 있다. 사회적 경제, 비영리조직, 사회적 기업을 직업을 선택한 사람들은 공공부문이나 일반 기업 근무자보다 임금수준은 낮지만 훨씬 더

높은 직업 만족도를 보여준다는 연구결과를 참고해볼 만하다(표 3-1). 특히 젊은 세대들은 사회적, 환경적 이슈들에 대한 강한 인식을 갖고 책임 있는 행동과 지역 공동체를 위한 자원봉사 등의 공익활동에 참여하고 또 그럴 의향도 강한 성향을 보여준다.

시민들의 개인 행태의 변화는 사회적 가치를 가진 재화와 서비스의 수요를 공급의 유용성으로 연계시켜 사업을 성공하는 다양한 유형의 조직들의 설립에 점차 기여하는 추세이다(앞글: 62). 흥미로운 사례들은 지속가능한 소비와 공급을 지원하기 위한 목적으로 구성된 간편한 식량가치사슬이며, 또한 특정 거래 메커니즘에서 전반적인 가치창출 사슬을 재조직하는

표 3-2 연대 기반의 구매조직들: 이탈리아의 GAS 사례

GAS는 연대기반의 구매조직이라는 이탈리아어 'Gruppi di Acquisto Solidale'의 약칭이다. 일반적으로 구매 조직은 식품이나 다른 생활 제품들을 생산자로부터 또는 대형 도매상으로부터 많은 할인가격으로 구매하기 위해 협동하는 소비자들의 집단이 만든 조직이다. 구매조직들은 가장 저렴한 가격만을 탐색하는 게 아니라 단순한 절약에 앞서 사람과 환경을 중시하게 될 때, 연대기반의 구매조직이 된다.

연대기반의 구매조직은 구매품과 생산자의 선택 기준을 회원들, 거래자, 생산자 사이의 연대와 환경에 대한 존중에 두고 있다. 이 같은 가이드라인에 따라 (수송에 따른 환경적 피해를 줄이기 위해) 지역생산품을 선택하게 되고, (취약한 생산자의 인권, 특히 여성과 아동과 원주민의 인권을 증진시켜 취약층을 존중하기 위해) 공정무역 제품들을 구매하고, 또 (지속가능한 라이프스타일을 진흥시키기 위해) 재생 또는 생태조화적인 제품을 구매하게 된다. 각각의 GAS는 나름대로의 독특한 동기와 미션을 갖고 있는데, 대부분은 오늘날의 글로벌 소비주의 경제 모델과 라이프스타일에 대한 접근법을 따른다. 이 같은 모델이 공정하지 않아 다른 실용적 대안을 고려하는 개인들은 연대기반의 구매조직에 가입해서 서로 도움과 자문을 주고 받을 수 있다.

출처 www.retegas.org
자료 EC 2013: 62.

■ **표 3-3** 독일 함부르크의 지역에너지 협동조합

Hamburg eG는 2010년에 설립된 지역사회 에너지 협동조합으로, "민주적으로 운영되며 공정한 가격에 재생에너지"를 함부르크 주민들에게 공급하기 위해 설립되었다. Energienetz는 100% 지역사회 소유로 운영되는 에너지 산업을 위한 공개 입찰에 투자자들을 유치하는 캠페인을 개시하였다. 프로젝트에 참여하는 조합원들은 투자 규모와 관계없이 동등한 1인 1표의 투표권을 부여받는다. 특히 3년간의 캠페인을 거친 다음 2013년 9월에 120만 함부르크 주민들이 참여하는 주민투표에 지역사회 소유의 에너지 네트워크에 대한 투표가 이뤄졌다. 지역사회 에너지 협동조합으로 투자된 자본금으로 함부르크 시의회는 스웨덴 에너지 회사(Vattenfall)로부터 지역 전선망을 구매하는 등 사업에 착수하였다. 향후에는 함부르크가 국가 변속 전선망에서 완전히 독립해 화석연료를 전혀 사용하지 않는 완전한 독립 전선망을 갖추는 목표를 지향한다.

자료 Triodos Bank 2014: 16.

대안적 모델들의 탄생을 진흥시키는 지역화폐들이다.

독일에서는 에너지 협동조합에 지역주민들이 참여해 지역사회 임팩트를 증대시키고 있다. 함부르크 등 지역사회 주도의 에너지 임팩트 투자가 급성장하고 있는데, 전국의 에너지 협동조합 현황을 살펴보면 2001년 66개에서 2008년 136개로 두 배 성장한 이후 2010년 398개, 2011년 600개, 2013년 888개로 늘었다.

'사회적 책임'이 있는 소비자 행태는 재화와 서비스의 구매에만 한정된 것은 아니다. 이제 저축과 투자 영역으로 확대되는 추세에 있다. 최근의 동향은 '당신의 돈을 옮겨라'(Move your money) 운동으로 미국에서 2008년 금융위기 이후 비윤리적인 상업적 은행과 펀드로부터 윤리적인 펀드나 금융조직으로 저축과 투자를 옮기도록 호소하는 운동에서 비롯된 것이다(앞 글: 63). 이 운동은 주로 온라인에서 진행되어 실제로 대형 상업은행에서 돈

표 3-4 독일의 지속가능한 시민소유의 에너지생산 협동조합

독일에서 시민들은 재생전기와 난방체계(광기전성 단지, 풍력 파트, 바이오가스 설치)을 운영하는 시민소유의 에너지 생산자 조직에 적극적으로 참여하고 있다. 지난 5년간 8만 명의 시민들이 500개의 새로 건립된 지역에너지조합에 1000만 유로 이상을 투자했다. 시민들은 사회적, 경제적 기준에서 투자결정을 한다. 그것들은 지역개발에 영향력을 갖게 되는 것, 재생에너지원에서 생산되는 전기 공급을 확보하는 것, 장기적인 정부지원의 발전차액지원제(feed-in-tariff) 혜택으로 발생하는 투자수익을 확보하는 것이다. 이 같은 새로운 유형의 협동조합들은 집단적 생산의 기회와 재생에너지원의 이용에 대한 인식을 제고시켜주며, 이 같은 단지들의 운영을 위한 기술적 역량의 구축과 보급, 그리고 재생에너지를 지원하는 법률적 체계의 구축을 위한 정치적 기회의 창출에 상당한 기여를 한다. 지난 수년간 지원을 위한 생태계가 진전되어, 에너지 협동조합의 설립에 자문 서비스와 지원. 노하우 개발과 역량구축, 에너지 이니셔티브 개발자 훈련, 검증된 모델들의 보급이나 수용에 대한 지원 등 생태계가 조성되고 있다. 일부 시민에너지 공급조직들은 더 나아가 지역의 전기부설망을 갖게 되었다. 작은 마을의 EWS라는 조직이 선도적인 역할을 했는데, 지역의 전기부설망을 구매할 수 있는 두 차례의 주민투표에서 승인을 받아 시민들의 참여를 동원하는데 성공했다. 이후 선력시상의 사유화 조치로 독일 전역에 전기를 공급하는 기회도 갖게 되었다. 2012년 중반에 EWS는 재생에너지원에서 13만 5000가구와 기업에 전기를 공급하고 있다.

출처 http://www.energiegenossenschaen-gruenden.de, http://www.ews-schoenau.de
자료 EC 2013: 63.

을 인출해 지역사회와 협동조합 은행으로 저축이나 투자를 옮기는 변화가 있었다. 심각한 금융위기와 그에 따른 '99%' 운동 등 시민행동으로 대형 은행들의 비윤리적 행태에 부정적인 시각을 가진 시민들이 늘어나며 이 운동은 미국뿐 아니라 유럽 국가들로까지 확산되었다. 2013년경까지 약 1000만 계좌 옮기기가 있었던 것으로 추산된다. 나아가 인터넷은 금융기관에 가지 않고도 투자할 수 있는 새로운 방식들을 가능하게 만들며 시민들이 자신들이 선호하는 프로젝트나 조직들에 직접 투자해 지원하는 길을 열고 있다.

지난 수년간의 동향을 보면, 온라인 플랫폼과 이니셔티브로 지원되는 크라우드 펀딩(crowd funding)은 자본금이 절대 필요한 벤처를 위한 금융자본을 직접 동원하고 있다. 시민 소비자 측면에서 저축과 투자의 변화는 금융서비스 분야에서의 변화와 혁신을 가져와, 이제 사회적 성과와 경제적 수익을 연계시키는 새로운 금융상품들의 등장으로 나타나고 있다. 금융수익뿐 아니라 사회적, 환경적 임팩트에 기초한 투자 기회들을 평가하는 윤리적 투자 상품 등 민간 이니셔티브들이 등장했다. 또 상업적 은행들의 금융서비스에서 배제된 소외층에게 크레딧을 제공하는 마이크로 파이낸스(소액대출) 사업도 성장하고 있다(앞글: 63).

소액대출은 지난 수년 새에 전 세계적으로 경제개발의 도구로 인기를 모으고 있지만, 유럽에서는 지난 한 세기 동안 협동조합 은행들의 특허상

표 3-5 네덜란드의 Triodos Bank 사례

Triodos Bank는 네덜란드, 벨기에, 영국, 스페인, 독일에 지점을 두고 있는 유럽 은행이다. 네덜란드에 본부를 두고 1980년 설립되었는데, 지금은 세계에서 가장 지속 가능한 은행을 대표하며 은행의 미션은 긍정적인 사회적, 환경적, 문화적 변화를 위한 자본의 형성에 있다고 밝힌다. Triodos Bank는 일반 은행과 같은 많은 금융서비스를 제공하지만 다른 점은 지속 가능한 기업에만 투자를 한다는 것이다. 은행의 소유주는 1만 5000여 명의 개인들과 기관들인데, 특이한 것이 은행의 미션과 가치를 보호하기 위한 특별한 소유권 구조를 갖추고 있다는 점이다. 은행의 모든 소유주식은 은행 소유주식의 관리재단인 SAAT 트러스트가 소유한다. 개인이나 기관 투자자들에게 입금내역서를 발간하는데, 이것이 소유주식의 금융가치가 된다. SAAT 이사회가 의결권을 행사하고 의결권은 은행의 윤리적 목적과 미션, 비즈니스 이해, 입금 내역서 소유자의 이해에 기초한다. 은행은 자연, 환경, 문화와 사회, 그리고 사회적 기업 분야에서 금융서비스 활동을 한다.

출처 http://www.triodos.com
자료 EC 2013: 65.

품이었다. 금융기관들은 사회적 기업을 위한 부채와 주식 투자상품을 구축해 새로운 투자자를 모으고 개인저축을 동원하는 새로운 자산계급을 창출해 '사회적 금융' 시장을 구축하고 있다. 전통적으로 협동조합 은행들은 자신들의 지역공동체에 서비스하고 개인, 가계 및 지역의 업체들에 금융 서비스를 제공할 목적으로 설립되었지만, 오늘날에는 사회적 은행들이 사회적 금융 시장에 동참하면서 이제는 주류 금융기관들과의 경쟁이 심화되고 있다. 프랑스의 Groupe Credit Cooperatif, 이탈리아의 Banca Etica, 벨기에의 CREDAL, 독일의 GLS Bank, 네덜란드의 Triodos Bank, 스웨덴의 Ekobanken 등은 대표적인 사회적 금융 사례들이다(앞글: 64).

2) 민간 자본의 사회적 임팩트 투자

사회적 금융의 지형은 급격히 전환하고 있다. 대형 연금기금 등 기관 투자자들이 대주주 역할을 행사하며 사회적·재정적 수익을 복합시킨 새로운 투자기회들을 고려하고 있다. 개인 저축자들과 투자자들은 개인 포트폴리오를 관리하고 금융위기의 상황에서 윤리적 대안들을 탐색하는 데 더욱 적극적인 역할을 하고 있다.

최근에는 '임팩트 투자'가 시행되면서 자선 재단들과 개인 부자들과 기관 기금(연금기금, 보험사 등) 등도 동참한다. 이들이 민간 자본금을 일자리 창출, 빈곤해소, 사회서비스 공급, 지역사회 개발에 활동하는 사회적 기업, 사회적 혁신 또는 환경적 이니셔티브에 투자하고 있다. 새로운 유형의 사회적 투자자들은 전문 중간지원조직들과 함께 새로운 금융기관들로 발전하고 있다. 이들은 사회적 기업들이 운영에서 약간의 리스크를 안으면서도 발전하는 데 충분한 시간적 여유를 주는 '인내 자본'(patient capital)을 제공한다. 전통적인 은행 대출에 보완적인 역할을 하는 새로운 투자이다.

가장 성공적이고 보급 가능한 사회적 금융은 한편으로는 혁신적인 공공행정, 재단, 사회적 투자자, 사회적 금융 중간지원조직들과 다른 한편으로는 시민사회와 사회적 경제 조직들을 함께 연계시키는 형태이다(앞글: 65). 이 모델의 장점은 관련된 기관의 전문가들의 다양한 전문성과 경험을 활용해, 리스크 해소, 거래비용 절감, 투자준비 사회적 기업의 지속적인 지원 구축 등 사회적 금융 시장을 개발하는 데 제기되는 핵심적인 이슈들에 대한 해결방안을 쉽게 모색하는 것이다.

또 다른 사례는 지역화폐의 발전이다. 지역사회 주민들이 글로벌 금융시장의 투기적 특성에 대응해 지역개발을 지원하기 위한 재화와 서비스 구매를 지원하는 사례이다(앞글: 65-6). 지역화폐 주창자들은 중앙집중적 화폐와 크레딧 창출은 다른 대안이 없다면 지역경제와 사회통합에 부정적인 영향을 미칠 수 있다고 믿는다. 소규모 창업자들과 시민사회조직들이 자신들이 계획하는 비즈니스 또는 사회활동을 개발하는 데 필요한 국가 차원의 화폐로 은행융자를 받기란 쉽지 않다는 것이다. 이에 지역화폐가 대안이 되어 지역경제를 활성화시키는 데 중요한 교환의 수단이 될 수 있다는 것이다. 지역화폐는 사회적 기업들이 만든 화폐로 간주되는데, 지역화폐는 시민들의 자발적인 이용에 기초해 다른 시민들도 동참할 것이라는 신뢰에 기초한다. 지역화폐 사례가 되는 서부 헝가리의 Kekfrank는 지역에서 생산되는 재화와 서비스의 교환을 활성화시키기 위해 만들어진 화폐이다. 그리스 볼로스 항구의 TEM, 스페인의 시간은행 등은 금융위기에 대한 대응으로 설립되어 공식화폐의 평가절하에 대한 지역적 대안 역할을 한다. 지역화폐는 소비자에게 지역경제에 대한 통제권을 주며 주류 금융체계의 변덕성에

■ **표 3-6** 지역화폐: 브리스톨 파운드(Bristol Pound)

2012년 9월 가장 의욕적이고 복합적인 지역화폐 중 하나가 되는 브리스톨 파운드 지역이해회사(Bristol Pound Community Interest Company)가 설립되었다. 지역의 여러 기관들, 특히 신용조합(Bristol Credit Union)과 시의회 등과의 파트너십으로 사업이 추진되었다. 브리스톨 파운드는 영국 최초의 시 전역에서 활용되는 화폐로 금융기관이 관리하는 전자계좌를 최초로 시행하고 또 최초로 일부 지방세도 납부하는 기관이 되었다. 지역이해회사(CIC)와 신용조합(Credit Union)과 공조하는 비영리기관이다. 브리스톨 파운드는 브리스톨의 자영업을 지원하고 지역경제를 강화시키며, 강력한 지역공동체 건설을 지원하기 위해 계획된 보완적인 지역화폐이다.

자료 EC 2013: 67.

맞서 지역의 회복성을 강화시키는 역할을 한다.

3) 사회적 경제의 사회적 임팩트

스페인의 몬드래곤사(Mondragon Corporation)는 바스크 지역의 노동자 협동조합들의 연맹조직이다. 1956년 처음에는 몬드래곤 지역의 산업협동조합으로 출발했지만 이제는 스페인에서 열 번째로 거대한 비즈니스 협회로 성장했다. 세계 41개국에 생산지를 두고 있고 150개국에 판매망을 갖고 있다. 몬드래곤 그룹은 2011년 현재 258개의 회사와 조직체를 갖추고, 8만 4000명의 근로자와 7억 5500만 유로의 재정수입 구조를 갖고 있다. 몬드래곤은 초기에 제조업 분야에 근거를 두었지만 지금은 산업, 금융, 배분 분야에 비즈니스 활동을 하고 지식과 교육 분야에서 중요한 이니셔티브를 개발하였다.

몬드래곤은 국제협동조합연맹(ICA)의 협동조합 원칙들을 준수하며 운영되는데, 노동자들의 경영참여의 방법을 여러 가지로 개방시켜둔 거버넌스 구조를 갖추고 있다. 첫째는 소유권으로, 노동자는 기업의 파트너가 된다. 둘째는 관리를 통한 방법으로, 제품·프로세스·서비스 개선에 직접 기여하는 방법이다. 셋째는 결과에 반영되는 방법으로, 노동자들이 제공하는 노동의 결과이다. 유럽의회(European Parliament 2016: 66-7)는 몬드래곤 그룹을 민주적 거버넌스 모범이 되는 '패러다임 사례'라 소개한다(표 3-7).

몬드래곤의 기업관리 모델은 총회의 중요성을 중시해, 경제위기 상황에서도 회원 1인 1투표 방식으로 총회의 의결로 위기극복의 대안을 실천하였다. 몬드래곤 또한 다른 기업들처럼 경제위기로 심각한 손실을 초래했는데, 수익이 2008년의 155억 유로에서 2011년 139억 유로로 하락했다. 몬드래곤은 위기극복의 처방으로 고용지원 체계를 개발해 전문성 훈련, 협동조합 사이의 임원 재조정. 노동시간 상실에 대한 보상을 시행하였다. 수입의 감소를 수반하는 고용감소가 감원정책 없이 시행되며 위기극복에 대응하였다. 그리고 58세 이상의 노동자의 자발적인 조기퇴직 방안을 마련했다.

사회적 경제 조직들이 사회와 경제 전반에 걸쳐 조직과 조직 구성원들의 경제적 활동이 미치는 사회적 임팩트에 대한 관심이 늘고 있다. 사회적 임팩트의 성과는 사회적 경제의 필요성과 정당성을 밑받침해주는 가장 확고한 객관적 지표로 간주되고 있다. 정부 등의 공공부문이 시민들의 공익과 욕구를 충족시켜주는 서비스 제공 역할에서 후퇴하고 있고, 사회 전반에 새로운 그리고 더욱 다양화된 욕구들이 늘어나고 있으며, 여기에 ICT 혁명으로 정보에 대한 접근이 증대되는 시대적 동향에서 사회적 이슈들에 대한 시민들의 관심은 크게 늘고 있다(EC 2013: 60). 사회적 이슈들이 소비자로서 자신들의 행태에 미치는 영향, 그리고 기업들에 일련의 압력이 가해지

■ **표 3-7** 몬드래곤의 민주적 거버넌스 모델

몬드래곤은 국제협동조합연대(International Cooperative Alliance)의 원칙들에 따라 운영된다. 첫째, 조직의 미션은 그룹을 구성하는 모든 협동조합들의 동의를 받은 것이다. 협동조합의 네 개 조직분야(금융, 산업, 도매, 지식)을 구성하는 개별적인 비즈니스 단위들이 협동조합 의회(Co-operative Congress)에서 결정한 전략적 정책들에 따라 운영되는 것을 의미한다. 둘째는 (모든 구성원의 사회적 의지 표명이 허용된 최상의 기구인) 총회(General Assembly)에 구성원들이 참여함으로써 노동자들은 일인일표 원칙에 따라 기업의 관리에 직접적으로 기여한다. 경제위기에 대한 몬드래곤의 대응은 기업 운영에 내재된 민주적 거버넌스의 원칙들을 얼마나 반영했는지를 잘 보여주는 사례이다. 셋째는 상임위원회(Standing Committee)가 대표하는 모니터링 기관이 전략, 관리적 의사결정이 책무성 원칙들에 따르고 있는지를 점검한다. 또 재화와 서비스의 생산에서 사회적 실천을 중시한다. 몬드래곤은 제조업 분야의 전통을 갖고 있지만 이제는 산업, 금융, 배분 분야도 운영하며 또 지식과 교육 분야에도 중요한 사업을 개시하였다. 몬드래곤은 성공적인 사회적 비즈니스 모델을 활용해, 경험, 지식, 혁신, 내부 공조와 전략적 파트너십에 기반하는 시장통합적 해결방안을 제안한다. 특히 몬드래곤 노동자들은 기업 파트너로 생산 사슬에 관여하며, (생산 공정과 서비스 개선에 대한 기여로써) 관리에도 참여하고, (자신들이 공급하는 작업과 관련된) 결과 평가에도 참여한다.

자료 European Parliament 2016: 66-67.

며 기업들로 하여금 보다 호응적인 비즈니스 실천을 하도록 하는 일련의 두드러진 변화가 일어나고 있다.

지난 수십 년의 기간에 유럽 시민들은 주창단체의 조직화된 참여를 통해, 그리고 개인 소비자와 투자자로서 사회적 역할을 확장시킴으로써 새롭고 보다 사회적 책임을 가지는 저축·크레딧·금융의 등장을 유발시켰고, 기업들로 하여금 CSR로써 비즈니스 실천을 확대하도록 압력을 행사했다. 이 모든 변화들은 사회적 경제와 사회기업가정신이 기존의 조직형태를 초월하는 범위로까지 경제활동을 확장하도록 만들었다.

3. 기업의 사회적 책임과 공유가치창출

1) 기업의 사회적 책임(CSR)

기업들은 CSR의 실천을 수용하지 않을 수 없는 시대적 요청을 받아 다양한 CSR 전략을 추진한다. 사회적, 환경적으로 지속가능한 제품에 대해 프리미음을 주는 소비자 수요 측의 변화와 사회적, 환경적 목표 달성을 지향하는 비즈니스에 유용한 새로운 자원을 만드는 투자실천의 변화라는 이중의 변화가 기업의 변화를 압박한다(EC 2013: 67). 거의 예외 없이 CSR은 특별한 사회적 미션을 표명하지 않는 전통적인 비즈니스의 실행 범위 내에서의 윤리적 기준을 자발적으로 수용한다. CSR 유형은 매우 다양한데, 핵심 비즈니스 모델에 통합될 수 있는 공통점이 있다.

CSR 유형과 시각

가장 간단한 CSR 유형은 자선적 기여(philanthropy)이다. 기업 수익의 일부를 사회적 목적을 실행하는 비영리조직들에게 직접 또는 재단 등을 통해 기부하는 방식이다. 최근에는 벤처 필랜스로피(VP)가 일반화되고 있는데, 기부금의 기부와 함께 프로보노(pro bono) 등 기술지원을 복합한 새로운 CSR 방식으로 주목을 받는다. 이와 대조적인 CSR 방식이 더블(double) 또는 트리플(triple) 보텀라인(bottom line: TBL) 접근법으로 주주의 수익뿐 아니라 모든 이해관계자의 이해를 고려하는 CSR 방식이다(앞글: 67). 그럼으로써 기업은 비즈니스 일상활동이 사회적, 환경적 임팩트를 고려하는 CSR을 추진하게 된다. 단순 기부와 TBL 사이의 중간형으로 기업들이 생산과정 일부 또는 전체에 사회적, 환경적 지속가능성을 실천하는 비즈니스 전략들이 다양하게 분포되어 있다.

기업의 CSR 접근방식에 대해 학계와 국제기관들은 세 가지 다른 해석들을 제시한다(앞글: 67). 첫째는 단순한 '추가적 시각'으로, CSR을 기업의 핵심 비즈니스에 새로운 활동 영역으로 추가된 것을 보는 해석이다. 기업의 사회적 대의에 대한 지원은 (재화와 서비스와 더불어) 기업이 소비자에게 판매하는 특성들의 패키지 중 일부라는 것이다. 이 같은 추가적 활동은 수익극대화 활동이 될 수도 있고, 그렇지 않을 수도 있다. 기업이 다양한 소비자의 요구를 차별화하는 역량을 갖고 시장에 판매하는 재화와 서비스를 차별화해 수익을 낼 수도 있고 그렇지 않을 수도 있는 것이다.

둘째는 '도구적'(instrumental) 시각으로, '추가적 시각'과는 반대로 CSR을 기업의 주요 비즈니스 목표, 즉 전통적인 주주 이해의 극대화에 연계된 것으로 보는 시각이다. 실제로 비즈니스의 과도한 분배적 불평등 성과 부정적인 외부 효과를 방지하는 것이 공공규제나 NGO들의 불매운동을 예방하는 데 유용한 도구가 된다는 것이다. 또 이들은 때로는 수익증대를 갖다 줄 수 있는 기업평판의 개선책이 될 수 있다는 해석이다.

이상의 두 가지 시각에서 CSR은 그 자체의 내재적 가치를 갖고 있지 않고, 다른 목적들을 달성하기 위한 유용한 도구로 간주된다. 문제는 NGO, 불매운동 등 외부 위협이 비효과적이면 도구적 CSR은 기업 관리층에게는 매력을 상실해 사회적 책임을 경시한 채 수익의 극대화만을 추구하게 될 수 있다는 점이다.

세 번째는 '구성적'(constituitive) 시각으로, CSR은 기업의 전략과 목표 기능 안에 포함되며 또 통합되어, 구성적 요소들로 자리매김될 것을 중시하는 시각이다. 이 같은 구성적 시각에 따르면, CSR은 주주의 수익 시각을 초월해 보다 광의적인 기업 거버넌스의 개념이 된다. CSR은 기업 거버넌스의 연장된 형태로 기업을 운영하는 주체들(기업가, 이사회, 최고경영자 등)이 기업의 소유자뿐 아니라 모든 이해관계자에게 피신탁인으로서의 의무를 갖게 된다. 이해관계자들로는 기업 비즈니스에 구체적인 투자로 기여해 필수적인 이해관계를 가진 조직이나 개인들뿐 아니라 기업의 활동으로 발생하는 심각한 외부경제로 영향을 받을 수 있는 모든 사람들이 포함된다. '연장된 피신탁인으로서의 의무'란 기업은 모든 기여하는 이해관계자들에게 가치를 창출해 공정하게 배분하면서 다른 이해관계자들에게는 외부적 부정적인 효과를 최소화시켜야 하는 의무를 가진다는 의미이다. 따라서 구성적 시각에서 '사회적 책임'을 가진 기업이란 기업과 사회 사이에 발생하는 '사회적 임팩트'에 기초하는 사회적·경제적 기관들을 포함하는 모든 이해관계자들에게 가치를 창출하고 가치를 공정하게 배분하는 기업이다.

CSR의 동기, 요인, 전략

다양한 CSR 이론적 논의들을 종합해, 하나의 종합적인 개념틀로 정리해볼 필요가 있다. 개념틀에는 CSR의 동기, 요인, 전략, 이해관계자 등이 포함된다. 개념틀은 앞서 살펴보았던 주요 학자들의 논의들을 종합한 것으로, 캐롤(Carroll 1979; 1991)을 비롯해 워틱과 코크란(Wartick and Cochran 1985), 우드(Wood 1991) 등이 제시한 개념들이 기초적이다(UN 2013: 18). 개념틀은 다섯 가지 구성요소들이 있는데, (1) CSR 동기, (2) 기업 책임, (3) CSR 이슈, (4) 제도적 틀, 그리고 (5) 기업 행동이 그것들이다. 이 과정은 인간행태의 자연적인 논리적 흐름을 반영하는데, '인지 → 태도 → 행태'로 진행된다. 기업의 CSR 동기들은 인식으로 형성되고, 기업의 책임과 CSR 이슈들은 기업의 태도로, 그리고 제도적 틀과 기업의 행동은 행태로 분류된다.

먼저 기업의 동기는 기업의 CSR 요청 또는 압력으로, 포터와 크레이머

(Porter and Kramer 2011b, 2011c) 모델이 제시하는 도덕적 의무, 기업 지속가능성, 평판, 경제적 수익, 영업허가, 리스크 관리, 혁신 등이다. 기업들이 자신들의 시장 경쟁력이 사회와 환경에 대한 기여와 연관된다고 인식하는 것이다. 기업이 CSR에 대한 확고한 동기를 갖게 되면 경제적 수익과 사회적 혜택을 달성하면서 CSR 활동을 성공적으로 수행할 수 있게 된다. 기업 책임은 사회적 기여에 대한 기업의 의무로 경제적·법적·사회적·자선적 책임을 지칭한다. 캐롤(Carroll 1979)은 경제적 책임이 가장 기본적인 목표로 법적 책임이 수반되어야 하고, 다음으로 사회적 책임(관리자의 윤리적 태도 등)과 자선적 책임도 수반되어야 한다.

CSR 이슈들은 CSR 이니셔티브의 타깃 영역으로 기업책임에 대한 태도를 반영하며, 사회적·환경적 욕구에 대한 자신들의 사정에 의존하게 된다. CSR 이슈들은 캐롤의 사회적 이슈들 이외에도 환경석, 빈곤층 포용 이슈들을 포용한다. CSR 이슈들은 사회적 욕구의 변화에 따라 점차 늘어나는 추세이며, 새로운 이슈들로 환경, 인권, 노동기준, 가치사슬 관리, 친빈곤 교육, 반부패, 재생에너지 등이 부상하고 있다.

2) CSR의 패러다임 전환

사회적 기업과 사회기업가정신

최근 주목받는 CSR 전략은 전통적인 기업과 사회적 기업의 관계를 연결시키는 것이다. 프로젝트나 증여로 사회적 경제 조직들을 지원하는 재단을 설립하는 대신에, 다양한 방식으로 사회적 기업과 공조하는 전략이 추진되고 있다(EC 2013: 70). 한국의 경우 사회적 기업 공조에서는 SK그룹이 선도적인 역할을 한다. 유럽의 경우, 노동자의 복지 개선을 위해 일부 기업들은 임직원 아동을 위한 데이케어센터의 설치 등 사회적 기업에 위탁하는 방식, 또 사회적 기업과 시설관리나 청소용역 등 노동통합 과정 계약을 체결하거나 사회적 기업의 노동통합 프로그램을 이수한 취약층의 직접고용 방식 등이 있다(앞글: 70). 2011년 유럽이사회는 CSR 진흥을 위한 제안서에서 기업들이 사회적 책임을 완전하게 수행하기 위해 사회적·환경적·윤리적·인권에 대한 관심사들을 핵심 이해관계자들과의 긴밀한 공조로 기업의 비즈니스 운영과 핵심 전략에 통합시키는 과정을 정착할 것을 제안하였다.

최근 CSR의 패러다임 전환이 일어나는 추세를 주목해볼 만하다. 일반적으로 CSR은 사회와 기업 모두에게 혜택이 되는 새로운 제품의 개발을 통해 자신들의 경제활동이 사회에 미치는 긍정적인 임팩트를 최대화하는 방식으로 그리고 부정적인 임팩트와 외부경제를 최소화하는 방식으로 이해되었지만, 이제는 완전히 패러다임이 전환되고 있다. 미래지향적인 기업들은 사회적·환경적 도전들을 더 이상 장애물로 간주하지 않고, 혁신과 성장의 기회를 보고 있다. CSR 영역이 급성장하고 있는 동향에서 이제 관심의 초점은 보다 비전이 있는 기업가적인 접근으로 이동하고 있다. 공유된 가치를 창출하고(CSV: Creating Shared Value), 기업, 사회, 환경에 혜택이 될 수 있는 혁신을 탐색하는 일은 많은 대기업이나 중소기업들에게 우선적 정책이 되고 있다.

그럼에도 많은 기업들에게 제시되는 도전들은 어떻게 기업 내부에서 그리고 그 범위를 넘어서 사회기업가정신과 혁신을 어떻게 일으킬 수 있을지 하는 것이다. 많은 기업들은 이 같은 도전들에 정면 대응해 기업가 세대의 양성과 더불어 사회의 창의성을 높이는 포용적인 프로그램들을 추진하고 있다. 내부적으로 많은 기업들은 기업의 사회기업가정신을 기업 혁신과 개선 전략의 핵심에 통합시키고 있다(앞글: 70). 내부기업가정신(intrapreneurship) 프로그램은 임직원에게 혁신적인 제품과 서비스의 개발을 탐구하도록 진흥하는 프로그램이다. 그럼에도 기업들이 기업가정신에 접근하는 방식을 전환시키는 데는 기업과 사회혁신가들의 공조가 절대적으로 중요하다. 최근 CSR Europe은 유럽에서 기업들 사이의 조정을 개선시키기 위한 역할로 5000개의 기업들과 36개 국가별 CSR 네트워크들 결합시켜 사회기업가정신 이니셔티브의 임팩트를 고도화하는 '비즈니스 직업기술 캠페인'을 시행하고 있다.

최근에는 세계화의 급진전, 환경적 관심의 고조, 친빈곤 요청 등 기업에 대한 도전들이 거세지면서 결과기반의 CSR 관리와 CSR 성과평가의 필요성이 제기되고 있다(UN 2013: 14). 기업의 국내와 글로벌 가치사슬 전반에 걸쳐 핵심 경영에 CSR이 접목할 것을 요청한다. 그러나 이 같은 통합은 기업의 동기부여와 관련된 리포팅 시스템이 뒷받침될 필요가 있다. 글로벌 가치사슬이란 초국적인 부가가치의 비즈니스 활동 전반을 의미하는 것으로, 여기에는 지역이나 글로벌 차원에서 개별 기업들과 핵심 이해관계자들 사이의 다양한 상호작용들이 포함된다. 타국에서 비즈니스를 하거나 물품을 구매하는 기업들의 경우, 법과 규제정책들이 상이한 개도국에서는 자국의 법과 규제정책들과 상이하기 때문에 글로벌 가치사슬을 통한 CSR 관리는 거버넌스, 사정, 정보 관리 측면에서 더욱 어려운 과제를 안게 된다. 환경영향, 아동노동, 강제노동, 공정무역, 부패, 인권 이슈들이 최근에 많은 주목을 받는 CSR 이슈들이다.

지속가능한 개발과 포용적 비즈니스

또 '지속가능한 개발'(sustainable development)이 글로벌 관심을 받으며 다음 15년(2016~2030)의 지속가능한 개발 목표(SDG)로 추진되면서, 지속가능한 개발에 대한 기업의 기여에 대해서도 논의가 한창이다. '지속가능한 개발'은 지금 세대의 욕구충족을 위해 다음 세대의 욕구충족 능력을 저해하지 않고서 추진되는 개발을 의미하므로, 환경적 이슈들이 사회적, 경제적 이슈들과 함께 글로벌 개발의 어젠다로 제시되고 있다. 예를 들면, 기업이 야기하는 환경적 피해(수질오염, 숲제거 등)는 지역사회에 부정적 영향을 미치고, 이는 다시 지역사회의 장기적인 사회경제적 개발에 장애가 된다. 이처럼 지속가능한 개발의 측면에서 CSR은 기업의 부정적 임팩트를 역전시키거나 완화시키는 활동이 될 수 있다(Carroll 2006).

여기에서 '포용적 비즈니스'(inclusive business) 또는 친빈곤 비즈니스(pro-poor business) 개념들이 지속가능한 개발에 적합한 개념들로 제시된다(UN 2013: 17). 뉴웰 등(Newell and Frynas 2007)은 CSR 이니셔티브들은 다른 집단보다 빈곤층을 우선 대상으로 삼아야 할 것을 제시한다. 소수층의 교육과 고용 등 '포용적 개발'(inclusive development)에서 정부의 역할을 중시하면서, 기업들은 직접적인 기여뿐 아니라 정부 주도의 친빈곤 정책들에 공조하는 역할을 맡을 것을 강조한 것이다. '포용적 비즈니스'는 지역의 직원, 공급자, 생산자, 농업인들이 가치사슬의 생산 등 주요활동에 동참해서 상업적 목표달성뿐 아니라 지역의 경쟁력과 생산성을 개선하는 역할을 한다. 또 포용적 비즈니스는 지역 이해관계자들에게 지역의 산업 클러스터 구축에 필요한 기술개발과 지식습득의 기회를 제공한다.

기업들은 CSR 활동의 선택과 집중 전략으로 장기간 빈곤층의 역량강화를 지원하고 정부와의 공조로 CSR 이니셔티브를 수행하는 전략을 추진해볼 수 있다. 그 전략 중 하나가 글로벌 빈곤퇴치의 목적을 가진 BOP(bottom of the pyramid) 비즈니스 전략이다(Prahalad 2010). 기업의 BOP 이니셔티브에서 기업들은 빈곤층을 창의적인 기업가정신 역량으로 활용해 이들의 창업이나 일자리를 제공하며 기업의 수익을 올리고, 또 이들을 대상으로 물품을 판매하는 새로운 시장을 개척한다(주성수 2014a). BOP 개념은 기업들이 새로운 시장을 타깃으로 하는 새로운 비즈니스 혁신을 추구한다(Landrum 2007).

다국적기업과 같은 대기업들이 BOP 과정에서 주도적인 역할을 하는데(Prahalad 2010), 그럼에도 BOP 비즈니스의 빈곤퇴치 영향력과의 인과관계는 경험적 분석으로는 입증되지 않고 있다(Walsh, Kress and Beyerchen 2005). 전통적인 CSR에 회의적인 포터와 크레이머(Porter and Kramer 2011a; 2011b)는 CSR이 주류 기업들이 CSR의 일부를 기업의 성과에 핵심적인 것으로 통합해 리포팅을 하지 않는 한 성공적인 것으로 볼 수 없다고 강조한다. CSR은 기업동기의 핵심이 되는 기업의 브랜드 이미지와 평판을 올리기 위한 도구에 불과하다는 비판이다.

또 다른 접근법은 기업의 핵심경영과 가치사슬에 CSR을 완전 통합시켜 기업의 활동으로 야기되는 사회와 환경에 대한 부정적인 영향을 최소화하는 데 초점을 맞춘다. 윤리강령, 노동기준, 환경기준 등이 그것들로, 이들은 최근까지 더욱 규제가 강화되며 이제는 기업의 일상적인 경영의 일부가 될 것을 강조한다. CSR을 기업의 핵심 경영전략과 별도로 관리하는 것보다 CSR을 통합시키는 것이 사회와 환경에 대한 부정적 영향을 최소화한다고 본다(Ashley 2009).

사회기업가정신(social entrepreneurship)도 최근의 CSR 논의에서 많은 관심을 모은다(ESCAP 2012). 사회기업가정신은 개인이나 조직들이 기업가적 활동을 하면서 동시에 빈곤퇴치, 일자리 제공 등 사회적 목적을 추진하는 경우를 말한다(Global Entrepreneurship Monitor: GEM 2009). 주로 중소기업과 관련된 활동으로 간주하지만, 어떤 규모의 공공, 민간 조직들 모두에 해당되는 개념으로 이해할 수 있다. 사회기업가를 사람들을 자극하고 움직이게 만드는 새로운 아이디어로 사회적 변화를 추구하는 전환적 세력으로 표현하기도 한다(Borstein 2004).

기업들은 CSR 이니셔티브와 성과들을 주주들의 투자결정에서 전통적인 재정 기준을 보완하는 기준으로 고려한다는 것을 인식하고 있다. 주주(투자자)들은 사회적 투자를 통해 기업에 대해 이성적이고 윤리적인 경영을 압박한다. 미국 Dow Jones의 지속가능성 지수, 영국의 FTSE4GOOD 지수와 같은 사회적 책임 지수들은 기업의 사회적 책임 실천 점수를 확인해 투자를 결정하기도 한다.

UN은 투자자들을 위한 책임 있는 투자 원칙(Principles for Responsible Investment: PRI) 가이드라인을 제시해, 투자결정에 경제적, 사회적, 환경적 고려 또는 TBL을 참고할 것을 권고한다. 그 밖의 글로벌 CSR 평가 도구들로는 UNGC, OECD 다국적기업 가이드라인, ISO 26000, ILO Tripartite Declaration of Principles 등이 있다.

기업들이 핵심 비즈니스에 CSR을 통합시키는 동기는 도덕적 의무감, 지속가능성, 영업허가권, 평판으로 구분해볼 수 있다. 도덕적 의무감은 기업이 올바른 일을 하고 있다는 것을 보여주는 활동이며, 지속가능성은 환경에 대한 관심을, 그리고 영업허가권은 정부, 지역사회, 다른 이해관계자들로부터의 인정을 의미한다(Porter and Kramer 2011b). 그리고 평판은 기업들이 브랜드 가치를 높이고 주식가치를 높여 기업의 이미지를 개선한다는 근거에서 CSR 이니셔티브를 정당화하기 위한 도구가 된다. TBL은 기업 리포팅에서 중요한 프레임워크로 평가받는데, 그 이유는 경제적 자본을 효율적으로 활용하면서 동시에 사회적, 자연환경적 자본을 구축해 활용하기 때문이다(UNGC 2012).

3) 공유가치창출(CSV)과 임팩트 투자

생태 정의(eco justice), 기후난민(climate refugees), 자원전쟁(resource wars), 식량-식수-에너지 연계(food-water-energy nexus) 등은 최근에 자주 등장되는 용어들이다. 이들은 모두 경제적·사회적·환경적 및 거버넌스 이슈들이 밀접하게 연관되어 있다는 것을 보여주는 키워드들이다(UNGC 2015: 134). 경제·사회·환경 등 무수하고 다양한 이슈들이 각기 점들로 분산되어 있는 게 아니라 점들이 연결되어 사슬과도 같은 모양을 갖추고 있는 것이 글로벌 동향이다. "오늘날 인간의 생산과 소비 패턴, 기후변화와 환경적 피해는 사회적·경제적 비용과 밀접히 관련되어 있다는 연관성은 부인될 수 없는 현실이다."(앞글: 135) 과학자들의 97%는 기후변화의 원인은 인간이 자초한 인간의 활동에 있다는 데 동의한다.

CSV의 성장

기업의 경제적 활동이 빚어내는 부정적인 임팩트에 대한 관심이 고조되면서 기업의 사회적 역할과 책임에 대한 논란을 불러일으켜 CSR과 기업과 사회와 공유된 가치의 창출(CSV)이 새로이 부각되는 변화가 일어났다(앞글: 146). 기업의 사회적 책임의 지속적인 실천의 성과로 기업은 '사회문제의 뿌리'라는 부정적인 시각이 이제는 사회문제의 해결과 사회변화라는 임팩트를 생산할 수 있는 규모, 기술, 자원을 갖고 있다는 긍정적인 시각으로의 변화가 주류 시각이 되고 있다. 일부 주도적인 기업들은 단순히 사회에 대한 부정적인 임팩트를 최소화 한다는 사회적 책임에서 이제는 사회에 긍정적인 임팩트를 생산하는 CSV를 선도하는 역할을 한다. 기업의 비즈니스 수익 추구가 사회적, 환경적 혜택과 충돌한다는 부정적 시각이 아니라 기업의 비즈니스 수익과 사회적, 환경적 혜택이 동시에 추구되며 장기적인 지속가능성과 성장에 기여한다는 긍정적인 시각이 주류 시각으로 정착되고 있다.

이제 CSV는 주도적인 기업들의 대표들이 강력한 리더십을 발휘한 덕분에 중요한 지속가능성 추구의 추진전략이 되고 있다. 새로운 혁신, 테크놀로지 그리고 CSV 등 비즈니스 모델이 새로운 제품과 서비스에 반영되는 변화가 일어나고 있다. 일부 기업들은 '제로 발자국'(net zero footprint) 전략을 도입해 제로 탄소, 물, 폐기물의 제로 전략으로 의욕적인 사회적 목표를 설정해두고 있다.

20세기 초에는 사회적, 환경적 이슈에 대한 기업의 책임과 문제해결 실천은 두 가지 모델에 기초하였다. 하나는 기업의 환경오염 등 대형사고가 발생하면서 사회와 환경에 '피해 주지 않기'(do no harm)에 초점을 맞춰 환경규제에 적응하는 리스크 관리 모델이다. 다른 하나는 자선적 책임(philanthropy) 모델로 기업의 수익의 일부를 '사회에 환원' 하는 방식의 모델이다. 그런데 지금은 사회와 환경에 대한 지속가능성 이슈들이 비즈니스 가치에 긍정적, 부정적인 임팩트를 내고 있다는 의식에서 CSV의 전략적 접근법이 발전되고 있다. 기후변화 이슈와 관련해 기업들은 장기적인 성공요인은 새로운 저탄소 테크놀로지로 달성될 수 있다고 생각한다. 그럼에도 사회적 이슈들과 인권 문제에 대해서는 비즈니스 성과와의 관련에 대한 새로운 인식은 이제 조금씩 싹트기 시작한다.

사회적 임팩트 투자

지속가능성은 장기적인 성공에 결정적으로 중요하다는 인식을 기업들이 공유하고 있는 가운데 이제 이를 비즈니스 기회로 삼는 전략들이 등장한다. 비즈니스 수익을 내는 제품과 테크놀로지로 동시에 사회적, 환경적 문제해결로 사회적 임팩트를 생산하는 새로운 모델로 진전되고 있다.

또 '지속가능한 개발' 측면에서 CSR은 2012년 UN의 지속가능한 개발 회담(United Nations Conference on Sustainable Development(Rio+20))에서 확인되고 있다. 회담 결과의 선언문은 민간부문에 대해 "유엔의 글로벌 컴팩트가 진흥하는 책임 있는 비즈니스 실천에 참여할 것을 요청한다." 나아가 "기업 지속가능성 리포팅의 중요성"을 확인하며, 기업들이 "지속가능성 정보를 기업 리포팅 과정에 통합할 것"을 아울러 요청한다. 선언문에는 "역동적이며 포용적이고 기능이 활발하며 사회적, 환경적으로 책임 있는 민간부문은 경제성장과 빈곤해소 그리고 지속가능한 개발에 핵심적인 기여를 할 수 있다."고 표명한다.[2]

UN은 지속가능한 개발에 기여하는 지속가능한 기업들의 수적 증대와 더불어, 지속가능한 투자(sustainable investment) 부문도 급성장하며 지속가능한 개발의 전망을 밝혀준다며 서술한다. '지속가능한 투자'란 "재정적 수익과 함께 사회와 환경에 긍정적 영향을 창출하는 목표를 지향하는 투자로, 지속가능한 개발 어젠다에 기여할 수 있는 상당한 잠재력을 갖고 있

2 General Assembly resolution 66/288: the future we want (A/RES/66/288), 11 September 2012. http://sustainabledevelopment.un.org/futurewewant.html.

다"고 설명한다(UN 2013: 5). 지속가능한 투자는 투자 접근의 한 유형이라기보다는 여러 투자 모델들을 포용하는 일종의 엄브렐라 개념으로 간주한다. 이 엄브렐라에는 사회적 책임 투자(socially responsible investment), 소셜 벤처 캐피탈(social venture capital), 임팩트 투자(impact investment) 등이 포함된다. 이들은 다시 투자자 유형에 따라, 투자 리스크 수준에 따라, 투자처가 되는 기업의 속성에 따라, 그리고 재정적, 성과 목표에 대한 중시 등에 따라, 즉 개발에 기여하는 정도에 따라 구별된다. 그럼에도 이들은 공통적으로 사회와 환경에 대한 부정적 효과를 최소화하고 긍정적 효과를 최대화하는 목표를 공유한다.

지속가능한 투자에 참여하는 투자자들은 가족이나 기업 재단, 개인 재력가, 정부개발기관, 개발금융기관, 중소기업 펀드, 벤처 캐피탈 펀드의 기관투자자 등이다. 이들은 시장기반의 모델을 통해 해결될 수 없는 사회적·환경적 문제들이 항시 존재하며 앞으로도 존재할 것이라는 인식을 공유하며, 마이크로 파이낸싱, 청정 에너지, 식량과 농업, 주택, 교육, 식수와 위생 등 일부 제한적인 분야에 초점을 맞춰 지속가능한 투자를 하고 있다(앞글: 6).

사회적 책임 투자자들은 2004년경에 전통적인 금융분석에 환경, 사회, 거버넌스(ESG: environmental, social and governance) 요소들의 통합을 요청해 시행을 압박하였다. 투자자들은 ESG 리스크에 대한 투명성 제고를 지속적으로 요청해 왔고, 이제는 리스크 관리에서 임팩트 투자로의 진전이 이뤄지는 과정에 있다(UNGC 2015: 108). 일부 투자자들은 전통적인 금융분석에 ESG 요소들을 통합시켜 금융수익 이외에 투자처의 사회적·환경적 임팩트를 생산하는 목적의 펀드사에 임팩트 투자하기 시작했다.

임팩트 투자 시장은 2011~2013년 기간 132% 성장하며 유럽에서는

■ **표 3-8** 책임 있는 투자의 6대 원칙

1. 투자분석과 의사결정 과정에 ESG 이슈들을 통합시킨다. 2. 능동적인 소유자로 ESG 이슈들을 소유권 정책과 실천에 통합시킨다. 3. 자사 투자처가 ESG 이슈들을 적정 수준에서 공개하도록 요청한다. 4. 투자산업의 원칙들의 수용과 시행을 진흥시킨다. 5. 투자산업의 원칙들의 시행에서 효과성을 증진시킨다. 6. 원칙들을 시행하는 활동과 진전을 각자 보고한다.

자료 UNGC 2015: 115.

가장 빠른 책임투자 전략으로 발전하고 있다. 투자기관들은 지속가능성 이슈들이 임팩트 수익을 보장할 수 있다는 인식을 갖기 시작한 것이다.

책임 있는 투자원칙들이 지향하는 목표는 "금융시장이 장기간에 투자자나 사회에 기여하지 않는 방식으로 기능하고 이해와 인센티브들은 그릇되게 결합되어 있고, 자본은 지속가능하지 않은 것으로 증명될 수 있는 비즈니스에 분배되어 있는 등 시스템 차원의 문제들"을 점검하는 데 있다(Martin Skancke, PRI 대표).

책임 있는 기후행동 이니셔티브: We Mean Business

We Mean Business는 2015년 12월 파리 신기후변화협정 시행에 부응하기 위한 기업계의 글로벌 기후변화 실천 플랫폼으로, 지금까지 글로벌 기업 사회공헌 관련 국제기관들의 연대기구로 출범하였다. UN의 Global Compact를 비롯해 대부분 국제기관들이 연대기구에 동참하였다. 연대기구는 기업과 투자자들에게 "담대한 기후행동으로 경제적 기회"를 탐색할 것으로 홍보한다. 전체 611개 기업과 투자기관들이 참여하는데, 국내기업으로는 LG Chem, LG Life Sciences만이 참여하고 있다.

표 3-9 기업의 기후행동 이니셔티브 (1개 이상 실행)

	세부 기후행동	참여기업 (2017년 5월 기준)
1. 과학기반의 배출감소 목표 설정	• 24개월 기간 목표 설정, 최소 5년 이상 실행 • GHG Protocol 기업기준 목표 • GHG 배출 인벤토리 연간 보고	265
2. 카본 가격 매기기	• GHG 배출 감소를 위한 투자 결정에 영향력 있는 높은 내부의 카본 가격 설정 • 카본가격제 중요성을 홍보 • 이상 두 가지 진전도를 보고서로 공표	78
3. 재생자원에서 전기 100% 구입	• RE100 회원 기업들은 비즈니스에 필요한 기술, 도구, 자원 지원으로, 재생에너지 소비, 배출을 공표	89
4. 기후정책에 책임 있는 기업 관여	• 기업의 기후변화 정책 관여활동에 관한 내부감사 과정을 제시 • 관여활동의 일관성을 확증 • 활동과 성과에 대한 홍보와 공표	128
5. 보증의무로서 주류 보고서에 기후변화 정보 보고	• CDSB 기후변화 리포팅 프레임워크에 따라 기업보고서에 기후변화 정보 보고	192
6. 공급사슬 전체의 상품 관련 숲 제거 배제 (2020년까지)	• 숲 제거로 인한 GHG 배출 상승을 막기 위한 CDP의 숲 제거 로드맵에 따라 목표 설정, 시행	54
7. 단기수명가스(SLCP) 배출 감축	• 카본, 메탄, HFCs을 GHG 배출에 포함. • SLCPs 배출 감축	22
8. 에너지 생산성 개선 실천	• 동료기업 학습 및 네트워킹(회의 등) • 에너지 생산성 증진을 위한 기술적, 금융적 혁신 연구 등.	12
9. 물 안전성 개선	• 식수 관련 리스크 분석과 공조적 전략 시행 • 물 사용 자료 측정 및 리포팅 • 생산과 공급사슬에서 물 유용성과 질에 대한 임팩트 감소	40

자료 We Mean Business. http://www.wemeanbusinesscoalition.org/take-action

■ **표 3-10** 투자기관의 기후행동 이니셔티브 (1개 이상 실행)

	세부 기후행동	참여기업 (2017년 5월 기준)
1. 투자 포트폴리오의 카본 투명성을 위한 Montréal 카본 서약	• Montréal 카본 서약(Carbon Pledge)은 자본 포트폴리오의 카본 발자국 연간 정기 측정을 의무화	117
2. 포트폴리오 탈카본 연대	• Portfolio Decarbonization Coalition 가입과 동시에 카본 탈출 계획서로 제출, 시행, 공표	25
3. 저탄소 자산 투자	• 풍력 등 재생에너지, 그린채권(green bonds), 빌딩 등의 에너지 효율성, 저카본펀드에 투자	54
4. 보증의무로서 주류 보고서에 기후변화 정보 보고	• CDSB 기후변화 리포팅 프레임워크에 따라 기업보고서에 기후변화 정보 보고	192

자료 We Mean Business. http://www.wemeanbusinesscoalition.org/take-action

기후행동에 참여하는 기업들은 일반적으로 다음과 같은 실질적인 혜택을 누린다는 것이 We Mean Business의 설명이다. 첫째, 배출감소 규제에 앞서 목표 설정을 함으로써 규제 정책의 변화에 능동적으로 대처할 수 있다. 둘째는 투자자들과 고객들에게 글로벌 이슈가 되는 탄소배출 감소와 글로벌 온난화 완화에 기여하는 긍정적 호응을 얻게 된다. 셋째, 카본 가격 시스템의 경우처럼 혁신을 진흥하고 지속가능한 경제적 경쟁력을 확보하게 해준다.

또 투자자들이 얻게 되는 혜택들로 다음 몇 가지로 요약될 수 있다. 첫째, 포트폴리오의 탄소발자국를 측정하는 투자자들은 기후변화가 초래하는 포트폴리오 리스트와 기회에 대한 이해를 개선해 기후변화에 관한 주주들의 질의에 응답하는 책무성을 높인다. 둘째, 투자자들이 기후변화 문제해결에 기여하고 있다는 것으로 공시해 일반인에게 알려 공신력을 높인다. 셋째, 저탄소 사업, 자산, 테크놀로지로 투자를 전환하는 기업들에게는 기후 친화적 포트폴리오를 개발하는 투자자에게 몰리게 되어, 이는 실질적으로 글로벌 그린하우스 배출 감축에 의미 있는 임팩트를 유도한다.

4) 공익추구 비즈니스(mission-led business)

영리기업과 같이 수익을 목적으로 하면서도 공익을 목적으로 하는 '공익추구 비즈니스'(mission-led business: MLB)에 대한 관심이 높아지고 있다. MLB는 사회적 경제 영역을 비롯해 기업 분야에서 사회적, 환경적 목적을 주요 미션으로 추구하는 비즈니스 조직이다. 수익을 내지 않는 조직들이 포함된 사회목적조직(SPO)과 다른 특징이다.

공익추구 비즈니스의 의미

공익추구 비즈니스 MLB에 대한 이해와 관심이 높아지고 있지만, MLB의 개념 정의는 정확하게 합의되어 있지 않다. MLB가 '비즈니스'이기 때문에 우선 기업 부문에 해당되지만, 공공부문, 비영리부문, 사회적 경제 부문 등 다양한 부문에 넓게 분포되어 있어 개념정의를 어렵게 한다.

영국 정부가 제시한 몇 가지 개념정의를 살펴보면 MLB의 중요성과 향후의 전망에 대한 이해에 도움이 된다. 영국의 시민사회부(Minister of Civil Society)가 자문위원회에 요청해 작성된 보고서 〈영국 경제에서의 미션〉에는 MLB의 주요 특징, 현황 및 전망을 제시해 보여준다. 자문위원회는 사회적 기업과 협동조합 등 사회적 경제 조직들은 MLB에 해당되며 또 비영리 조직 중 상당수가 MLB에 해당되지만, 기업들 중에는 MLB 자격이 제한되어 있다고 설명한다(Advisory Panel 2016: 8-11). 기업들이 대부분 수익을 목적으로 하면서도 사회공헌 등 상당 수준의 공익지향적 비즈니스를 한다고 MLB에 해당된 것으로 보기는 어렵다는 것이다. 그래서 MLB는 최소한 다음과 같은 자격기준을 통과하는 비즈니스로 제시한다(앞글: 8).

- 긍정적인 사회적 및 환경적 임팩트를 투명하게 보급하는 분명한 실행.
- 주주 이외의 이해관계자들이 비즈니스의 결과에 정당한 관심을 갖는 데에 대한 이해.
- 계약에 의한 이해관계자 관리(contractual stakeholder management)로부터 광범한 관여(broader engagement)로 이동하며 가치를 지속적으로 전달하려는 인식 등이다.

바꿔 얘기하면 수익과 공익을 동시에 추구하는 일종의 공유된 가치창출(Creating Shaed Value: CSV)에 해당되는, 사회에 공익적인 사업을 하는 비즈니스가 MLB에 해당된 것으로 볼 수 있다. 사회나 환경을 위한 목적만을 추구하기 위해 설립된 MLB도 있지만 대부분의 MLB는 상업적 수익을 추구하는 과정에서 긍정적인 사회적, 환경적 임팩트를 창출한다고 볼 수 있다.

한편 보다 경험적으로 MLB의 현황을 측정하는 영국의 연구에 따르면, MLB는 다음 네 가지에 해당되는 비즈니스라는 경험적 실체를 제시해 보여준다(Deloitte 2016: 7).

- 법률적 제약 없이 수익동결(profit lock)이나 법적 형태(CIC, 지역사회이해회사

등)를 통해 수익을 완전히 배분할 수 있고,

- 긍정적인 사회적 또는 환경적 임팩트를 비즈니스의 핵심 목적으로 하는 의도를 규정하며,
- 이런 의도를 비즈니스와 운영을 통해 장기적인 또는 구속적인 실행을 하고,
- 사회적 임팩트를 이해관계자들에게 보고한다.

이상을 객관적으로 검증하려면 비즈니스 전략, 거버넌스, (종사자, 고객, 공급자, 지역사회, 소유자 등 핵심 이해관계자들과의 상호작용을 포함한) 운영, 투자자 관계와 리포팅을 기준으로 삼아야 한다.

공익추구 비즈니스의 기준과 현황

특히 다음 네 가지 경험적 기준에서 MLB인지를 확인하는 절차가 중요하다(앞글: 11-18). 첫째는 의도(intent)이다. 실제로 영국에서 조사된 MLB는 미션에 대다수가 사회적 이슈들을 그리고 1/4가량은 환경 이슈들의 중요성을 표명하고 있다. 이같이 파악된 MLB 다수(65%)는 미션을 비즈니스 전략에 통합시키고 있다.

둘째는 비즈니스 모델이다. MLB의 20% 가량은 수익을 활용해 재투자 또는 자선기관에 기부 방식으로 미션을 추구하는 실행을 공표하고 있다. 이 같은 사회적, 환경적 미션을 지지하는 투자자들의 확보가 중요한 것으로 나타난다. 미션에 대한 핵심 상업 활동의 관계는 제품과 서비스의 미션과의 연관성 그리고 미션 달성을 위한 핵심 운영자산의 활용 여부 등으로 판단된다. 영국 사례에서는 MLB의 다수(56%)가 핵심 비즈니스 운영 자산을 활용한 미션의 수행 목적을 설정한 것으로 조사되었다.

셋째는 거버넌스이다. 1/6가량의 비즈니스들이 핵심 거버넌스 서류에 미션에 대한 실천방안들을 통합시켜 두고 있고, 1/3 이상은 운영 전반에 걸쳐 미션이 수행되는 방안들을 제시한다. 또 65% 가량은 연간보고서나 웹사이트를 통해 사회적, 환경적 임팩트를 공표한다. 그런데 재정적 성과 이외에 사회적 임팩트를 계량화하는 사례들은 흔하지 않지만 MLB의 32% 가량은 계량적 측정치를 보고한다. 또 MLB의 대다수(62%)는 기업 사회적책임(CSR)을 수행한다고 보고한다. 특히 의사결정과정이 거버넌스의 핵심이 되는데, MLB들은 일반적으로 임직원들이 미션에 책무성을 갖도록 하기 위해 '비계서적' 리더십 구조의 비공식적 체제를 갖추고 있다. MLB 중 35%는 여성이나 소수인종집단이 리더십을 갖고 있는 것으로 나타난다.

마지막은 외부의 평판이다. 외부로부터의 평판 또한 MLB의 존재 이유 중 하나로 중요하다. 사회적, 환경적 임팩트가 외부의 좋은 평판을 받아 우수상 수상, 모범 사례 소개 등으로 알려진다. 특히 사회적, 환경적 임팩트에 대한 소비자의 긍정적인 평판은 MLB의 보편적인 평판 지표가 된다.

이상의 객관적 기준에 의해 파악된 영국 MLB의 시장 규모 등의 현황은 다음과 같다(앞글: 34-35). 전체 108만 개의 수익이나 재무정보가 공시된 기업들 중 3.4%(3만 6720개)만이 MLB로 파악된다. 또 수익이나 재무정보가 전혀 없는 347만 개 중에는 2.5%(8만 6750개) 정도가 MLB로 파악된다. 둘을 합산하면 전체의 약 2.7%로 11만 5000~13만 2000개가량 된다.

공익추구 비즈니스의 성장과 과제

공익추구 비즈니스의 성장은 최근의 일로, 영리기업과 비영리부문 그리고 정부 부문에서 동시적으로 발생한 혁신의 현상으로 볼 수 있다. 혁신의 핵심에는 사회적 임팩트에 대한 높은 관심과 사회적 임팩트 증진을 위한 다양한 방안 가운데 수익활동을 하는 비즈니스들의 사회적 임팩트 증진의 사명과 목적을 중시하는 기업들과 스타트업 활동이 급성장한 결과이다.

혁신의 한 축에서는 전통적인 기업 사회적 책임(CSR) 차원의 자원 분배의 '오프세트'(offset) 모델에서 탈피해 사회적 임팩트가 비즈니스 모델에 통합되는 광범위한 어젠다로의 업그레이드가 진행되고 있다(앞글: 9; Deloitte 2015). 또 〈포춘(Fortune)〉의 500대 기업들의 2014년 조사에 따르면 1/3가량의 대기업들이 사회적 임팩트를 비즈니스 전략의 핵심으로 간주하고 있다. 또 많은 산업 부문의 기업들이 사회적 임팩트 목적을 새로운 시장개척과 공급사슬의 개선 전략으로 활용하고 있다(World Economic Forum 2016).

또 다른 한 축에서는 스타트업들이 사회문제 해결을 구체적으로 제시하며 창업되는 동향이다. 2000년경에 성인에 달하는 밀레니움 세대의 기업가들 절반 이상(59%)이 지역사회에 대한 긍정적 임팩트와 비즈니스 성장 목표를 동시에 제시하고 있으며, 또 청년 기업가들의 20% 이상은 '긍정적인 사회적 임팩트'가 창업의 가장 중요한 동기로 재정적 보상이나 개인적 지위보다 더 우선적으로 꼽았다(Advisory Council 2016: 9). 〈와이어드 매거진(Wired Magazine)〉은 수익의 증가가 공익적 접근에도 불구하고 일어나는 게 아니라 공익적 접근으로 일어난다고 본다.

또 B Corp 운동과 같은 MLB를 공증하는 중간지원조직들의 활성화 역할도 MLB의 성장에 적지 않게 기여한 것으로 볼 수 있다. B Corp 운동은 미국에서 시작되어, 사회적 및 환경적 성과와 책무성과 투명성의 기준을 충족하는 비즈니스의 공증 시스템이다. 공증을 받은 B Corp들은 대부분이 일반 기업들과 다르지 않은 평범한 비즈니스로 보이지만, 실제로는 비즈니스의 긍정적인 사회적 임팩트를 증대하는 실천을 핵심 전략으로 삼고 있다. 전과자나 비행 청소년의 고용, 공급사슬에 사회적 기업이나 자선단체

들을 포용하는 '포용적 비즈니스' 시행 등, 그 유형도 다양하다.[3]

영국 정부는 MLB의 전망을 밝게 내다보면서, MLB의 성장을 진흥하기 위한 정부와 비즈니스계의 과제를 다음과 같이 제시한다(앞글: 6)

- 정부는 책임 있는 비즈니스 관련 대화를 이끌며 공공, 민간 및 소셜 섹터들이 사회문제 해결에 공조할 수 있는 방안들을 파악한다.
- 비즈니스 스쿨부터 시작해 학자들이 사회에 기여하는 목적의 추구가 비즈니스에 미치는 임팩트를 분석하는 역할을 하며 이를 교과에 반영한다.
- 정부는 복합 금융 투자 모델과 사회연금기금을 활용해 MLB의 긍정적인 사회적 임팩트를 장려하고 인센티브를 제공한다.
- 기업들은 2021년까지 10억 파운드 목표의 사회/환경적 임팩트 투자 기금을 조성한다.
- 주류 기업들과 스타트업 MLB들은 재능 교환(talent exchange) 프로그램을 설치한다.
- 자문기업들은 훈련의 확대와 프로보노 활성화로 MLB를 지원하는 역할을 강화한다.
- 정부는 사회적 목적으로 주주들과 이해관계자들의 이해를 연계하는 MLB들을 위한 법률적 융통성을 진흥한다.
- 정부는 기업들이 기업가들을 위한 엔트리 포인트(entry point)를 정착시킴으로써 사회적 목적을 통합시켜 사회적 임팩트를 실천하도록 장려한다.

---

3 https://www.bcorporation.net/

- 정부는 법률적으로 '공익 회사'(benefit company) 지위를 도입하는 방안을 검토한다.
- 모든 기업들이 '투명성 보고서' 형식으로 사회적 미션과 진도 상황을 적극적으로 소통한다.

4. 글로벌 CSV와 포용적 비즈니스

이상과 같은 시대적 배경에서 글로벌 다국적기업들의 글로벌 CSR 활동은 이제 CSV 활동으로 진행되며, 최근 일부 기업들은 임팩트 투자로 개발협력의 임팩트를 증대시키는 데 선도적인 역할을 한다.

1) 글로벌 CSR 이니셔티브

다국적기업의 윤리강령 이니셔티브

글로벌 시대의 배경은 다국적기업들에 대한 '글로벌 기업시민정신' 요청과 압력을 가중시켰으며, 이를 국제규범으로 제도화하는 일련의 글로벌 이니셔티브들이 개시되는 새로운 전환기가 전개되었다. 처음에는 단순히 다국적기업들의 자발적인 '윤리경영'을 실천을 유도하는 이니셔티브들이 등장하였지만, 이후 점차 그리고 급진적으로 다국적기업들의 글로벌 기업시민정신의 투명성과 책무성을 감시하는 다양한 사회적 리포팅(reporting), 다양한 전문기관들에 의한 인증(certification) 시스템으로 발전했다. 기업의

"사회적 성과를 측정해 공표하는 것은 기업의 행동에 영향을 미치는 잠정적으로 강력한 수단이 된다."(Porter and Kramer 2006: 3).

다국적기업에 대한 윤리강령의 적용은 무엇보다도 자발성의 원칙에 기초해야 하는 한계가 있다. 그렇지만 일부 다국적기업들이 지나친 불공정 행위로 국제적 평판을 잃게 되는 사례들이 늘어나면서 자발적으로 윤리강령의 준수를 약속하는 기업들이 점차 늘었다. 다국적기업으로서의 글로벌 이미지를 관리하는 것이 중요한 비즈니스 전략이기 때문이다. 예를 들면 아동노동으로 말썽을 빚었던 나이키(Nike)는 15세 미만 아동을 고용하지 않겠다는 약속을 발표하기도 했다. 또 자체 윤리강령을 채택하고 있는 다국적기업들이 보다 효율적인 비즈니스를 하며 투자자들로부터 더 높은 신뢰를 받고 있다는 것이다.

이 같은 자발적인 윤리강령의 준수에 대한 NGO들의 글로벌 운동도 활성화되어 왔다. 1998년 영국에 본부를 두고 있는 '윤리적 무역 이니셔티브(Ethical Trading Initiave: ETI)'는 다국적기업, 노동조합 및 NGO들이 참여하는 공정무역과 기업윤리강령에 관한 논의를 해서, 세계 100대 초국적기업에 속하는 영국의 9개 기업 중 6개가 이런 윤리강령을 채택하고 나섰다(Deacon 2000). 강령에는 다국적기업뿐 아니라 해외 지부를 포함한 하청업체들도 준수하도록 하는 비교적 신뢰할 만한 윤리강령이었다. 또 영국의 15대 주요 기업들이 협약하고 있는 ETI 윤리강령은 국제노동기구(ILO)의 협약에 기초한 내용으로 결사의 자유와 함께 보건과 안전에 관한 기준, 아동노동, 고용시간, 차별 등에 관한 내용들을 비교적 포괄적으로 포용하였다. 나아가 다국적기업의 사회적 책임과 환경보호 및 '지속가능한 개발' 책임에 대한 글로벌 기준도 마련되는 변화가 뒤따랐다. 1992년 리우 UN환경개발회담(UNCED)에서 일련의 환경에 관한 윤리강령이 채택된 이후, UN기관들이 다국적기업의 행동기준을 글로벌 컴팩트의 10개 원칙에 포함시켜 제시해주었다. 기업들이 환경적으로 건전한 관리와 에너지 보전에 관한 일반적인 기준에 대한 정보를 제공하고, 자국에서 하는 것과 같은 기준에서 해외 생산활동에서의 환경적 책임에 관한 일반적인 기준의 시행 등이 그것들이다.

다국적기업들이 윤리강령을 도입하며 윤리적 비즈니스를 시행하게 된 배경은 다양하다. 기업 스스로가 솔선수범해서, 또는 기업연합회의 권고로, 또는 NGO 등의 인증기관들과 협약으로 하는 경우 등이 그것들이다. 특히 기업의 '사회적 리포팅'은 기업의 환경적, 사회적 실천을 공개하는 것으로 이제 일부 인증기관들이 기업에 압력을 행사하며 사회적 리포팅을 하도록 한다. 표준화된 글로벌 기준을 제시하는 인증기관으로는 Global Reporting Initiative(GRI)를 대표적인 기관으로 들 수 있으며, 또 2010년에 설립된 ISO 26000(사회적 책임)은 UN 글로벌 컴팩트와 더불어 기업들이 가장 많이 참여하는 글로벌 CSR 리포팅 및 인증기관이다. ISO 26000에 따르면, 기업들이 글로벌 인증을 필요로 하는 배경은 a) 계약의 조건 또는 규제의 요건, b) 소비자 선호를 충족시킬 필요성, c) 리스크 관리 프로그램의 배경, d) 관리시스템 개발의 목표 설정으로 임직원의 동기유발을 하는 것 등 다양하다.[4]

4 http://www.iso.org/iso/home/standards/certification.htm

UN 글로벌 컴팩트

대표적인 UN의 글로벌 컴팩트는 20세기 말 국제사회가 새천년의 역사를 맞이하면서 제시된 '새 천 년의 약속'이라는 시대적 의미를 갖고 있다. UN 주도의 밀레니움 선언문이 UN 회원국 전체의 동참으로 2000년 9월에 발표되면서 MDG 추진을 위한 민관 파트너십이 추진되는 분위기가 조성되었다. 2000년 UN 밀레니움 회의(Millennium Assembly)는 만장일치로 MDG 추진을 합의하면서, 글로벌 사회가 보다 '지속가능한 세계'의 창출을 목표로 한다고 밝혔다. 또 MDG의 성취는 모든 유형의 기업들이 자신들의 기술, 자원, 경제개발 역량을 정부와 NGO들과의 파트너십으로 동원하지 않으면 성공할 수 없다는 점을 확인하였다. 같은 해 UN은 글로벌 컴팩트를 추진해 개발의 파트너로서 MDG에 대한 기여 등, 책임 있는 개발협력의 동참을 호소하였다. 글로벌 컴팩트 10대 원칙들이 신포되면서 MDG 목표달성을 위한 글로벌 기업들의 동참이 선언되었고, 글로벌 컴팩트 10대 원칙들에 가장 실질적으로 개발협력을 위한 글로벌 CSR 개념이 적용되었다.

UN 글로벌 컴팩트는 착수부터 기업과 NGO뿐 아니라 노조와 UN 기관들의 동참에 의해 추진되었다. 수 천여 기업들이 글로벌 컴팩트에 참여하는 가운데, 국제적인 기업연합체들이 글로벌 협약의 이행을 독려하는 주요 역할을 맡고 있다. 2015년 초 현재 글로벌 컴팩트 참여기관(기업, 노동, 정부기관, 시민사회, 학계 등)은 2만 1610개로, 그중 기업과 기업협회들은 8610개에 이른다.[5] 2007년 2356개의 기업들이 참여한 것과 비교해보면 지난 10년 기간에 세 배 이상 급증한 것이다. 시작부터 국제상공회의소(ICC)가 UN과의 협

---

5 https://www.unglobalcompact.org/

의를 통해 글로벌 컴팩트를 이끌어낸 핵심적인 역할을 수행했고, 기업계를 대표해서 각종 산업연합회들도 글로벌 컴팩트의 파트너 기관으로 동참하였다. 또 세계적인 인권, 환경 NGO들이 글로벌 컴팩트에 참여해, 기업의 협약 이행을 모니터링을 하는 역할을 맡는다. 또 기업 거버넌스를 중시하는 글로벌 리포팅 이니셔티브(GRI), 국제투명성본부(Transparency International), 글로벌 설러번 원칙(Global Sullivan Principles) 등도 동참한다. 글로벌 컴팩트는 기업과 NGO의 관계를 갈등에서 협력의 관계로 모색하는 UN의 역할이 중요하기 때문에 노동, 인권, 환경 영역과 직·간접적으로 관련되는 UN 기관들이 글로벌 컴팩트의 파트너 기관으로 참여한다.

21세기 초의 이니셔티브

이어서 2002년에도 글로벌 CSR 증진을 위한 글로벌 정상회담들이 지속적으로 개최되었다. 먼저 "개발금융 정상회담(Financing for Development Summit)"에서 보다 구체적인 기업 등 민간부문의 자원 등의 역량을 동원하는 개발의 재정지원 방안들이 제시되었다. 또 같은 해 요하네스버그의 "세계 지속가능개발 정상회담(World Summit on Sustainable Development)"에서 기업 등의 민간자원 동원의 방안들이 제시되면서, 이후 덴마크 등 유럽 국가들에서 MDG 달성을 위한 구체적인 방안들이 PPP 프로그램들로 제시되며 추진될 수 있었다.

동시에 21세기 초 같은 시기에 글로벌 CSR 캠페인에 앞장서는 여러 국제조직들이 등장하면서, 글로벌 CSR에 대한 기대 또한 높아지는 분위기였다. 지속가능개발을 위한 세계기업협회(WBCSD: World Business Council for Sustainable Development), 국제기업지도자포럼(IBLF: International Business Leaders Forum), BSR(Business for Social Responsibility), 그 밖에 국제 광산과 금속 위원

회는 기업의 개발 투자에 선도적인 역할을 수행하였다. 이런 분위기에서 글로벌 CSR은 "기업 자선에 머물렀던 전통에서 점차 벗어나 주류 기업 어젠다로 점차 통합되었다"(World Bank 2006: 10). 새로운 전략적 글로벌 CSR의 동향은 새로운 글로벌 변화 요인들이 주도한 것으로 볼 수 있다. 첫째는 전통적인 개발접근법들이 효과적이지 않았다는 점에 대한 관심, 둘째는 세계화의 영향과 민간자본의 개발도상국 유입 증대에 대한 인식, 셋째는 금전, 기술이전, 현물기여 등 정부와 시민사회가 결여하고 있는 중요한 기여를 기업들이 할 수 있다는 인식 고조 등이다.

또 다른 주요 글로벌 CSR 이니셔티브들로는 '개발을 위한 비즈니스 파트너십(Business Partnerships for Development)'과 '이퀘이터 원칙(Equator Principles)'을 꼽을 수 있다. 전자(1998~2002)에는 150여 기업, 정부, 시민사회조직들이 참여하였는데, 모든 섹터들이 "삼섹터 파트너십을 연구, 지원, 진흥시키기 위해" 조직되었다. 이 조직을 통해 삼대 섹터들은 다음과 같은 교훈을 얻을 수 있었다(앞글: 12). a) 파트너십은 참여자들의 핵심 역량이 잘 활용된 지역에서 성공적이었다. b) 개발 협력자들은 참여하기 위해 역량을 구축할 필요가 있다. c) 파트너십은 모든 프로젝트에 적용되는 것은 아니다. d) 공동의 거버넌스 구조가 가장 효과적이다.

또 2002년 IFC(International Finance Corporation)는 다른 국제은행들과 함께 Equator Principles을 개발하였다. 이 원칙들은 프로젝트 파이낸싱에서 환경적, 사회적 리스크를 해결하기 위한 은행 산업계의 프레임워크가 된다. 이 원칙들의 개발로, 세계은행과 IFC의 분야별 오염감축 가이드라인이나 IFC의 안정 정책 등과 같은 외부의 벤치마크에 기초해 프로젝트 파이낸싱을 하는 보편적인 프레임워크가 탄생한 것이다. 2006년 기준, 16개국의 41개 금융기관들이 Equator Principles을 적용하였고, 이들이 100개 이상 국가에서 프로젝트 파이낸싱 비즈니스를 수행하였다(앞글: 12).

몇 년 후 2004~2008년 기간에는 보다 가시적인 글로벌 CSR 이니셔티브들이 등장해 지금에 이르고 있다. 이 시기가 글로벌 CSR의 획기적인 전환기라 볼 수 있다. 먼저 2004년 세계경제포럼(WEF 2004)의 보고서는 1년간의 7개 전문집단의 분석 결과, 정부, 기업, NGO, 국제기관들의 노력과 파트너십은 MDG 목표 달성에 겨우 1/3 정도밖에 기여하지 않은 것으로 평가하였다. 빈곤, 기근, 교육, 보건, 환경, 평화와 안전, 인권 등 일곱 개 분야에서의 성과가 0~10척도에서 4점 이상을 받은 분야는 하나도 없었다. 이 보고서는 많은 국제기관들의 정책반응으로 나타나, 다양한 빈곤퇴치 이니셔티브들이 등장하였다. 2005년 WBCSD는 '포용적 비즈니스' 이니셔티브를, 2006년 World Bank는 'BOP 비즈니스' 이니셔티브를, 학계를 대표하는 하버드 케네디 스쿨은 2004년 'CSR 이니셔티브'를, 그리고 UNDP는 2008년 '포용적 성장'(Inclusive Growth)과 '비즈니스 콜 투 액션'(Business Call to Action) 이니셔티브를 착수해, 다국적기업뿐 아니라 사회적 기업과 비영리기관들의 '글로벌 CSR' 참여와 우수사례들을 홍보하는 글로벌 캠페인을 진행하였다.

다국적기업의 비윤리적 비즈니스 경계

나아가 UN 등 국제기관들은 글로벌 CSR을 통한 MDG 기여 등을 요청하면서도, 글로벌 CSR에 참여하지 않고 보건, 위생, 식수 등 '글로벌 공공 재화'(global public goods) 생산을 저해하는 다국적기업들의 비윤리적 비즈니스 행태에 강력한 경고의 메시지를 보내고 있다. 일례로 2013년 6월 10일, 헬싱키에서 열린 8차 "글로벌 건강증진 회담"에서 마거릿 챈(Margaret

Chan) WHO 사무총장의 연설을 경청해볼 만하다.[6] 그녀는 글로벌 보건의료의 가장 심각한 도전은 다국적기업들의 부에서 파생되는 정치권력의 횡포로 간주해, 흡연, 비만, 음주 등 비전염 질병 퇴치를 위해서 "강력한 경제 운영자들의 비즈니스 권력에 맞서" 싸울 것을 강조한다. 그녀는 거대 담배사(Big Tobacco)뿐 아니라, "거대 식품사(Big Food), 거대 음료사(Big Soda), 거대 주류사(Big Alcohol)에 맞서 공공보건이 투쟁해야 하는데, 이 산업들 모두가 규제를 두려워해, 똑같은 술책으로 자신들을 보호하고 있다"는 것이다. 그 술책들은 로비, 자율의 약속, 법률소송뿐 아니라, 증거를 감추고 대중들로 하여금 혼란에 빠지도록 만드는 산업계 차원의 연구 지원 등이 있다고 열거한다. 정치인들과 일반인들에게 자신들이 책임 있는 기업시민으로 보여주며 투자가치가 높은 사회운동에 기부금, 선물, 연구비를 투자해, 건강 문제는 개인의 책임이라든지, 정부의 규제정책은 개인의 자유와 자유로운 선택을 방해하는 불필요한 규제라든지 하는 그릇된 주장들을 쏟아낸다는 것이다. 챈 사무총장은 "시장 권력은 정치 권력으로 바뀌고 있어, 어느 정부도 거대 기업들보다 건강을 우선시하지는 않는다"고 비판하면서, 빈곤국에까지 확대되고 있는 심각한 비만 문제도 "개인의 의지력의 실패가 아니라, 거대 기업을 규제하는 정치적 의지의 실패"라고 강조한다.

---

6 http://www.who.int/dg/speeches/2013/health_promotion_20130610/en/index.html

2) 기업의 지속가능성 이니셔티브

기업 지속가능성의 발전

21세기에 막 들어서는 시점에서 기업계에 대한 기대와 태도는 지금과는 전혀 다른 것이었다. 점차 지구화되는 세계에 대해 이해가 부족했고, 기업은 지역사회와 환경에 대한 피해의 대가로 수익을 내고 있다는 인식이 지배적이었다(UNGC 2015: 10). 기업과 시민사회와의 심각한 충돌이 전 세계적으로 진행되었던 시기였다(주성수 2003a). 어떤 비용을 치루고 이룩된 단순한 이윤추구의 목표는 사회를 분열시키고 환경을 파괴하는 행위라는 것이 점차 명백해지고 있었다. 기본적으로 기업 비즈니스가 자신의 존재를 떠받치고 있는 핵심요소들을 위협하고 있었다.

기업 지속가능성의 개념은 엄브렐라 개념으로 광범위한 사회적, 환경적, 거버넌스 이슈들을 담고 있다. 특히 기업의 책임이 기업 고위층으로 상향되어, 리더십이 지속가능성 전략 개발의 오너십을 발휘하는 단계로 진전되고 있다. 기업은 급변하는 세계에서 고립되어 운영되고 있는 것은 아니다. 많은 정보를 가진 이해관계자들은 시장과 사회 양면에서 더 많은 압력을 행사함에 따라 기업의 '사업운영권' 개념은 이제 정부로부터의 허가나 규제보다는 사회로부터의 허가를 받지 않으면 안 되는 상황에 이르렀다. 규제가 지속가능성을 움직이는 가장 강력한 추동의 역할을 하지만 일부 영역에서는 정부보다 기업이 앞서 규제의 주도적인 역할을 한다. 기업의 자발적인 지속가능성 이니셔티브들이 세계 여러 곳에서 추진되어 온 것이 사실이다. 다국적기업들 대부분이 자발적 지속가능성 이니셔티브에 참여해 기업의 책임 있는 행동을 실천하는 데 선도적인 역할을 한다.

투자자들은 점차 더 높은 수준의 기업 정보공개와 리스크 관리를 요청하며, 단순한 투자자로 머물지 않고 투자처와 더불어 바람직한 성과, 즉 수익과 동시에 사회적, 환경적 임팩트 달성에 공조하고 있다. 이제 금융 평가와 전망 보고서에는 더 많은 환경, 사회, 거버넌스(ESG) 이슈들의 정보가 담겨 있다.

시민사회의 최근 동향도 '공개와 비난'(naming and shaming) 전략에서 기업과의 대화와 공조를 중시하는 파트너로 변모하고 있다. 그간 기업과 시민사회 사이에는 상당 수준의 회의감과 함께 기업의 과실과 무책임에 대한 NGO의 활동이 활성화되었다. 기업과 시민사회의 관계는 점차 개선되고 있지만 여전히 NGO들의 역할은 기업의 책무성에 대한 감시견 역할을 중시한다. 시민사회의 시각 변화도 주목할 만하다. 기업을 재정지원의 원천으로 보는 전통적인 시각에서 기업은 사회의 긍정적인 변화를 가져오는 데 필수요소가 되는 지식, 기술, 네트워크를 가진 조직이라는 새로운 시각이 일반화되고 있다(앞글: 116).

오늘날, 광범위한 이니셔티브들은 기업과 시민사회의 공조로 가능해지면서 정책 대화부터 국제표준과 모범사례 개발, 지식과 전문기술의 동등한 공유에 기초한 다양한 파트너십 발전이 이뤄지고 있다(앞글: 116). 그럼에도 금융위기 이후 기업의 투명성과 책무성 제고에 대한 시민사회의 모니터링은 지속되고 있다. 일례로 글로벌 컴팩트는 2000년부터 기업과 주요 기관들의 참여로 주도되었지만, 이제는 시민사회를 대표하는 주요 NGO들도 참여하는 공조의 활동이 되고 있다. 글로벌 NGO 참여는 2000년 하나도 없었지만 2015년 현재 487개로, 그리고 국가 등 지역 NGO들의 참여는 같은 기간 5개에서 1602개로 대폭 늘었다(앞글: 117).

UN의 경우 21세기 초에는 기업과의 관계에 부정적 분위기가 지배적이었다. UN의 공신력을 기업이 이용만 하고 윤리적이고 책임 있는 글로벌 실천을 회피할 것이라는 우려가 많았었다. 그러나 이제 UN은 기업의 공조 없이는 빈곤퇴치 등 글로벌 공공재화를 창출하는 데 필요한 재원을 마련할 수 없는 상태로 기업과의 공조는 필수적인 전략으로 자리해 있다. 지속가능하고 포용적인 경제로의 전환이 실질적으로 이룩되기 위해서는 기업의 실천과 운영 환경의 변화만이 필요한 것은 아니다. 기업의 행태를 가이드하는 세계관의 변화도 뒷받침되어야 한다(앞글: 11). 기업은 이윤과 목적, 양자의 균형을 이뤄야 하고, 또 그렇게 할 수 있다는 사고가 단기간의 수익극대화라는 전통적인 사고에 도전하기 시작했다.

기업 지속가능성 이니셔티브

반세계화와 사회적, 환경적 이슈들에 대한 글로벌 거버넌스의 결함 문제에 대한 대응으로 자발적인 기업 이니셔티브들이 등장한 것이 1990년대 말의 특징이었다. 이니셔티브들이 지금의 글로벌 기업 지속가능성의 등장을 선도하는 초기 형태의 기업 이니셔티브들로 볼 수 있다(앞글: 40).

(A) Business for Social Responsibility(BSR, 1992)

1992년 미국에서 탄생해 기업의 핵심 비즈니스에 사회적·환경적 문제들을 고려한 비즈니스의 수행을 목표로 하는 중간지원조직이다. 이후 BSR은 다양한 분야, 다양한 주제(에너지, 여성 역량강화, 기후변화와 식수 등)에 걸쳐 글로벌 차원의 기업의 지속가능성을 공론화하고 지원하는 조직의 역할을 맡는다.

(B) Transparency International(TI, 1995)

1990년대 기업의 다양한 스캔들이 확산되며 반부패, 뇌물방지 등을 목표로 조직되었다. 공공부문과 민간부문의 부패를 모니터링하고 현황을 알리는 역할을 맡는데, 1995년의 부패인지지수(Corruption Perception Index) 개발과 발표, 2005년 부패 바로미터(Corruption Barometer) 조사와 발표가 획기적인 글로벌 이니셔티브이다.

(C) World Business Council for Sustainbale Development(WBCSR, 1995)

1992년 리우의 지구회담의 결과로 지속가능성 이슈들에 대한 기업의 지식과 모범사례 등의 플랫폼을 제공하기 위해 1995년 설립되었다. 지금은 에너지, 기후변화, 생태계, 기업의 사회적 책임 등의 주제를 논의하고 기업의 시행을 지원하는 역할을 하며 여기에 200여 기업들이 회원기업으로 동참하고 있다.

(D) Global Reporting Initiative(GRI, 1999)

환경적으로 책임 있는 경제(Coalition for Environmentally Responsible Economies)에서 발전한 GRI는 1999년에 지속가능성 보고시 리포팅 가이드라인을 제시하였다. GRI의 미션은 가이드라인을 제시해 지속가능성 리포팅 표준의 실천을 지원하는 데 있다. 이제 GRI는 비금융 리포팅을 대표하는 사실상의 글로벌 표준으로 정착되어, 2015년 현재 7500여 기관들이 지속가능성 리포팅에서 GRI 표준 가이드라인을 사용하고 있다.

(E) EITI(Extractive Industries Transparency Initiative)(EITI, 2003)

EITI 아이디어는 시민사회단체 Global Witness, 조지 소로스(George Soros) 등에 의해 "Publish What You Pay" 운동으로 시작해, 이 캠페인은 글로벌 위트니스의 1999년 보고서에서 앙골라를 대상으로 석유판매의 불투명한 관리문제에 초점을 맞추었다. 2001년 석유회사인 BP의 CEO 존 브라운은 캠페인에 동의하며 앙골라 정부에 지불한 금액을 문서로 발간했고, 이에 앙골라 정부는 강력히 반발하였다. 브라운은 한 국가나 한 기업만으로 "지불한 금액을 공표"하는 것은 한계가 있으니 글로벌 차원에서 기업의 동참 호소하였다. 2002년 10월 영국 토니 블레어 수상의 지지성명에 따라 영국 국제개발청은 시민사회 기업, 정부 삼자 회의를 개최해, 리포팅 스탠다드를 개발할 것을 합의해 2003년 채취산업에서의 지불과 세입의 투명성을 제고하는 원칙들에 합의에 이르렀다. 12개 조항들의 원칙들은 자원의 투명한 관리의 필요성을 중시해, "지불과 세입의 공표에 대한 실행가능한 접근방안"을 발표하였다(http://eiti.org).

(F) Principles for Responsible Investment(PRI, 2006)

PRI는 책임 있는 투자를 실천하기 위한 여섯 가지 원칙들을 시행하는 투자자들의 글로벌 네트워크이다. 참여 기관들은 환경적·사회적·거버넌스(ESG) 이슈들을 투자 결정과 오너십 실천에 통합할 것을 요청해, 지금은 1325개의 기관들이 참여하고 있다.

(G) Principles for Responsible Management Education(PRME, 2007)

PRME은 기업 관리교육에서 책임을 중시하는 글로벌 이니셔티브로, 비즈니스 스쿨과 대학 기관들이 교과 연구에서 지켜야 하는 사회적 책임을 수행하도록 하는 역할을 한다. PRME의 미션은 기업과 사회가 21세기에 당면하는 복잡한 도전들에 대응하는 관리 역량을 갖춘 새로운 비즈니스 리더 세대들의 개발에 있다.

(H) International Integrated Reporting Council(IIRC, 2010)

IIRC는 기업 리포팅의 발전의 다음 단계가 되는 금융, 비금융 가치창출에 관한 통합된 사고방식과 리포팅 실천을 진흥시키는 역할을 하는 글로벌 협회이다.

이상의 지속가능성 이니셔티브의 추진은 기업 리더십에 크게 의존하

표 3-11 2000년의 리더십과 오늘날의 리더십 비교

2000년의 리더십	오늘날의 리더십
– 주주와 거래에 대한 초점	– 이해관자와 관계에 초점
– 리스크 관리와 자선 초점	– 기회와 가치 창출에 초점
– 기술적이고 이슈 중심	– 비즈니스 기능과 전략에 통합
– 제기된 문제에 반응적 대응	– 시스템 변화 주도에 대한 책임 수행
– 독자적 행보	– 다자 이해관계자 공조
– 자사 운영 중심의 좁은 범위	– 가치사슬 초점
– 사회적 이슈보다 기술환경적 이슈 우선	– 전략적 이슈에 대한 넓은 이해

자료 UNGC 2015: 68.

는 경향이 있다. 대표적인 기업 대표들의 지속가능성 시각을 아래에서 사례로 살펴볼 만하다(앞글: 148).

"나의 동료들과 나는 수익을 생산하면서 동시에 지구와 사람들의 웰빙에 기여하는 비즈니스 전략을 완벽하게 실천하고 있다."(Shell Group 전직 회장)

"CSR은 사회와의 광범위한 상호작용을 담고 있어 직원, 소비자, 주주, 공급자, 정부, 지역사회 및 사회의 많은 구성원들과 일상적으로 복합적인 관계들을 책임 있게 관리하는 것을 의미한다."(Unilever 회장)

"가장 중요한 발전은 기업 지속가능성이 도덕적 의무나 논의로부터 비즈니

스에 의미를 주는 것으로 진전해왔다는 점이다. 기업이 성장해 장기적으로 좋은 성과를 내는 능력은 기업이 운영하는 사회의 집합적인 웰빙에 달려 있다."(Nestle 회장).

가치사슬 지속가능성

보다 넓은 가치사슬에 대한 임팩트 등 기존의 비즈니스 운영의 범위가 확장되고 있다. 가치사슬 지속가능성의 확장으로 지구촌 여러 지역 소기업들의 동원이 가능해졌다. 2015년 글로벌 다국적기업 서베이 결과, UNGC 회원 기업들 67%가 공급사슬에서의 지속가능성 원칙들을 적용하는 것으로 조사되었다(앞글: 86). 또 17%의 기업들은 공급협력사 선정에서 협력사들이 글로벌 콤팩트를 준수할 것을 시행한다.

기업 공급사슬 프로그램은 글로벌 공급사슬을 개방해 투명성 제고의 노력 결과로 지금까지 진전된 결과를 보여준다. 자재의 소싱이 어디서 누구로부터 오는지에 대한 복잡한 과정들에 대한 이해증진 노력의 결실이기도 하다. 많은 기업들이 공급사슬에서 감당해야 하는 리스크들이 자사의 운영에서 오는 리스크들(노동 조건, GHG 배출 또는 부패 리스크 등)이 많고 심각하다는 것을 인식하면서 복합적인 공급사슬 프로그램들이 개발되어 시행되고 있다.

실제로 지난 15년간(2000~2015), 모든 이슈에서 공급자 윤리강령 도입의 수가 점차 증가했고, 이 같은 공급자 성과에 대한 모니터링 사례수도 늘었다. 기업들의 자사 노동정책의 협력사에 대한 적용 확대가 2008년 37%에서 2015년 67%로 크게 늘었다. 그럼에도 응답 기업들의 31%만이 공급과 하청계약에 노동이슈를 고려하고 있는 실정이다. 기업들은 자사와 관련된 가치사슬과 이슈들을 검토하는 단계에 있다.

표 3-12 대기업의 자사 정책과 실천을 공급 협력사에도 적용하는 비율 (단위: %)

	2008	2015
인권	51	67
노동	37	64
환경	59	72
반부패	55	74

자료 UNGC 2015: 87.

지속가능성 리포팅

Fortune Global 500기업 중 74%가 지속가능성 보고서를 발표한다. 이 같은 결과는 지속가능성이 비즈니스에 대한 중요성을 기업들이 인식한 결과이며, 또 기업들의 지속가능성에 대한 이해관계자들의 기대에 부응한 결과를 반영한다. 그 결과 기업의 투명성과 사회적 관여의 증가로 기업 스스로의 지속가능성 진전에 대한 이해가 증진되는 효과를 낳고 있다(앞글: 88).

주요 원칙들에 관한 기업의 정책들과 실천현황을 공개하는 일은 이제는 일반화되고 있다. 또 EU는 2014년 대기업이나 거대 사업의 비금융적 정보의 공개를 규제하면서, 이제 공개는 의무사항으로 발전되고 있다(앞글: 88). 약 6000여 유럽 기업들이 사회적·환경적 이슈들과 인권 등에 관한 정보를 공개하도록 되어 있다. 덴마크, 노르웨이, 브라질, 인도, 미국 등지에서도 비금융 정보공개 의무화가 시행되고 있다.

이제 지속가능성 리포팅은 다음의 동향을 보여준다(앞글: 90).

- 초점의 변화: CSR 보고서에서 지속가능성 보고, 최근에는 통합형 보고.

- 중요성: 조직과 이해관계자에게 가장 중요한 이슈들을 반영하는 보고.
- 검증: 독립적인 지속가능성 보고서 검증의 성장 (특히 대기업 중심).
- 표준화: Global Reporting Initiative(GRI)는 주도적인 표준으로 많은 이해관계자들을 타깃으로 하는 표준을 제시. 투자기관 사이에는 International Integrated Reporting Council(IIRC), Sustainability Accounting Standards Board(SASB) 등도 점차 보급.
- 이슈 중심: 물질적 이슈들에 대한 이해 증대로 이슈 중심의 리포팅 성장 (GHG 배출, 인권, 공급사슬 등)
- 리포팅 시스템: 데이터 수집과 리포팅 자동화를 위한 지속가능성 소프트웨어 시스템의 수적 증가
- 리포팅 피로감: 레이팅 기관, 투자기관, 공표 이니셔티브 등으로부터의 정보요청 증대로 야기되는 '리포팅 피로감' 확산.

글로벌 컴팩트 원칙 실천

마지막으로, 글로벌 컴팩트 참여 기업들의 주요 현황에 관한 자료를 차례로 살펴볼 만하다. 먼저 글로벌 컴팩트 주요 원칙 정책과 실천을 공표하는 기업들은 인권, 노동, 환경, 반부패 모두에서 점차 늘었다.

그런데 인권과 노동 이슈에서의 이해관계자 논의가 늘지 않고 있는 것은 매우 민감한 중대 사안이라는 것을 알 수 있다(표 3-10). 또 산업계 내의 인권, 노동, 환경, 반부패 이슈 이니셔티브에 동참하는 비율도 각기 26%, 34%, 42%로 정체되어 있는 현실을 주목해볼 수 있다.

표 3-13 글로벌 컴팩트의 주요 원칙 실천을 공표하는 기업의 비율 (단위: %)

	2010	2015
인권	25	36
노동	39	48
환경	49	54
반부패	27	37

자료 UNGC 2015: 97.

표 3-14 주요 원칙들의 시행에 앞서 이해관계자 논의를 진행하는 기업의 비율 (단위: %)

	2008	2015
인권	28	23
노동	63	63
환경	36	30
반부패	–	18

자료 UNGC 2015: 99.

3) CSV와 포용적 비즈니스 모델

공유가치창출(CSV) 모델

이제 CSV 모델은 많은 다국적기업들이 추구하는 글로벌 CSR 모델을 대표하는 발전된 모델이라는 것을 알 수 있다(주성수, 김성현, 2014a). CSV 모델의 발전과 관련된 일부 발전단계 모델들을 살펴보면 아래와 같은 넬슨(Nelson)의 두 가지 유형의 모델을 살펴볼 만하다. 넬슨(Nelson 2004: 12)은 사

그림 3-1 CSV(공유가치창출) 모델

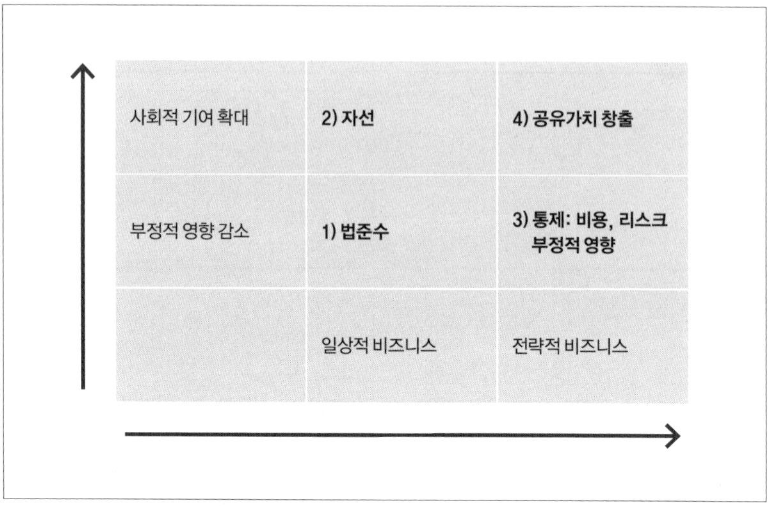

회적 부가가치(societal value-added)와 주주 부가가치(shareholder value-added)를 동시에 극대화시키는 "지속가능한 가치와 장기적 성장" 모델을 바람직한 글로벌 CSR 모델로 제시한다. 나아가 Nelson(2006)은 경쟁적 어드밴티지(competitive advantage)를 한축으로 하고, "피해 줄이기"(do no harm) - "기여 늘이기"(do positive good) 를 다른 축으로 하는 모델에서 CSR이 법 준수 → 자선 → 통제 → CSV(공유가치창출)로 발전하는 단계들을 제시한다(그림 3-1).

포용적(BOP) 비즈니스 모델

한편 보건의료 분야에서 글로벌 CSR의 발전을 분석한 연구(Mahmud and Parkhurst 2007)는 세 가지 유형의 발전 모델을 제시해준다. 기초적인 "규율 형성"(rule shaping) 모델 → "인력/제도 역량구축" 모델 → "포용적 비즈니스" 모델로 발전하는 기업들의 사례를 〈그림 3-2〉와 같이 살펴볼 수 있다.

■ **그림 3-2** 보건의료 분야의 포용적 비즈니스 모델

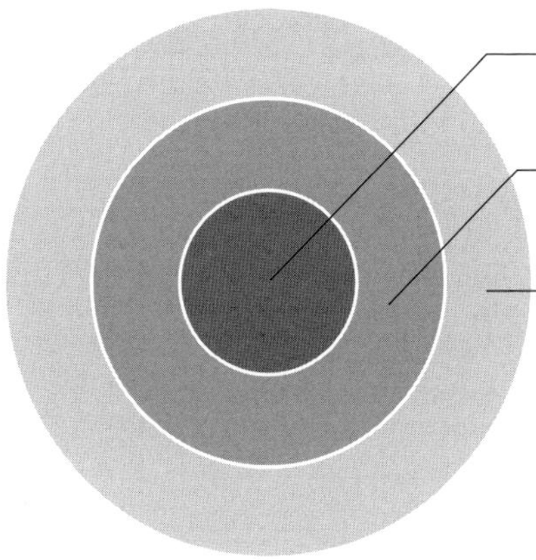

각 모델들은 다음과 같은 특징을 보여준다.

- 포용적 비즈니스 모델: 해외직접투자, 기술이전, 공급사슬에 지역기업 포용
- 인력/제도 역량 모델: 의료진 전문교육, 직업훈련, 지역 기업/제도 기술 지원
- 규율 형성 모델: 지역소유권, 세금, 허가권 획득, 기업환경에 영향

제4장

시민사회 →
사회적(social)

제1장에 제시된 국가(정부), 시장(기업), 시민사회의 상호의존 모형에 따라 제2장에서는 국가 → 사회적(social), 제3장에서는 시장 → 사회적(social) 확장을 살펴보았다. 여기에서는 시민사회가 사회적(social), 특히 사회적 경제(social economy)로 확장하는 새로운 변화에 초점을 맞춰 주요 이슈들을 분석해본다.

시민사회는 복지국가의 위기와 경제위기의 상황에서 기업가정신으로 사회적 목적을 달성하며 위기극복의 파트너 역할을 한다. 복지국가의 위기로 사회서비스 수요와 욕구는 늘고 있지만 국가의 비효율성과 비효과성 문제로 시민사회와 사회적 경제가 지속가능한 서비스 공급의 보충자 역할을 한다. 또 경제위기로 인해 실업과 빈곤과 불평등이 확대되면서 사회통합이 위협받는 상황에서 시민사회는 사회적 문제해결 방안을 기업가정신에 기반하는 사회적 경제 모델에 의존해, 위기극복의 파트너 역할을 맡는다.

1. 시민사회의 사회적 경제 접근

시민사회조직들이 사회적 경제로 이동하거나 사회적 경제 접근법으로 수익사업을 하는 배경에 우선 초점을 맞춰볼 수 있다. 그 배경요인으로는 공급 측면에서는 정부정책의 변화와 혁신이 있고, 수요 측면에서는 비영리부문의 상업화 전략이 있다. 서구 국가들의 복지개혁과 신공공관리(new public management) 혁신 등과 관련된 정부와 시민사회의 관계 변화에 우선 초점을 맞춰볼 만하다.

1) 공급 시각: 분권화와 민영화

공급 측면에서는 정부정책의 변화, 특히 분권화와 민영화를 비롯한 일련의 공공부문의 혁신을 꼽아볼 수 있다. 먼저 신공공관리의 등장 배경에 대해 분석해본다.

신공공관리와 비영리부문

신공공관리가 태동된 미국의 비영리부문의 변화를 우선 분석해볼 만하다. 미국의 비영리조직들은 20세기 말에 와서 연방정부의 복지개혁으로 추진되는 '분권화' 정책으로 심각한 영향을 받으며 생존전략을 모색해야 하는 난관에 직면하였다. 정부와 비영리조직 사이의 관계가 근본적으로 전환된 것이다. 이런 변화에 관한 이론과 정책의 배경에는 '신공공관리'가 있다. 연방정부가 운영하는 사회 프로그램은 비효과적이고, 지나치게 많은 비용이 들기 때문에 정부 규모의 다운사이즈를 해야 한다는 신공공관리가 정부와 비영리부문 모두에 적용되는 것이다(Alexander et al. 1999: 452).

신공공관리는 다음 두 가지를 기본 전제로 한다. 하나는 조직의 성과를 개선시키는 데 자유시장 경쟁이 가치 있는 전략이라는 것이며, 다른 하나는 민간 부문의 사업 운영과 테크놀로지가 우수해서 관리(management)를 모든 조직들의 개선을 위해 보급될 수 있는 일반적인 실행방안이 되어야 한다는 것이다.

한편 비영리부문은 정부의 서비스 위임에서 핵심적인 역할을 한다. 비영리조직들은 '거대 정부'에 대한 자발적이고 저비용의 대안으로 시민참여에 기반하는 활성적 시민권(active citizenship)을 상징한다. 보수주의 시각은 거대한 연방정부가 공공서비스에서 후퇴하면서 사회서비스를 제공하는 비영리조직들이 저소득층의 사회서비스 제공 역할을 할 것으로 기대한다.

그런데 실제로 연방정부의 재정지원으로 비영리조직에 의한 사회서비스 제공으로 바뀌면서 비용절감의 효과는 미흡한 것으로 평가된다. 실제로 비영리조직들의 휴먼 서비스 공급은 정부재정에 크게 의존한다. 1960년대 이래로 비영리부문은 국가의 보건과 사회서비스 공급 시스템의 대부분을 담당하는데, 이는 정부의 용역과 프로그램에 대한 재정지원에 기반한 것이다. 1970년대까지 정부의 재정지원은 비영리부문의 수입에서 민간 자선지원금을 능가하는 가장 중요한 수입원이 되었다. 레이건 대통령이 집권한 1980년경, 보건과 대학 분야를 제외한 휴먼서비스 분야에서 민간 비영리기관의 수입 중 40%가 정부 재정이었다. 레이건의 집권 이후 본격적인 신보수주의(neo-conservatism) 정책의 영향으로 정부 재정지원이 20% 가량 대폭 삭감되면서 비영리부문은 300억 달러에 달하는 수입 손실이 초래되었다(앞글: 455). 수입 급감에 대한 비영리부문의 대응책은 프로그램 종료, 임원 감축, 그리고 수입원을 연방정부에서 주정부와 지자체로의 분권화 방향 전환으로 진행되었다.

비영리조직들은 일반 복지 서비스보다는 풀뿌리 차원에서 특정 집단에 초점을 맞춰, 이들의 서비스 욕구 충족으로 전략을 수정하였다. 조직의 생존을 위한 전략으로 서비스 이용자로부터의 재정적 지원, 그럼으로써 정부와 재단 등의 지원기관으로부터의 재정지원을 필요로 하였다(앞글: 456). 비영리 서비스 조직들은 시민사회의 특성이 되는 고유한 가치와 방법에 도전하는 새로운 환경에 직면해 있다. 정부와 재정지원 기관들은 비영리조직의 구조와 사업운영 모두에서 영리부문과 같은 구조와 사업운영을 하도록 압력을 행사하고 있다. 조직의 효율성과 효과성 증진의 노력으로 책무성과 성과와 임팩트 측정에 대한 관심도 높아지는 현실이다. 비영리조직들은 자신들의 영역에서 이제 영리조직들과 사회서비스 용역과 고객 모두에서 경쟁하는 입장에 있다. 정부의 긴축재정과 기업의 지원도 감소되는 배경에서 재정지원의 환경도 용이하지 않다. 이제 조직 차원의 생존의 규율들을 재조정해야 하는 환경적 변화에 직면해 있는 것이다.

민영화, 분권화, 공동체 건설

현대의 미국에서 정부와 비영리기관의 관계에 가장 중대한 영향을 미치고 있는 제도적 배경은 민영화(privatization)와 분권화(devolution)에서 찾아볼 수 있다. 민영화와 분권화는 미국의 1996년 복지개혁 입법과 정책의 핵심적 제도적 장치가 되었다. 복지의 권위와 책임이 중앙정부로부터 지방정부 그리고 궁극적으로 비영리조직들로 위임된 것이다. 지방정부의 사회서비스 공급은 비영리조직과의 용역으로 수행된 지 수십 년의 역사를 갖고 있었지만, 1996년의 복지개혁은 그 수준을 훨씬 넘어서는 근본적인 구조조정의 수준이라 볼 수 있다. 1980년대 지방정부의 사회서비스 용역을 수행하는 비영리기관들은 '그림자 국가'(shadow state)로 표현되었다(Wolch 1990). 비영리조직들이 정부의 재정지원을 받아 정부의 정치체계 밖에서 운영되지만 일정 부분 정부의 통제를 받는 형식의 권한위임 또는 민영화이다. 샐러먼(Salamon 1995)은 이 같은 정부와 비영리부문과의 공조는 "정부기관들의 공급을 맡았던 정부 재정지원의 휴먼서비스의 상당 부분에 해당되며, 비영리부문에게는 가장 많은 비중을 차지하는 수입원이 되는 대규모의 행동 시스템으로 발전되었다"고 평가한다.

복지개혁으로 지역사회 기반의 비영리조직들에게 많은 기회가 권한위임과 재정지원으로 진행되면서, 공공서비스 공급기관으로서 비영리조직의 장단점에 관한 논의가 활성화되었다. 지금까지는 장점들이 단점들보다는 더 많고 중요하다는 평가를 받고 있다. 중요한 장점들로는 a) 복지개혁 입법의 취지를 달성하고, b) 효율성을 높이며, c) 서비스 개시와 종료까지 운영의 융통성을 살리며, d) 공공부문의 서비스 역량보다 높은 역량을 가진 비영리조직들이 수행함으로써 서비스의 질적 개선과 서비스 접근 개선이 있다는 점이다(Austin 2003: 101). 그럼에도 약점으로는 a) 비영리 서비스 공급기관들 사이의 약한 경쟁력, b) 서비스 공급의 성과와 책무성 측정의 어려움, c) 인적 자본과 정부 시스템과 관련된 높은 거래비용 등이 제시되고 있다. 비영리조직들에게는 정부 서비스 용역으로 상당한 혜택들이 발생한다. 먼저 금융자원의 접근이 용이해지고, 지역사회 평판에 중요한 정당성을 갖추게 된 것이 가장 중요한 혜택이라 볼 수 있다.

정부와 비영리조직의 파트너십은 궁극적으로 지역공동체 건설이라는 보다 고차적인 사회경제적 목표를 추구한다. 〈그림 4-1〉과 같이 정부의 민영화와 분권화 입법과 정책을 담은 복지개혁은 지역공동체 차원에서의 비영리조직의 기능과 역할을 확대해, 지역공동체가 당면하는 다양한 사회경제적 문제해결에 기업가적 혁신 접근법이 활용되는 파트너십의 장점들이 실천된다(앞글: 105).

A(민영화) 측면을 보면, 민영화는 공공기금의 사용에 대한 책무성(accountability)에 초점을 맞춰 사업 결과와 성과의 보고를 요구한다.

B(분권화) 측면에서는 공공기관은 지역공동체의 서비스공급기관인 비영리조직들과 복지수혜층의 욕구를 충족시키기 위한 권한과 책임을 공유한다. 책임의 공유로 신뢰, 공조, 상호이해, 복지수혜층과 지역공동체의 자급자족 달성을 위한 임파워먼트를 증진시키는 메커니즘에 대한 투자의 확대를 의미한다(앞글: 106).

C(지역공동체 건설)은 이상의 A(민영화)와 B(분권화)의 상호작용적 결과로 독특한 정치적, 경제적 역동성을 보여준다. 지역공동체 건설에서의 핵심은 민영화의 책무성 제고를 중시하면서 동시에 공공정책의 권한과 책임의 위임으로 지역기반의 서비스 전달 문제에 가장 근접한 기관들과 대상층의 자치역량을 강화하는 임파워먼트(empowerment)에 달려 있다. 자유주의(임파워먼트)와 보수주의(책무성) 철학의 결합으로 지역공동체 건설에 새로운 정책

그림 4-1 민영화, 분권화, 지역공동체 건설의 관계

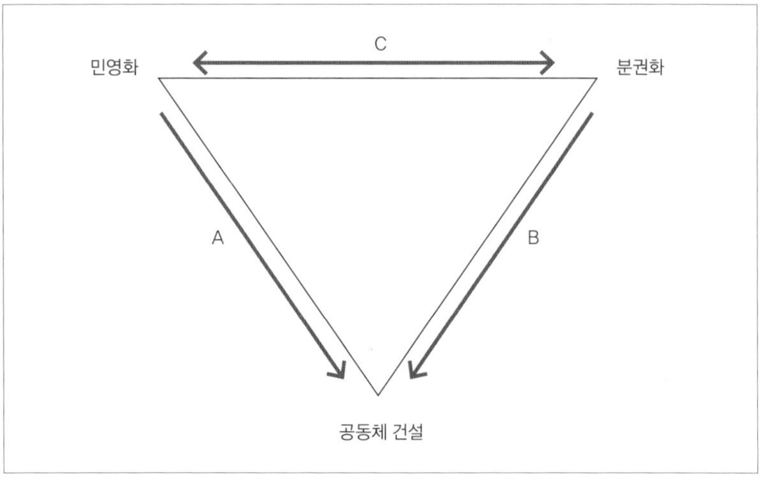

자료 Austin 2003: 105.

의 초점을 맞추고 있다. 자유주의와 보수주의 두 철학은 공통적으로 자급자족의 증진에 초점을 맞추고 있기 때문에 지역공동체 비영리조직들도 자신들의 에너지와 창의성을 자급자족적인 지역공동체 건설로 재조정하고 있다.

2) 수요 시각: 비영리부문의 상업화

한편 수요시각에서는 시민사회의 재정 자립을 추구하는 상업화 전략이 시민사회의 사회적 경제로의 이동 또는 전환의 핵심적인 요인이다. 미국의 비영리조직들이 시장활동의 생존전략을 수용하기 시작한 것은 1980년대였다. 정부의 민영화와 분권화 정책을 통한 복지개혁의 추진은 비영리부

문에 강력한 임팩트를 행사해왔다. 공공기관이 맡아 운영하는 '공공'(pubic) 서비스가 비영리조직들이 대신 운영하는 '사회'(social) 서비스로의 패러다임 이동으로 비영리조직들에게는 상당한 시장정향의 조직변화의 기회가 발생한 것이다.

이런 변화는 세 가지 유형의 서비스 공급으로 나타나고 있다(Skloot 2000: 318-9). 첫째는 상업활동과 합병 유형이다. 미국 피츠버그에 본부를 두고 있는 애브락사스(Abraxas)는 취약 청소년을 위한 전문서비스 활동을 하며 신뢰를 받는 비영리조직이다. 이런 비영리조직이 영리기업인 코넬 코렉션스(Cornell Corrections) 기업에 매각을 결정해, 이제는 2억 달러 규모의 서비스를 공급하는 회사의 일부 조직이 되었다. 전국적으로 성인과 청소년 교정시설을 운영하는 영리기업 활동을 한다.

두 번째 접근법은 조인트 벤처(joint venture) 유형으로, 밀워키 지역의 YWCA 사례가 흥미롭다. 비영리조직인 YWCA가 YW-Works 라는 유한회사를 설립해 다른 두 영리기업들과 복지-노동(welfare-to-work) 서비스를 제공하는 수익사업 활동을 한다. 이들은 합작으로 밀워키의 2400명의 복지수급자에게 종합적 복지서비스를 공급하는 3900만 달러 용역을 경쟁입찰로 받았다.

셋째 유형은 영리기업의 하청조직 유형으로, 록히드 마틴(Lockheed-Martin)이나 맥시무스(Maximus) 사례를 참고해볼 수 있다. 두 사례는 대형 서비스 통합 조직으로 영리와 비영리 부문에서 고용을 창출한다. 많은 비영리조직들이 정부가 아니라 영리기업들의 하청조직으로 상업적 활동을 하고 있는 것이다. 영리기업들이 요구하는 비즈니스에 대한 책무성, 보텀라인과 성과 목표 달성을 수용하는 파트너십을 이루고 있다.

3) 공급과 수요 통합: 사회적 기업

이상의 공급과 수요 측면의 변화와 혁신은 사회적 기업의 발전과 성장을 진흥시켰다. 바꿔 얘기하면, 사회적 기업은 정부 정책의 혁신과 시민사회의 혁신의 산물로, 혁신적인 비즈니스 모델로 사회적 목적을 추구하는 새로운 시민사회의 혁신으로 제시된 것이다.

유럽의 사회적 기업은 사회적 경제의 혁신적 영역으로, 기업가정신에 기초한 비즈니스 모델을 시민사회 영역에서 개발한 대표적인 사회적 경제 조직에 해당된다. 유럽에서 사회적 기업의 발전 배경을 살펴보면 시민사회, 기업, 정부 등 3대 섹터 모두가 관련되며, 위에서 논의한 수요와 공급 시각 모두가 통합된 사례로 간주해볼 수 있다. 사회적 기업의 설립 배경에 관한 유럽 국가들의 자료는 부족하다. EU가 2015년에 조사한 일부 국가들의 상황 보고서에는 사회적 기업의 등장 배경으로 공공부문의 사회적 용역 확대, 적극적 노동시장정책이 가장 중요한 것으로 나타난다(EC 2015a: 47-8). 사회적 기업의 설립 주체의 경우, 공공부문의 구조조정을 비롯한 시민사회의 결사체의 시장화, 시민 주도의 미션조직 등 다양하다.

시민주도의 미션 조직

시민들의 자발적인 모임이 조직을 결성하는 사례들이다. 취약층 보호 등의 사회적 문제 해결에 관심을 가진 시민들의 자발적인 모임의 조직들이 사회적 기업 형태로 발전하는 사례들은 적지 않다. 사회기업가들이 사회적 욕구 충족과 문제해결을 위한 대안으로 새로운 재화나 서비스의 상업적 거래를 하는 기회를 갖는 경우들도 늘고 있다. 이 같은 유형에서 발전된 사회적 기업들은 일반적으로 앵글로 색슨계의 사회기업가정신에 기반해 개인적으로 상업적인 비즈니스를 추구하는 유형이다. 사회적 목적의 의도를 동시에 갖게 되지만 비즈니스 개발 의도가 비교적 강하게 나타나는 유형으로 볼 수 있다.

전통적인 비영리단체

자선단체, 결사체, 재단, 자원단체나 지역사회단체 등 무수한 비영리단체들이 시장화와 상업화에 참여하는 경우이다. 첫째는 기존의 비영리조직들이 사회적 기업으로 전환해 활동하는 사례들이다. 재정수입을 확보하기 위해 수익사업을 하며 사회적 목적을 추구하는 조직들이다. 또 다른 유형은 기존의 비영리조직들이 사회적 기업으로 상업적 사업을 병행하는 경우이다. 동유럽이나 발틱 국가들에서 가장 인기를 모으는 유형의 사회적 기업이다.

공공부문 구조조정

자율과 독립을 통한 혁신과 새로운 투자의 잠재력 확대를 추구하는 정책으로 공적서비스의 위임 정책으로 추진되었다. 이 과정은 중앙정부 상위층에서는 전문가 자문 프로그램, 투자와 금융지원, 서비스 조달 협약 등 주요 정책추진이 되고 있다. 서비스 공급에 관한 국가의 역할에 대해 전통적인 시각의 변화, 새로운 형태의 조달과 공급자의 등장, 사회적 혁신과 재정지원 감축 등으로 공공서비스의 '탈위탁'(decommissioning)이 추진되고 있다.

유럽 국가들의 보고서에는 사회적, 공적 재화에 기여하는 비즈니스에 대한 기대와 비즈니스 활동에 대한 기대가 높아지고 있다. 기업의 사회적 책임이나 규제적 요건에 대한 호응으로 간주되는 비즈니스 모델이 이제는 사회적 투자 또는 임팩트 투자 형태로 지속적인 확장을 하고 있다. 이에 따라 주식회사 내부에서 '기업의 가치와 사회적 가치'가 공유된 가치 창출(CSV)이라는 새로운 비즈니스 모델에 대한 논의가 한창이다. 더불어 '목적을 가진 수익 비즈니스'(Profit-with-Purpose businesses) 모델도 주목을 받고 있다. 이제는 주류 기업들이 기업의 사회적 책임 차원에서 사회적 기업에 대한 관심이 쏠리면서 사회적 기업의 생태계에 새로운 변화가 일어날 수 있는 기대를 갖게 한다.

2. 사회적 경제의 특성과 유형

1) 사회적 경제의 일반적 특성

유럽의 전통적인 '사회적' 또는 '소셜'(social) 모델은 영리추구적 기업들과 공공기관들로부터 구분되는 다양한 유형의 조직들이 수행하는 독특한 역할로 이뤄져왔다. 그들의 보편적인 목적은 조직이나 구성원들을 위한 금전적 수익을 생산하는 게 아니라 회원들이나 일반 시민들에게 재화와 서비스를 제공해주는 데 있다. 이 조직들은 지난 2세기 동안 유럽에서 활동해왔는데 일부 국가들에서는 협동조합, 상조회, 결사체 등의 법적 지위를 가진 사회적 경제 형태로 유지되고 있다. 이들 전체에 대해 '사회적 경제'라는 명칭이 부여되었고, 최근에 와서는 유럽 전역에 확산되면서 공식적인 개념 정의가 각국의 법이나 EU, OECD에서 정리되고 있다.

사회기업가정신과 사회적 경제

글로벌 경제의 배경에서 새로운, 다양화된 요구들이 제기되면서 이에 대한 응답도 공공부문이나 기업들뿐 아니라 시민사회나 사회적 경제 조직들이 제시해 문제가 해결되고 욕구가 충족되는 발전을 보였다. 또 일부 영역에서는 사회적 측면과 기업가적 측면이 결합된 새로운 조직 유형들이 등장되었는데, 이 모든 민간·공공·영리·비영리 부문들이 사회적 요구들에 책임 있는 역할을 수행하는 일반적인 동향을 '사회기업가정신'(social entrepreneurship)이라 칭한다(EC 2013: 7). 그리고 사회기업가정신으로 활동하는 새로운 유형의 조직들이 1980년대 초부터 조직화되었는데, 이들이 사회적 기업이다.

'사회적 경제' 용어는 경제의 특정 부분을 정의할 때 사용된다. 사회적 경제는 기본적으로 사회적 목적을 추구하고 참여적 거버넌스 시스템을 갖춘 조직들이다. 역사적으로는 4대 주요 유형인 협동조합, 상조회, 결사체, 재단들이 사회적 경제 조직들이다. 이 조직들은 지난 2세기 동안 시장(사기업)과 국가(공공기관)과 이외에 재화와 서비스 생산 활동을 해온 조직들이다(앞글: 12).

그러다 2000년대 후반기부터 경제위기로 사회통합을 지향하기 위해 지난 수세기간 의존해왔던 도구들이 이제는 한계에 이르렀다는 것이 분명해졌다. 공공부문의 확대와 그에 따른 재정적 한계, 그 후 글로벌 경제의 새로운 복잡하고 불안한 특성으로 초래된 결과이다. 이는 국가와 기업에 독립적인 운영을 하는 (사회적 경제 조직들을 포함한) 다양한 행위자들의 존재와 경제적 임팩트가 초래한 결과이기도 하다. 이제 국가는 더 이상 사회정의와 경제자유 사이의 균형을 유지하게 하는 유일한 가능한 공급자로 간주되고 있지 않다(앞글: 13).

유럽 단일시장의 출범 이후 20여년간 그리고 유로화 시행 이후 10여년간 유럽의 경제성장을 회복하기 위해서는 새로운 글로벌 개발의 맥락에서 사회적 협약(social compact)의 설립 필요성이 제기되었다. 이 같은 요청에서 새로운 '유럽 2020'이 제시되어 지금의 경제위기를 극복하기 위한 처방으로 관례적인 접근법이 아니라 전혀 새로운 혁신적 접근법을 요청한다(앞글: 14). 2015년에 들어가면서 경제의 세계화, 낮은 경제성장율, 사회의 복잡성, 새로운 서비스에 대한 요구의 증대가 유럽의 개발 모델에 도전으로 제기되고 있다. 지난 수십여년간의 인구동태적, 경제적 변화가 사회적 요구의 두드러진 변화를 초래하고 있다. 평균수명이 연장되면서 노인부양 문제가 심각한 사회적 이슈가 되며, 여성들의 노동시장에 대거 진입하면서 보육 문제도 새로운 개입의 영역이 되고 있다.

사회적 요구와 사회적 경제

새로운 사회적 요구들은 다양화되고 있다. 양질의 서비스 공급 문제와 늘어나는 재정적 한계 등은 전통적인 복지국가 모델로 해결하기 어려운 한계를 보여준다. 유럽 국가들은 국가 차원의 개혁조치들을 도입해, 경제위기로 초래된 서비스의 수요와 공급 사이의 불균형 문제를 해결하기 위한 방안으로 전통적인 국가적 개입 방식이 아닌 비영리 사회적 경제 조직들의 기업가정신에 의한 혁신적 처방에 기대하고 있다. 교육, 보건, 사회복지 서비스 등의 핵심 영역에서 수요와 공급의 불균형이 두드러지게 나타나고 있다, 이 영역이 사회적 경제 조직들의 새로운 사업과 활동의 영역이 되고 있다(앞글: 16).

사회경제적 측면의 심각한 변화들로 인해 많은 전통적인 지혜와 가치에 대한 의문이 광범위하게 제기되고 있다. 많은 부가 생산되고 있지만 동시에 사회적, 경제적 불평등이 두드러지게 확대되고 있다. '사회적 계층 상승'은 줄고 삶의 질이 악화되며, 사회통합이 저해되고 있다는 인식이 확산되고 있다. 사람들은 자신들이 통제할 수 없는 경제적 전환의 여파로 고통을 받고 있기 때문에 대부분이 사회적 배제나 무력감을 인식하고 있다.

이 같은 상황에 대한 시민들의 반응은 한편으로는 고립과 개인주의 확대와 다른 한편으로 사회적 이슈들에 참여해 해결하려는 의지 사이에서 점차 극단화되고 분열되고 있다. 지금의 도전들을 대응하기 위한 대안의 조직화 시도는 전통적인 정당이나 노조 밖에서, 덜 위계적이고, 더 참여적인 조직 형태에 초점을 맞춘다. 젊은 세대들 사이에서도 탈집중화, 탈의존적인 새로운 조직형태에 대한 관심이 모아지고 있다. 사회적 이슈들에 대한 새로운 민감성과 관심이 시민들의 행태의 특성으로 정착되고 있다. 경제위기는 시장, 국가, 제3섹터, 개인의 역할에 대해 제고할 것을 요청한다.

그 결과, 세 가지 주요 동향이 나타나고 있다. 시민 개인들의 사회적으로 책임 있는 행동, 시민단체들에 의한 직접적으로 상향식 '공익' 서비스의 제공, 공공 및 민간 모든 부문에서의 (사회적 혁신에 대한 관심의 증대와 함께) 경제적, 금융적 활동의 사회적 임팩트에 대한 관심 증대 등이다. 이 같은 아래로부터의 상향식 이니셔티브들은 시장과 공공정책의 실패에 대한 사회의 '내재적 반응'으로서 시민의 책임감을 확고하게 표현한 것으로 해석될 수 있다.

사회적 반응에 참여하는 모든 조직들은 동기, 행태, 원칙들(연대, 상호성, 관리에 직접 참여, 정의와 평등 추구, 사회적 임팩트 달성의 책무성)에 기초한다. 이 조직들은 경제적 발전은 사적 이해를 추구하는 개인들의 행동에서 비롯될 뿐 아니라 개인들의 투자와 집단적 행동의 혁신적인 결합과 공공 재화의 생산에 관여하는 지역사회의 집합적 행동에도 기인한다는 것을 중시한다(앞글:

18). 실제로 사회적, 지역사회, 협동조합 기업들은 경제 위기의 상황에서도 비즈니스 성장을 이룩할 수 있었던 것은 우연이 아니었다.

많은 기업들도 자신들의 사업의 사회적 결과에 더 많은 관심을 갖고 복합적인 이해관계자들과의 관계 개선에 더 개방적인 노력을 하고 있다. 이 같은 개방성은 비즈니스 과정에서의 사회자본과 평판의 중요성에 대한 인식의 증대와 일치하는 흐름이며, 이로써 기업들은 미션에 사회적 차원을 포함시키며 복합적인 목표들을 통합시키고 있다. 전통적인 비즈니스 모델들은 당연히 변화해, 기업들은 이제 경제적 차원에서의 관계의 시스템(system of relationships)에서 뿐 아니라 사회가 공유하는 다른 가치들과의 조화를 추구하는 비즈니스 운영을 해야만 한다. 이는 혁신과 지속가능한 성장을 달성하는 데 핵심이 되고 있다.

공익 추구적인 사회적 경제

한편 사회적 경제 조직들이 공유하고 있고, 이들이 전통적인 기업들로부터 구분되는 가장 중요한 특징은 궁극적인 목표를 이윤추구와 소유주에 대한 수익배분을 중시하지 않는 사회적 활동에서 찾아볼 수 있다. 실제로 사회적 경제 조직들이 추구하는 핵심 목표는 자신들의 구성원들과 지역사회에 필요한 (고용을 비롯한) 재화와 서비스의 제공, (공익에 부합하는 서비스의 제공 등 사회 전체에 혜택이 되는 활동 등)의 공익을 위한 목표 추구 등이다(앞글: 21).

'공익'(general interest)은 사회 전반에 걸쳐 웰빙과 삶의 질에 강력한 임팩트를 가진 다양한 활동 전체를 포함한다. 에너지와 식수 공급, 수송, 우편, 쓰레기 처리 등) 기초 인프라부터 보건과 교육, 케어, 사회서비스 등 핵심 분야가 해당된다. 공익 서비스는 기본 욕구의 충족, 사회적 포용, 경제성장, 환경보호 측면에서 지속가능한 경제적, 사회적 개발에 기여하는 핵심적인 역할을 한다. 공익 서비스는 기본적인 권리의 향유를 위한 기본전제가 되며, 유럽에서는 유럽식 사회적 모델의 한 기둥이자 유럽 시민권의 필수 요소로 간주되고 있다(앞글: 21).

사회적 경제 조직들이 공유하는 또 다른 특징은 소유권 구조이다. 소유권이 투자자가 아니라 이해관계자에게 배당되어, 이해관계자 관여와 참여를 특히 중시하는 점이다. 이해관계자로는 노동자, 고객, 자원봉사자도 포함된다. 많은 사회적 경제 조직에는 조직의 초기 단계에 특히 중요한 역할을 하는 자원봉사자들의 참여에 크게 의존한다. 이 같은 사회적 경제의 특성들은 수익의 배분에서 자본보다는 사람과 노동에 우선권을 부여하는 특성과 관련된다. 수익 감소라는 비용을 감수하면서 구성원과 고객을 위한 고용과 서비스의 질을 중시하는 경향이 있다. 또 사회적 경제 조직들은 민주적 의사결정의 특성을 갖고 있어, 조직의 주요 결정들은 모든 구성원들의 참여와 투표에 의해 이루어진다.

2) 사회적 경제 조직 유형

사회적 경제 조직 유형들은 유럽의 경우 일반적으로 다음과 같은 특성을 갖고 있다(앞글: 23-27).

협동조합 기업(cooperative enterprises)

국제협동조합연맹(International Cooperative Alliance)의 1995년 개념정의에 따르면, 협동조합은 "공동으로 소유하고 민주적으로 통제되는 기업을 통해 공동의 경제적, 사회적, 문화적 욕구와 기대를 충족시키기 위해 자발적으로 연대한 사람들의 자율적 협회"를 의미한다. 이 정의는 2002년의 ILO의 결의안으로도 채택된 일반적인 정의로 볼 수 있다.

협동조합은 경제적, 사회적 문제들의 해결을 위한 효과적인 방법이 되고 있다. 역사적으로 협동조합은 사회의 취약층들이 자신들의 이해를 보호하기 위해 자신들의 역량을 개선하기 위한 방법이었고, 기초 재화와 서비스의 접근에서 가족 이외에 자조(self-help)를 확보하기 위한 방법이었다. 투자자에게 소유권이 주어지는 주주 소유의 회사들과 달리, 협동조합은 (고객, 노동자, 생산자, 농민 등) 다른 조직의 사람들에게 소유권이 주어지는 특성이 있다.

상조 조직(mutual organizations)

상조회(mutual 또는 mutual aid society)는 회원들의 이익을 위해 보험 서비스를 제공하는 결사체 또는 협회라 정의할 수 있다. 상조회는 상호적 계약을 기반으로 회원들은 참여를 통해 혜택을 받는다. 상조회는 원래는 노동자들이 노동 장애, 질병, 노령에 대한 보험을 목적으로 출발해 19세기 말까지 그런 목적을 유지하였다. 그러다 프랑스와 독일 등의 일부 국가들에서 법적 보험제도의 도입으로 상조회는 공공 보험 제도에 편입되었고, 반면에 이탈리아 등의 다른 국가들에서는 거의 자취를 감추게 되었다. 지금은 사회보장 제도가 초기 발전 단계에 있는 일부 국가들에서 새로운 형태의 상조회들이 조직되고 있다.

결사체(associations)

결사체 또는 협회(association)는 문화, 레크리에이션, 사회적, 경제적 목적 등의 특정 목적을 위해 참여한 사람들의 집단이다. 결사체는 규정과 규칙, 회원 자격 등을 갖춘 공식적 결사체일 수 있고, 또는 이 같은 구조를 갖추지 않은 비공식적 결사체일 수도 있다. 결사체는 사회적 경제의 가장 오래된 유형으로, 지금은 일부 국가들에서는 공공기관의 사회안전망을 보충하는 리스크에 대한 보험의 형태인 상조회로 조직되고 있다. 상조회는 건강, 사망, 장례, 농작물 실패 등 각종 리스크에 대한 보험 서비스를 한다.

결사체들은 불특정 다수 시민을 위한 공익 조직이 될 수 있고, 또는 연대에 기초한 상조의 이해 조직이 될 수도 있다. 국가에 따라 결사체, 비영리 조직(NPO), 자원조직(voluntary organization), 비정부조직(NGO) 등 다양한 명칭들이 사용되고 있다.

재단과 기타 조직

재단은 특정 집단의 사람이나 특정 지역사회의 이익을 위한 특수한 목적을 달성하기 위해 조직된 법적 기관으로, 기금이나 체계적인 모금의 방식으로 관리된다. 재단 등의 조직들은 재단 설립자의 의지에 따라 사회적, 종교적, 교육적 활동이나 다양한 공익 활동을 한다. 유럽의 재단들은 전형적으로 두 가지 중 하나의 역할을 수행한다. 일부 사례들에서는 직접 재화와 서비스 제공 역할을 하고, 다른 사례들에서는 서비스 생산을 비롯한 특정 계층을 위한 펀딩을 제공하는 역할을 한다.

최근 재단들은 날로 성장 중인데, 개인 부자들이나 기업들이 사회 프로젝트나 조직들을 후원하는 활동이 참여를 확대하고 있다. 재단의 활동도 전환기를 맞아, 자신들의 핵심 사업인 증여(grant) 제공의 역할에다 전략적 자선이나 임팩트 투자자 역할로 바뀌고 있는 동향이 강하다.

3. 사회적 목적과 기업가정신

1) 사회적 경제의 '사회적' 목적

시민사회에 기반을 두고 있는 사회적 경제는 시장이나 기업에서 볼 수 없는 사회적 목적을 가진 영역이다. 사회적 목적이 사회적 경제를 시장이나 기업과 구분하는 특징이다. 유럽이사회(EC 2001a: 2)는 "사회적 경제기관이 구성원들의 경제적 욕구와 사회적 욕구에서 탄생되었다"면서, 사회적 경제가 중시되는 이유를 다음 몇 가지로 제시한다.

a) 시장에서의 효율적인 경쟁에 기여한다.
b) 일자리 창출 잠재력이 있고, 창업정신과 새로운 고용 모델을 제시한다.
c) 주로 멤버십에 기초하는 활동에 의해 조직된다.
d) 새로운 욕구를 충족시켜준다.
e) 시민참여와 자원봉사 활동을 촉진한다.
f) 연대와 결속을 강화한다.
g) 유럽국가들의 경제통합에 기여한다.

'사회적 경제'는 실업과 빈곤의 확대 등 사회경제적 위기와 밀접히 관련되지만, 다른 한편으로는 새로운 사회적 실험과 혁신이라는 사회기업가정신(social entrepreneurship)의 성장 동력에 의해 새로 확장되고 있다. "사회기업가정신의 확대는 지난 삼십년간 전세계적으로 진행된 두드러진 발전을 선도하는 영역으로, 여기에서 수백만에 이르는 새로운 시민조직들이 출범하였다"(Bornstein 2004: 3). 시민사회 영역에서 성장하는 사회적 경제가 경쟁력을 갖춘 혁신적이며 창의적인 영역으로 부각되면서 국가와 시장도 사회적 경제 조직들과의 파트너십을 통해 사회경제적 문제의 해결과 사회발전의 지속가능성을 확인해가고 있다.

사회적 경제의 사회적 목적은 다음과 같은 특성을 갖고 있다. 첫째는 비영리성이다. 사회적 경제가 추구하는 사회적 목적은 경제적 목적에 우선한다. 사회적 경제 조직은 활동에 필요한 지출을 자체 충당하는 수입을 만들어야 하지만, 수익활동은 사회적 목적 달성의 범위에 한정된다(Quarter 1992: 11-12). 사회적 경제는 비영리적 조직이므로 주된 목적이 자본에 대한 수익을 취하는 것이 아니다. 사회적 경제 조직은 본질적으로 '이해관계자 경제'(stakeholder economy)의 일부이며, 또 공익의 욕구에 의해 그리고 공익의 욕구를 위해 설립된 것이므로 서비스 대상자에 대해 책무성을 가진다(EC 2001b: 1). 사회적 경제 조직에는 법적으로 영리활동을 하지 않고 비영리 활동을 하는 조직이 있고, 또 협동조합, 공제회, 재단처럼 투자자들을 위한 이윤을 창출하기보다는 조직 구성원이나 공동체 전체의 불특정 다수를 위해 서비스 활동을 하는 조직이 있다(Defourny and Nyssens 2006: 7). 따라서 사회적 경제는 특성상 회원들과 공동체를 위한 서비스 제공을 목적으로 비영리적 접근으로 자본보다 사람을 우선하며, 나아가 참여, 임파워먼트, 개인과 집단적 책임 등의 사회적 목적을 추구한다(Vaillancourt et al. 2004: 6).

둘째는 민주성이다. 사회적 경제 조직은 종사자나 이용자에 의한 민주적 정책결정에 의존한다. 이 점이 일반 비영리조직과 구분되는 사회적 경제의 독특한 특성이다. 사회적 경제의 원칙상, 사회적 경제 종사자들은 소유의 몫을 가지고 있을 뿐 아니라 조직관리에 영향력을 행사하는 의사결정권을 가져야 한다(Arther et al. 2005: 16). 그 방식은 종사자 대의기구를 통해 또는 종사자 대표의 이사회 선임으로 또는 소규모 조합의 경우 조합원 전원의 참여에 의한 직접민주주의로 갖출 수 있다. 사회적 경제에서 민주적 참여와 의사결정구조는 조직의 규모나 활동영역에 따라 상이하게 나타난다(Smith 2003: 125). 노동자협동조합의 경우, 노동자 1인1표 의사결정 참여가 핵심이며, 소규모 조합에서는 전체 조합원의 직접참여에 의한 의사결정방식이 효과적이다. 또 노동자, 조합원, 소비자, 이용자의 대표성 확보도 민주적 구조의 생명과도 같은 것이다. 이 점이 사회적 경제가 사기업이나 공조직과 다른 민주적 특성이다.

셋째는 참여와 연대 그리고 사회자본(social capital)이다. 사회적 경제란 "회원들의 욕구에 기초해 회원들이 소유하고 운영하는 사람 중심의 조직과 기업"이며, 사회적 경제의 목표는 사회적, 민주적, 그리고 연대(solidarity) 기초적 목표들이다(Lukkarinen 2005: 420). 사회적 경제를 통한 지역사회개발 효과는 질적 고용, 사회자본의 증대, 민주주의 강화, 지방정부와 사회적 경제 조직 사이의 파트너십 모색 등을 꼽을 수 있다. 또 영리추구적 기업과 정부기관과의 파트너십 공조로 고용증대, 사회자본 축적, 시민사회 활성화 등 지역개발 효과가 배가될 수 있다. "시장이나 기존의 공공 제공으로 충족되지 않는 지역의 욕구충족"에 목표를 두고, 노동시장에서 불이익계층의 고용가능성을 증대시켜 이들에게 고용을 제공하는 역할을 맡는다(Arther et al. 2005: 16). 또 사회적 경제는 "민주주의, 연대, 그리고 사회적, 문화적, 환경적 자원의 안정화에 기초하는 핵심적 조직과 기업"을 망라한다. 이런 '시민적' 가치는 이윤추구적 이해의 논리를 초월한다. 사회적 경제의 활동영역은 사회적, 민주적, 참여적 기업, 질적 고용, 사회적 포용, 지역개발, 사회적 보호다. 이 영역이 사람들의 욕구와 기대에 호응하는 사회적 경제의 개념의 기초가 된다. 사회적 경제는 평등이나 형평성과 같은 '상조정신' 가치를 중시한다. 상조정신은 '공동의 결속'을 의미한다.

사회적 경제 조직이 지역공동체의 발전과 공동체 구성원들의 참여와 연대에 의해 경제적 수익을 창출하며 사회자본을 축적하는 사례들은 세계 여러 지역에서 보고되고 있다(Vailancourt et al. 2003: 22-23). 일례로 캐나다 몬트리얼의 2000개에 달하는 주택들은 사회적 경제 조직이 담당하는 주택 및 의료, 복지서비스를 복합적으로 제공받는다. 이런 '사회적 주택'을 조사한 연구진은 주거안정과 서비스 제공은 주민들의 생활안정과 이웃관계 개선, 자존심 회복 등 사회자본 효과도 대단하다고 한다. 이는 주민들이 단순한 서비스 수혜자로 머무는 게 아니라 이들의 적극적인 참여에 의해 조직이 민주적으로 운영되고 이들의 관심과 사회자본에 의해 공동체가 만들어지는 효과가 일어난다는 것이다. '이용자 자치역량'이 갖다준 결실이다. 또 사회적 주택뿐 아니라 보육서비스, 홈케어 서비스에도 사회적 경제 조직들이 참여해 공급지 역할을 하고 이용자 주민들과 더불어 민주적 조직을 운영하는 새로운 변화는 1990년대 캐나다의 보편적인 동향이었다. 참여하는 지역주민들은 '수혜자'가 아니라 '참여자'로, '의존'이 아니라' 자율'로 시각이 바뀌면서, 정부의 사회정책도 정부가 일방적으로 주도하는 정책이 아니라 장애정책처럼 정책의 직접적인 영향을 받는 장애인들이 의사결정 과정에 참여해 발언하고 자신들의 이해를 증진시키는 정책과정으로 변한 것이다. 따라서 '시민권'의 의미도 근본적으로 변화한다. 이에 관해서는 아래에서 상세히 논의한다.

넷째는 '사회적 배제'(social exclusion)에 대한 대응이다. 사회적 경제는 장애인이나 실업자 등 취약층의 '사회적 배제'에 대응하는 종합적인 처방으로 주목받고 있다. 아민 등(Amin et al. 2002: 17)은 '사회적 배제'는 단순한 빈곤과 박탈의 상태만을 의미하지는 않는다며, '사회적 주변화'가 시간이 흐름에 따라 강화되는 과정으로 본다. 사회적 배제는 연령, 성, 인종, 이민, 가

계구조, 교육 등 다양한 배경에서 발생하는 불이익의 누적적 효과를 보여준다는 것이다. 그들은 사회적 배제에 대한 사회적 경제의 처방에 관해 다음과 같이 설명한다. 먼저, 집단적 자조와 확신, 역량구축으로 사회적으로 유용한 생산을 통해 경제에 집단적 가치를 보양시킴으로써, 둘째, 자율과 결사체 가치를 중시해 경제를 인간화시킴으로써 동시에 경제를 '인간' 기준으로 조직함으로써, 그리고 정책을 지역공동체와 현장으로 분권화하여 민주주의와 참여를 진흥시킴으로써 가능하다고 본다(앞글: 19).

마지막은 임파워먼트(empowerment)이다. 사회적 경제 조직은 직접 서비스의 생산과 공급에 참여하고, 동시에 시민 이용자, 노동자, 공동체 자치 역량의 모델이 된다(Vailancourt et al. 2004: 8-11). 사회적 경제의 창의적인 사업들은 다양한 방식으로 개인과 가족, 공동체의 건강과 복리에 직접적으로 기여한다. 그 독특한 방식은 1인1표와 같은 민주적 의사결정 방식이나 연대, 자율, 상호성, 자기결정의 가치에 기초한 방식뿐 아니라 추구하는 목표를 통해, 사회적, 경제적 네트워킹에 대한 기여를 통해, 일자리 마련의 역량을 통해, 또는 이용자와 노동자의 자치역량을 통해 이뤄지고 있다. 사회적 경제 조직들은 자체 규율을 통해 서비스 이용자의 자치역량뿐 아니라 노동자의 자치역량에 의한 서비스의 조직화 특징을 보여준다. 공적 조직과 영리기업 조직도 일부 자치역량의 특성을 보여주지만 사회적 경제 조직만큼 그런 규율에 구속되지 않는다.

'이용자 자치역량'의 사례들은 사회정책과 사회서비스 영역에서 무수하다. 앞서 소개한 몬트리얼의 '사회적 주택' 사례가 있고, 미국의 경우 1960년대 말에 시작된 장애인의 '독립생활운동'(Independent Living Movement) 사례가 있다. 후자는 장애인에 대해 일반인들과 똑같은 입장에서 장애인이 스스로 자신의 문제를 주체적으로 결정하고 사업을 할 수 있도록 하자는 사회운동으로 진행되었다. 장애인 문제는 장애를 가진 자신들만이 가장 잘 알 수 있기 때문에 사회서비스는 그것을 소비하는 소비자가 통제하는 정책으로 변화되어야 한다는 메시지를 전달한 것이다. "서비스는 개인이 아니라 환경을 바꾸는 일이며, 서비스의 목표는 공동체 통합에 있다"는 원칙을 강조한다(앞글: 11). 이런 운동은 장애인뿐 아니라 다른 취약층인 노숙자, 알코올중독자, 동성애자 등의 독립생활운동으로 확대되며, 자치역량은 사회정책에서 주요 이슈가 되었다.

사회적 경제가 추구하는 '노동자 자치역량' 또한 중요한 사회적 목적이다. 일자리를 갖고, 의미 있는 노동을 하며 노동현장과 공동체에서 풍요로운 사회적 관계를 가지며 생활하면 개인과 공동체 전체의 건강과 복리에 직접적인 긍정적 영향을 미친다(앞글: 11). 노동현장에서 생산의 조직은 노동자의 지혜와 책임에 의존하기 때문에 민주적으로 운영되고 노동자의 기본적 인권을 보장하는 조직에서 노동자의 생산력이 증진된다. 반면에 노동자 자치역량을 무시하고 통제와 규제를 앞세우는 조직에서 노동자의 생산의 조직화는 뒤떨어지게 된다.

2) 사회혁신과 사회기업가정신

사회혁신의 시대

'사회적 경제'의 태동은 사회문제에 대한 혁신적 해결을 추구하는 정부정책과 제3섹터 기관의 공동노력의 결과로 나타났다. '사회기업가'(social entrepreneur) 중심의 혁신적인 업적은 오래된 역사를 갖고 있지만, 현대에 와서야 많은 사회기업가를 볼 수 있는 데는 충분한 이유가 있다. 그 이유는 다름이 아니라 시대적 배경이다. 현대의 사회기업가들이 자신들의 혁신적 활동을 하기에 충분한 역량과 지지기반을 갖추게 된 것이 무엇보다도 중요한 시대적 배경이 되고 있다. 정부규제 등 장애요인들이 제거되고 세제혜택도 주어지며, 동시에 '자본과 교육에 대한 접근의 결핍'과 커뮤니케이션 비용 등 장애요인도 제거됨으로써 사회기업가들이 현대의 사회적 경제 영역에서 자유롭게 활동할 수 있는 여건이 조성된 것으로 볼 수 있다(Bornstein 2004: 267). 이런 여건의 조성은 장기실업과 빈곤의 확대로 인한 복지국가의 실패와 시장의 실패가 만들어낸 새로운 사회적, 경제적 질서에서 가능해진 것이다.

유럽에서 진행되고 있는 사회적 혁신의 사례들은 OECD의 '사회혁신 포럼'을 참고해볼 수 있다. 2000년부터 진행해온 OECD의 '사회혁신' 포럼은 두 가지 방식으로 사회문제를 해결하는 새로운 해법을 제시한다. 하나는 개인과 공동체의 삶의 질을 개선하는 새로운 서비스를 개발해 제공하며, 다른 하나는 새로운 노동시장 통합과정, 새로운 능력, 새로운 일자리, 새로운 참여 형태를 파악해 실행함으로써 이런 다양한 요소들 각각이 개인의 직장에서의 위상을 개선하는 데 기여하도록 하는 것이다. 따라서 '사회혁신'은 소비자이자 생산자인 개인과 공동체의 복지문제를 다루는 일이라고 볼 수 있다. 사회혁신이 경제적 혁신과 다른 점은 새로운 형태의 생산을 도입하는 것도 아니며, 새로운 시장 자체를 위해 새로운 시장을 활용하는 것이 아니라 시장이 제공하지 못하는 새로운 요구를 충족시키며 사람들이 생산과정에 자리를 갖고 역할을 하도록 함으로써 새로운 보다 만족스런 접합(insertion)의 방안을 창출하는 일이다. '사회혁신'의 핵심적 특징은 고용, 소비 또는 참여를 통해 개인과 공동체의 복지를 개선하는 일이다. 따라서 개인과 공동체 문제에 해결방안을 제시하는 데 그 목적이 있다.

시민사회의 '사회기업가' 이니셔티브는 더 오랜 역사를 갖고 있다. 정부 차원의 '사회기업가' 지원정책이 나오기 훨씬 이전에 시민사회 또는 사회적 경제 영역부터 '사회기업가'를 교육시키고 지원하는 다양한 조직들이 등장하였다. 투자가나 기업인이 설립한 '사회기업가' 비영리기관이나 대학 비즈니스 스쿨에 개설된 '사회기업가' 프로그램은 이미 1990년대부터 활성화되기 시작하였다. 미국의 경우, 투자가 에드 코헨(Ed Cohen)은 1991년에 비영리기관을 설립해 350여 명의 사회기업가를 교육시켜 배출했으며, 영국에서는 사회혁신가 마이클 영(Michael Young)이 1997년 '사회기업가 스쿨'을 개설해 사회적 혁신에 기여했으며, 옥스포드 대학은 eBay 설립자 제프리 스콜(Jeffrey Skoll)과 '스콜 사회기업가정신 센터'를 개설하였다(Bornstein 2004: 264). 그 밖에도 세계경제포럼도 설립자인 클라우스 슈왑(Claus Schwab) '사회기업가 스쿨'의 개설에 힘입어 최근 '사회기업가정신' 보급에 앞장서고 있다(앞글: 264-5).

사회기업가정신과 사회적 기업

한편 유럽에서는 '사회기업가정신'의 진전이 새로운 '사회적 기업'의 등장을 진흥시키는 결과로 나타났다. 유럽 각국에서 입법된 정책들은 새로운 기업가 모델의 사회적 기업을 탄생시켜 기존의 사회적 경제 조직에 대한 변화 압력을 행사했다. 1991년 이탈리아는 '사회적 협동조합'을, 1995년 벨기에는 '사회적 목적의 기업'을, 포르투갈도 '사회적 협동조합'을, 그리고 1999년 스페인은 '사회서비스 협동조합'을 각기 입법하였다. 또 영국은 2005년에 정부가 직접 투자하는 '지역사회 공익회사'를 설립해 2007년에는 200개까지 확대되었다. 이런 정부정책의 변화는 사회적 경제를 기업가정신으로 공식화하는 과정으로, 결국 복지국가의 상당 부분을 사회적 경제가 대행하는 '용역국가'(contract state) 또는 '제3자정부'(third party government) 모델을 발전시켰다(Salamon 1995).

사회적 경제 조직의 '경제적' 역할에 대해서는 그간 많이 알려지지 않았다. 그 이유는 다양하다. 이들이 서비스를 생산해 시장에서 판매하지 않기 때문이라는 이유도 있지만, 그 밖에도 활동에 필요한 무보수 자원봉사자를 활용하며, 정부의 용역에도 의존하고, 또 이들의 활동이 생산하는 경제적 가치를 파악하기 어렵기 때문이다(Quarter et al. 2003: 13). 그렇지만 실제로 사회적 경제 조직은 시장에 상품을 판매하고, 이들이 제공하는 서비스를 구매하는 아동, 노인 등 서비스 계층도 다양하다. 일부 사회적 기업은 사기업과 경쟁하는 경쟁력을 갖춰가고 있다. 새로운 기업가정신으로 수익활동을 하는 사회적 기업들이 점차 늘고 있다.

복지국가와 사회기업가정신

'새로운 기업가정신'에 대해 아서 등(Arther et al. 2005: 4-5)은 사회적 경제의 강력한 키워드 또는 사회적 경제가 사회적 목표를 추구하는 핵심적인 전략이 되고 있다며, 유럽 복지국가의 동향에서 발전된 '사회기업가' 전략을 소개한다. 유럽에서 사회적 경제가 부각되는 시대적 배경은 복지국가의 위기에서 찾을 수 있으며, 그 대안으로 국가, 시장, 제3섹터 삼자의 공동부담 또는 파트너십에 의한 '복지혼합'(welfare mix)으로 복지국가의 기반을 새롭게 구조조정을 하는 것이라 본다. 최근 사회적 경제 또는 제3섹터가 발전하는 배경은 사적 시장이나 공적 정부가 만족스런 해결책을 제시하지 못하는 영역에서 제기되는 욕구에 대한 대응이다. 새로운 시대가 요구하는 다양한 욕구들과 이에 대한 서비스를 제공하는 새로운 기업가정신을 실천하는 사회적 경제 조직들의 사례는 무수하다. 또 사회문제 해결을 위한 기업가적 처방을 제시하는 사회적 경제 조직이 새로 탄생하고 있다. 그 배경에는 유럽 복지국가의 심각한 쇠퇴에서 찾을 수 있고, 이에 따라 복지국가도 창의적인 사회적 경제 처방을 광범위하게 모색해온 게 사실이다. 모든 유럽국들이 이런 처방과 전략을 따랐고, 영국은 더욱 심도 있고 광범위하게 법과 제도적 장치를 갖추고 중장기적으로 추진해오고 있다. 경기침체와 실업확대로 인해 사회적 경제의 관심영역도 일자리 창출과 직업교육훈련에 쏠리면서 아동보육, 노인서비스, 이민자나 빈곤층 등 사회적 약자에 대한 보호에 정책의 초점이 맞춰진다. 사회기업가 전략은 전통적인 관료적 접근법이나 독일의 거대 복지조직들의 혁신적 전략과 두드러진 차이를 보여주며, 보다 생산적이고 효율적이라는 긍정적 평가를 받는다.

새로운 이해관계자의 확내

전통적인 사회적 경제 조직에는 노동자나 농민 등 동질적 집단의 참여에 의존하였지만, 최근에는 새로운 참여자들이 늘면서 새로운 조직방식이 등장하고 있다(앞글: 6). 임금노동자, 일반소비자, 자원봉사자, 공공기관, 지역기관 등 참여자들은 다양하다. 조직의 활동이 조직화되는 방식이 전혀 새로우며, 이는 생산활동에도 일정한 영향을 미치고 있다. 또 특정 서비스의 조직과 관리에서 생산자와 소비자가 협력하면 수요와 공급 양면을 공동으로 구성하는 획기적인 구조적 변화도 가능하다. 프랑스와 스웨덴에서 부모들이 아동보육을 공동으로 생산하고 소비하는 공동육아가 사례가 된다. 한국에서도 공동육아는 지난 20년간 지속적으로 성장해, 많은 지역에 조합들이 결성되어 어린이집을 운영하고 있다.

또 사회적 경제 조직에 자원봉사자들이 참여해 새로운 생산요인이 되며 새로운 시장형성을 가능하게 한다(앞글: 6). 사회적 경제에 자원봉사자들이 참여하는 것은 새로울 게 없지만 이들의 참여로 이전에는 유용할 수 없거나 시장에서 값비싸게 구입할 수밖에 없는 특정 재화나 서비스의 생산이 가능해졌다. 자원봉사자들은 단순한 허드렛일을 하는 게 아니라 상담이나 간호 등 전문서비스를 제공하는 '사회기업가' 활동도 한다. 또 공공근로나 자활공동체 사업처럼 공공급여 제공을 받고 시간제 또는 기간제 활동을 하는 자원봉사자의 활용가치는 더욱 늘고 있다. 자원봉사자의 참여는 새로운 생산요인이 되고 있다. 또한 새로운 시장 관계도 형성되고 있다(앞글: 6). 전통적으로 복지국가에 의해 제공되던 서비스가 사회적 경제 조직들에게 '용역'으로 위임되고, 또 이들 사이에 시장개척의 경쟁이 높아지면서 새로운 시장관계가 형성된다. 결과적으로 보다 효율적인 방식으로 서비스 전달의 질을 높여 고객 만족을 갖다 주는 기업가적 효과가 있다.

그렇다면 '사회기업가정신'이란 무엇인가? 사회기업가정신을 '공동체'에 초점을 맞춰, "사적 개인이나 조직들이 자신들의 공동체에서 사회적 도전들을 해결하는 창안을 수행하는 것"이라 정의할 수 있다(Korosec and Berman 2006: 448). 개인이나 비영리조직이 공동체의 이해관계자로 공동체와 관계를 맺는 일은 사회기업가정신의 핵심이라고 보는 것이다. 그 이유는 공동체의 쇠퇴 문제는 대부분 이런 사적 개인이나 비영리조직의 역할이 부재한 가운데, 공공기관만으로 추진하는 공동체 개발에는 뚜렷한 한계가 있다는 이론적 논의는 광범위하게 정착되어 있다(Peters 1997; Vaillancourt 2000). 따라서 지역문제 해결에 고심하는 지방자치단체에게 사회기업가의 존재는 매우 중요한 전략적 이해가 된다(Bornstein 2004; Korosec and Berman 2006). 사회기업가나 비영리조직이 수행하는 기업가 활동은 청소년 약물치료, 미혼모 문제, 공공보건, 환경보호, 공공안전 등 광범위한 지역사회 현안에서 새로운 프로그램과 서비스를 개발해서 더불어 상담과 치료, 봉사활동 등 주로 시민참여활동이 되고 있다. 이런 사회기업가 활동은 비용효과적인 것으로 지역사회에 널리 인식되며, 약물치료나 미혼모 문제해결 등 실질적인 문제해결의 효과를 거두고 있다(Korosec and Berman 2006: 448).

3) 사회적 기업가의 일반적 특성

'기업가'라는 프랑스어 '앙트러프러노'(entrepreneur)는 17~18세기에 통용되었는데, 어떤 획기적인 활동이나 프로젝트를 착수하는 사람이라는 뜻이다. 어떤 일을 새롭게 하는 방법 또는 더 좋은 방법을 찾아내 경제적 진보를 진흥하는 벤처 성향의 사람을 지칭한다. 또 20세기에 와서는 슘페터(Schumpeter)가 자본주의의 '창조적 파괴' 과정을 착수하는 혁신가로 보며, "기업가의 기능은 생산형태를 개혁하거나 혁명을 일으켜놓는 것"이라 하였다(Dees and Economy 2001: 3). 그 방법은 "새로운 상품을 생산하거나 상품을 새로운 방식으로 생산하는 데 발명을 이용하거나 한 번도 시도되지 않은 테크놀로지 가능성을 실행함으로써, 또는 새로운 소재 공급원을 개발하거나 상품의 새로운 판로를 개척함으로써, 또는 산업의 구조조정 등을 통해" 이뤄진다는 것이다(앞글: 3). 슘페터의 기업가는 경제변화를 주도하는 혁신가다.

사회기업가는 다양한 특성을 갖고 있는데(Elkington and Hartigan 2008: 10-24), 다음의 세 가지 요소를 갖고 있는 것으로 정의할 수 있다(Martin & Osberg 2007).

(1) 스스로 전환적인 혜택을 달성하기 위한 금융적 수단이나 정치적 영향

력을 갖고 있지 않은 특정 인구의 배제, 주변화 또는 고통을 야기하는 안정적이지만 본질적으로 정의롭지 않은 균형 상태(unjust equilibrium)를 파악하고,

(2) 이 같은 불의의 균형 상태에서 기회를 파악해 사회적 가치의 제안을 개발해 영감, 창의력, 직접 행동, 용기, 강인력을 불러일으켜 안정적 현상의 헤게모니에 도전하고,

(3) 갇힌 잠재력을 해방시키거나 또는 대상 집단의 고통을 경감시키는 새로운 안정적인 균형상태를 창안한다. 대상집단을 위한 또 사회 전체를 위한 바람직한 미래를 보장하는 새로운 균형상태의 안정적인 생태계 창출이다.

이상의 사회적 기업가정신의 개념정의 3대 핵심요소를 실제 사례로 설명하면, 무하마드 유누스(Muhammad Yunus), 로버트 레드포드(Robert Redford), 빅토리아 헤일(Victoria Hale) 등이 대표적인 인물들이다(Martin & Spring 2007). 유누스 교수는 그라민 뱅크의 창설자로 소액대출의 지구화를 선도한 기업가이다. 그가 발견한 "안정적이지만 불의의 균형"은 빈곤층이 최소 금액의 대출도 받지 못하는 현실에 대한 직시였다. 은행 등의 제도권에서 거부당해 고리대금업자들의 고리의 사채에 의존하는 전통적인 균형이 방글라데시 빈곤의 원인으로 인식한 것이다. 이런 시스템의 변화를 시도하기 위해 그는 자신의 주머니에서 27달러를 42명의 가난한 여성들에게 빌려줘, 이들이 빚을 다 갚을 능력을 갖고 있다는 것을 확인할 수 있었다. 이런 확신에서 그라민 뱅크가 설립되어, 은행은 이들로부터 저리의 수입으로 차츰 자본금을 형성해 더 많은 대출을 하는 금융모델로 발전하였다. 이 과정에서 유누스는 자신의 벤처에 영감, 창의성, 직접 행동, 용기, 강인성을 불어

넣으며 이제는 방글라데시를 넘어, 글로벌 차원으로 그라민 뱅크가 확장되며 2008~2009년 금융위기를 맞은 이후 미국의 뉴욕 등지에서도 지점을 두는 성장을 이루었다.

로버트 레드포드는 배우이자 감독, 제작자로 할리우드 영화 산업의 혁신을 주도한 사회기업가이다. 그는 할리우드의 비즈니스 모델이 재정 수익에만 몰두해, 폭력적인 블록버스터 작품들로 치중하고 스투디오 주도의 시스템도 영화의 금융, 생산, 배분의 과정 전체를 중앙집중적으로 통제되는 문제에 관심을 갖고 해결방안에 몰두하게 되었다. 특히 새로운 테크롤러지의 혜택으로 영화 제작사들이 비용이 들지 않는 비디오와 디지털 편집 장비로 자신들만의 독특한 영화 제작도 가능해지는 새로운 기회를 발견한 것도 문제 해결방안 모색을 주저하지 않게 만들었다. 레드포드는 이런 기회를 활용해, "영화에서 돈을 추방"시켜 젊은 영화제작지들에게 자신들의 아이디어를 개발할 수 있는 공간과 재정지원을 하기 위한 썬덴스 인스티투트(Sundance Institute)를 창설하였다. 그런 다음 독립 제작사의 작품을 출시하는 썬댄스 필름 페스티벌을 개최하였다. 첫단추부터 레드포드의 가치 제안은 재능 인정을 받지 못하고 할리우드 스투디오 시스템의 시장 논리의 잔인함으로 무시당했던 독립 제작사들에 초점을 맞추었다. 레드포드는 썬댄스 인스티투트를 감독, 작가, 멘토 자원봉사자로 나서는 경력자들의 네트워크가 되는 비영리기관으로 구조화시켰고, 썬댄스 필름 페스티벌을 많은 관객들에게 어필하고 접근하도록 독립제작사들을 지원하였다. 25년이 지난 후 썬댄스는 독립영화운동으로 활성화되며 지금은 '인디'(indie) 영화제작사들이 자유롭게 작품을 생산해 배분하고 소비자들은 다큐부터 애니메이션 등 다양한 작품들 전체에 쉽게 접근할 수 있게 되었다. 새로운 균형 상태

가 확고하게 정착되어 있는 것이다.[7]

다음으로 빅토리아 헤일(Victoria Hale) 또한 벤처 단계에 있지만 모범적인 사회기업가 사례로 참고할 만하다. 헤일은 제약 산업이 거대 시장 세력들에 의해 독점되는 현상에 좌절감을 갖고 새로운 혁신을 시도한 약학자이다. 거대 제약사들이 특허를 개발해 수많은 전염병 치료에 기여하지만, 전염병 관련 약품들은 시장 논리에 따라 주주들의 수익을 내지 못한다는 이유에서 중요하지만 개발되지 않는 문제를 직시하였다. 약품 소비를 하는 수혜층이 약품을 구매할 능력이 없는 빈곤층이나 취약층이기 때문이다. 헤일은 이런 불의의 인내하기 어려운 안정적인 균형에 도전해, 최초의 비영리 제약사(Institute for OneWorld Health)를 창설하였다. 이 조직은 개발도상국의 가난한 취약층이 지불할 능력과 관계 없이 전염병의 치료약 혜택을 볼 수 있도록 하기 위한 목표를 갖고 출발하였다. 인도 정부의 승인을 받아 연간 20만 명의 사망자가 발생하는 칼라아자르(kala-azar: 원생동물인 레이시마니아 도노바니가 원인이고 모래파리에 물려서 전염) 치료약을 개발한 것이다.

아직은 헤일이 새로운 균형을 구축하는 것으로 판단하기는 이르지만, 사회기업가로서의 세 가지 기준을 충족한 것으로 볼 수 있다. 먼저 기존의 안정적인 제약 산업의 균형 상태를 정의롭지 않은 것으로 파악한 것이며, 둘째는 영감, 창의성, 직접행동, 용기를 갖고 빈곤층과 취약층을 위한 문제해결의 기회를 가졌고, 마지막으로 자신만의 독특한 모델을 개발해 치료약을 개발, 실험에 성공해, 이제 보급을 위한 다음 단계를 준비하고 있는 것이다. 스콜 재단(Skoll Foundation)을 포함한 투자자들의 금융지원으로 새로운

7 http://www.sundance.org

제약 산업의 패러다임을 창출할 것이라는 기대가 높다.

2011년 OneWorld Health는 PATH로 확대되어 재정이 1977년 창설 당시 포드 재단의 증여 등으로 2000만 불에서 2015년 2억 9000만 불 규모로 성장하였다. 주요 펀딩기관으로는 민간 재단이 55%로 가장 많고, 다음으로 미국 정부 26%, 타국 정부/NGO/다자기관 14%, 개인 3.5%, 투자자 1.5% 등이다.[8] 지출은 약품 개발이 절반을 차지하며, 공공 보건 30%, 국제 개발 16% 등이다.

4. 시민사회에 대한 임팩트 투자

1) 시민사회조직의 임팩트

'사회적 임팩트'에 대한 시민사회의 동향도 변화하고 있다. 외부의 다양한 지원기관들이 사회적 임팩트 계획과 측정과 평가를 요구하면서, 시민사회조직들의 사회적 임팩트와 임팩트 투자에 대한 준비도 강화되는 분위기다. 미국 비영리조직들의 사회적 임팩트 동향에 대해 2015년의 비영리금융펀드(Nonprofit Finance Fund 2015)의 조사결과를 참고해보면 아래와 같다.

먼저 결과 기반의 펀딩(result-based funding)은 이제 상당 수준에 진전되어 있다. 지난 1년간 추진 현황과 향후 1년의 계획에서 '결과 측정을 요구

8 http://www.path.org/about/finances.php.

■ **그림 4-2** 결과 기반의 펀딩 현황: 미국 비영리조직 사례 (단위: %)

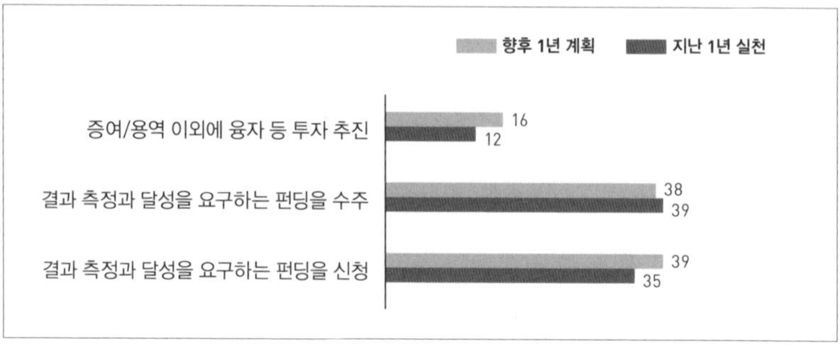

자료 Nonprofit Finance Fund 2015: 11

■ **그림 4-3** 결과 기반의 자료 활용: 미국 비영리조직 사례 (단위: %)

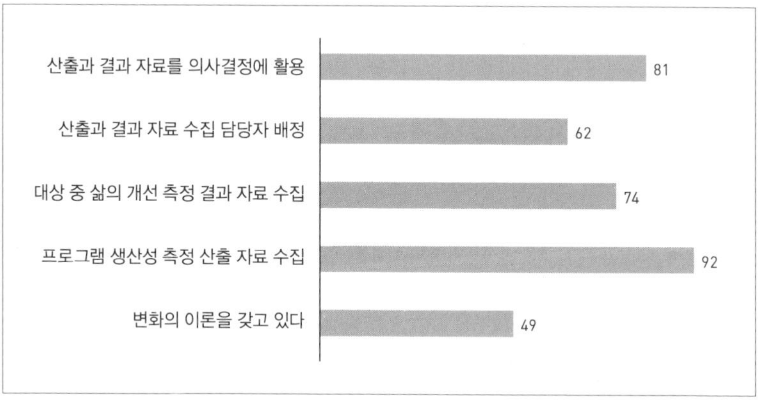

자료 Nonprofit Finance Fund 2015: 15.

하는 펀딩을 수주' 또는 '신청'이 40%에 근접해 있고, 전통적인 주수입원인 증여나 용역 이외에 융자 등의 투자를 유치했거나 계획 중인 비영리조직이 각기 12%와 16%에 달해 있다.

또 결과 기반의 자료 수집과 산출자료 수집 등은 절반 이상을 넘어 이제 주류화를 형성하고 있다. 산출과 결과 자료수집과 이를 의사결정에 반영하는 일은 이제 절대 다수의 비영리조직들의 일상으로 정착된 것 같다.

또한 임팩트 보고서를 요청하는 지원기관의 수가 증가하였다.

- 보고서에 산출 또는 결과 자료를 포함할 것을 요청했는지에 대해 '절반 이상'이 그렇다는 응답은 43%, 모든 기관이 그렇다는 응답은 21%이며, 또한
- 프로그램 효과성 사정을 위한 산출이나 결과자료 요청(절반 이상 44%, 모든 기관 19%);
- 특정 산출을 달성하는 조건으로 재정을 지원(절반 이상 28%, 모든 기관 10%);
- 특정 결과를 달성하는 조건으로 재정을 지원(절반 이상 26%, 모든 기관 9%) 등이다.

2) 시민사회조직에 대한 임팩트 투자

최근 사회적 임팩트 투자(SII)의 진전은 사회목적조직(SPO)로서의 비영리조직 또는 시민사회조직들이 사회기업가정신을 창출하는 기회와 환경을 조성해주고 있다. G8의 SIIT의 보고서는 SII의 성장으로 시민사회도 더불어 성장하며, 시민사회 섹터의 성장으로 SII 시장의 성장이 이뤄지는 선순환 관계를 제시해준다.

시민사회조직에 대한 임팩트 투자

"임팩트 투자에 대해 낙관적인 전망을 할 수 있는 강력한 근거는 창의적인 에너지를 사회문제 해결에 혁신적이며 지속적인 방안들을 활용하는

임팩트 기업가들의 급성장이다."(SIIT 2014a: 8). 임팩트 기업가들은 성공적인 임팩트 조직들을 건설하는 데 필요한 재능과 역량의 공급처가 된다. 시민사회조직들은 사회문제 해결에 창의적인 기업가 모델을 활용하는 시행기관이자 동시에 무수한 시행기관들의 역량을 지원하고 이들의 프로그램 실행에 필요한 자본을 형성해 지원하는 중간지원조직들이다. 또 임팩트 추구적인 수요기관들도 점차 늘고 있는 추세이다. 정부를 비롯한 소비자, 자선기관 등의 사회목적기관들은 세상을 변화시켜 지속가능한 발전을 지향하는 재화와 서비스를 필요로 하는 확고한 수요 측을 형성하고 있다.

이 같은 거대한 변화는 영리와 비영리 영역의 구분을 모호하게 만들고 있다. 시민사회 영역은 점차 수입원을 창출하고 사업을 하며 기업의 모범적인 비즈니스를 수용해 사회적 임팩트와 지속가능성을 증진시키는 활동을 확대해가고 있다(앞글: 8). 마찬가지로 많은 기업들도 수익을 초월한 사회적 목적을 주장하며 소셜 영역의 파트너로 참여한다. 많은 사람들이 사회목적조직을 만들어 가장 심각한 사회문제 해결에 창의적인 기업가모델을 적용하는 임팩트 기업가로 성장한다. 혁신적인 사회문제 해결에 창의적인 기업가 모델을 활용하는 임팩트 기업가들의 혁신과 임팩트를 지원하기 위한 정부와 기업, 재단 등의 SII는 혁신과 임팩트의 확장으로 새로운 혁신을 추구한다.

사실 SII의 성장은 시민사회조직들이 정부나 기업 등의 증여 지원에만 의존하는 의존성에서 벗어나 창의적인 비즈니스로 자신들의 추구하는 사회적 목적을 추구하면서 수익을 창출해 재정적 자립을 갖추기 위한 자구적 노력에서 비롯되었다(앞글: 9). 이 같은 자구적 노력을 지원하는 금융적 방안은 다양한데, 최근 글로벌 차원에서 SII가 가장 혁신적인 금융수단으로 점차 보편화되고 있다. 시민사회조직들의 생산성이 증대하면서 SII 시장도 더불어 성장한다.

시민사회 섹터는 영국, 미국, 캐나다, 독일 등 일부 국가에서는 GDP의 5% 이상을 차지하며, 전체 노동력의 10%를 포용하는 중요한 섹터이다. 시민사회조직 중에서 재정적 수익을 내며 임팩트 추구적인 조직 또는 사회목적조직(SPO)이면 어느 조직이나 SII 대상이 된다. 최근 시민사회조직들이 성장하게 된 것도 정부 용역이 성장했기 때문으로 볼 수 있다. 영국의 경우, 정부 재정지원을 받는 자선기관의 지원금 80% 이상은 기관을 지원하는 증여가 아니라 서비스 전달 용역비에 해당되는데, 그 규모는 2011~2012년 1년간 110억 달러에 달한다(앞글: 9). 독일에서는 법적으로 보장된 재정지원의 복지시스템으로 시민사회조직들이 성장했는데 이들 대부분은 정부 지원으로 서비스 전달기관 역할을 한다. 이탈리아의 시민사회 섹터는 GDP의 15%, 전체 노동력의 10%를 차지할 정도로 성장해 있다. 2012년 Oxfam이 지원하는 9개국의 1200개의 소기업 가게들은 3100만 유로의 비용지출 이후 1억 7800만 유로의 수입을 창출하였다(Oxfam 2013).

VP의 시민사회조직 역량구축 투자

전통적인 금융지원방식은 시민사회조직들의 일반 운영비 지원이 거의 없어 기업가 역량 구축에 커다란 도움이 되지 않는다. 미국의 경우 전체 증여 중 일반 운영비 지원은 16%에 지나지 않는다. 한가지 해결방안은 시민사회조직의 스타트업을 지원하는 벤처 자본의 즉각적인 역량구축 기술을 활용하는 벤처 필랜스로피 조직(VPO)의 사업방식이다(앞글: 9). VPO는 일반 운영비 지원뿐 아니라, 비즈니스 서비스, 멘터링, 전략적 사고 등 복합적으로 스타트업에 필요한 지원을 한다. 미국에서 선도적인 VPO로는 New Profit Inc, Social Venture Partners, Venture Philanthropy Partners,

SV2, Draper, Richards, Kaplan 등이 있다. 유럽에서는 EVPA(European Venture Philanthropy Association)가 영국의 Impetus-PEF 등 170개의 VPO 연합체를 구성하고 있다. 아시아에서는 일본의 종합적인 VP 기금인 JVFP가 민간 지분과 기업금융전문기관들이 2013년에 설립해 일본재단(Nippon Foundation)과 Social Investment Partners가 공동으로 운영하며 선도적인 SII 역할을 한다(앞글: 9).

미국의 지역사회 교육개혁 전문기관인 Teach for America와 세계 최초의 온라인 소액대출 플랫폼 Kiva는 지난 10여년간의 실험과 학습을 거쳐 이제는 시민사회 영역에서는 상당히 중요한 기업가이자 혁신자 역할을 한다.[9] 이 같은 챔피언 VP들로 성장하는 잠재력을 발휘하기 위해서는 임팩트 투자로 조직의 역량이 확장되어야 하며, 또 이들의 사회적 임팩트 능력을 확장시키기 위해 정부, 재단, 기업 등의 투자자들이 금융과 인적 자원을 지원해줄 필요가 있다(앞글: 9).

시민사회조직의 역량구축은 여러 방식으로 지원될 수 있다. 기술 지원부터 인큐베이터 기금에 이르기까지 다양한 방식들이 있다. 제도권의 대기업들과의 파트너십도 바람직한 대안으로 제시되고 있다. 유망한 비즈니스 리더들의 집단인 B Team은 브랜슨(Richard Branson), 허핑톤(Arianna Huffington), 폴만(Paul Polman) 등이 주도해 세계적인 기업가정신의 챔피언으로 부상하고 있다.[10] B Team은 클린튼 글로벌 이니셔티브(Clinton Global Initiative), 스콜세계포럼(Skoll World Forum), 세계경제포럼(World Economic Forum)

9 Teach for America(https://www.teachforamerica.org/)와 Kiva(https://www.kiva.org/)

10 B Team은 "우리의 미션은 사람과 지구를 수익과 함께 두는 Plan B를 제공하는 것이다"고 밝힌다. http://bteam.org/

과 어깨를 나란히 하며 글로벌 차원에서 임팩트 기업가정신의 개발을 지원하는 챔피언이 되고 있다(앞글: 9).

영국에서는 빅소사이어티 캐피탈(Big Society Capital)이 시민사회 섹터 전반에 걸쳐 금융과 지원을 제공하는 사회적 금융 투자 조직들의 사령탑(directory) 역할을 한다. 또 브릿지스 SIB 기금(Bridges Social Impact Bond Fund)는 취약층 청년의 교육, 고용, 주택, 케어 서비스 영역의 사회적 결과 증진을 위한 자선단체와 사회적 기업들에 투자금과 지원 서비스를 제공한다.

지역사회개발금융기관(CDFI)의 지원 역할

한편 지역사회개발금융기관(community development financial institution: CDFI)은 미국과 영국에서 시민사회조직에 사회적 금융 조성에 오랜 역사적 전통을 갖고 있다. 미국의 Nonprofit Finance Fund(NFF)의 경우 미국의 성과지불제(PFS), 사회임팩트채권(SIB), 사회혁신기금(SIF)에서 시민사회조직의 참여와 수주를 지원하는 다양한 금융지원 서비스를 제공하는 전문 중간지원조직 역할을 한다.[11] SIF에서는 연방정부(CNCS)로부터 기금 수주를 받아, 이를 서비스 시행기관에 공모로 금융지원하며 여기에 추가적인 민간 자본을 매칭하는 중간지원조직의 역할을 한다. 2014년 360만 불의 SIF 증여 지원금을 5개의 사회서비스(주택, 모자 보건, 베트랑 실직자, 청소년 복지 등) 프로젝트 시행에 지원하였다.

NFF는 1980년 창설 이래로 수천여 시민사회조직들의 프로젝트에 23억불 규모의 추가 자본금을 연계시켜주는 역할을 해왔다. 시민사회조직

---

11 http://www.nonprofitfinancefund.org/pay-for-success

들에 1억 2000만 불의 증여 제공 지원을 해왔다. NFF는 금융지원으로 시민사회조직들의 효과적인 사회목적 추구를 지원하며 최근에는 성장자본 캠페인, 경제회복 이니셔티브, 임팩트 투자 등의 혁신을 지원하는 역할을 한다. 지역사회개발금융기관으로는 은행, 신용조합, 융자 펀드, 소액대출 펀드, 벤처 캐피탈 기관 등이 있다.

영국 정부의 투자와 용역준비기금

영국 정부의 임팩트 투자 정책의 하나로 시민사회 주무부서인 시민사회국(Office for Civil Society)은 시민사회의 소셜 벤처들이 투자를 받고 공공서비스 수주를 위한 역량 강화 지원금인 "투자와 용역 준비 기금"(Investment and Contract Readiness Fund) 1000만 파운드를 제시하였다.[12] 기금은 시민사회조직들이 30개의 인증된 중간지원조직들 중 하나와 매치되어 투자 준비 또는 공공서비스 수주 경쟁에 필요한 다양한 전문 기술지원을 받는다. 소셜 벤처들은 중간지원조직 중 하나와 상의를 거쳐 기금 신청을 한다. 기금은 총리실이 재정지원을 하고 전문지원기관(Social Investment Business)이 세계 수준급의 비즈니스 지원 서비스를 제공하는데, 첫 회에 8개의 자선기관과 사회적 기업들이 3500만 파운드의 투자와 수주를 받았다. 기금에 대한 평가기관(Boston Consulting Group)에 따르면, 기금은 "상당한 긍정적 임팩트"를 생산했는데, 지원을 받은 시민사회 기관과 사회적 기업들은 기술과 지식의 상당한 역량 축적을 했으며 이들 중 70%는 더 이상 지원을 받지 않아도 될 정도로 충분한 지원을 받았다고 응답하였다.

---

12 http://www.sibgroup.org.uk/beinvestmentready/

3) 시민사회의 혁신: 사회기업가정신

사회적 기업은 국가와 시장 사이에 존재하는 사회적 경제 섹터에서 발전되어, 제3섹터 또는 비영리섹터와 밀접히 관련된다. OECD에서 사회적 기업은 1980년대 이래 시민사회와 비영리섹터의 상호작용이라는 '내부로부터의 발전'으로 등장하였다(OECD 2007: 3). 1980년대 복지국가에 대한 인구동태와 재정의 압력들은 전통적인 비영리섹터의 주창 역할을 사회적, 지역사회 주도의 공공 재화와 서비스의 자율적인 생산을 통해 새로운 사회적 욕구를 충족시키기 위한 서비스 활동으로 전환하게 만들었다.

전통적인 '공공'(public) 재화와 서비스의 생산과 공급이 사회적 경제조직에 의한 '사회적'(social) 재화와 서비스 생산과 공급으로의 이동이 진전되었다. 이런 이동은 한편으로는 복지국가의 위기로 정부정책에 의해, 다른 한편으로는 시민사회-비영리섹터의 혁신과 구조조정으로 진전된 것이다. 정부는 노동과 사회 정책 분야에서 서비스 공급의 분권화를 추진하면서 공공서비스의 아웃소싱의 길을 열어놓은 것이다. 시민사회-비영리섹터의 기업가정신에 기초한 혁신은 사회적 기업의 등장으로 발전되어, 사회적 기업이 사회적 경제의 새로운 혁신적 기업가정신을 대표하게 되었다. 정부도 혁신과 기업가정신의 영향을 받아 새로운 형태의 기업가정신을 갖춘 시민참여의 역할을 정부정책으로 수용하는 변화가 일어나게 되었다.

사회적 기업은 유럽에서 정부의 사회정책과 경제정책 영역에서 공공정책의 전달에 기여하는 정책도구가 되어 왔다(앞글: 4). 첫째는 서비스 전달이다. 사회적 기업은 특정 계층의 개인들에게 또는 특정 지역사회에 대해 복지와 사회 서비스를 공급하는 사업을 한다. 사회적 기업의 참여적 특성은 서비스 디자인과 전달에서 이해관계자들이 관여하고 서비스 전달의 갭을 파악해 사회통합에 기여하는 새로운 서비스를 제공하는 역량을 갖고 있다는 점이 중요한 장점들이다.

둘째는 사회적 통합이다. 사회적 기업은 취약층(장기 실업자, 장애인 등)을 대상으로 훈련과 기술교육을 시켜 시장에서 상업 활동을 하며 사회적 목적을 추구하는 기업에 임시 또는 평생의 고용을 하도록 하는 노동통합의 정책을 지원한다. 이상과 같이 서비스 전달과 노동통합을 통한 사회통합 정책에서 사회적 기업의 중요한 장점들이 있고, 나아가 사회적 기업을 지원하는 환경조성 정책으로 시민사회와 비영리섹터가 사회적 욕구 충족 또는 공익 추구에 중요한 역할을 수행하도록 진흥하는 임팩트가 생산된다. 따라서 사회적 기업을 포함한 사회적 경제의 세 번째 중요한 역할은 시민사회의 발전에 있다고 볼 수 있다.

셋째는 시민사회의 발전이다. 사회적 기업들이 취약층 지원을 목표로 하는 시민사회 이니셔티브들의 재정적, 규제적 지속가능성을 지원할 수 있다. 사회적 기업은 시민사회조직들이 동원할 수 있는 전략을 대표하는 조직이 될 수 있다. 따라서 일부 시민사회조직들은 자신들의 사회적 미션을 효과적으로 수행하기 위한 전략으로 사회적 기업으로 전환하거나 또는 사회적 기업을 조직의 중요한 사업으로 창업하는 변화가 일어나고 있다. 따라서 사회적 기업이 사회에 기여할 수 있는 기여도 또는 임팩트는 정부의 복지와 사회 서비스 제공 요청에 대한 호응과 효과적인 공급자 역할의 범위를 넘어, 사회 전반에 상당한 임팩트를 갖고 있다는 것을 알 수 있다. 사회적 배제로부터 포용을 진흥시키고 시민사회의 발전을 지원하며 실제로 개선하는데 상당한 임팩트를 갖고 있다.

사회적 목적과 경제적 목적인 '기업가정신'을 구분해 사회적 경제 조직의 유형을 구분해볼 수 있다. 일반적으로 양자의 관계는 반비례적인 것으로 양자 모두를 추구하기는 마치 두 마리 토끼를 쫓는 딜레마로 제기되고 있다. 사회적 목적과 기업가정신을 동시에 추구하는 조직이 사회적 경제 조직인데, 그 중에서도 전자나 후자에 치우친 활동을 하고 있을 뿐, 이 두 가지 목적 모두를 실천하는 조직은 거의 없다고 볼 수 있다. OECD에 따르면, 협동조합, 공제회, 재단, 사회적 기업, '권익주창' 결사체와 회원 서비스 제공 결사체 등은 사회적 목적과 기업가정신 추구에서 서로 다른 특이한 특징을 보여준다(Borzaga and Tortia 2007: 33-34).

사회적 경제 조직으로서 사회적 기업은 다른 사회적 경제 조직과 어떻게 다른가? 이에 대해 다음 세 가지 이론적 논의를 살펴볼 수 있다(Defourny and Nyssens 2006: 10-11). 첫째, 사회적 기업은 복합적인 다원적 목적을 가진다. 다원적 목적은 경제적 목적으로 기업가정신, 사회적 목적으로 공동체 서비스 제공 이외에도 사회정치적 목표로 사회자본의 생산을 꼽고 있다. 또 조직내부의 신뢰와 유대, 거버넌스(governance)뿐 아니라 민주적 의사결정, 자원봉사자 활용 등을 망라한다. 둘째, 사회적 기업은 공적 목표 달성을 위해 시장, 비시장 등 다원적 자원을 동원한다. 시장에서 재화와 서비스를 생산해 거래하며, 정부의 재정지원을 받고, 민간 자원봉사자의 시간과 돈을 기부받는다. 셋째, 사회적 기업은 정치적 환경에서 성장한다. 정부기관과의 불가피한 관계를 통해 정부입법 등의 지원으로 유지되기 때문이다.

또 사회적 기업은 협동조합과 비영리조직을 연결시켜주는 가교 역할을 한다고 볼 수 있다. 드푸르니와 니센스(Defourny and Nyssens 2006: 7)는 제3섹터에는 두 가지 심각한 해결하기 어려운 긴장이 존재한다고 본다. 하나는 시장에서 생산물을 판매하는 기업과 다른 하나는 경제적 활동이 취약하고 비시장 자원에 의존하고 무보수 기부에 의존하는 결사체, 양자 사이의 긴장이 그것이다. 또 다른 긴장은 회원 또는 제한적 소비자를 대상으로 하는 '상조적 이해' 조직들과 불특정 다수나 공동체 전체의 이해를 위한 '공익' 조직들 사이의 긴장이다. 이런 이중적 긴장의 접점에 사회적 기업이 존재한다는 것이다.

그렇다면 '사회적 기업'은 어떻게 정의되는가? OECD(1999: 10)는 사회적 기업을 "공공 이해를 위해 수행되고, 이윤극대화가 아니라 특정한 사회적, 경제적 목표 달성을 목적으로 하는 기업가(entrepreneur) 전략으로 조직되어, 사회적 배제와 실업과 같은 문제에 혁신적인 해결책을 제시하는 역량을 가진 사적 활동"이라 정의한다. 이 정의에는 소유권과 통제라는 민주주의 원리를 생략하고 있다. 상조적, 민주적 소유권에 기초한 조직으로, 회원들과 공동체 복리에 기여하는 목표를 포함시키지 않은 문제가 있다.

또 유럽에서 널리 통용되는 '사회적 기업'의 개념정의는 다음과 같은 '기업가정신' 목표에 의존한다(Spear and Bidet 2003: 3).

a) 고차적 자율성 확보 ; 사회적 기업은 특정집단의 사람들이 자발적으로 설립해서 자율적인 프로젝트의 준거틀에 의해 운영된다. 사회적 기업은 공적 재정에 의존할 수 있지만 공공기관이나 연합체나 사기업 등 다른 조직이 사회적 기업을 직접 또는 간접적으로 관리할 수는 없다. 그 주체들이 참여의 권리를 가짐과 동시에 프로젝트 해체의 권리도 가진다.
b) 상당수준의 경제적 위험부담: 사회적 기업을 설립한 사람들은 전적 또는 부분적으로 그런 창의적 사업의 위험부담을 전제로 한다. 대부분의 공기업과는 달리 재정적 가변성은 적절한 자원을 확보하려는 자신들의 회원과 노동자의 노력 여하에 달려 있다.
c) 최소수준의 임금노동 확보: 사회적 기업은 전통적인 비영리조직처럼 금전적 자원과 비금전적 자원, 무보수와 보수직 노동자를 혼합한 형태를

유지할 수 있지만, 사회적 기업의 활동을 유지하기에 필요한 최소수준의 임금노동자를 확보해야 한다.

사회적 기업은 특히 b) 상당 수준의 경제적 위험 부담이 있다는 것이 한국 YWCA 사례에서 확인된다. YWCA 돌봄서비스 사회적 기업은 비영리단체의 사회적기업 시도가 큰 도전이라는 타산지석을 보여준다(표 4-1).

끝으로, 영국 사회적 기업의 활동을 사례로 사회적 기업의 사회적 목적과 경제적 목적의 현황을 〈표 4-2〉과 같이 살펴볼 만하다. 모든 사회적 기업 중에서도 빈곤과 실업 등 사회경제적으로 취약한 지역에서 활동하는 사회적 기업의 경우 고용창출, 사회적 배제 주창활동에서 비교적 강한 역할을 한다.

표 4-1 한국 YWCA의 사회적 기업 실험

돌봄 분야의 사회적일자리 사업을 하고 있던 회원 YWCA가 2007년 예비사회적기업 인증을 받게 되었다. 돌봄서비스 사회적기업화 사례들이 늘면서, 기존의 돌봄사업들을 전문화하고 수익 창출을 통해 취약계층에게 안정된 일자리 제공을 기대하며 사회적기업으로 전환한 것이다. 사업체 대부분이 종사자에 대한 인건비를 지원받는 사회적일자리 창출사업을 기반으로 사회적기업으로 인증받는 단계로 발전하였다. 그런데 정부의 인건비 지원이 3년 기간에 종료됨에 따라 고용 인원이 감소되고 적자를 낼 수밖에 없는 상황에 이르렀다. 사회적기업 초기에는 정부의 지원으로 당기순이익이 일정 부분 보장되었으나 지원금이 종료되면서 적자가 발생한 것이다. 매출액 대비 총지출이 8배에 달하는 경우도 있어 서비스 판매로 지속가능한 수익구조를 만들 수 없는 한계에 이르렀다. 2017년 상반기 현재 9개 사례 중 운영을 유지하는 곳은 4곳으로, 두 곳은 돌봄과 함께 제조업 등을 통해 유지하고 있고, 한 곳은 적자임에도 소규모로 유지하고 있으며, 한 곳은 협동조합화를 준비하고 있다.

자료 구정혜, 2017.

표 4-2 영국 사회적 기업의 사회적 목적과 경제적 목적 (단위: %)

사회적 기업의 목표	모든 사회적 기업	취약지역 사회적 기업
특정 지역사회의 개선	37	36
건강과 웰빙의 개선	31	27
고용 기회의 창출	27	32
취약층 지원	25	26
타 사회적 기업이나 제3섹터조직 지원	20	20
환경보호와 공정무역 증진	18	14
교육과 문자해득 개선	17	19
사회적 배제 주창	16	20
금융적 배제 주창	13	15
취약 아동과 청소년 지원	13	14
구입가능한 적정가 주택 제공	11	11

자료 Social Enterprise UK 2014: 44.

제5장

사회적 기업의 사회적 임팩트

1. 사회적 기업의 목적과 특성

사회적 기업은 사회적 목적을 달성하기 위해 특별히 설립된 기업으로, 영리기업과 전혀 다른 새로운 비즈니스 방식을 의미한다. 유럽 이사회의 공식적인 개념 정의에 따르면, 사회적 기업은 주요 목표가 소유주나 주주들을 위한 수익을 내기보다 사회적 임팩트를 내는 데 있는 사회적 경제의 운영조직이다.

1) 사회적 기업의 의미와 특성

사회적 기업의 의미

"사회적 기업은 주된 목적인 소유주나 주주들을 위한 수익창출보다는 사회적 임팩트를 가지고 있는 사회적 경제 사업체"이다(EC 2015a: 9). 사회적 기업은 기업가정신과 혁신적 방법으로 시장에 재화와 서비스를 생산해 발생하는 수익을 주로 사회적 목적 수행에 투입한다. EU는 사회적 기업은 공식적으로 다음과 같은 유형의 비즈니스를 하는 것으로 범위를 제시한다(앞글: 9). 첫째, 공공선의 사회적 목적이 상업적 수익활동을 하는 근거가 되는데, 일반적으로 높은 수준의 사회적 혁신을 추진한다. 둘째, 수익은 주로 이 같은 사회적 목적을 달성하는 데 재투자된다. 셋째, 조직의 방법이나 소유 체계는 민주적 또는 참여적 원칙들을 기초로 하거나 사회적 정의에 초점을 맞추는 자신들의 미션을 반영한다. EU의 '사회적 비즈니스 이니셔티브'(SBI)는, "사회기업가들에 의해 비즈니스 활동에 영향을 받는 노동자, 고객, 이해관계자들을 포용해 책무적이고 투명하며 혁신적인(inclusive, accountable, transparent, innovative) 방법으로 운영되는" 사회적 기업의 특성을 중시한다(EC 2016b).

기업가, 사회적, 거버넌스

이상과 같은 사회적 기업 개념정의는 학계와 정책 분야 문헌에는 세 가지 주요 차원으로 제시되고 있다(EC 2015a: 9).

a) 기업가(entrepreneur) 차원: 지속적인 경제활동은 전통적인 사회적 경제 조직(협동조합, 상조회, 결사체)이 비영리기관들과 구분되는 특징으로, 사회적 목표를 추구하면서 자가발전적 파이낸싱으로 사업을 하지만 반드시 정규적인 상업활동을 하지 않으면서 기업가 활동을 수행한다.

b) 사회적(social) 차원: 사회적 목적을 가진 경제활동을 하는 것으로, 전통적인 주류 기업들과 분명하게 구분되는 특징이다.

c) 거버넌스(governance) 차원: 조직의 사회적 목표에 초점을 맞춘 메커니즘

■ **그림 5-1** 사회적 기업: 사회적, 기업가, 거버넌스 차원

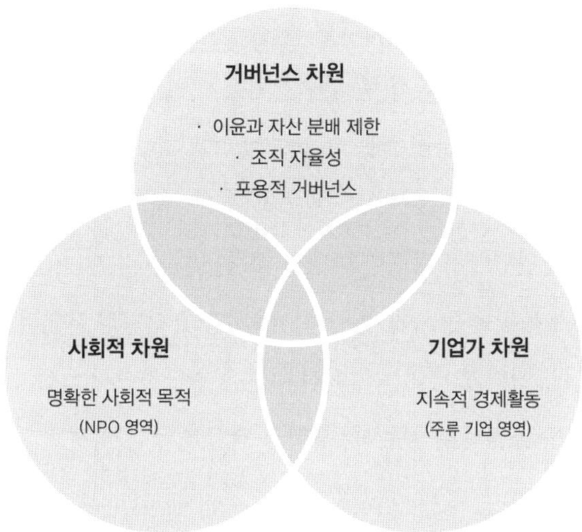

의 특징으로, 사회적 기업이 주류 기업들뿐 아니라 전통적인 비영리조직이나 사회적 경제 조직들로부터 구분되는 거버넌스 특징이다. '참여적 거버넌스'(participatory governance)는 사회적 기업만의 독창적인 특징이라는 연구들이 2001년부터 보자가와 드푸르니(Borzaga and Defourny 2001)의 연구에서 제시되었다. 이후 2010년 드푸르니와 니센스(Defourny and Nyssens)는 연구논문을 통해, '거버넌스'가 사회적 기업의 세 번째 특징적 차원이라는 것을 확인하였다.

2) 사회적 기업의 유형 분류

사회적 기업의 사회적 목적 유형

사회적 기업을 사회적 목적과 경제적 수익, 양면으로 조합해보면 세 가지 다른 유형으로 분류해볼 수 있다(앞글: 39-40). 〈표 5-1〉에서 오른편에는 새롭게 기업가적 역동성으로 재조직된 결사체와 재단 등의 비영리조직이 존재하고, 왼편에는 강력한 상업적 배경을 가진 비즈니스 기업가들이 수익과 사회적 목적을 동시에 추구하는 새로운 스타일의 사회적 기업이 존재한다. 이 두 유형의 중간에는 사회적 미션을 추구하면서 기업가적 비즈니스 활동을 하는 조직들이 있는데, 사회적 협동조합, 지역사회 공익회사(CIC: Community Interest Company), SCIC(SociééCoopéative d'Intéê Collectif)가 여기에 해당된다.

또한 사회적 기업과 비교 대상이 되는 협동조합, 재단, 결사체 등의 사회적 경제 조직들과 영리적인 주식회사와 다른 특성들을 〈표 5-2〉에서 확인해볼 수 있다. 사회적 기업의 개념정의에서 제시한 기업가, 사회적 목적, 거버넌스 차원으로 비교해 볼 수 있다. 사회적 기업 등 사회적 목적이 일차적인 목표가 되는 조직들은 자산과 수익이 공동체의 이익을 위해 쓰인다는 것을 입증하는 '자산 동결'이 필요하다.

비영리, 경제지향, 사회지향 혼합형

또 사회적 기업의 유형을 분류해보면, GEM와 OECD는 1) 비영리(not for profit) 사회적 기업, 2) 경제지향적인 혼합형(economic oriented hybrid) 사회적 기업, 3) 사회 지향적인 혼합형(socially oriented hybrid) 사회적 기업 등 세 가지로 구분한다. '혼합형 사회적 기업'이란 사회적 기업의 수입 5% 이상이

표 5-1 사회적 기업의 기업가정신에 따른 유형 분류

	기업가정신(entrepreneurship) 강함 ←		→ 약함
주요 특성	• 목적보다 수익 우선 비즈니스	• 목적 위주 비즈니스	• 목적 위주, 기업가적 비영리조직
수익 배분	• 소유주, 멤버, 투자자에 배분 제한	• 법적으로 수익배분 금지 또는 제한	• 법적으로 수익배분 금지
법적 유형	• 전통적인 협동조합 • 주식회사 • 개인 사업	• 사회적 협동조합 • 지역사회이해회사 • SCIC	• 결사체, 재단, 기관 • 하이드리드 유형
거버넌스	• 거버넌스에 비즈니스 자발적인 사회적 미션 • 법적으로 거버넌스 규정 • 협동조합은 민주적 거버넌스, 주식회사는 예외적.	• 법에 규정된 미션 • 법적으로 포용적 거버넌스(이해관계자 참여, 민주적 의사결정)	• 법적 비영리 • 법적 거버넌스 모델 • 결사체는 민주적 거버넌스, 재단이나 기관은 예외적.
주요 수입원	• 사업 수익	• 사업 수익 • 노동통합 보조금(WISE)	• 회비, 증여, 기부, • 사업 수익
노동 유형	• 임금 노동자	• 주로 임금노동자 • 일부 자원봉사자	• 임금노동자와 자원봉사자 복합
시장	• 영리시장(소비자와 기타 비즈니스로 사회적 의식을 가짐) • 공공부문(주로 경쟁적)	• 공공부문(경쟁적, 직접적 용역) • 영리시장(소비자와 기타 비즈니스)	• 공공부문(주로 직접적 용역) • 영리시장(소비자와 기타 비즈니스)
활동 분야	• 사회서비스, 교육, 환경, 문화, 예술, 스포츠, 관광, 재생에너지, 공정무역, 운송 등	• 사회/지역사회 서비스, 기타 공공서비스, 교육, 주택, 노동 통합 등	• 사회/지역사회 서비스, 기타 공공서비스, 교육, 환경, 문화, 예술, 관광 등

자료 EC 2015a: 41.

표 5-2 다양한 유형의 '사회적' 목적조직(SPO) 비교

차원	기준	비영리조직		협동조합	주식회사
		재단	결사체		
기업가 (entrepreneur)	경제 활동 관여	목적 수행과 비영리 목적에 보충적 상업 활동 가능	목적 수행과 비영리 목적에 보충적 상업 활동 가능	경제활동에 법적 제한 없음	경제활동에 법적 제한 없음
사회적 (social)	명확한, 핵심적 사회적 목적	재단은 특정 목적의 자산의 기부로 재단의 목표는 재단의 활동이 정의함. 다수의 공익을 위한 사회적 목표 가능	결사체는 회원들의 이해를 도모하는 조직으로, 회원들이 사회적 목적 추구를 결정	조합원 이해를 추구하는데, 취약층으로 구성된 협동조합은 이미 사회적 목적을 추구한 것으로 간주될 수 있음	주식회사는 어떤 목적도 추구할 수 있지만 회사의 운영 영역은 규정에 따름.
거버넌스 (governance)	자산 동결	공익을 위해, 세금혜택을 위해 가능	공익을 위해, 세금혜택을 위해 가능	자산동결을 할 수는 있지만 일반적 규범은 아님	자산동결을 할 수는 있지만 일반적 규범은 아님
	수익 배분 제한	재단은 개념상 비영리조직	결사체는 개념상 비영리조직	수익은 재투자되거나 조합원에 배분. 수익배분 제한은 자발적으로 결정	법적으로 수익 배분 제한 없음. 수익은 재투자되거나 주주에게 배당
	국가나 기업으로부터 자율적	이사와 관리자가 누구인가에 의존	결사체는 회원들이 자율권을 행사	조합원들이 협동조합을 소유하고 관리	대주주가 누구인지, 기업 거버넌스 구조에 의존
	민주적 의사결정	이사회의 의사결정	결사체 회원의 민주적 의사결정	1인1표제 민주적 의사결정	주식 소유에 따른 주주의 의사결정
	참여적 거버넌스	일반적으로 제한적: 법적으로 모든 이해관계자 참여에 의한 의사결정 제한은 없음			

자료 EC 2015a: 45.

■ **표 5-3** 사회적 기업의 유형: 비영리, 경제지향, 사회지향형 10개국 비교, 2009년 (단위: %)

	비영리 사회적 기업	경제지향 혼합형	사회지향 혼합형
브라질	100	0	0
러시아	18.2	72.7	9.1
한국	21.4	50.0	28.6
독일	21.4	50.0	28.6
남아프리카공화국	26.3	36.8	36.8
이탈리아	25.0	54.2	20.8
프랑스	22.2	37.0	40.7
중국	18.6	67.4	14.0
영국	42.9	23.8	33.3
미국	45.1	27.5	27.5

자료 OECD 2013: 5.

재화와 서비스 판매에서 발생한 것으로, 이를 정규적인 비즈니스 활동으로 하는 사회적 기업이다. 혼합형 사회적 기업은 사회적, 환경적 목표에 대한 사업 비중에 따라 경제지향형과 사회지향형으로 양분된다. 미국과 영국에서 비영리형이 가장 많고 경제지향형과 사회지향형이 혼합되어 있는 가운데, 한국에서 경제지향형이 과반수를 차지한다. 비영리형과 사회지향형이 더 발전한 것으로 볼 수 있고, 또 경제지향형은 한국적 사회적 기업의 특성으로 볼 수도 있다. 경제지향형은 독일, 이탈리아, 중국에서도 다른 유형보다 높은 비중을 차지하는 사회적 기업 유형이라는 것을 확인해볼 수 있다.

영국, 이탈리아, 프랑스 유형사례

사회적 기업은 여러 다양한 유형들로 운영되는데, 세 가지 전형적인 사회적 기업의 유형은 영국의 지역사회 공익회사, 이탈리아의 사회적 협동조합, 프랑스의 SCIC로 꼽아볼 수 있다(EC 2013: 34-6).

표 5-4 영국의 지역사회 공익회사(CIC: Community Interest Company)

영국의 회사법에 의해 설립된 CIC는 지역사회에 이해가 되는 어떤 합법적인 상업 활동이나 기업에 관여하는 유한회사(limited liability companies)이다. 지역사회 차원에서 서비스를 공급하기 위해 설립되었으며, 사회적 주택(social housing), 지역사회 운송 또는 레저 등에 비즈니스 활동을 한다. CIC는 비영리 회사로 기획되었지만 지역사회에 혜택을 주는 조직들로 자선적 조직이 되기 어렵거나 그럴 의향도 없는 조직들의 활동을 포함한다. 경제적 활동 분야에 어떤 제한이 있는 것도 아니며, CIC가 '지역사회 이해' 테스트(2007년의 CIC 규정에 따라 '이성적인 사람의 판단으로 지역사회나 지역사회 일부에 대해 혜택이 되는 활동을 하는 경우)를 통과하면 되고, 또한 자산동결 조치를 따르고 연간 지역사회 이해 보고서를 제출하면 된다.

CIC 법률은 어떤 재정적 어드밴티지를 제공하지는 않지만 재단에 비교해서 융통적인 법률 구조와 약한 규제의 혜택이 주어진다. 재정적 어드밴티지가 없는 대신에 이윤을 부분적으로 재분배할 수 있는 가능성이 열려 있다. 2011~12년의 연간 통계에서 CIC는 6000여 개에 달하며, 예술, 교육, 환경, 보건, 산업과 수송 등 다양한 분야에 확산되어 있다. 또 CIC는 마을 가게로부터 대기업에 이르기까지 광범위하며 전문가들로부터 지역사회 조직들에 이르기까지 사회 각 분야에서 활성화되고 있다.

자료 EC 2013: 35.

표 5-5 이탈리아의 사회적 협동조합(Social cooperative)

사회적 협동조합은 사회적 목적에 대한 강력한 실천에 비즈니스 스타일의 운영방식을 결합시킨 사회적 기업 모델이다. 일반 협동조합과 다른 점은 조직의 목적과 다자 이해관계자의 거버넌스에 있다. 이탈리아의 1991년의 법률에는 사회적 협동조합의 목적은 "지역사회의 공익과 시민들의 사회적 통합이며, A형 사회적 협동조합은 보건, 사회 서비스 또는 교육 서비스를 제공하고, B형 사회적 협동조합은 불이익층을 노동시장에 통합시키는 데 목적이 있다. 불이익층의 범주에는 신체적, 정신적 장애, 알코올 중독, 발달 장애와 법률상의 문제 등을 가진 사람들이며, 다자 이해관계자로는 임금노동자를 포함한 조합원, 수혜자, 자원봉사자(조합원의 50%까지 적용), 금융투자자, 공공기관 등이다. B형에서 조합원의 30% 이상은 불이익층으로 구성되어야 하고. 일인 일표 투표가 의사결정의 핵심이다. 수익의 70%까지 배분될 수 있다. 이 같은 방식의 협동조합은 이탈리아에서 시작되어 스페인에서도 유행하며, 프랑스에서는 SCIC로 활용되고 있다.

자료 EC 2013: 35.

표 5-6 프랑스의 SCIC (Societe cooperative d'interet collectif)

프랑스의 SCIC(Cooperative Company of Collective Interest)는 다음과 같은 특징을 가진 새로운 협동조합 유형이다. SCIC는 모든 유형의 행위자들에게 같은 프로젝트에 결합하는 것을 허용한다. 행위자들은 임금노동자, 자원봉사자, 이용자, 공공기관, 기업, 결사체, 개인들이다. 그리고 최소한 세 가지 유형의 이해관계자들로 구성하도록 규제한다. 그리고 경제적, 사회적 자원을 최상의 조건에서 동원할 수 있는 지역에 속한 집합적인 욕구들을 충족시켜주는 모든 유형의 재화와 서비스를 생산한다.

이 같은 SCIC의 사회적 효용성은 모든 행위자들 사이의 대화, 민주적 토론, 시티즌십 형성을 조직화하는 SCIC의 사명에 의해 보장되고 있다. 협동조합의 규칙에 따라 1인1표 원칙에 기초한 권력의 배분을 존중하며, 기업의 관리를 비롯한 모든 부문에 관여를 개방하고, 기업의 모든 수익 또는 결과를 기업의 자율성을 보장하는 저축으로 보관한다. 지역사회의 지속가능한 개발의 논리에 따라 운영되므로 지역에 기반을 두고 같은 경제 부문의 행위자들 사이의 연대를 증진시킨다.

자료 EC 2013: 35.

3) 사회적 기업의 성장

사회적 기업은 기업가정신과 혁신적 방식으로 시장에 재화와 서비스를 제공하며 운영되고 궁극적으로 사회적 목적을 달성하기 위해 수익을 이용한다. 사회적 기업은 공개적으로 투명하고 책임 있는 방법으로 운영되며 사회적 기업의 상업적 활동에 영향을 받는 종사자, 고객, 이해관계자들이 관여하는 조직이다. 사회적 기업의 전형적인 기준은 여러 의견들이 있지만 일반적으로 최소한 수익의 50%가 상업적 소득이 되어야 한다는 것이다. 이 같은 사회적 목적을 달성하기 위해 수익의 대부분은 재투자되거나 사회적 기업의 사회적 미션 달성에 활용되어야 한다.

사회기업가정신의 진전도

세계적으로 사회적 경제의 경제적 구조의 다양성, 문화적 전통과 법률적 제도의 차이 등으로 사회기업가정신의 정도를 측정하는 일은 쉽지 않으며, 국제적 비교분석도 난관에 부딪혀 있다(OECD 2013: 3). 이런 한계에도 일부 국제비교 시도들이 제시되었는데, 그중 글로벌 기업가정신 모니터(Global Entrepreneurship Monitor: GEM)의 2009년 국제비교 자료를 활용한 대충의 기업가정신의 진전도를 측정해볼 만하다. 이 자료는 49개국에 가계조사 방식으로 사회적 미션을 수행하는 기업가, 그들의 혁신성, 수입 모델 등에 조사의 초점을 맞추었다. 조사결과로 수집된 자료에서 사회기업가정신의 진전도를 노동인구 대비 비율로 측정해보면 가장 낮은 브라질 04.%부터 미국 5.0%에 이른다(그림 5-2). 초기단계는 설립후 42개월 미만의 활동 사회적 기업에 해당되며. 정착단계는 그 이후에도 사업이 사업이 지속되어 정착된 사회적 기업들이다.

그림 5-2 사회기업가정신 진전도: 10개국 비교, 2009년

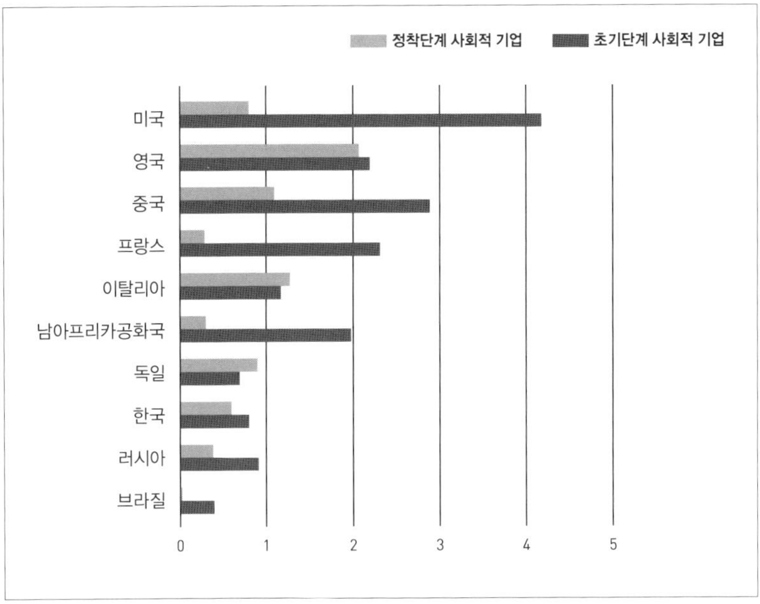

참고 전체 노동인구 대비 사회적 기업 고용자 비중(%)
자료 OECD 2013: 5.

한국은 브라질과 러시아 다음으로 1.4%(초기단계 0.8% + 정착단계 0.6%)로 저조한 편이다. 그런데 조사시점 2009년에 비하면 예비적 사회적 기업은 3배 가량, 정착단계의 사회적 기업은 두 배 가량 늘어나(그림 5-3), 2014년 현재는 거의 이탈리아(2.5%)나 프랑스(2.6%) 수준에 달해 있다. 이탈리아의 사회적 기업은 2008년 1만 3030개에 달하며, 그중 보건 사회지원과 건강 서비스 분야가 6520개로 전체 과반수를 차지하며, 그 밖에 개인 교육과 훈련 기관 2140개(16.4%), 기업과 개인에 대한 운영서비스 제공 1280개(9.8%), 제조업과 건설 1020개(7.8%) 등이다.

그림 5-3 한국 사회적 기업의 성장: 2007~2014

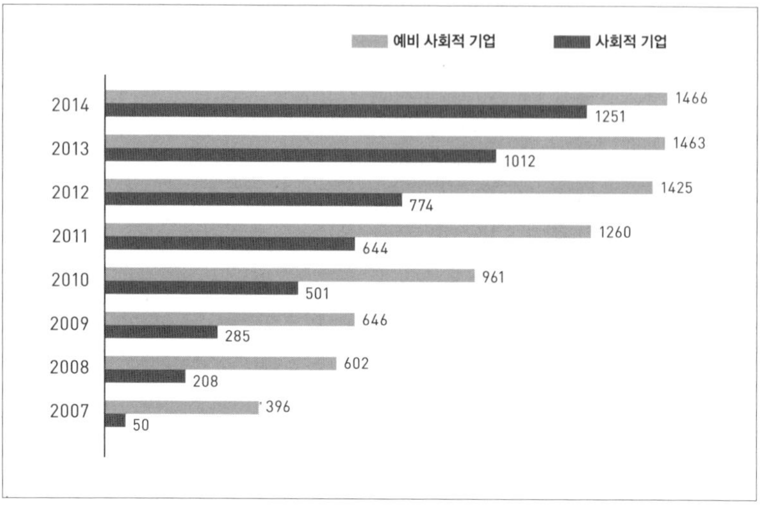

자료 사회적 기업진흥원 2015.

그림 5-4 유럽 사회적 기업의 활동영역 (10개국 581개 사례) (단위: %)

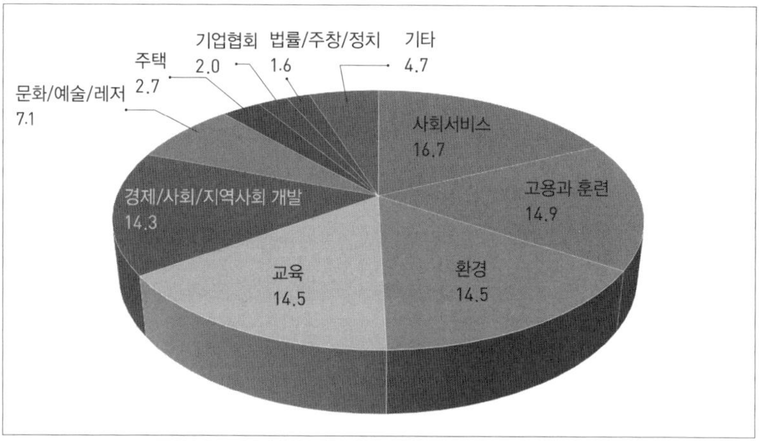

자료 OECD 2013: 37.

사회적 기업의 영역

유럽의 581개 사회적 기업 샘플에서 분석된 사회적 기업의 주요 활동 영역은 사회서비스 분야가 가장 높은 비중을 차지하고, 이어서 고용과 훈련, 환경, 교육, 경제/사회/지역사회 개발, 문화예술과 레크리에이션, 보건, 주택, 기업협회, 법률·주창·정치 등으로 나타나 있다.

사회적 기업의 수입원

사회적 기업의 수입원은 다양하다. 공공기금으로는 경쟁입찰과 수의계약 그리고 보조금과 지원금이 일반적인 기금이다. 민간기금은 더 다양해서 상업활동 수입이 가장 많고, 다음으로 자산 임대소득, 회비와 기타 수수료, 스폰서십, 기부금, 기타(자원봉사와 물품기부) 등이 있다.

EU가 조사한 유럽 국가들의 일반적인 수입원 현황은 다음과 같다(앞 글: 38-39). 프랑스, 체코, 핀란드의 사회적 기업의 수입원은 시장 소득과 공공기관에 대한 재화와 서비스 판매 수익이 많다. 그런데 오스트리아와 폴란드 등 일부 국가들의 경우, 이 같은 시장소득의 기업가 차원은 취약해 시장소득이 전체 수입의 절반 이하를 차지한다. 시장소득이 차지하는 비중이 50% 이상을 차지하는 국가는 체코, 핀란드, 이탈리아, 영국이며, 30~50%인 경우는 오스트리아, 벨기에, 폴란드, 그리고 30% 미만인 경우는 헝가리, 아일랜드, 슬로바키아이다.

사회적 기업의 법적 유형과 시장소득의 수준 사이에는 의미 있는 상관성이 발견된다. 정부의 제도에 의해 지원되는 유형과 노동통합형 사회적 기업(WISE)들은 서로 구분되기는 쉽지 않지만, 두 유형이 전통적인 비영리부문의 조직들(결사체, 재단, 지역사회 조직 등)에 비해 시장지향적인 기업가 유형으로 구분될 수 있다. 유럽 국가들의 사회적 기업 대부분은 정부의 재정지원에 의존하는 형태로, 이는 정부의 공공정책을 보완하는 노동통합 서비스와 사회서비스 공급을 주된 활동으로 하기 때문이다. 이탈리아의 사회적 기업 45% 가량은 주된 고객이 공공기관으로, 공공조달이 차지하는 비중이 높다는 것을 알 수 있다. 영국 사회적 기업의 52%는 공공기관으로부터 수입을 갖고 있고, 23%는 공공기관을 주요 또는 유일한 수입원이 된다.

사회적 기업의 사업 확장에서 볼 수 있듯이 전통적인 공공서비스 영역이었던 보건의료 서비스, 돌봄 등의 사회서비스, 교육, 교정, 레저 등 거의 모든 분야에서 용역이 체결되고 있다. '금전의 가치' 논리가 가장 중요한 논리로 정착되고 있고, 또 사회서비스 이용자에게 많은 선택권을 주고 개인적 맞춤형 서비스 공급이라는 정책 추진전략이 주된 동향을 이루고 있다(앞글: 40). 사회적 기업들이 공공분야에 크게 의존함에 따라 재정긴축의 시대에 사회적 기업의 비즈니스 모델의 장기적인 지속가능성에 대한 관심이 쏠리고 있다. 국가에 따라 사회경제적 상황 배경, 사회적 임팩트 측면의 비즈니스 모델의 차이가 두드러지게 나타난다. 이탈리아에서는 정부 재정지원의 삭감으로 정부지원에 의존해온 사회적 협동조합들이 심각한 문제가 제기되고 있는 반면에, 영국에서는 지원감소로 사회적 기업들이 새로운 시장 기회를 탐색하고 있다.

한국 사회적 기업의 성장

앞서 살펴보았듯이 한국의 사회적 기업은 급성장하고 있다. 첫째, 설립경로에서는 예비적 사회적 기업을 거친 경유가 가장 많은 절반 가량을 차지하고, 다음으로 기타가 많은데 주로 시민사회조직 등의 결사체로 보여진다. 그 밖에 자활과 장애인작업장 등 사회복지 영역이 많고, 마을기업과 사회적 협동조합 등이다.

그림 5-5 한국 사회적 기업의 유형별 현황: 2015년

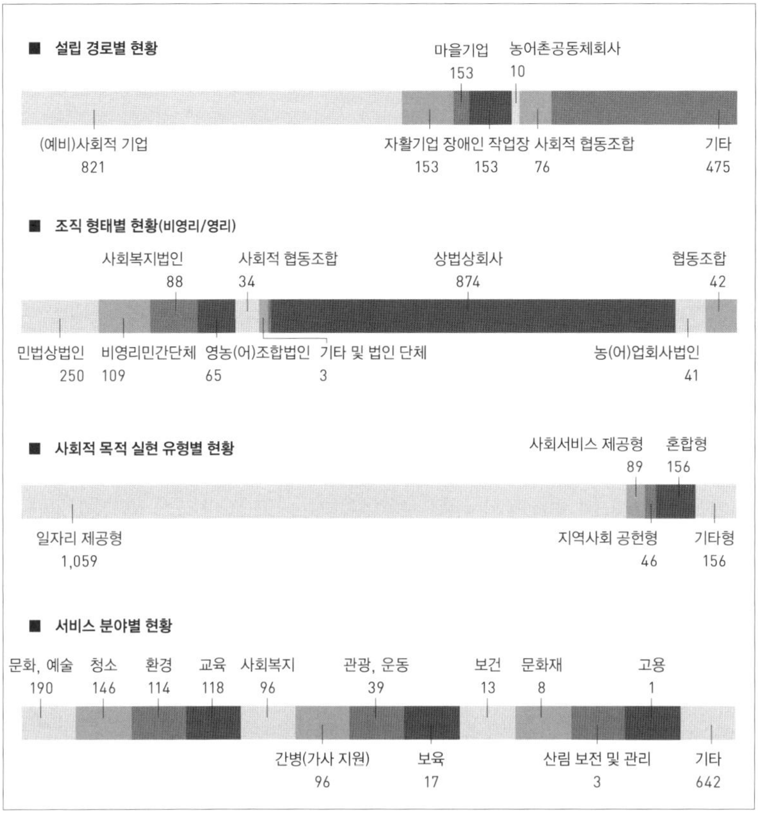

자료 한국사회적 기업진흥원 2016: 25.

둘째, 조직형태별로는 상법상 회사가 절반 이상을 차지하고, 다음으로 민법상 법인, 비영리민간단체, 사회복지법인, 그리고 협동조합과 조합법인 등이다.

셋째, 사회적 목적별로 구분해보면, 일자리제공형이 전체 70% 가량을 차지해, 사회적 기업의 사회적 목적인 일자리 창출을 실천하는 사회적 기업들이 대부분을 차지한다. 다음으로 사회서비스 제공형과 지역사회 공헌

형은 합쳐도 전체 10%도 되지 않을 정도로 소수에 지나지 않는다.

마지막으로 서비스 분야는 매우 복합적이다. 문화예술, 청소, 환경, 교육이 가장 많은 비중을 차지하며, 다음으로 사회복지와 간병(가사지원)이다.

4) 사회적 기업에 대한 지원 필요성

사회적 기업의 역할과 임팩트

사회적 기업은 공공기관이나 영리기업들이 효과적으로 해결하지 못하는 경제적, 사회적 관심사들과 문제들을 해결할 수 있는 역량을 가진 제도적 장치라는 데 중요성이 있다. 따라서 문제해결 측면에서 사회적 기업은 공공기관, 전통적인 협동조합, 주창조직들을 포함한 다른 조직들이 이미 수행하는 역할들을 보충할 수 있다. 주요 역할들로는 복지, 교육, 식수와 전기 등 기초 서비스의 공급을 비롯해 고용창출 등의 부가적인 기회의 창출 등이 있다. 특히 사회적 기업이 발전함으로써 조직적 다원주의에 대한 영향, 그럼으로써 다양한 사회적 집단들의 다양한 이해의 표출과 대표, 그에 따른 경제시스템과 사회시스템의 민주화에 대한 기여를 사회적 기업의 주요 기능과 역할로 꼽을 수 있다(UNDP 2008: 5). 또 사회적 기업의 역할로 공공 및 민간 부문의 다양한 복지 행위자들 사이의 공조와 파트너십의 혁신적 프레임워크 개발이 가능해지고 있다.

사회적 기업 조직의 발전은 기업가정신으로 비롯되어 사회적 목적에 초점을 맞춘 다양한 경제발전 단계, 복지와 법률 시스템 발전 단계별로 다양하게 발견된다. 이 같은 글로벌 보편적 동향에 대해서는 수요와 공급 측면으로 구분해 살펴볼 수 있다(앞글: 5). 수요 측면에서는 다양한 행위자들 사이의 상호작용으로 조장되는 시민들의 욕구의 증대와 다양화를 목격할 수 있다. 복지시스템의 전환과 관련된 시민의 행태와 라이프스타일의 변화가 주요 동향 중 하나로 꼽히게 된다. 공급 측면에서는 공공재정의 긴축과 관료적 부담의 증대로 특정 공공서비스의 공급을 확대하거나 유지하기 어려운 한계가 있다. 중앙과 동유럽(CEE) 국가들과 CIS 국가들의 경우, 구조적 변화와 심각한 경제적 충격으로 실업과 저고용의 확대, 나아가 지불 능력이 없는 시민들에게는 공공서비스의 공급의 심각한 문제로 드러나고 있다. 이런 상황에서 사회적 기업의 역할은 수요와 공급을 매칭시켜 사회경제적 어젠다 제기와 해결에 기여하는 제도적 역할에 초점이 맞춰진다.

사회적 기업의 사회경제적 기여

사회적 기업에 대한 지원정책의 필요성은 사회적 기업들이 사회적, 경제적 개발에 기여하는 측면들에 우선 초점을 맞춰볼 필요가 있다(앞글: 5-6).

- 지역사회와 지불 능력이 없는 시민들에게 대한 사회적, 교육, 보건 등 기본 서비스에 대한 접근 기회 제공.
- 광범위한 지역 이해관계자들의 참여로 지역 자원의 균형된 이용.
- 지역공동체가 전략적 의사결정의 임파워먼트를 갖도록 포용적 거버넌스 모델의 진흥.
- 새로운 서비스 공급으로 새로운 고용의 창출과 소득생산 기회로부터 배제될 수 있는 소수자, 싱글 여성, 장애인 등 취약층의 노동시장 통합.
- 광범위한 소유권과 지역 참여에 기반한 지역 차원의 사회자본의 축적.
- 암시장의 불법 노동자의 위상을 정규화시키는 등 비공식 경제활동을 지하경제에서 양성화.

이 같은 사회적 기업의 광범위한 역할들은 사회적, 경제적 역할들을 잘 결합시켜 경제활동을 통해 사회적 목적을 수행하는 확고한 사명을 갖고 있다. 따라서 사회적 기업에 대한 재정적 우대가 결정적으로 중요하다. 사회적 기업은 공공기관과 영리기업들이 당면하는 문제들을 해결할 수 있는 역량을 갖추고 있다. 수혜층의 지불 능력 결여 문제나 공급 측과 수혜 측 사이의 정보비대칭 문제 등은 사회적 기업들이 공공기관이나 영리기업들에 비해 효율적인 방법으로 재화와 서비스를 공급할 수 있는 장점이 된다. 사회적 기업은 부정적 외부경제를 내재화(internalization of externalities)하는 역할을 수행하므로, 정부는 이에 대해 재정적 특혜로 보상하는 것이 정당하다고 평가받는다.

사회적 기업에 대한 재정지원

요약하면, 사회적 기업에 대한 재정적 우대가 부여되어야 하는 정당성의 근거는 다음 몇 가지 논의에서 발견될 수 있다. 첫째, 전통적인 영리기업들과 달리 사회적 기업은 취약층을 노동력으로 통합시키는 상대적으로 불리한 입장에 대한 보상으로 간주될 수 있다. 둘째, 사회적 기업이 공익과 지역사회 웰빙에 기여하므로 상대적 어드밴티지를 부여해야 한다는 것이다. 이상의 두 가지 논의들의 공통된 특징은 사회적 기업은 사회적 기업의 자본을 유지하기 위한 중요한 수단이 되는, 배분되지 않은 수익에 대한 재정적 감면 혜택이 주어져야 하며, 동시에 사회적 기업의 활동으로 발생하는 비용 절감 효과를 고려해 추가적인 어드밴티지가 주어져야 한다는 것이다.

나아가 다른 두 가지 정당성 근거들이 제시될 수 있다. 셋째, 사회적 기업도 중소기업과 동등한 금융, 제품과 서비스 시장에 대한 접근이 보장되는 제도가 마련될 필요가 있다. 양자는 명확하게 다른 목표를 추구하고 서로 다른 사업 운영 형태를 갖추고 있지만, 제도상의 혜택은 동등해야 한다. 특히 공공조달 시장 접근에서의 제도적 개선이 뒷받침되어야 한다. 넷째, 사회적 기업의 사업 운영을 지원하는 제도적 배경이 개선되어 자율적인 전국적 기관들이 사회적 기업 부문의 이해를 대표하고 사회적 기업의 역량과 효과성을 증대시키는 금융적, 비즈니스 지원기관들이 개발될 필요가 있다.

EU의 '사회적 비즈니스 이니셔티브'(SBI)는 2011년 사회적 기업 지원을 위한 EU 차원의 정책 이니셔티브로, 1) 사회적 기업의 금융 접근 개선을 우선적으로, 2) 사회적 기업에 대한 미래전망성 제시, 3) 법률적 환경의 최적화를 목표로 정책을 추진해왔다. 제1 우선순위가 되는 금융 접근에서는 다음과 같은 주요 성과를 낸 것으로 자평하고 있다(EC 2016b). 먼저 공공 자금이 동원된 특징이 있다. '고용과 사회혁신' 프로그램으로 공공 자금이 투입되어 사회적 투자 시장 개발로 2014~2020년 기간에 사회적 기업들이 준융자(quasi-loan) 지원을 받게 되었다. 동시에 구조기금(Structural Funds)이 조성되어 회원국이 사회적 기업 재정지원을 하게 되었다. 또 민간투자 유치를 위한 새로운 기금인 유럽사회기업가정신기금(European Social Entrepreneurship Fund)을 조성해 투자자들의 참여를 유도하였고, 나아가 사회증권거래소에서 사회적 기업 주식의 거래를 진흥시키는 EU 플랫폼을 개설하였다.

5) 사회적 기업과 사회적 프랜차이징

사회적 프랜차이징 현황

사회적 프랜차이징은 유럽의 경우 140개의 비즈니스 모델들이 있는 것으로 분석되는데, 이들은 대부분 다른 국가에서 복제되고 있다. 이는 '프랜차이즈 계약'에 기초한 것으로, 계약에는 기술이전과 서비스와 제품의 질 또는 브랜드 명칭뿐 아니라 경제적 실행가능성을 보증하는 일련의 서비스의 제공을 명문화한다(EC 2013: 38). 사회적 프랜차이징에 대한 투자는 새로운 사회적 기업 창업보다는 실패율이 적고 리스크가 적다. 유럽 사회적 프랜차이징 네트워크(European Social Franchising Network: ESFN) 등 플랫폼이나 국제 사회적 프랜차이즈 센터(International Centre for Social Franchising)는 지식의 공유, 프랜차이즈 모델 개발, 사회적 프랜차이즈 기업들의 윤리 강령 개발, 사회적 기업의 프랜차이즈 준비, 검증된 비즈니스 모델의 복제 등에 투자한다. 사회적 프랜차이즈의 일자리 창출 효과는 아직은 대단한 것 같지 않다. ESFN의 추산에 따르면 지난 10년간 유럽에서 약 1만 개의 일자리가 만들어졌다(앞글: 39).

사회적 프랜차이징의 의미

사회적 프랜차이징은 검증된 조직의 모델을 복제하고 공유해 사회적 임팩트를 확장시키기 위해 상업적 프랜차이징 접근법을 이용하는 것이다(Social Enterprise Coalition 2014: 3). 사회적 프랜차이징은 상업적 프랜차이징의 비즈니스 모형에 기반하는데, 프랜차이즈 시스템의 소유자인 프랜차이저(franchisor)가 프랜차이즈 모델을 이용하는 다른 사람 또는 조직인 프랜차이지(franchisee)와 계약을 맺어 프랜차이즈 시스템, 브랜드 및 기타 지적소유권을 이용해 다른 지역에서 동일한 비즈니스를 운영하는 것이다(앞글: 3).

사회적 프랜차이징의 핵심 요소들은 다음과 같다(앞글: 10).

- 비즈니스 모델과 관련된 시스템과 과정들(운영 매뉴얼),
- 법적 구속력이 있는 프랜차이즈 계약,

- 공통의 브랜드(상표 등) 및 중앙집중화된 마케팅 예산,
- 스타트업과 운영 중인 프랜차이즈에 대한 중앙의 교육훈련 지원,
- 잠재적인 프랜차이지, 투자자로부터 프랜차이즈 모델의 복제 수요,
- 품질보증시스템(Quality assurance system) 및 모니터링 성과,
- 분명한 프랜차이즈 수수료 구조,
- 학습의 문화(피드백, 혁신, 새로운 실천에 대한 개방성).

한편 사회적 프랜차이징(social franchising)은 몇 가지 다른 의미를 갖고 있다(ICSF 2014: 18). 첫째는 전통적인 모델로 영국 등 유럽에서는 프랜차이즈 협약으로 사회적 기업, 자선기관 또는 프로젝트의 복제로 수익 창출이 없는 협약도 포함된다.

둘째는 소득창출 모델로 미국에서는 비영리조직들이 상업적 프랜차이즈에 비교되는 우대적 협상으로 상업적 프랜차이즈를 모금의 도구로 활용하는 것이다.

셋째는 사회적 프랜차이즈로 직접적인 사회적 혜택을 제공하기 위한 수단으로 상업적 프랜차이즈의 사회화(socialisation of commercial franchises)를 의미한다. 예를 들면 상업적인 도로 보수유지 프랜차이즈에 노동시장에서 배제된 청년의 일자리를 제공하는 사례를 들 수 있다.

넷째는 마이크로 프랜차이징(Microfranchising)으로, 금융적 불이익계층이 교육훈련을 통해 소득창출의 프랜차이즈 사업에 참여해 추가적인 소득으로 빈곤탈출을 하는 경우도 있다. 주로 개발도상국에서 볼 수 있지만, 영국에서는 FranchisingWorks 등이 실험 중에 있다.

다섯째는 지역사회 프랜차이징(Community franchising)으로, 앞의 전통적 모델과 같은 배경을 갖고 있지만 프랜차이즈 프로젝트의 금융은 지속가

능성이 약해 지속적인 펀딩을 필요로 한다. 교회, 지역사회에서 볼 수 있는 유형이다.

사회적 대 상업적 프랜차이징

사회적 프랜차이징은 상업적(commercial) 프랜차이징과 유사하게 프랜차이저가 프랜차이지에게 오리니날 비즈니스 모델의 복제로 사업을 하도록 양자간에 계약이 이뤄지는 모델에 기초하지만, 아래와 같이 운영과 관계 유형부터 금융과 리스크, 시장, 성공지표, 프랜차이지 측면에서 두드러진 차이점들이 나타난다.

사회적 프랜차이징의 필요성

사회적 프랜차이징이 필요한 근거는 여러 가지가 있다(앞글: 6).

- 사회적 목적을 추구하는 조직들(SPO)들이 전통적인 계서적 방식으로 조직을 성장시키지 않고서도 추구하는 미션과 일치하는 사회적 임팩트를 창출하기 위해.
- 추진기구를 재창출하지 않은 채 기존의 학습을 공유하고 신속하고 용이한 스타트업을 하기 위해.
- 지역 오너십, 유연성 및 상황과 환경에 대한 적용을 위해.
- 공동구매, 공동입찰, 정책 신임, 효과적 커뮤니케이션, 규모의 경제 등 전국적 조직의 혜택을 달성하기 위해.
- 사회적 임팩트와 금융적 지속가능성 등 사회적, 환경적, 금융적 목표들을 복합하는 방식으로 성공적인 모델들을 공유하기 위해.
- 공동의 아이덴티티로 진지한 파트너십과 상조적 혜택을 추구하기 위해.

표 5-7 사회적 대 상업적 프랜차이징 비교

	상업적 프랜차이징	사회적 프랜차이징
운영	규율 기반	가치 기반
관계	상업적 수익 기반	사회적 임팩트 기반
금융	부채/지분 또는 수익 창출	증여, 부채 파이낸스 거부감
리스크 입장	금융적 수익 중시	수혜층 가치 중시 및 금융 수익
시장	고객이 제품 / 서비스 비용 지불	서비스 이용자와 서비스 지불자 이원화
성공 지표	금융성과, 성장, 수익 증대	사회적 임팩트 성장, 임팩트 시행의 효과성/효율성, 금융적 자립과 자생력
프랜차이지	일반적으로 개인	일반적으로 자선기관이나 제3섹터 기관

자료 International Centre for Social Franchising 2014: 30.

- 권력을 분권화시키고 기업가정신을 진흥하기 위해.

사회적 프랜차이징의 가장 중요한 이유는 사회적 목표(사회적 임팩트 증대의 학습과 방법론의 공유)를 금융적 목표(지적소유권의 수수료와 경제적 지속가능성 증대를 위한 서비스)에 결합시키는 방식이다. 이 때문에 많은 사회적 기업들도 사회적 프랜차이징을 고려한다.

Ben & Jerry's와 Emmaus 사례

사회적 기업과 비영리기관과 상업적 프랜차이징을 하는 대표적인 사례는 Ben & Jerry's이다. 미국 내에 350개, 타국에 350개 가량의 프랜차이즈 가게들이 운영 중이다. 사회적 기업이나 비영리기관과의 파트너숍(PartnerShop) 프로그램은 지역에서 구직의 어려움을 겪고 있는 청년층을 고용

■ **표 5-8** 엠마우스(Emmaus) 사회적 프랜차이즈

Emmaus 커뮤니티(Communities)는 홈리스들에게 집을 제공해주는 프랜차이즈다. 영국에서는 21개의 커뮤니티들이 있고 몇 개가 더 설립될 예정이다. 첫번째 Emmaus Community는 1949년 파리에서 프랑스 레지스탕스 출신의 Abbe Pierre 목사가 설립해, 이후 영국 등 여러 국가들에 확산되었다. 영국에서는 1992년 캠브리지에 설립되어 홈리스들에게 안정적인 주거를 제공하면서 일자리 등 환경 조성이 이뤄졌다. 자활로 일자리를 가진 거주자들은 기증받은 헌 가구를 수리해 판매하는 일을 갖게 되면서 커뮤니티는 재정적 안정을 갖추게 되고 이들도 기술훈련을 갖추며 안정적인 일자리를 유지하면서 지역사회에도 기여하는 활동에 나서게 되었다. 이들은 의식주를 제공받고 약간의 주간 수당도 받지만, 가장 중요한 지원은 기술을 갖춘 일자리를 얻어 자활에 성공한 것이다. Emmaus에 참여하려면 정부가 제공하는 실업수당을 포기하고 공동체 생활의 규칙에 따라 술과 약물을 중단하고 기술교육에 열중해야 한다. Emmaus는 이제 36개국에 사회적 프랜차이징으로 운영되고 있다. Emmaus 공동체는 지역주민들이 홈리스에 대한 Emmaus 접근법으로 지역사회가 혜택을 본다고 판단되면 설립될 수 있고, 각 지역의 Emmaus Community와 자원봉사 그룹은 독립적인 자선기관으로 이사회의 결정에 의존한다. 연구에 따르면 Emmaus Community는 연간 80만 파운드의 정부지출의 절약으로 세금 절약의 성과가 있다.

출처 http://www.emmaus.org.uk/434/sharing-in-succes
자료 International Centre for Social Franchising 2014: 50-51.

해 일자리를 제공하고 소득을 보장하는 숍에 대해 수수료 등의 비용을 면제하고 자본금 투자 등의 사회공헌 활동도 한다.

또 엠마우스(Emmaus) 사회적 프랜차이즈는 영국을 대표하는 홈리스 공동체로 살펴볼 만하다.

2. 사회적 기업의 사회적 임팩트

1) 일자리 창출과 노동통합

사회적 경제의 고용에 대한 기여 성과는 선행연구들에서는 긍정과 부정이 혼합되어 있다. 일부 연구들은 고용 등 경제적 성과가 있다는 분석을 제시하고, 다른 연구들은 고용 효과가 제한적이고 시계열로 분석해도 고용이 늘지 않고 있다는 분석결과를 제시해준다. 이 같은 경험적 분석결과를 참고해보면, 사회적 경제의 고용에 대한 기여는 긍정도 부정도 하기 어렵다는 분석이 OECD(2013b)의 〈사회적 경제를 통한 일자리 창출〉 보고서의 결론이다.

우선 선행연구들이 제시한 결과들을 살펴볼 만하다(OECD 2013b: 20-21). 먼저 사회적 경제는 유럽의 경제 전반에 중요한 기여자이자 지속적인 기여자라는 긍정적인 평가들이 제시되고 있다(Evans and Syrett 2007). 또 사회적 경제 조직들이 일자리 창출로 사회적 통합의 기여를 할 수 있다는 분석도 있다(Noya and Clarence 2007). 그럼에도 일부 연구들은 사회적 경제에 이뤄지는 노동의 상당 부분이 무보수 자원봉사 활동이라고 분석한다(Salamon, Sokolowski, List 2003). 또 2002~2003년 자료분석 결과에 따르면, 사회적 경제 종사자는 1100만 명으로 EU 임금소득 인구 전체의 6.7% 비중을 차지한다(Monzon and Chavez 2008: 569). 한편 2010년에는 1400만 명이 사회적 경제 종사자로 통계가 나와 있는데, 이는 EU 임금소득 인구 전체의 6.5% 비중으로, 2002~2003년에 비해 사회적 경제의 고용 효과가 없었다는 것을 보여준다(OECD 2013b: 30).

한편 영국 사회적 기업의 2013년 서베이 결과를 살펴보면 사회적 기업들이 비교적 강한 고용창출의 역할을 수행한 것으로 평가받을 수 있다. 사회적 기업은 지역사회에서 직원을 채용해 일자리 마련에 기여한 것을 조사되었다. 사회적 기업의 84%가 지역사회 직원을 고용했다고 답했다(Social Enterprise UK 2014: 46). 또 사회적 기업의 절반 이상(52%)이 취약층을 고용한 것으로 나타났는데, 이들은 장기 실업자, 장애인, 전과자 등이다. 특히 취약지역의 사회적 기업들이 비취약층 기업들에 비해 취약층 고용 비율이 높았다(64% 대 31%). 사회적 기업 고용 인력(풀타임 또는 파트타임)의 수는 1~9명 규모가 가장 많아, 절반 이상(57%)을 차지하고, 다음으로 10~49명(20%), 50~249명(5%), 250명 이상(1%)으로 나타난다. 향후 1년 내에 고용을 확대, 축소할 계획이라는 비중이 각기 33%와 18%를 나타나 비교적 밝은 전망을 보여주며, 중소기업 고용 확대 전망(20%)보다 훨씬 높은 것으로 나타난다.

사회적 경제 조직은 노동의 기회와 노동조건 개선에 기여하는가? 사회적 기업이 지역사회 취약층의 접근 기회를 확대할 수 있는 능력이 있는 것은 취약층 보호의 미션을 가진 유일한 조직이기 때문이라고 볼 수 있다(Aiken 2007: 5). ILO의 2011년 보고서에는 사회적 경제 조직은 모든 시민을 위한 소득증대와 고용기회 창출에서 중요한 역할을 한다는 분석이 제시되고 있다. 사회적 기업들은 전통적 기업들로부터 차별을 받는 노동자들의 고용기회를 확대하는 혁신적인 제도적 개선방안으로 등장했다는 것이다. 연구자들은 사회적 기업의 기업가적 특성은 취약 노동자들의 역량을 개선하고, 생산성을 높여 적절한 노동조건을 제시한다고 설명한다. 그들은 포용적인 거버넌스 모델을 활용해 ILO의 적절한 일자리의 4대 기준 중 하나가 되는 참여와 '사회적 대화'를 증진할 것을 제안한다.

사회적 경제 조직들은 취약층을 위한 고용기회의 창출에 중요한 역할을 한다는 것이 일반적인 시각이다. 그럼에도 일부 연구자들은 이 같은 주장이 다소 과장된 것이 일부 작은 규모의 사례에서 수집된 자료들을 마치 전체 사회적 경제 조직의 특성처럼 논리적 비약으로 해석하는 것을 경계한다(Teasdale 2012). 특히 사회적 경제 조직에서의 고용은 이들이 많은 영향을 받는 경제적, 정책적 맥락이라는 거시적 분석이 뒷받침될 필요가 있다는 것이다. "제도적 배경, 사회운동의 동학과 그들의 사회적 연대의 형성 역량은 어느 사회에서나 사회적 경제의 상대적 규모와 동학에 영향을 미치는 결정적인 요인들이다"(Laville et al. 2007: 180).

미국의 노동통합형 사회적 기업(work integration social enterprises: WISE) 연구에 따르면, WISE 절대 다수가 저기술 산업 분야와 직업에 쏠려 있다(OECD 2013b). 이것이 기술 자격을 갖추지 않은 취약층에게는 접근의 기회가 많은 것으로 볼 수 있지만, "딜레마는 저기술 직업에서의 노동 경험은 ... 정부보조가 없는 노동시장에서 저기술, 저임금 일자리, 그 일자리는 미국에서는 예측불가능한 노동시간과 빈곤선 이하의 임금의 특성을 가진 것"이라는 비판이 제기된다(앞글: 11). 정부지원을 받은 사회적 기업에서의 노동 경험으로 정부지원이 중단되는 일반 기업에서 일자리를 찾기 위한 '전환적 노동 프로그램'이 취약층에게 더 좋은 일자리를 제공하기 위해서는 취약층의 노동 경험에 부가가치를 투자할 필요가 있다. 이 연구는 극히 일부의 WISE만이 풀타임 (또는 일부 24시간 이상의 파트타임) 일자리를 제공하고 있다는 자료를 제시한다. 연구자는 전환적 일자리가 높은 수준의 고용창출 효과가 있기 때문에 사회적 경제 조직들이 고용창출에서 중요한 역할을 지속할 것을 제안한다.

한편 유럽 12개국 사례분석에서 WISE들이 유럽 노동시장에서 중요한 역할을 한다는 분석도 있다. 취약층에게 제공되는 노동통합이 사회적 기업에 따라 두드러진 차이가 있다는 분석도 있다(OECD 2013b). 일부는 임시적인 훈련이나 고용을 제공하고, 다른 WISE들은 훈련을 제공하면서 지속적 고용을 보장하는 등 차이가 적지 않다는 것이다. 기술을 갖추고 고용 가능성이 있는 노동자들이 지속적 일자리를 갖게 되고 반면에 임시 훈련이나 노동 프로그램을 이수한 다음 기술이 없거나 고용 가능성이 없는 노동자들이 노동시장에서 구직에 어려움을 겪는다는 것이다. 취약층에게 혜택을 주면서 이들이 혜택을 받은 다음에 고용으로 점차 진전할 수 있는 가능성을 제공해주지 못하는 비융통적인 혜택 제도가 WISE들이 취약층을 효과적으로 완전고용에 통합시키지 못하게 만드는 장애요인으로 지적한다. 그럼에도 연구진은 "사회적 경제는 적절한 지원을 갖추게 되면 보다 효율적으로 방법으로 노동시장의 확대뿐 아니라 자격수준이 낮은 노동자들에게 새로운 가능성의 창출에 기여할 수 있다"고 분석한다(앞글: 35).

또 장기간 사회적 배제의 경력을 가진 개인들은 사회적 기업의 경력만으로는 주류 경제적 고용으로 쉽게 진전될 수 없다는 평가(Amin 2009)도 제시되고 있다. 국가, 지역사회, 고용주로부터 장기적인 지원이 절대 뒷받침되어야 한다는 것이다. 사회적 경제 조직들이 기업의 노동통합 역할을 수행해야 한다는 정책적 기대가 사회적으로 배제된 취약층에게는 고용 문제를 더 어렵게 만드는 요인인데, 그렇다고 사회적 기업들이 상업적 방법으로 전환하도록 유도하는 압력의 행사는 사회적 목적을 경시하거나 무시하는 심각한 문제를 초래한다는 것이다.

2) 사회적 경제의 노동의 질

사회적 경제의 노동통합의 효과성도 중요한 이슈이지만, 노동의 질과 고용 조건들도 사회적 기업 종사자들에게는 더 중요한 이슈가 된다.

사회적 경제에서의 고용의 질

정부로부터 용역 계약 형태로 재정지원을 받는 사업들도 사회적 경제 종사자들에게는 다양한 의미를 부여한다. 영국의 한 조사에 따르면, 이 같은 정부지원금으로 직업훈련과 성과평가 등 성과지향적인 활동의 확대 기회가 제공되며 평등고용 등 복지지향적인 인력자원의 실행도 확대된다(OECD 2013b). 그럼에도 정부지원금에 대한 높은 의존으로 일부 사회적 경제 조직에서는 일자리 안정보다 불안과 고용조건의 개선보다 악화, 종사자의 도덕적 해이 증가를 부추긴다는 분석도 제시되어 있다.

다른 연구들은 사회적 경제가 사회서비스와 보건 등 주로 여성 주도적인 영역이지만 지나치게 여성 종사자들이 많아 과잉대표 문제가 있다고 지적한다(앞글: 22). 영국의 경우, 2010년 사회적 경제 전체 고용의 3/2가량이 여성 종사자이며, 이들 중 절반 가량이 관리직을 대표한다(앞글: 23). 영국 사회적 경제 영역의 급여수준은 공공부문에 비하면 약간 낮지만 일반 민간부문에 비하면 약간 높은 수준으로, 고용의 질에서 적절한 급여가 보장되는 것 같다. 그럼에도 다른 연구자들은 사회적 경제가 취약한 노동조건, 단기간의 고용계약, 낮은 급여수준의 특성을 갖고 있다고 지적한다. 노동과 생활의 균형 이슈를 보면, 사회기업가들은 긴 노동시간과 가정생활에 소홀하는 자화상을 보여준다.

한편 아민(Amin 2009)은 사회적 경제를 주류 노동시장으로 진입하기 위한 디딤돌로 간주하는 정책적 태도를 경계한다. 그는 많은 사회적 경제 활동가들은 사회적 경제가 라이프스타일의 선택이며 주류 경제 라이프스타일에 대한 대안을 개발하기 위해 자발적으로 선택하고 있다고 강조한다. 많은 고참 임원들은 임금이 낮지만 자신들이 바라는 의미 있는 활동을 추구하기 위해 주류 경제 부문에서 이동해온 사람들이 적지 않다. 그럼에도 사회적 경제 조직들은 장기 생존율이 낮은 불안정한 상태에 있다는 것은 엄연한 현실이다.

사회적 경제 조직의 일자리

일자리 현황은 풀타임 임금노동자(full time equivalent: FTE) 기준에서 유럽의 653개 사회적 경제 조직들의 샘플 자료로 살펴볼 수 있다(OECD 2013b: 29-30). 이들 전체가 4만 7268개의 일자리를 제공했는데, 한 조직당 평균 72.4개에 해당된다. 그런데 사회적 경제 조직의 규모에 따라 커다란 차이를 보여준다. 모든 사회적 경제 조직의 1.6%에 해당되는 10개 대형 조직들이 모든 일자리의 45.6%에 해당되는 2만 1560개의 일자리를 제공하였다. 반면에 전체 절반 가량의 조직들은 평균 10개 이하의 일자리를 제공해, 대형 조직과 중소형 조직간의 커다란 차이가 있다는 것을 알 수 있다.

전체 사회적 기업 사례에서, 일자리 증가는 1662개, 감소는 444개로, 순증가 1218개를 기록하였다. 일자리 증가와 감소와 관련된 요인들은 복합적이다. 가장 중요한 요인들로는 공공부문 용역이 일차적으로 중요한 요인으로 꼽히며, 다음으로는 경제적 요인들로 크레딧 접근, 직원 수요, 증여와 기부금, 회비 수입, 재화와 서비스 판매, 정부 보조금, 경제 상황 등이다(앞글: 34).

그런데 유럽의 사회적 경제 조직 현황 조사결과, 일자리를 확대하게 된

표 5-9 일자리 증가(감소) 결정을 하게 된 주요 요인

	일자리 증가 결정의 주요 요인	일자리 감소 결정의 주요 요인
공공부문 용역	증가 31.8%	감소 32.8%
크레딧 접근	증가 4.7%	감소 3.1%
직원 수요	증가 63.1%	감소 20.3%
증여, 기부금, 펀딩	증가 22.4%	감소 17.2%
회비 수입	증가 8.2%	감소 9.4%
재화, 서비스 판매	증가 52.2%	감소 43.8%
정부 보조금	증가 27.5%	감소 31.3%
경제적 상황	29.8%	50.0%
기타	7.1%	15.6%

참고 N=267 (사회적 기업).
자료 OECD 2013b: 35, 37.

요인들과 감소하게 된 요인들이 각기 다르게 나타나 두 가지 측면을 구분해 살펴볼 만하다(표 5-9). 먼저 일자리 증가 결정에 중요한 영향을 미친 요인들로는 1) 직원 수요, 2) 재화와 서비스 판매 증가, 3) 공공부문 용역 증가, 4) 경제적 상황 개선, 5) 정부 보조금 증가, 6) 증여, 기부금, 펀딩 증가 순으로 나타난다.

반면에 일자리 감소 결정을 하게 된 중요 요인들로는 1) 경제적 상황 악화, 2) 재화와 서비스 판매 감소, 3) 공공부문 용역 감소, 4) 정부 보조금 감소, 5) 직원 수요 감소, 6) 증여, 기부금, 펀딩 감소 순으로 나타난다.

2011년에 임금직 근로자 수를 늘이지 않은 이유는 다음과 같이 복합적이지만, 직원의 수를 늘릴 필요가 없다는 것이 절반 이상을 차지한다(앞 글: 38). 직원의 수 증가 필요가 없음(51.3%), 직원 수 증가가 필요하지만 할 수

■ **그림 5-6** 취약층을 위한 사회적 기업의 고용과 교육 지원 (단위: %)

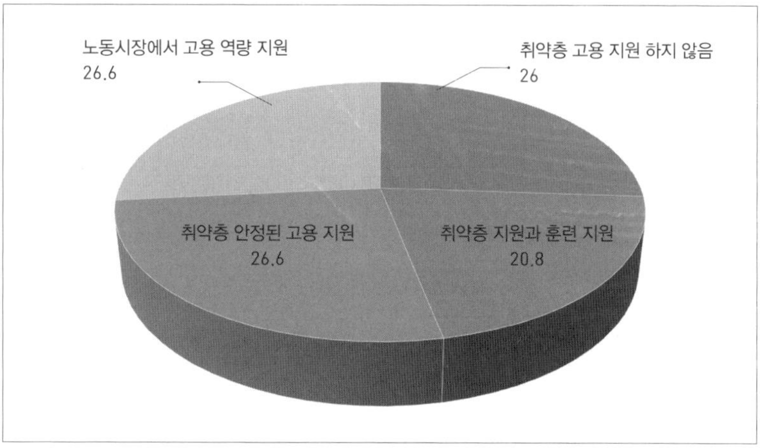

자료 OECD 2013: 38. N=624 사회적 기업.

없었음(39.9%), 직원 수를 줄어야 하지만 그렇지 않기로 결정(8.7%) 등이다.

직원 채용에서 가장 어려운 문제들로는 금융자원 부족이 83%로 가장 심각한 문제로 제기되고, 이어서 시장기회의 부재 7.6%, 유용한 기술의 부족 12.7%, 기타 12.7%이다. 또 사회적 경제 조직 3/4가량이 취약층을 위한 다양한 서비스를 제공하는 것으로 나타난다. 취약층을 위한 안정된 일자리 제공, 고용과 훈련 지원, 노동시장에서의 고용역량 지원 등으로 구분해 살펴보면, 사회적 경제 조직들이 일차적으로 취약층에 안정된 일자리 제공이 가장 많은 비중(26%)을 차지하고, 그 다음으로 고용과 훈련 지원, 노동시장 고용역량 지원 등으로 나타난다.

사회적 경제의 고용의 질 평가

일반적으로 고용의 질은 〈표 5-10〉에 소개된 고용안정성 등 일곱 가지로 구분해 각각의 현황(4척도)과 실행상의 어려움을 구분해 살펴볼 수 있다.

먼저 양적 분석 결과를 살펴보면, 사회적 경제의 성과는 비교적 긍정적인 것으로 제시된다. 사회적 경제 조직 수입의 절반 이상이 재화와 서비스와 판매 수입과 공공서비스의 구매계약으로 이뤄지고 있다(앞글: 62). 그런데 아직 사회적 경제 조직들이 초기 성장 단계에 있는 지역들에서는 상업적 수입의 비교적 낮은 수준에 머물러 있다. 사회적 경제 조직들은 다양한 경제활동 분야에 분포되어 있고, 특히 공공서비스 공급을 대신하거나 보충하는 사회서비스 분야를 비롯해 교육훈련, 노동통합 등에서 많은 사회적, 경제적 역할을 한다. 사회적 경제 조직들은 경제 위기나 침체 상황에서도 많은 일자리를 제공하는 긍정적인 성과를 보여준다. 2011년 말에 4700개 일자리가 만들어지면서 사회적 경제 조직 1개당 평균 72개의 일자리가 마련된 셈이다.

표 5-10 고용의 질 지표와 현황 평가

고용의 질 지표	현황 평가(4척도)	가장 실천하기 어려운 비중(%)
고용 안정성	3.5	50.1
교육훈련 제공	3.2	32.7
급여의 균등성	3.4	6.2
급여의 적절성	3.4	33.0
경력 승진기회	2.6	37.6
안전한 작업환경	3.3	6.9
노동/생활 균형	3.3	20.0
작업장 개인자율	3.3	12.5
긍정적 작업관계	3.5	10.9

자료 OECD 2013: 54.

그럼에도 양적 통계분석의 결과와는 달리 질적 분석에서는 다소 부정적인 결과가 보고되고 있다(앞글: 63). 전체 통계적인 집합 자료를 살펴보면, 소수의 대형 사회적 경제 조직들이 대부분의 일자리를 마련한 것으로 조사되고 있다. 전체 사례의 1.6%에 해당되는 10대 사회적 경제 조직들이 전체 일자리의 46%를 마련한 것으로 나타난다. 또 다른 극단에서는 사회적 경제 조직들의 절반 이상이 일자리 10개 이하를 마련한 것으로 나타난다.

정책당국에서는 양적 통계 자료에만 의존하지 않고 세부적인 질적 자료분석을 정책결정과 집행에 참고할 것을 권고한다. 따라서 사회적 경제의 다수를 차지하는 소형 사회적 경제 조직들에 초점을 맞춰, 보다 면밀한 사회적 경제 분석이 뒷받침될 필요가 있다. 소형 사회적 경제 조직들은 일자리 안정성 등의 고용의 질 보장에 상당한 어려움을 겪고 있는 것으로 나타난다. 실제로 30% 이상의 사회적 경제 조직들이 적절한 임금 지급, 경력 승진기회 제공, 교육훈련, 안정된 고용 제공에 어려움을 제시하였다. 그 이유에 대해서는 역시 '경제적' 이유가 가장 중요한 것으로 나타난다.

따라서 공공기관의 재정 및 행정 지원의 역할이 무엇보다도 중요하며 시급하다고 결론내릴 수 있으며, 다음과 같은 정책방안들을 제시해볼 수 있다(앞글: 63).

- 사회적 경제 조직들이 공공서비스의 우선적 공급자로 우대하는 전략;
- 사회적 경제 조직들이 장기간 공공부문의 계약자로 우대하는 전략;
- 사회적 경제 조직들의 사회적 기여를 인정해주는 보조금 지원 정책;
- 사회적 경제 종사자의 훈련에 필요한 정부의 행정 및 재정 지원정책;
- 사회적 경제 조직의 등록 부담 감소;
- 사회적 경제에 대한 정책층의 수사적 지지;

- 사회적 경제 교과를 국가적 교과과정에 포함시키는 정책 등.

이상의 정책 방안이 제대로 추진되면 사회적 경제 조직들은 필요한 자원의 접근이 용이해지면서 더 많은 취약층에게 일자리를 제공하며 사회통합과 경제성과를 동시에 추구하게 될 것이며, 또 사회적 경제 종사자들의 노동환경 개선에도 기여할 것이다. 특히 사회적 경제에 대한 각국의 예산 확대가 사회적 경제 활성화와 지속가능성에 기여한다는 것이 여러 연구에 의해 확인되고 있다. 사회적 경제로 공공지출금을 재조정해 집합적인 고용에 대한 상대적 효과가 있다는 것이 확인되며, 어느 사회적 경제 유형들이 공공지출의 혜택을 최대화하기 위해 재정지원을 받아야 하는 것을 이해할 필요가 있다.

3) 사회적 기업의 임파워먼트 역량

취약층을 위한 사회서비스 디자인과 공급에 초점을 맞춘 사회적 기업의 활동은 사회적 기업이 이용자 임파워먼트를 강화시켜 사회적 배제를 차단하는 목표를 잘 수행하고 있는지에 관심의 초점이 맞춰진다.

이탈리아 사회적 기업의 이용자 임파워먼트

사회적 기업의 임파워먼트 역량에 관한 이탈리아 두 지역의 연구들은 이용자 임파워먼트 두 가지 차원에 초점을 맞춘다(OECD 2007: 4). 하나는 소비자 임파워먼트로, 비교적 약한 수준의 임파워먼트로 서비스 수혜자인 이용자에 초점을 맞춰, 개인의 자율성을 개선하고 사회통합을 막는 정보와 제도의 장애물 제거를 목표로 한다. 이에 관한 주요 지표들로는 서비스의 다양성, 맞춤형 서비스 제공, 서비스 공급에 대한 이용자 투입 등이다. 다른 하나는 비교적 강한 수준의 임파워먼트로, 서비스 이용자인 취약층 임파워먼트로, 집단적인 역량을 진흥시키고 사회통합에 장애가 되는 주요 문화적, 심리적 요인들의 제거에 초점을 맞춘다. 강한 수준의 임파워먼트의 지료들로는 이용자 참여와 주창활동으로 사회적 기업에게는 서비스 제공의 역할뿐 아니라 취약층의 사회적 배제와 주변화를 막기 위한 주창활동 역할도 주어지고 있다.

이탈리아의 두 지역의 분석 결과는 사회적 기업들이 약한 수준의 임파워먼트인 서비스 제공과 보통 수준의 이용자 역량 강화에 머물면서 강한 수준의 임파워먼트가 없다고 지적한다. 사회적 기업들이 약한 수준의 임파워먼트 활동에 머물게 된 주요 요인들로는 공공지출이 삭감되고 사회적 기업에 대한 지원도 줄어드는 분위기에서 용역계약과 재정지원 측면에서 공공부문에 크게 의존할 수밖에 없는 상황이 제시되고 있다. 따라서 강한 임파워먼트의 발전을 위한 올바른 인센티브의 제공이 필요하며, 이를 위해 공공 거버넌스 구조가 결정적으로 중요하다는 제안이 제시되고 있다. 사회적 기업의 강한 임파워먼트 역량 강화를 위해서는 서비스 디자인, 평가, 모니터링 도구에 대한 파트너십 접근방법을 활용뿐 아니라 이용자 책무성을 제고시키는 규제적 프레임워크 시행, 증여 의존도를 줄이기 위한 시장금융 접근기회 확대 등이 필요하다는 제안이다.

영국 사회적 기업의 취약층 임파워먼트

한편 영국 사회적 기업의 사례를 살펴보면, 상당한 취약층 임파워먼트 성과가 창출된 것으로 보여진다. 영국 사회적 기업협회(Social Enterprise UK

표 5-11 사회적 기업의 활동 지역: 중소기업과 비교, 2013년 영국 (단위: %)

	매우 심한 취약지역	다소 심한 취약지역	중간 수준	다소 약한 취약지역	매우 약한 취약지역
사회적 기업	38	26	14	9	7
중소 기업	12	19	21	26	22

자료 Social Enterprise UK 2014: 17.

2014)의 보고서를 참고해보면, 사회적 기업은 가장 취약한 지역에 집중되어 있다. 전체 중 38%가 전체 지역사회 중 취약지역 20%에서 활동한다. 이에 비해 중소기업은 12%가 이들 취약지역에서 활동한다.

또 여성 임파워먼트 성과도 두드러지게 나타난다. 영국의 사회적 기업 대표로 여성의 비중은 전체 38%를 차지하는데, 중소기업은 19%, 100대 FTSE 기업들은 3%에 불과하다(앞글: 7). 사회적 기업의 91%가 지도자층에 여성 한 명 이상을 포함시키고 있는데, 중소기업의 49%가 모두 남성 지도자층으로 구성되어 있다.

한국 사회적 기업의 취약층 임파워먼트

한국의 사회적 기업들도 취약층 고용 등의 사회적 성과가 상당한 것으로 나타나 있다. 2014년 경영공시를 했던 116개 사회적 기업의 경영성과를 분석한 결과, 평균 고용인원은 46명으로 2013년 37명과 비교해 24% 증가했고, 취약계층 평균 고용인원은 26명으로, 전년도 21명과 비교해 크게 늘었다(고용노동부 2015).

한국을 대표하는 사회적 기업 중에서 지역사회 취약층의 임파워먼트를 개선해 사회통합을 선도하는 사례들로 청주시의 가온 사회적 기업과 안산시의 의료복지 사회적 협동조합 사례를 살펴볼 만하다.

표 5-12 사회적 기업 가온의 돌봄 서비스

> 사회적 기업 (주)가온은 가사관리, 보육, 산후관리, 요양보호, 간병 등의 돌봄서비스를 제공한다. 정부가 지원하는 공식 영역 돌봄 서비스는 수혜자가 장애인, 저소득층 등의 취약층인 반면 가온의 경우 이 서비스를 공급하는 사람 쪽이 취약층이다. 취약층의 비율은 정식으로 고용된 인력의 45% 가량으로, 돌봄 서비스 종사자 기준으로는 80%에 이른다.
>
> 가온의 성과는 직업소개소의 과도한 알선 수수료 탓에 돈을 별로 손에 쥐지 못했던 돌봄 서비스 종사 여성들이 가온 덕에 형편이 나아졌다는 것이다. IMF 체제 이후 가장의 실직 등으로 인한 생활고로 이 시장에 뛰어든 여성들은 직업소개소의 부당한 처우에 시달려왔다고 할 수 있다. 가온은 이들 여성의 생계뿐 아니라 이들에 대한 인식을 개선한 것에 의미를 부여했다.
>
> 가온이 돌봄서비스 공급자의 처우와 사회적 인식에 관심을 기울이는 건 경영진이 IMF 체제 당시 실업 극복 운동을 위해 만들어진 시민단체 출신이기 때문이다. 가온은 돌봄 서비스를 세분해 가사관리를 전문화했다. 창틀 청소의 경우 주부가 할 때의 절반인 한 시간이면 마친다. 그 노하우를 가사관리사들이 집단 교육을 통해 시스템적으로 공유한다. 서비스의 품질을 높이면서 가격도 함께 올렸다. 가온은 돌봄 서비스 종사자에게 '같은 지역, 같은 서비스, 최고의 가격'을 보장한다. 이들의 낮은 경제적 지위를 높여보겠다는 것이 회사의 설립 정신이다. 이른바 가성비(가격 대비 성능 비)는 높은 편이다. 청주 돌봄 서비스 시장의 90%를 점유하던 단체 Y보다 서비스 요금을 20~30% 높게 책정했지만 현재 이 시장을 60% 이상 점유하고 있다. 이제 공급 초과에서 수요 초과로 시장 상황이 바뀌면서 경쟁력이 높아진 것이다.

자료 한국사회적 기업진흥원 2015: 50-55.

표 5-13 안산의료복지 사회적 협동조합

> 2000년 의료생협으로 설립되어 2008년 사회적 기업이 됐고 2013년 사회적 협동조합으로 전환했다. 진료를 하는 1차 의료기관이지만 건강보험이 커버하지 않는 예방과 건강증진 활동에 주력하는데 목적을 갖고 있다. 조합은 이윤을 추구하지 않는 원가 경영을 하기 때문에 진료비가 낮다. 조합원들은 비보험 진료를 받을 때도 10~20% 할인을 받는다. 비조합원도 다른 병의원을 이용할 때보다 진료비가 20% 가량 절감된다. 진료

비가 싸서 인기가 있자 다른 병원들도 진료비를 내리면서 지역의 의료비 시장가격이 낮아지며 지역주민들에게 혜택이 돌아간다.

의사들의 급여도 일반 병원과 비슷한 수준이며, 근무시간은 40시간 이하로 의료진의 스트레스와 압박감이 상대적으로 적은 편이라, 의사도 환자 모두에게 편한 진료가 보장된다. 또 근무시간을 줄이면 고용이 늘기 때문에 의사 일인당 환자수가 적어 모두에게 혜택이 된다.

조합원은 안산시의 약 4700세대이며, 내원자 중 조합원 비율은 65% 가량 된다. 환자 중 노인과 장애인 등 취약계층은 40%를 차지하며, 저소득층도 많은 편이다. 안산은 서민들도 많고, 이주 노동자들도 많은 도시이다. 이주노동자는 대부분 건강보험이 없는 불법 체류자 신분이다. 건강보험이 없어 고액의 의료비를 지출해야 하는 이들에게 조합은 그 시절 진료비의 30%만 받았다. 조합 출자금은 2년 전 사회적 협동조합으로 전환하면서 하한선이 1만 원에서 5만 원으로 올랐고, 출자금에 대해서는 배당도 이자도 없다. 조합원으로서 누리는 혜택은 출자금의 액수와 무관하지만 1000여 명이 매월 1300만 원가량 꾸준히 출자를 한다. 조합 측은 이들의 지속적인 출자에 "우리조합이 좋은 일을 하는데 도와야지 하는 뜻이 담겼다"고 설명했다. 출자금 총액은 10억 원 대에 이른다.

조합 출범 후 6~7년간은 극심한 경영난을 겪었다고 한다. 조합원 수는 적은데 일반 병원들이 하지 않는 이런저런 예방교육, 건강 증진을 위한 소모임 활동을 의욕적으로 벌였기 때문이다. 그런데 점차 지역주민들의 신뢰가 쌓이면서 조합원 수가 늘어났다. 조합원이 조합원을 끌어들이며, 조합원이 2000세대를 넘기며 경영난을 이겨냈고, 2015년 목표 매출액은 42억 원이다. 조합은 출범 초부터 왕진, 가정 간호 등 집으로 찾아가는 사회서비스를 하고 있다. 2008년 장기요양보험 제도가 생기면서 요양사들이 이 일의 일부를 담당한다.

자료 한국사회적 기업진흥원 2015: 102-105.

4) 사회적 기업의 비즈니스 성과

영국 사회적 기업 사례

사회적 기업은 기업으로서 사회적 목적을 추구하기 위해 비즈니스 수익을 높여야 하는 목표를 갖고 있다. 사회적 기업의 비즈니스 성과에 대해서는 자료가 극히 부족한 가운데 영국의 서베이 자료를 참고해볼 만하다 (Social Enterprise UK 2014).

① 비즈니스 혁신: 기업의 비즈니스 혁신의 지수가 되는 신제품 또는 서비스 개발에서 사회적 기업의 56%가 지난 1년새에 개발했는데, 중소기업 중에는 그 비중이 43%로 뒤져 있다.

② 비즈니스 전망: 사회적 기업이 중소기업에 비해 더 낙관적이다. 사회적 기업 중에는 63%가, 중소기업 중에는 37%가 다음 2~3년 기간에 수익이 높아질 것으로 대다보았다.

③ 상업 수익: 실제로 지난 1년 동안 중소기업 29%에 비해 사회적 기업 38%가 수익이 높아진 것으로 보고하였다. 반면에 지난 1년 동안 수익이 줄어든 사회적 기업은 22%인데, 중소기업의 경우 31%로 비교적 높았다. 영국 사회적 기업 72% 가량이 전체 수입 중 76% 이상을 상업거래 수익으로 비즈니스를 한 것으로 나타났고, 12% 가량은 51~75%를, 그리고 26%에서 50% 정도의 상업거래를 수익으로 올린 것으로 조사되었다(앞글: 24).

④ 공공구매: 사회적 기업이 당면하는 문제들 중에서 공공구매가 운영자본 부족 다음으로 지속가능성에 가장 심각한 장애로 꼽혔는데, 2013년 사회적 기업 34%가 이런 문제를 지적했는데, 2011년 25%에 비교해 훨씬 문제가 심각한 것으로 나타났다.

⑤ 수입 구조: 사회적 기업의 가장 많은 수입의 비중은 일반 시민들과의 거래로, 2013년에 전체 32% 비중을 차지하고, 그 다음이 공공부문(23%), 기업 부문(13%) 제3섹터 기관(10%), 다른 사회적 기업(4%), 정부 지원금(7%), 기타 지원금(2%) 등이다. 공공부문과의 거래 또한 늘고 있는 추세인데, 사회적 기업의 절반 이상(52%)이 공공부문과 거래하는데, 중소기업

의 26%에 비교해 두 배가 된다. 절반 가량의 사회적 기업들은 민간 부문(영리기업과 다른 사회적 기업 등)과 거래로 수입을 올린다.

⑥ 자본 투자: 사회적 기업의 자금 여유가 높은 것은 아니다. 절반 가량(48%)이 지난 1년간 다른 자본 유치를 노력한 것으로 나타났는데, 증여와 융자 신청이 가장 높은 비중을 차지한다. 또 사회적 기업 39%가 자본 유치를 자신들의 지속가능성에 가장 심각한 문제로 지적하였다. 이는 중소기업의 사정에 비하면 두 배가 넘는 심각한 문제이다. 외부 금융지원은 개발 자본(52%)에 충당하기 위해, 그리고 운영 자본(31%), 장비/차량 구입(22%), 자산 구입(17%) 등으로 조사되었다.

한국 사회적 기업 사례

한국의 사회적 기업들도 상당한 비즈니스 성과를 내고 있는 것으로 평가받고 있다. 2014년 경영공시를 한 116개 사회적 기업의 경영성과를 분석한 결과, 평균 매출액은 37억 1662만 원으로 전년도(28억 6291만 원)에 비해 29.8% 상승했고, 평균 당기순이익도 같은 기간 2482만 원에서 8170만 원으로 229% 급증하였다(고용노동부 2015).

한국의 사회적 기업 중 강력한 비즈니스 성과를 내며 지속가능성을 보여주는 사회적 기업으로 제너럴 바이오 사례를 꼽을 만하다.

5) 사회적 기업 개념의 주류화

사회적 기업의 중요성은 지속으로 확인되고 있기 때문에, 사회적 기업 개념의 주류화에 관심이 모아진다. 주류화 논의에서 가장 중요한 지속적인

■ **표 5-14** 제너럴 바이오 사회적 기업의 경제적 지속가능성

제너럴바이오는 전북 완주군에 있는 사회적 기업으로 친환경 주방·세탁 세제 등 생활용품, 바이오 식품, 기능성 화장품 등을 만든다. 주름살 개선용 화장품 리프팅겔은 EU에서 가장 유명한 독일의 에스테틱(피부관리) 체인업체 클랩 코스매틱사에 납품한다. 지난해 말 거래를 시작해, 2015년 3억 원어치 이상 납품할 것으로 예상된다. 바이오 연구개발(R&D) 전문기업을 자처하는 제너럴바이오는 글로벌 사회적 기업 인증인 '비코프(B Corp · Benefit Corporation)'를 받았는데, 전 세계 1400여 개의 비코프 인증 업체 중 7위에 랭크됐다. 지역에서 나는 원료를 사들여 제품을 개발한 후 다른 지역이나 해외에 내다파는 것, 그렇게 번 돈으로 지역 사람을 고용하고 지역 복지시설에 기부를 하는 점 등이 높은 평가를 받았다. 직원은 45명으로, 중증장애인 12명을 비롯해 경증장애인 등 취약층 비율은 72%로 높은 편이다. R&D 전문기업으로 연구원이 9명으로 전체 20%를 차지하며, 연구원들은 일주일에 90시간 이상씩 솔선수범한다. 제너럴바이오는 R&D 전문기업의 강점을 유지하기 위해 자체 생산량의 비중을 70%로 유지하며, 매출액 대비 15% 이상 높은 당기순이익을 낸다. 사회적 가치 창출과 경제적 성과를 동시에 추구한 것이다. 제너럴바이오는 다른 사회적 기업들의 제품개발을 돕고 품질 및 공정 개선과 관련한 지원 및 컨설팅도 한다. 그래서 "R&D로 '사회적 기업을 지원하는 사회적 기업'이라고 자부한다. 제너럴바이오는 이제 코슈메티컬(코스메틱+메디컬) 시장에서 블루 오션을 개척하려 한다. 장차 코슈메티컬의 비중을 50%로 키우고 식품 20%, 생활용품 30%로 구조조정하려고 한다. 그러면 영업이익률이 30% 수준으로 높아질 것으로 전망한다. 서 대표는 소셜 재벌이 나와서 소셜 벤처에 투자하고, "소셜 생태계를 정부에 의존하지 않고 민간 주도로" 만들고 싶은 포부를 밝힌다.

자료 한국사회적 기업진흥원 2015: 12-15.

논의 주제는 사회적 기업의 상업활동과 사회적 목적 추구에 관한 것이다. 사회적 기업이 사회와 경제에서의 역할에 관한 논의로, 다음 몇 가지 차원에서 분명한 개념의 주류화를 제시해본다(OECD 2007: 10-11).

첫째는 규제가 취약한 시장에서의 사회적 기업의 발전에 관한 논의이다. 사회적 기업 부문은 효과적인 자율성이 중요한 역할을 하지만 확고한

사회적 기업의 발전에는 기본적인 규제적 인프라, 법의 지배, 투명한 의사결정 등이 뒷받침되어야 한다. 마찬가지로 국가의 구속적인 규제 정책은 사회적 혁신 역량을 저해하는 반생산적인 것이 될 수 있다.

둘째는 사회서비스 공급에서 민간부문의 투자와 관련된 사회적 기업에 대한 지원 논의이다. 사회적 기업의 발전으로 민간부문의 투자를 밀어내는 문제가 발생할 수 있다는 논의인데, 이는 시장의 역동성보다는 그릇된 정체적 시각에 기초한 영리 대 비영리라는 양분법을 잘못 이해한 것으로 볼 수 있다. 제도적 경제학에서는 동태적인 시각에서 현대 경제의 복합적인 사회적, 경제적 욕구를 충족시키는 시장 인센티브 제공에서 새로운 제도 유형들의 역할을 중시한다. 주류 경제학 시각에서 사회적 기업은 시민의 공익이 되는 재화와 서비스 공급 측면에서 국가와 시장 사이에서 비즈니스를 위한 시장 도구를 이용해 시민적 이니셔티브를 주목적으로 하는 민간제도로 간주될 수 있다. 사회적 기업의 핵심적인 가치는 자신들의 경제적 활동이 주주를 위한 이윤 극대화가 아니라 사회적 미션의 달성에 이윤을 재투자한다는 것을 보증해주는 거버넌스 모델과 자산 규정들에서 발견된다.

셋째는 증여 의존에 대한 잠재적인 위협 문제이다. 사회적 기업을 육성하고 지원하는 정책으로 초기 자본 지원금이나 교육과 기술자문 서비스 비용 지원이 필요하지만, 정부 지원의 증여 의존을 재정적 자기 지속가능성으로의 전환은 심각한 이슈가 된다. EU의 경우 사회적 기업의 개발을 지원하는 재정적 모터 기능의 역할은 중시되고 있지만, 사회적 기업 섹터의 자기 지속가능성에 대한 준비는 아직 미진한 것으로 드러난다. 사회적 기업이 자기 자속가능성을 갖도록 지원하는 정책이 지원기관의 금융지원 내에 포함될 중요한 요소가 되어야 한다. 지원기관들은 시장기반의 금융지원 메커니즘에 기초하고 적절한 지원 서비스를 결합해 증여를 통해 지원금의 일부를 지불하면 사회적 기업의 재정적 지속가능성과 장기적인 생존력 모색에 기여할 수 있을 것이다.

마지막은 사회적 기업의 모델을 규정하는 논의이다. 사회적 미션과 관련 없는 경제적 활동을 하지만 자신들의 핵심적인 사회적, 주창활동을 하기 위한 기금 마련을 위해 경제활동을 하는 시민사회단체(CSO)는 사회적 기업으로 간주할 수 있는지, 문제가 제기될 수 있다. OECD의 경험에 비추어보면 사회적 기업의 등장은 비영리섹터에서 점진적인 제도적 발전의 과정을 거친 결과가 된다. 전환기에 있는 CSO가 경제활동을 포함한 다양한 전략들을 채택하는 것은 서비스 제공 기회와 같은 배경이 이뤄지지 않은 불리한 상황에서 시도되는 실험으로 간주해볼 수 있다. 사회적 기업은 광범위한 비영리섹터의 경험의 연장으로 이해하는 것이 바람직하며, 그 경험들로 사회적 목적을 기업가적 활동으로 수행하는 이니셔티브들을 포용하는 것도 바람직하다. 다양한 사회적 기업 모델들을 지나치게 제한적으로 규정하는 것은 바람직하지 않지만, 반대로 사회적 기업이라는 명칭만 내세우고 사회적 목적을 추진하지 않는 조직들을 사회적 기업 유형에 포함시키지 않는 것도 중요하다.

3. 사회적 기업에 대한 임팩트 투자

1) 사회적 기업 설립 배경

사회적 기업은 새로 창업된 기업들이 있고, 또 기존의 사회적 경제 관련 조직들로부터 전환된 기업들이 있다. 다양한 협회, 재단, NGO, 비영리조직 등이 사회적 기업으로 전환되는 대표적인 기관들이다. 이 같은 전환은 새로운 경제활동을 위한 법이나 제도의 도입으로, 또는 노동자 소유의 협동조합처럼 기존의 조직형태 변화로, 또는 다른 유형의 조직에서 사회적 기업으로 전환되는 경우가 대부분이다.

가장 중요한 변화는 공공서비스를 사회적 기업으로 전환하는 데 대한 관심이 높아지고 있다는 점이다(OECD 2013a: 8). 이런 변화는 새로운 게 아니지만 사회적 기업으로의 전환이라는 새로운 변화라는 데 주목해볼 수 있다. 영국의 그리니치 레저(Greenwich Leisure Limited: GLL)는 영국 전역에 100개 이상의 레저센터를 700명의 근로자로 운영하는 사회적 기업인데, 기존의 공공서비스가 사회적 기업으로 전환한 대표적인 사례가 된다. 그린니치 시의회는 1993년 예산 30% 삭감 결정을 했고 이에 따라 근로자도 그만큼 감원되었는데, 이용자 주도의 상조적 사회적 기업으로의 전환을 목표로 하였다. 기존의 레저센터 임원들과 이용자들과의 지속적인 협의를 거쳐 사회적 기업으로의 전환이 순조롭게 진행된 사례이다.

또 다른 사회적 기업의 설립 배경은 사회적 프렌차이징(social franchising)이다. 공동의 작업과 지식 공유와 이전으로 상호 경제적, 사회적 목표를 달성하기 위한 사회적 기업을 설립하는 것이다. 유럽에서 많은 사례들이 있는데, 대표적인 플랫폼으로 유럽 사회적 프랜차이징 네트워크(European

■ 표 5-15 영국의 CASA 프랜차이징 사회적 기업

CASA는 자매회사인 Sunderland Home Care Associates 모델을 프랜차이즈 활동의 기초로 삼아, 영국 북부지역의 6개의 조직들의 연합체인 중간조직 역할을 한다. CASA는 정부기관과 공조하면서도 시장에서는 케어 서비스 제공 기관들과 경쟁하는 프랜차이즈 사회적 기업들을 지원한다. CASA는 프랜차이즈 사회적 기업을 다양하게 지원하는데, 새로운 프랜차이즈의 비즈니스 계획 준비, 행정적인 설립 절차 (등록, 종사자의 자격요건 등), 인적자원 관리와 마케팅 등이다. 또 프랜차이즈들에 대해 지속적인 운영 지원이 이뤄지며, CASA 비즈니스 매뉴얼에 따라 프랜차이즈의 설립과 관리가 상세하게 규정되어 있다. 프랜차이즈 계약으로 프랜차이즈는 종업원 소유가 될 것을 보증하는 블로킹 세어홀딩(blocking shareholding)을 CASA에게 부여하게 된다. CASA는 이사회를 대표하며 다른 주주들은 외부 주주가 없이 내부의 종사자 우대 트러스트(Employee Benefit Trusts) 또는 종사자 주식인센티브 계획(Employee Share Incentive Plans)이다.

출처 http://www.casauk.org.uk

Social Franchising Network(http://www.socialfranchising.coop/))는 사회적 프랜차이즈 설립을 지원하는 지식과 노하우를 제공해준다.

대표적인 프랜차이징 사회적 기업 사례로는 Care and Share Associates(CASA)를 참고해볼 수 있다(표 5-15).

2) 사회적 기업에 대한 임팩트 투자

사회적 기업 설립에서 자본 이용은 특히 창업에 핵심적인 부분이다. 사회적 기업은 전형적으로는 시장자원(재화와 서비스의 판매 등)과 비시장 자원(정부지원금과 민간 후원금), 비금전적 자원(자원봉사)으로 재정이 지원된다(앞글: 9). 정부로부터의 재정지원은 초기 발전 단계에서 필요하며, 이후 사회적 기

업이 규모를 갖추고 시장역량을 구축하게 되면 점차 줄어들 수 있는 재원이다. 일부 사례들에서는 자력의 파이낸싱이 어렵고 그럼에도 공공서비스 제공의 혜택과 비용절감 활동이 이뤄지는 사회적 경제 분야에 대해서는 안정적인 장기적인 재정지원이 필요하다.

사회적 기업에 대한 다양한 임팩트 투자

추가적인 비정부 재원의 파이낸싱을 획득하기 위해서는 민간 시장부문에서 다양한 금융상품들이 개발되어 사회적 기업들의 라이프 사이클(초기 시작단계, 준비단계부터 완성과 성장단계)에 적합한 지원이 이뤄질 필요가 있다. 대부분의 주류 기업들이 활동하는 핵심 금융상품 중 하나는 은행융자이다. 그럼에도 대부분의 OECD 국가들에서 사회적 기업들은 크레딧 이용 기회를 획득하는 데 많은 어려움을 겪고 있다. 은행 등 전통적인 금융기관들은 사회적 기업에 대한 융자를 일반적으로 거부하는데, 그 이유는 고객기준을 충족시키지 못하며 충분한 대출보증이 이뤄지지 않기 때문이다. 이에 따라 사회적 기업들은 새로운 금융 협력기관을 찾거나 자신들의 사업계획을 축소해야 한다.

유럽 최초의 임팩트 투자 펀드 운영사 중 하나로 2006년에 Luciano Balbo가 설립한 Oltre Venture는 지속적이고 적극적으로 사회적 기업들을 지원해 이제는 제1단계를 거쳐 제2단계가 추진되면서 유럽임팩트펀드(EIF)의 투자를 유치하는 성공적인 사례가 되었다(EVPA 2016a: 42).

다양한 임팩트 투자 유형

최근까지 새로운 다양한 금융도구들이 등장해 사회적 기업을 지원한다. 금융 행위자들의 행태에서 시민사회 이니셔티브 지원 등의 새로운 변

표 5-16 Oltre Venture 임팩트 투자

〈2006년 OLTRE Fund I〉

- 투자기간: 펀드는 10년 기간이지만 투자기간은 4년 미만
- 투자자: 22명의 투자자로부터 500만 유로 모금(고액 개인 투자자와 은행재단)
- 법적 유형: Società in accomandita per azioni (SAPA) (Limited Liability Limited Partnership - LLLP)
- 투자 타깃: 17개 사회적 기업에 투자(소액대출, 임시공동주택, 보건, 직업소개). 3개 투자기관(PerMicro spa, Ivrea24, Società e Salute Srl)이 전체 포트폴리오 2/3 차지.

OltreVenture는 고도의 혁신적 운영 모델로 경제적, 금융적 지속가능성이 높고 양질의 서비스 제공 역량이 있는 기업들에 투자.

〈2014년 OLTRE Fund II〉

- 투자기간: 펀드는 10년 기간이지만 13년으로, 투자기간은 5년으로 연장 가능.
- 투자자 민간 및 제도기관 투자자의 투자규모는 2600만 유로.
- 법적 유형: Bank of Italy 승인 과정중.
- 투자 타깃: 성장 기업들에 대한 연장 투자와 스타트업 기업들을 대상으로, 사회적 임팩트 지속가능성이 높은 기업들에게만 투자. 교육, 보건의료, 사회주택, 직업소개, 사회 서비스(개인, 가족, 노인, 청년층). 농업과 관광 투자 등 취약지역 투자, 지역사회 임팩트가 강한 사회문제 해결형 사업에 투자.

Oltre Venture는 스타트업 이후 8년이 지나 펀드를 조성해 EIF 등 기관투자의 지원으로 펀드 규모는 두 배로 증대.

자료 EVPA 2016a: 42.

화를 주목해볼 만하다(Mendell and Nogales 2009). 최근에 '사회적 투자'(social investment)를 포함한 금융 혁신들뿐 아니라 다른 금융 재원의 역할 변화가 주목되는 데 지역사회 기반의 투자(community based investment)가 있고, 프로그램 연계 투자(programme related investment: PRI), 벤처 필랜스로피(venture philanthropy: VP), 그리고 전통적인 필랜스로피, 금융기관, 공공 파이낸싱 등

의 전통적인 금융공급자들이 있다. 지역사회 투자는 지역사회에 기반을 두는 결사체나 사회적 경제 조직들에 직접 투자하는 것을 의미한다. 지역사회 투자기관은 투자 자본을 활용해서 전통적인 금융기관들이 거부한 개인이나 조직의 자본접근을 위해 금융 또는 보증대출을 해준다. 지역사회 투자기관은 투자자에게 수익이 돌아오고 대출금 상환이 잘 이뤄지도록 교육훈련 등의 지원과 기술 지원을 제공한다. 프로그램 연계 투자(PRI)는 자선기관, 증여 제공 트러스트와 재단들이 자신들의 핵심 목적과 같은 목적을 공유하는 기관들에 투자하는 방식이다.

새로운 금융 생태계의 변화는 투자에 대한 금융수익을 보장하면서 강력한 사회적 임팩트를 가진 비즈니스를 지원하기 위한 목표를 가진 진취적 투자(proactive investment) 선택 접근법으로 일반적으로 '임팩트 투자'(impact investment)로 알려지고 있다. 임팩트 투자는 금융 수익과 함께 측정 가능한 사회적, 환경적 임팩트를 생산하기 위한 의도를 가진 투자이다. 이 같은 임팩트 투자의 '진취적 투자' 선택과 관련된 아래 일곱 가지의 투자방식이 사회적 기업을 지원하는 파이낸싱의 재원으로 볼 수 있다(앞글: 10-11). 그것들은 연대 금융(solidarity finance), 벤처 필앤스로프(VP), 기관 투자(institutional investment), 개인 투자(individual investment), 지분과 준지분 투자(quasi-equity and equity instruments), 윤리적 또는 사회적 자본시장(ethical or social capital markets), 크라우드펀딩(crowdfunding) 등이다(Mendell and Nogales 2009).

(a) 연대 금융(Solidarity finance)은 EU가 지원하고 유럽연대금융조직 네트워크(FINEUROSOL)가 활성화되어 있다. 저축, 투자, 크레딧 등 다양한 형태의 금전을 공적 이해를 추구하는 방식으로 운영하는 것으로 정의된다. 시민 개인들이 핵심적인 역할을 하면서 주류 파이낸싱과 유사한 금융

도구들이 있고, 사회적으로 유용한 다양한 프로젝트에 투자되는 특징이 있다. 이 같은 연대금융이나 윤리적 금융의 성장으로 사회적 기업에 대한 중요한 금융공급원이 생겨나고 있다. 동시에 사회적으로 책임 있는 투자자들이 바라는 기준을 충족시켜주는 장점이 있다고 평가된다. 프랑스에서는 2010년부터 50인 이상의 종사자들이 있는 기업들은 직원에게 사회적 지향의 연금제를 제공하도록 의무화시키고 있다. 연금기금의 5~10%를 사회적 기업이나 사회적 펀드에 투자하도록 규제한다. 시행 결과, 2011년 말 기준으로 17억 유로의 기금에서 1억 1000만 유로가 사회적 기업이나 사회적 펀드에 투자된 것으로 나타난다. '연대' 인증 기업이 되기 위해서는 다음 조건들을 충족시켜야 한다. 상장기업이 아니며, 프랑스에 등록된 기업으로, 노동시장으로 통합된 인력을 30% 이상 고용하며, 마지막으로 (비영리회사, 협동조합 회사, 재단 등) 사회적 경제 또는 연대 경제의 법적 지위를 가져야 한다.

(b) 벤처 필랜스로피 VP는 벤처 자본 모델을 금융수익과 사회적 수익이라는 복합적인 이중의 수익을 생산하기 위해 사회적 투자 전략에 응용한 경우이다. 소셜 벤처 필랜스로피 전문가들은 금융공급, 비즈니스 자문 및 모니터링을 복합한 새로운 투자전략의 시행을 통해 전통적인 최대의 리스크, 수익 전무의 자선적 기금을 재조정하는 새로운 방식을 창출한 것이 VP이다. 투자기회의 탐색에서 제안된 이니셔티브들의 혁신적인 기업가정신을 우선 투자 대상으로 선정한다. VP 전문가들은 금융수익과 사회적 수익이라는 이중의 복합적 수익을 체계적으로 측정하기 위해 새로운 도구들을 개발하거나 기존의 방식을 조정하며 평가와 성과 측정 측면에서 상당한 기여를 한다.

(c) 제도적 투자는 연금 기금이나 상조회 기금 등의 기관 투자자, 보험회사,

전통적인 은행 등도 사회적 기업을 지원하는 금융 재원이다. 프랑스, 미국, 캐나다 등지에서는 제도적 투자자가 이미 사회적 기업의 지원을 미션으로 표명하고 있는 경우가 있다. 이들은 일반적으로 수십만 유로에서 수백만 유로 정도를 투자한다. 그럼에도 많은 경우, 제도적 투자기관들은 사회적 기업에 직접 투자하기보다는 투자기금 등의 중간기관에 투자한다. 사회적 기업에 대한 전문지식이나 정보를 갖고 있지 않아 직접적으로 선택해 파이낸싱을 하는 데 한계가 있기 때문이다.

(d) 개인 투자는 각국의 사정에 따라 많은 차이가 있지만, 사회적 기업을 위한 중요한 파이낸싱 재원이 된다. 개인 투자자는 두 가지 유형으로 구분될 수 있는데, 하나는 사회적 동기 유발이 강한 투자자 그룹으로 금융자문가가 자금을 관리한다. 투자 규모는 10만 유로에서 수백만 유로로 주로 장기간 투자되는 특성이 있다. 두 번째 그룹은 작은 규모의 투자자로 '시민 투자자'(citizen investors) 그룹인데, 지역사회 차원에서 지역사회 이니셔티브를 지원하는 그룹으로 투자 규모는 1만 유로부터 시작되는 작은 규모이다.

(e) 준지분(quasi-equity) 파이낸스는 부채에 기반하지만 일부 자본 투자의 특성을 가진 혼합형 파이낸스이다. 사회적 기업에 자본 장비와 부동산 투자를 지원해 장기(5~10년) 투자 자본을 공급한다. 프랑스에서 지분과 준지분 투자 규모는 사회적 기업당 1만-100만 유로 범위로 나타난다.

(f) 윤리적, 사회적 자본 시장은 사회적으로 책임 있는 투자가 이뤄지고 있는 시장이다. 이 개념은 새로운 게 아니지만 사회적 기업에 금융을 제공하는 자본 풀(capital pools)을 증대시키기 위해 등장하고 있다. 일부 실패한 사례들이 있어 비판이 나오고 있지만, 사회적 금융 교환의 아이디어는 많은 사회적 투자자들에게는 관심의 대상이 되고 있다.

(g) 크라우드 펀딩은 많은 OECD 국가들에서 급성장하는 웹 기반의 파이낸스 원천이 되고 있다. 500개 이상의 플랫폼이 개설되어 여기에서 제공되는 파이낸싱의 잠재력은 2020년이면 1조 달러 규모가 될 것이라는 추산이 있다. 유럽의 경우 미국에 비해 상대적으로 진전되어 있지 않다. 크라우드 펀딩은 사회적, 인도주의적 프로젝트들을 지원하는데, 2012년의 대표적인 사회적 프로젝트를 지원하는 크라우드 펀딩 또는 마이크로 크레딧 플랫폼(Kiva, Just Giving, Babyloan 등)은 기존의 플랫폼을 통해 10% 이상의 펀드 상승을 기록해 약 30억 유로 규모로 추산되었다. 크라우드 펀딩은 사회적 기업의 욕구를 지분으로 충족시켜주면 사회적 기여를 하기 때문에 전통적인 투자자를 대신하는 진정한 대안을 대표한다는 평가를 받고 있다.

(h) 시장에 대한 접근은 사회적 기업이 성장해 지속가능하기 위해서는 필수적이다. 그런데 사회적 기업의 시장접근 역량에 장애가 되는 요인들은 적지 않다. 먼저 시장 진출을 위한 효과적인 전략을 구축할 수 있는 관리적 역량의 부족이 사회적 기업과 사회적 경제 조직들의 공통된 문제로 부각된다. 일부 사회적 기업들은 제품 판매를 위해 성공적으로 웹 포털이나 플랫폼을 구축하는 등의 역량을 갖고 있지만 대부분은 사정이 여유롭지 않다. 사회적 기업 관리자들의 교육이 중요한 과제이며, 이에 정부의 지원은 필수적이다. 또 다른 장애요인은 사회적 기업이 중소기업에 적용되는 정책의 혜택을 받지 못해 시장에서 경쟁력을 갖추기 쉽지 않다는 점이다. 중소기업 지원정책에 준하는 사회적 기업 지원정책 추진이 바람직하다. 중소기업에 적용되는 지원정책들이 사회적 기업에도 동일하게 적용되면 가능하면 어렵지 않은 정책수단이 될 수 있다. 셋째는 공공조달 정책이다. 공공조달은 유럽에서는 GDP의 16%를 차지

할 정도로 기업들에게는 매우 중요한 수입원이 된다. 일반적으로 공공조달은 재화와 서비스 구매의 최저가 적용기준에 따르기 때문에 사회적 기업은 영리기업에 비해 가격 경쟁력이 약한 것이 사실이다. 사회적 기업은 생산성이 낮은 인력을 고용하고 있기 때문이다.

한국의 사회적 기업 임팩트 투자

한국에서도 사회적 기업에 대한 임팩트 투자가 개시되었다. SK 행복나눔재단은 2012년부터 소액의 임팩트 투자를 공모방식으로 개시해왔다. 2013년 2억 4000만 원을 투자하기 시작해 2014년과 2015년에 17억 규모를 투자했고, 투자 수단은 지분투자(보통주 13%, 우선주 33%)와 전환사채 인수 54%로 이뤄지고 있다(행복나눔재단 2016: 5-6). 공모를 통한 선정 방식은 사회기업가정신(사회적 미션), 사회적 가치(사회적 가치 창출 수준과 모델의 혁신성), 경제적 가치(경영성과 성장성, 재무구조 건전성), 그리고 경영 역량 등에 기초한다.

특히 투자 준비(investment readiness: IR)를 지원하는 IR 캠프를 통해 투자 유치에 성공하도록 지원한다. 기업별 전담 매니저를 배치해, 압축적인 지원을 실행하는 경영 코칭을 비롯해 사회적 긍정적 임팩트를 측정하는 가치측정 지원과 SK 그룹의 ICT, 에너지, 반도체 등 다양한 산업과 연계하는 기회를 제공하기도 한다. 또 투자 이후에도 경영 목표를 함께 설정해 달성한 목표에 대한 인센티브를 제공하는 등 성장 지원을 뒷받침해준다.

3) 사회적 임팩트 투자 시장

사회적 기업에 투자하는 임팩트 투자 시장은 공급과 수요 측면으로 구분해 제기되는 다양한 문제들을 정리해볼 수 있다.

사회적 투자 시장의 공급 측면

유럽에서 사회적 투자 시장의 공급 측면은 다음과 같은 현황을 보여준다(EC 2015a: 90). 첫째, 대부분의 유럽 국가들에서 사회적 투자 시장은 주목할 만한 투자시장으로 발전하는 초기단계에 있거나 시장의 투자자와 중간 지원조직의 전체 수도 두 자리 수도 안되는 소규모에 지나지 않는다.

둘째, 초기 형성기의 주역은 국가 차원에 머물러 있다. 기존의 공공 및 민간 자본의 혼합을 포함한 금융제도의 프레임워크에 있다. 오스트리아, 덴마크의 가족 재단들의 역할과 독일, 네덜란드, 영국의 사회은행들의 역할에 지나지 않는다. 프랑스에서는 사회적 경제의 위상과 자체 금융적 인프라의 역사적 발전이 사회적 투자 시장의 개념을 결정하는 주요 요인이 된다. 개별, 다국적 은행들의 CSR 또한 사회적 투자 시장의 형성에 영향을 미치는 잠재력을 갖고 있다.

셋째, 사회적 투자 시장이 가장 강력한 동향을 보여주는 국가들은 벨기에, 독일, 네덜란드, 영국인데, 개별 유럽 국가들 차원을 넘어서는 일부의 펀드 투자자들만이 활동적인 분위기를 보여준다. 대표적인 은행은 Triodos와 BNP Paribas이며, 대표적인 펀드는 Bonventure와 글로벌 Toniic이다.

넷째, 네트워크, 플랫폼과 교환의 인프라는 국가 차원과 유럽 차원에서 개발 중이다. 인식 형성, 모범 실천 정보교환, 새로운 제품의 구체적인 개

■ **표 5-17** 유럽의 사회적 임팩트 투자 발전의 장애 요인들

수요 측면	공급 측면
1. 공공지원에 대한 의존 문화 (증여, 보조금, 기부금) 2. 외부 금융에 대한 수요 부족 3. 투자 준비 부족, 관리 역량, 내부 구조, 지속가능한 운영의 부족 4. 투자자를 위한 사회적 임팩트 검증 역량 부족, 비즈니스 모델의 지속가능성 부족	1. 사회적 기업 시장에 적합한 전문화된 상업적 도구 결여. 일부 국가에서는 사회적 기업의 법적 유형으로 제약을 받음 2. 사회적 수익과 사회적 기업 비즈니스 모델에 대한 정보부족으로 인한 정보 비대칭 3. 투자할만한 성공적인 사회적 기업의 부족 (특히 규모 있는 사회적 기업 부족) 4. 사회적 기업 투자의 리스트에 대한 이해 부족 5. 관리된 제품의 상업적 규모 달성 능력부족 6. 소규모 융자/거래 규모로 인한 높은 거래비용, 상업적 생존력의 의문 제기

자료 EC 2015a: 91.

발, 시장 정보 등이 주요 인프라 내용들이다. 이 같은 발전에서 정부 정책의 영향은 국가에 따라 다양하게 나타나는데, 영국에서는 정부가 핵심 주도 역할을 하지만 다른 대부분의 EU 회원국들에서는 정부는 거의 또는 전혀 역할을 하지 않고 있다.

다섯째, 오스트리아, 크로아티아, 프랑스, 헝가리, 영국 등 일부 국가들의 정부 당국이 새로운 사회은행들을 개발했거나 개발 과정에 있다. 그런데 사회적 투자 시장의 수요 측면에 대해서는 전혀 정보가 취합되어 있지 않다. 지금은 사회적 기업의 외부 금융의 필요성, 외부 파이낸싱을 필요로 하는 목적, 파이낸싱의 규모와 유형(융자, 지본 등)에 대해 자료 수집을 하고 있는 중이다.

표 5-18 유럽 사회적 기업의 주요 문제들: 내부와 외부 요인들

외부 요인들	내부 요인들
1. 사회적 기업에 대한 이해 부족	1. 생존가능한 비즈니스 모델 결여
2. 지원 정책과 입법 체계의 부족	2. 재정수입원으로 공공부문에 대한 높은 의존도
3. 전문가의 비즈니스 개발 서비스와 지원 부족	3. 기업가적 정신과 상업적 통찰력 부족
4. 시장 접근의 어려움	4. 사업을 확장하기 위한 관리적, 전문적 기술과 역량 부족
5. 외부 재원의 금융 접근 어려움	
6. 사회적 임팩트 측정과 제시를 위한 공통적 메커니즘 결여	
7. 일반적인 경제적 환경	

자료 EC 2015a: 92.

사회적 임팩트 투자의 수요 측면

사회적 기업들이 당면하는 모든 문제들이 유럽 국가들에 공통적으로 적용되는 것은 아니며, 일부 국가들의 사례 조사에서 나타난 문제들을 수요와 공급 요인들로 구분해 제시한 것이다. 스위스보다는 덴마크와 네덜란드에서는 사회적 기업의 1/3가량이 크레딧 라인을 갖고 있지 않아 금융 접근이 가장 심각한 문제로 부각된다. 2014년 유럽의 주요 문헌들과 350명의 이해관계자 인터뷰를 통해 정리한 사회적 기업들이 당면하는 문제들은 외부 요인들과 내부 요인들로 구분해 살펴볼 수 있다(앞글: 91).

사회적 임팩트 리포팅

사회적 임팩트 투자에서 임팩트를 측정해 리포팅을 하는 일이 중요하지만, 리포팅 제도를 갖추고 있는 국가는 벨기에 이외에 일부 국가들이 준

표 5-19 유럽의 사회적 임팩트 리포팅 제도

국가	사회적 임팩트 보고제도	자발적/의무적
오스트리아	일반 수입지출 결산 보고	자발적
벨기에	사회적 목적의 기업은 (비표준화된) 조직의 정립된 사회적 목적 실행에 대한 연간보고서를 발간해야 한다.	의무적
에스토니아	사회기업가 부문의 통계보고(EU 재정지원), 임팩트 사정 보고	자발적
독일	사회적 리포팅 표준(Social Reporting Standard)	자발적
이탈리아	사회적 보고(Bilancio Sociale)	사회적 기업에 의무적
폴란드	임팩트 측정과 리포팅 도구 기획을 위한 파이롯트 프로젝트	자발적
영국	일부 기관들이 가이드와 풀키트를 발간. 공통된 프레임워크 개발을 진행 중	자발적

자료 EC 2015b: 87.

비 단계에 있다. 벨기에서만 사회적 기업이 조직의 목적과 미션에 설정된 목적 실행에 대해 연간보고서를 발간해 공시하도록 되어 있다. 그 밖에 오스트리아, 에스토니아, 독일, 이탈리아, 폴란드, 프랑스, 영국에서는 사회적 임팩트 리포팅이 의무적이 아닌 자발적인 판단에 맡기고 있다. 한국에서도 2011년부터 사회적 기업의 사회적 목적과 경제적 목적 달성의 성과에 대해 자발적으로 공시하는 제도가 시행 중에 있는데, 지금은 일부만이 참여하고 있고, 이들도 대부분 상세한 경영 공시를 하고 있지는 않다.

4) 사회적 투자와 사회적 기업의 전망

영국의 브리티시 카운슬(British Council 2014)은 '사회적 투자의 주류화'와 더불어 '사회적 기업의 주류화' 전망을 다음과 같이 제시한다. 2020년이 되면 사회적 기업들도 금융 수익을 높이면서 사회적 임팩트를 최대화시키는 성장 분야들이 등장할 것이다. 투자 준비성과 임팩트 리포팅이 점차 중시되면서 이들은 두드러질 정도로 전문화될 것이다. 투자가능한 사회적 기업들이 점차 늘면서 주류 금융기관들도 사회적 투자 상품을 평판을 재구축하기 위한 수단으로 삼게 될 것이다. 상업적 금융과 사회적 금융 사이의 갭이 점차 줄면서 투자자들은 자신들의 모든 투자에서 사회적, 환경적 임팩트를 고려하게 될 것이다. 동시에 사회적 기업들이 자신들의 금융 서비스 공급에 관여하게 되고, 취약 공동체에 뿌리를 두고 있는 신뢰받는 사회적 기업들이 주류 금융기관에서 배제된 주민들에게 은행계좌와 융자를 제공하게 될 것이다. 한편 정부는 사정부 자금을 절약하기 위해 검증될 수 있는 결과에 대해서만 지불하는 방식을 고수하며 결과적으로 사회적 프로그램에 대한 지출을 줄이게 될 것이다.

사회적 기업들은 자신들의 임팩트의 규모에 더 관심을 갖고 인식하게 될 것이다. 선도적인 사회적 기업들은 거래량, 수익, 수혜층의 수 등의 전통적인 방식의 규모가 아니라 임팩트의 규모를 중시하게 될 것이다. 사회적 기업의 성공도 사업기간이 중시되지는 않을 것이다. 지금과 앞으로의 임팩트 규모가 모든 것을 결정하게 될 것이다. 사회적 기업 비즈니스 실천 방식을 변화시키는 임팩트, 정부 정책을 변화시키는 임팩트, 문제해결의 방식을 전파시키는 임팩트가 중시될 것이다. 사회기업가들 사이의 상호연계성이 증대하며 국제적 경계를 초월해 공조하는 높은 수준의 네트워크된 마이크로 사회적 기업들의 성장을 주목하게 될 것이다. 이들 사이의 강력한 연계성은 특정 사회 이슈들을 해결하는 변화를 일으킬 것이고, 그럼으로써 펀딩뿐 아니라 전문기술과 역량의 크라우드 소싱(crowdsourcing)이라는 새로운 연계망이 등장할 것이다.

지금의 사회적 기업들 중 일부는 2020년 되면 주류의 자선기관과 비즈니스로 발전할 것이고 다른 일부는 지속적으로 혁신하고 도전할 것이며, 또 새로운 사회적 기업들도 등장할 것이다. 재정이 취약한 사회적 기업들이 R&D 실험실 역할을 하며 새로운 실험을 계속할 것이다. 성공적인 혁신만이 주류에 편입될 것이다. 사회적 기업들에게 가장 큰 도전은 실패에 대한 사회적 태도가 될 것이다. 새로운 도전에 실패한 사회적 기업들은 더 이상 수치의 대상이 아니라 성공으로 가는 중요한 과정으로 인식될 것이다.

4. 정부의 사회적 기업 지원정책

1) 정부 지원정책의 필요성

사회적 기업에 대한 정부의 지원정책은 여러 근거에서 필요하다. 사회적 기업들이 사회경제적 문제해결에 혁신적인 방안들을 제시해 추진하며 정부기관들이 효과적, 효율적으로 수행하기 어려운 재화와 서비스 공급자 역할을 수행하기 때문에 사회적 임팩트 차원에서 정부는 사회적 기업 지원정책을 추진할 필요가 있다.

사회적 기업의 임팩트

전통적인 비즈니스를 지원하는 비즈니스 지원기관들이 사회적 기업도 지원하는 역할을 맡을 수 있지만, 사회적 기업 전문 지원기관들도 이런 역할을 할 수 있다. 이 기관들의 전략과 구조 지원 역할로 사회적 기업이 생산하는 재화와 서비스의 품질 보증 등 질적 개선전략이 수립될 수 있다. 영국에서는 몇 개의 사회적 기업 전국조직들이 조직되어 사회적 경제 부문의 주창 역할과 함께 지원, 지도, 자문 제공의 역할을 수행한다. 유럽 대륙에서도 이 같은 전국 단위의 엄블렐라 조직들이 하나둘 조직되어 계약 협상, 모범사례 공유, 공공 프로그램 개설을 위한 공공기관과의 관계 유지 등 중요한 역할을 맡는다.

또 사회적 기업은 사회적, 경제적, 환경적 문제들을 해결해, 포용적 성장을 진흥시키고, 공익을 추구해 지역 공동체에 혜택을 주기 위한 목적을 추진해 사회적 포용을 증진시키는 역할을 맡고 있다. 고용창출에서 사회적 기업과 사회적 경제 조직들의 역할은 이미 널리 잘 알려져 있고 국제적 비교분석을 통해서도 경험적인 성과가 확인되고 있다. EU 27개국에서 사회적 경제 부문의 일자리가 2002~2003년 1000만 개에서 2009~2010년 1400만 개로 늘어, 전체 임금직 노동자의 6%에서 6.5%로 성장했다. 사회적 경제에서 창출된 일자리들은 매우 중요한 사회적 의미를 가지고 있다. 첫째, 사회적 기업들은 지역의 연고를 갖고 있어 탈지방화(delocalize)를 하지 않기 때문에 일자리들은 대부분 지역사회에 머물게 된다. 둘째, 사회적 기업들은 취약층의 고용과 생계를 지원한다. 이탈리아와 폴란드의 사회적 협동조합에서는 법적으로 사회적 기업의 미션으로 규정되어 있다. 셋째는 부의 창출이 어려운 취약한 도심지역이나 낙후된 농촌지역에서 일자리 등 경제적 기회를 창출해 지역경제 발전에 기여한다.

사회적 기업은 일자리 창출뿐 아니라 사회적 배제에 맞서 싸우며, 지역의 사회적 자본을 축적하고 민주적 참여를 증진시키며, 양질의 복지 서비스를 제공하고 포용적인 경제개발을 진흥시키는 중요한 역할을 맡고 있어, 정부가 다양한 지원정책으로 사회적 경제를 육성해야 한다.

사회적 기업의 창출과 개발을 지원하는 정책을 통해 정부는 기존의 공공(public) 또는 민간(private) 부문의 역할보다 더 효율적이고 효과적인 방법으로 일자리를 만들고 다른 사회적, 경제적 문제들을 해결할 수 있는 정책혁신을 추진할 수 있다. 이 같은 혁신과 변화는 사회적 경제에 대한 공공정책이 정부와 사회적 경제가 공동으로 수립함으로써 가장 잘 추진될 수 있다.

사회적 기업의 혜택은 공공정책에 의해 뒷받침될 때 증진될 수 있다는 연구결과는 다양하게 축적되어 있다. 프랑스 사회적 기업 10개의 사회적 임팩트를 분석한 연구에 따르면, 정부의 공공모델이나 기업의 영리모델보다는 사회적 기업이 수행하는 일자리 창출이나 재화와 서비스 제공에 공공자금이 투입되면 보다 효율적으로 사업을 잘 할 수 있다(EC 2015a). 또한 공공자금의 투자가 사회적 수익과 경제적 수익 측면으로 계산해보면, 사회적 기업가 프로젝트에 대한 공공자금의 투자는 직접 지출비용을 감소시켜 저축이 되고 또 사회적 기업의 세금 등으로 장래의 재정수입이 되는 재정수익 증대를 중요한 임팩트로 분석한다. 따라서 사회적 기업가를 지원하는 정책이 비용효과적인 정책이자 전통적인 시장 접근법으로 해결하지 못한 욕구를 충족시키는 정책이 된다고 볼 수 있다.

유럽의 사회적 기업들은 노동통합과 공익이 되는 사회서비스 분야를 넘어 다른 분야로 활동 범위를 확장하고 있다. 다음과 같은 분야가 사회적 기업의 활동 분야로 정부의 역할을 보완하는 정책 영역들이다(앞글: 10).

- 사회 취약층과 배제층의 사회적, 경제적 통합.
- 공익의 사회 서비스(노인, 장애인을 위한 장기요양, 교육과 보육, 고용과 훈련 서비스, 사회적 주택, 보건과 의료 서비스).
- 기타 지역사회 교통, 공공 장소의 유지 등 공공서비스.
- 민주주의, 시민권리 및 디지털 참여 강화.
- 배출과 오염물질 감소, 재생에너지 등 환경활동.
- 개발도상국과의 연대 실천(공정 무역 등).

EU에 따르면, 유럽에서 가장 두드러진 활동은 취약층을 위한 노동통합(WISE)이다. 동유럽의 체코공화국, 헝가리, 라트비아, 폴란드, 슬로바키아, 슬로베니아에서는 사회적 기업의 주된 사업으로 정착되어 있다(European Commission 2015a). 이탈리아에서는 'B유형' 노동통합이 사회적 협동조합의 주된 활동이다. 가장 보편적인 사회적 기업 활동은 사회복지 서비스 활동으로, 노인, 아동, 여성, 장애인 등 다양한 계층을 위한 교육, 보건, 의료, 주택, 환경 등 거의 모든 분야에 걸쳐 사업이 진행되고 있다. 사회적 기업이 발전하면서 노동통합과 복지서비스 공급의 주요 활동 영역은 복지 차원을 넘어 일반 공익 분야로 점차 확대되고 있다. 공익 분야는 교육, 문화, 환경, 공익사업(가스, 수도 등) 서비스 등으로 광범위하다.

EU의 사회적 기업 지원정책

EU는 사회적 기업 지원정책의 방향을 다음과 같이 제시한다(EC 2014). 2014년 짤스부르그 사회적 경제 회담은 EU 차원의 사회적 기업 육성정책 선언문을 채택하였다. 기존의 사회적 비즈니스 이니셔티브(Social Business Initiative: SBI)를 더욱 확장시켜 사회적 기업들이 정착, 성장할 수 있는 생태계 조성에 다음 열 가지를 제시하였다.

1. EU는 SBI에 제시된 모든 행동들을 철저히 이행해, 그 범위를 넓히고 사회적 기업 생태계의 회원국, 지방정부, 사민사회조직, 핵심 관계자들 사이의 파트너십을 강화시켜야 한다.
2. 유럽경제사회위원회(European Economic and Social Committee), 차기의 유럽이사회(European Commission), 차기의 유럽의회(European Parliament)는 짤스부르그 선언문의 정책들에 완전한 소유권을 갖고 시행의 책임을 가져야 한다.
3. 사회적 기업 공동체와 더불어 EU, 국가, 지역, 지방 차원 새로운 정책의 공동 창출로써 지방 현황을 고려한 사회적 기업 지원을 모색해야 한다.
4. 사회적 기업 생태계 창출은 주류 정책추진이 되어야 한다.
5. 회원국, 지역, 지방 당국들은 사회적 기업과의 파트너십에서 사회적 기업의 성장과 역량구축을 적극 지원해야 한다.
6. 유럽의 기관들과 회원국들은 위기 탈출을 위한 구조 개혁 차원에서 사회적 경제가 발전되지 않은 지역의 사회적 기업의 역할을 강화시켜야 한다.
7. 회원국들은 지식과 모범적 실천을 공유하기 위해 국경과 영역을 초월해 사회적 기업들 사이의 공조를 진흥시켜야 하며, 마찬가지로 공공기관들도 서로 공조해 사회적 기업의 성장을 지원하는 역량을 구축해야 한다.
8. 공공 및 민간 기관들은 사회적 기업을 라이프 사이클을 통해 지원하는 금융 수단들과 중간지원조직들을 광범위하게 개발해야 한다.
9. 정책층과 일반인의 사회적 기업에 대한 이해증진을 위해 연구와 국가 통계 수집이 뒷받침될 필요가 있다.

10. 모든 기관들은 사회적 지표를 포함시키고 사회적, 경제적 진전도 보고서에 긍정적인 사회적 임팩트를 제시하며 성장과 가치 창출을 주목할 필요가 있다.

2) 사회적 기업 생태계 조성

사회적 기업의 생태계 조성은 국가적 과제로, 그 일반적 특성과 현황은 유럽 29개국 사례조사 결과를 참고해볼 수 있다(EC 2015a: 6-7).

사회적 기업 국가 정책제도

유럽 29개 국가 중 20개국은 사회적 기업의 발전을 지원하는 별도의 정책 제도를 갖추고 있지 않다. 또 20개국 중 7개국은 정책 제도를 갖춰가는 과정에 있다. 정책 제도들을 갖고 있는 국가들 사이에도 정책 지원의 범위, 적용 대상, 내용 측면에서 두드러진 차이를 보여준다.

국가 차원의 법률적 제도의 차이가 적지 않다. 16개 국가들이 사회적 기업 활동을 인정하고 규제하는 입법 형태를 갖추고 있다. 이들 국가들 사이에도 세 가지 특이한 법률적 접근법을 보여준다. 첫째는 기존의 법률 체계에서 사회적 기업의 특수성을 인정하는 형태인데, 5개국이 기존의 법률 체계에 사회적 기업의 새로운 법률적 형태를 적용시켰다. 둘째는 독립적인 새로운 형태의 사회적 기업 법률을 갖춘 경우로, 프랑스, 그리스, 이탈리아, 폴란드 등 4개국이 협동조합법을 신설하였다. 또 다른 5개국은 사회적 목적의 협동조합 형태인 '사회적 협동조합(social cooperatives) 법률을 갖춘 사례로 스페인과 포르투갈을 비롯한 동유럽의 크로아티아, 체코공화국, 헝가

그림 5-7 사회적 기업 생태계의 주요 특성

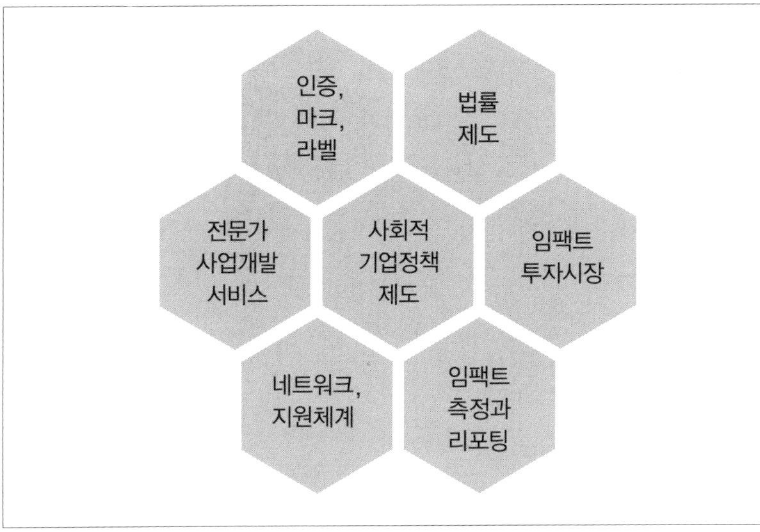

리가 여기에 해당된다. 셋째는 영국 특유의 접근법으로, 일반 회사 형태를 사회적 기업에 적용한 지역사회 이해회사(Community Interest Company: CIC) 법을 시행하였다.

유럽 전역에서 통용되는 공공부문의 사회적 기업 지원 정책 유형들은 다음 여섯 가지로 나타나 있다(앞글: 6).

- 인식 제고, 지식 공유, 상호 학습;
- 전문가 비즈니스 개발 서비스와 지원;
- 투자 준비 지원;
- 재정적 도구(사회적 투자 펀드 등);
- 물리적 인프라(공유 작업 공간 등);
- 공조와 시장에 대한 접근.

네트워크와 상호 지원체계

사회적 기업의 네트워크와 상호지원 체계는 거의 모든 국가에서 찾아볼 수 있는 보편적인 정책제도이다. 이탈리아, 프랑스, 영국의 경우, 사회적 기업 영역의 후원자 역할뿐 아니라 지원, 자문, 가이드 역할을 한다. 그런데 사회적 기업 인큐베이터 역할을 하고 전문가 인프라와 투자 준비 서비스 등은 제한적이지만, 점차 늘고 있는 추세이다. 벨기에, 프랑스, 독일, 네덜란드, 슬로베니아, 헝가리가 선도적인 국가 그룹에 속한다.

사회적 임팩트 투자 시장

사회적 금융에 대한 접근 획득의 중요성은 특정 비즈니스 모델과 관련된다. 비즈니스 모델이 점차 임금소득의 수준으로 이동하면서 사회적 기업들도 다른 기업들과 마찬가지로 초기 운영을 위해 그리고 사업의 확장을 위해 외부 금융을 필요로 한다. 일반 기업들의 창업이나 초기 운영과 마찬가지로 사회적 기업 또한 금융에 대한 접근 문제에 직면한다. 그러나 거버넌스를 비롯한 특수한 특성 때문에 사회적 기업들은 전통적인 기관들로부터의 금융 접근에서 상당한 문제를 안고 있다.

금융 접근을 개선하기 위한 방안들로는 정부 재정지원의 금융과 사회적 임팩트 투자(SII) 시장을 꼽을 수 있다. 정부 재정지원의 금융의 경우, SII 시장이 현재로는 발전되지 않고 있기 때문에 정부의 재정지원이 시장형성에 중요한 역할을 할 수 있다. 공공기금을 융자 또는 투자에 활용하는 방안으로, 벨기에, 덴마크, 프랑스, 독일, 폴란드, 영국에서 활용되는 금융 도구이다. 둘째는 SII 시장으로, 사회적 투자 또는 사회적 임팩트 투자는 확고한 금융적 수익과 사회적 수익에 대한 기대와 사회적, 금융적 목표 달성의 투명한 측정이 가능한 조직들에 금융을 제공하는 방식이다. 두 유형의 목표 달성 사이의 균형으로 상당한 규모의 투자자, 투자 상품과 투자처를 확보할 수 있는 장점이 있다.

3) 공공정책의 추진전략

유럽은 사회적 기업들이 적지 않은 장애들로 어려움이 직면해 있다는 인식에서, 2011년 '사회적 비즈니스 이니셔티브'(Social Business Initiative: SBI)를 시행하였다. 목적은 사회적 비즈니스의 개발과 금융 접근의 지원을 위한 생태계의 창출이다. SBI는 EU의 구조기금(Structural Funds)을 통한 펀딩을 비롯한 펀딩의 접근을 개선하고, 나아가 자본, 부채, 리스크 공유의 투자수단을 사회적 투자기금과 금융 중간지원조직들에 제공하는 금융수단의 구축을 추진한다(EC 2016b). 이 같은 EU 차원의 정책 추진은 이제 국별, 지역별 추진 전략으로 보완되는 추세에 있다.

사회적 기업 진흥정책은 총체적 접근을 필요로 한다. 법이나 제도 등 다양한 지원정책들이 개별 기관들에 의해 추진되어 생태계 조성에 부적절한 결과를 초래할 수 있다(OECD 2017b: 23). EU(2016)는 정책당국들이 사회적 기업의 특성, 미션, 욕구에 대한 충분한 이해를 거쳐 법과 제도 등 사회적 기업 생태계 조성의 필요성을 강조한다. 법적 프레임워크, 시장접근, 금융접근, 지원 구조, 교육과 기술 등을 생태계의 기본 요소들로 제시한다.

EU는 OECD와 공동으로 사회적 경제와 사회적 기업들의 개발에 필요한 조건들과 선제조건들을 분석해 다음과 같은 사회적 기업 생태계 조성에 필요한 공공정책 추진전략을 제시한다(OECD 2013: 13-16).

사회기업가정신 진흥

기업가정신의 진흥 정책은 사회적 기업 개발의 예비적인 단계라 볼 수 있다. 이를 위해 학교, 직업학교, 전문대와 대학 등지에 기업가정신 교육에 사회기업가정신 교육을 포함시켜 청년층의 재능과 관심을 기업가정신으로 발전시키는 일이다. 프랑스의 Jeun'ESS 이니셔티브는 2011년 몇 개 중앙정부 부처들과 사회적 경제의 6개 기업과 재단들의 PPP를 추진하였다. 이니셔티브의 목표는 a) 청년층의 교육과정을 통한 사회적 경제의 관심과 참여 증진, b) 사회적 경제의 청년층을 위한 이니셔티브 개발, c) 청년층의 사회적 경제의 기업들에 통합 등이다. 2010년과 2011년에 130만 유로의 예산이 책정되었고 2013년에 추가로 60만 유로가 배정되었다.

또 다른 사회기업가정신 추진전략은 지방, 지역의 경제개발 전략에 사회기업가정신을 기반으로 삼는 것이다. 프랑스 PACA 지역에서 지역 경제 개발에 사회적 경제의 진흥정책을 추진한 사례가 있다.

법률, 규제, 재정 프레임워크 구축

사회적 기업 개발에서 정책 우선순위는 세제 지원, 시장 접근, 공기업 개발 지원 등에 관한 법률적 규정의 구축이 필요하다. 사회적 기업 개발은 광범위한 문화적, 역사적 발전의 패턴에 의존하는 배경 특수적인 특성을 갖고 있다. 법률, 규제, 재정 프레임워크의 개발로 사회적 기업이 개발되어 운영될 수 있는 국가적, 지역적 환경이 조성될 필요가 있다. 사회적 기업의 조직 유형, 사업 유형에 관한 기본적인 프레임워크의 개발이 뒷받침되어야 한다. 규제정책들은 사회적 기업들이 사회적, 경제적 목적을 원만히 달성하고 중장기 시장 지속가능성을 개척하도록 지원하는 방향으로 디자인되어야 한다.

따라서 사회적 기업을 지원하는 재정적 제도 또한 사회적 기업의 사회적 미션 측면을 고려해 지원하는 정책이 되어야 한다. 사회적 경제 조직들 중 자선단체 등 많은 조직들이 재정적 혜택을 누리게 되지만, 사회적 기업은 이 같은 재정적 지원에서 배제되어 있다. 재정적 인센티브 제도로 취약층 보호를 목적으로 하는 사회적 기업들이 기술훈련 등의 과제를 해결하도록 지원할 필요가 있다. 간접적인 재정지원 방안들로 사회적 기업 개발에 대한 투자를 진흥시킬 수 있다. 영국의 경우 사회적 기업에게만 해당되는 것은 아니지만 지역사회투자면세(Community Investment Tax Relief) 제도로 취약 지역에 대한 투자를 적극 권장하고 있다. 정부가 인증한 취약층과 취약지역에 초점을 맞춘 지역사회개발 금융기관들에 투자하는 투자금의 연간 5% 면세 혜택을 5년까지 인센티브로 지원한다.

지속가능한 금융 지원

또 다른 공공정책의 금융 지원정책으로 사회적 기업의 강력한 금융시장의 구축을 지원하는 일이 있다. 전통적인 금융시장 부문에서 사회적 기업에 대한 투자 이해를 증진시키는 정책이 필요하다. 공공부문은 은행들이 사회적 기업 부문의 기회와 수요에 친숙해지도록 사회적 기업에 융자하는 경우 융자보증(loan guarantees)을 지원하는 역할을 할 수 있다.

정부와 금융기관 사이의 혁신적인 제도적 장치로는 민간 투자자와 함께 공동투자해 금융적 수익과 함께 사회적 혜택을 동시에 달성하는 방안도 있다. 국가마다 다소 차이가 있지만, 일반적으로 투자자에 대한 재정적 인센티브 제공, 공공기금의 투입 등이 이뤄질 수 있다. 또 정부는 시민사회, 금융기관과 함께 지역사회 개발을 위한 PPP를 개발, 육성할 수 있는데, 유럽에서는 일부 사례들이 있다(Mendell and Nogales 2009).

사회적 기업의 초기 사업개시 단계에서 제공되는 씨드 펀딩(seed funding)이 중요한 역할을 한다. 씨드 펀딩은 소규모의 융자 또는 증여로 제공되는데, 초기 단계의 사회적 기업과 기업가에게는 매우 중요한 역할을 한다. 호주 정부는 2010년에 2000 호주 달러 규모의 사회적 기업 개발투자 펀드(Social Enterprise Development and Investment Fund)를 시행하였다. 연방정부가 모니터링을 하고 일대일로 펀드 매칭을 하는 세 개의 펀드기관들이 관리를 맡는다. 이 펀드는 증여보다는 투자 형태로 금융을 제공하며, 또 금융 지속가능성을 위한 역량개발, 창업과 인큐베이팅 펀드, 새로운 사회적 기업을 위한 역량개발 등을 지원한다.

영국의 빅소이어티 캐피탈(Big Society Capital: BSC)은 2012년에 독립적인 금융기관으로 설치되어 금융서비스 당국의 규제를 받는다. 펀드는 15년 이상의 은행 휴면계좌들과 5000만 파운드를 투자한 4개의 영국 주요 은행들(Barclays, HSBC, Lloyds Banking Group, RBS)이 제공한다. BSC는 사회적 기업에 직접 투자하지 않고 사회적투자 금융 중간지원조직들에 투자해 여기에서 금융수익과 사회적 성과를 얻는 방식으로 추진된다. 낙후 지역사회의 재생 에너지 공급, 영국 북서부 지역의 청년 실업 문제를 해결하기 위한 '성과에 따른 지불' 방식에 기초한 SII로 추진되고 있다.

비즈니스 개발 서비스와 지원 구조 제공

사회적 기업은 전통 영리기업들에 비해 비즈니스 개발에 취약하므로 비즈니스 개발의 지원을 필요로 한다. 그런데 전통적인 기업 접근법으로 자문, 정보, 기술을 제공하는 방식이 사회적 기업에 적용되는 데는 한계가 있다. 사회적 기업마다 영역별, 대상별 특성이 다르기 때문에 맞춤형 접근 전략이 필요하다. 사회적 기업의 사회적 목적에 대한 이해를 갖추고 비즈니스 개발 지원을 하는 전략이 추진될 필요가 있다.

비즈니스 개발 구조로는 혁신 파크와 인큐베이팅 센터 개설 등이 구축될 필요가 있다. 비즈니스 지원 구조가 갖춰지지 않으면 사회적 기업은 여러 리스크에 직면해 사회적 목적 수행에 상당한 차질을 빚을 수 있다. 그런데 지금의 사회적 기업 부문의 지원 구조들은 특정 지역과 분야에 편중되어 있어, 실질적인 지원을 필요로 하는 사회적 기업들이 지원을 요청하는 데 어려움을 겪고 있다. 모범사례들의 보급과 정보 공유가 필요하며, 이를 위해 정책 당국의 하향식 이니셔티브들과 지원 구조들의 네트워크들에 의한 이니셔티브들이 추진될 필요가 있다.

시장접근 지원

사회적 기업의 시장접근을 지원하는 공공정책의 역할은 사회적 기업 부문에 개방적인 공공조달의 확대에 있다. 유럽의 공공조달법은 지방정부들이 조달규정에 장기 실업자의 고용 장려 등과 같은 사회적 조항들을 포함시킬 것으로 허용한다. 그럼에도 이 같은 사회적 규정 정도로 사회적 기업을 지원하는 데는 한계가 뚜렷하다. 현장 실무를 맡고 있는 지방의 공직자들은 어떻게 사회적 규정을 포함시킬 것인지, 사회적 기업이 지역사회에 갖다주는 사회적 혜택 등에 대한 이해를 갖추고 있지 않다.

다른 한편으로는 사회적 기업들의 지역에서 기술과 시간의 부족, 자원의 부족 등으로 지방정부 조달에서 경쟁력을 갖추지 못하고 있다. 사회적 기업들과 지방공직자들의 역량구축이 공공조달 정책을 통한 사회적 경제 활성화에 중요한 부분으로 제기된다. EU는 "사회적 조달: 공공조달에서의 사회적 고려를 위한 가이드" 보고서에서 유럽 각국 정부의 '사회적 책임'을 강조하며 사회적 경제 조직들의 활성화 진흥정책으로 공공조달 정책이 추진된 배경과 정부의 역할을 강조한다(EC 2011).

캐나다의 르파주(Lepage 2010)는 사회적 경제의 시장 조직화를 지원하는 '의도적 수요'(intentional demand)를 제안한다. 그는 '지속가능성 구매'(sustainability purchasing)와 관련된 문헌 고찰을 소개하며, 개인 소비자, 기업과 정부의 구매자들이 "경제적 가치와 제품 가치뿐 아니라 사회적, 환경적, 문화적 가치"가 복합된 제품과 서비스의 구매로 사회적 기업의 시장 활성화 지원을 제시한다(Lepage 2010: 2). 그는 사회적 기업이 지속가능성 의식을 가진 구매자들의 구매를 최대화하며 기업이나 공공기관들의 전통적인 구매 (또는 조달)을 변혁시키는 기회를 갖게 된다고 주장한다. 캐나다의 브라티니 콜럼비아와 온타리오 등지의 일부 지방정부들이 구매 기준에서 최저가의 '단일 투자수익'(single return on investment) 모델에서 사회적 기업의 취약층 고용, 빈곤해소, 지역 식량지속가능성, 탄소배출 감소 등의 복합적 가치를 가진 제품과 서비스를 구매하는 '복합 수익의 구매' 모델로 전환한 사례들을 소개한다.

연구 지원

사회기업가정신과 사회적 경제 연구 분야도 정부와 공공 연구기관들이 지원할 수 있는 중요한 영역이다. 연구를 통해 사회적 기업의 다양한 욕구를 분석하고, 사회적 기업들의 국가와 지자체의 사회정책과 경제정책에 통합될 수 있는 효과적인 제도적 방안들을 탐구할 수 있다. 현황에 대한 모니터링, 사회적 임팩트 측정, 상호 학습의 플랫폼 구축, 평가 등은 중요한 연구 과제들로 드러나고 있다. 영국에서는 제3섹터연구센터가 중앙정부의 시민사회청의 부속기관으로 설치되어, 제3섹터에 대한 이해와 제3섹터의 사회적 기여의 최대화와 관련된 제도와 추진전략을 제시한다. 센터는 연구와 함께 정책당국과 현장 관리층과 더불어 역량구축 클러스터의 창출과 지식 공유 과정을 통한 역량개발에 주력한다. 캐나다에서는 지역사회-대학 연구연합(Community-University Research Alliance)이 2004년에 설치되어 사회적 경제 연구를 위한 공적 재정지원을 받는다. 사회적 경제 연구 클러스터는 연구자들과 현장 관리자들의 공동 참여로 사회적 경제의 이론적, 경험적 분석을 제공해준다.

4) 영국의 '사회적 가치'법과 사회적 기업

EU의 '사회적 책임의 공공조달'(SRPP) 정책은 제2장에서 살펴보았듯이 유럽 국가들의 정책시행으로 추진되었다. 대표적인 사례로 영국의 사회적 가치법과 이에 따른 일부 사회적 기업 사례들을 참고해볼 만하다.

사회적 가치법 시행

영국에서는 2013년 1월부터 공공서비스(사회적 가치) 법(Public Service (Social Vaue) Act)이 시행되었다. 모든 공공기관들이 서비스를 위탁하거나 구매할 때 경제적, 사회적, 환경적 웰빙을 고려하도록 규제한다. '사회적 가치'(social value) 법은 공공기관들의 위탁과 구매에서 '금전의 가치'(value for money) 개념에 기초할 것을 규제한다. '금전의 가치' 개념에는 경제적 가치뿐 아니라 사회적, 환경적 가치들도 고려해야 한다.

사회적 가치법에 따라 재화와 노동이 포함된 공공서비스 계약이 EU의 기준 금액 이상인 경우 모두 적용된다. 2015년 현재는 중앙정부의 경우 11만 1676파운드, (약 1억 8000만 원), 기타 공공기관의 경우 17만 2514파운드

(약 2억 8000만 원)이다. 모든 공공기관들은 구매나 위탁 계약 이전 단계에 사회적 가치 요소를 기획해 실행할 것으로 규제한다. 법에 따르면, '사회적 가치'란 "재화, 서비스 및 결과물의 직접적인 구매에 대한 위탁/구매 과정으로부터 얻어지는 지역사회의 혜택"으로 정의된다. 이 같은 혜택들의 목록은 제시되지 않고 있지만, 지역 실정과 욕구에 따라 융통적으로 적용될 것을 법에 명시되어 있다. 일부 지역에서는 실업이, 다른 지역에서는 보건 불평등 문제가 심각한 지역사회 이슈가 되어 여기에 초점을 맞춘 공공 위탁과 구매가 사회적 가치를 창출하는 것으로 인정될 수 있다는 것이다.

영국 사회적 기업 Blue Sky

사회적 가치법의 혜택을 받은 사회적 기업 Blue Sky 개발과 재생(Development & Regeneration)은 전국 차원의 사회적 기업으로, 지방정부와 공공기관의 토목공사와 재활용 사업을 하는데, 직원 전체가 출소자들이다.[13] 출소자들이 재범의 악순환을 밟지 않도록 안정적인 일자리를 제공해 생계를 유지하고, 기술훈련으로 역량을 갖춰 자긍심으로 스티그마를 이겨내도록 지원한다. 전국에 걸쳐 사회적 기업들을 운영하는데, 런던, 맨체스터, 옥스퍼드, 브리스톨 등 주요 도시들에 위치해 있다.

Blue Sky는 특히 노인들이 신체 건강상 정원 관리를 하기 어려운 상황에서 방치된 정원들을 관리해 환경미화뿐 아니라 노인의 정서적 안정과 도난 방지 등의 사회적 가치를 생산하는 활동을 한다. 2005년 창립후 1000명 이상이 직원으로 일하는데, 직원 절반 이상은 과거 약물과 알코올

---

13 자료출처: NCVO http://socialvaluehub.org.uk/?id=149&view=oneresource, http://www.blueskydevelopment.co.uk/facts-and-figures/

중독 생활을 했고, 20%는 주택 문제를 안고 있어 주택융자 지원을 받으며, 27%는 자신 이름의 은행계좌를 갖고 있지 않고, 40%는 부양아동이 있는 취약층이다.

Blue Sky 직원 중 15%만이 재범자가 되어 전국 평균 1/4 수준으로 낮으며, Blue Sky의 이직한 직원들 48%가 다른 안정된 일자리를 가져 재범자에 비해 8배 높은 안정적 일자리 확보율을 보여준다. 그리고 절반 이상 51%가 공인된 기술 자격을 갖춰 떠났다. 영국에서 재범으로 인한 사회적 비용은 연간 130억 파운드로, 연간 9만 명의 출소자 가운데 2년 내에 60% 재범이 발생한다. 일자리 제공으로 재범률을 50% 가량 낮출 수 있지만 재소자 중 75%가 출소하면서 일자리를 찾지 못한다. 재범자 일인당 사회적 비용은 20만 파운드에 달한다.

영국 구세군의 홈리스 사회적 기업(Booth House)

구세군(Salvation Army)은 영국에서 가장 큰 규모의 사업으로 홈리스를 구제해 자활을 지원하는 사업에 사회적 가치법의 지원을 받는다.[14] 1865년 이래로 구세군의 구호사업은 홈리스들의 주거문제 해결에 그치지 않고 일자리와 소득 등 전반적인 문제 해결에 초점을 맞춰 왔다. 스윈돈 지역의 Booth House는 62명의 홈리스들이 거주하는 호스텔을 제공해, 여기에서 두 개의 사회적 기업 지원으로 홈리스들이 일하며 안정적인 일자리와 소득을 보장받는다. 하나는 샌드위치 피플(Sandwich People)로 샌드위치를 만들고 케이터링 서비스 사업을 하고, 다른 하나는 자전거 재활용 사업을 하는

---

14 자료출처: NCVO http://socialvaluehub.org.uk/?id=149&view=oneresource, http://www2.salvationarmy.org.uk/sandwichpeople

리싸이클즈(Recycles)이다.

Sandwich People은 스윈돈 지역사회의 기업들에 샌드위치 배달 사업을 하고 기업, 공공기관 등의 모임에 케이터링 사업을 한다. 이를 위해 홈리스들은 요식 사업에 필요한 기초적인 위생과 청결은 물론이며, 요식서비스 교양 훈련, 요리 기술훈련 등 다양한 전문 기술을 익혀 완전히 새로운 인물로 변화된 모습을 갖춘다. 지역의 대학들과 비영리 요식단체들이 나서 지원하는 공조적 파트너십이 지역사회의 통합에 크게 기여하는 모델이다.

또 다른 사회적 기업인 Recycles는 2011년에 창설된 사회적 기업으로 자전거를 수리해 재사용하도록 적정 가격에 판매하는 사업을 한다. 자전거는 지역의 경찰서에서 수집된 분실 또는 도난 자전거들로 주인이 없는 것들과 또 주민들이 일부 기증한 것들이다. 홈리스들이 수리 기술훈련으로 익힌 기술로 수리해서 판매한다. 특히 지역사회의 다양한 비영리단체들의 공조적 파트너십으로 사업의 규모를 키우고 판매망을 확장시켜 수익증대를 통해 더 많은 홈리스들을 고용하는 선순환을 이뤄, 사업의 지속가능성을 높였다. 지역의 자전거 이용자단체(Bicycle Users Group Swindon)와 기술훈련 파트너 단체들이 도움을 주며, 일부 자원봉사자들의 참여도 지역사회의 인식 개선에 기여한다. 또 Recycles는 지방의회의 용역을 수주해 지역주민들이 출퇴근 등 교통수단으로 자동차 대신 자전거를 이용하도록 권장하는 자전거 융자사업을 시행한다.

스윈돈 지역사회 구세군의 두 개의 사회적 기업은 프로젝트로 사회적 가치를 생산하는 기업들이다. 홈리스의 식사, 주거 등 단기적인 문제해결 수준을 넘어, 사회적 기업의 고용과 소득 제공을 통해 자활을 지원하는 지속가능한 사회적 가치를 창출한다. 홈리스 개인들에게 제공하는 복지와 웰빙 서비스뿐 아니라 지역사회의 사회통합과 주민들의 연대와 유대 등 사회

자본 창출, 그리고 지방정부 등 공공기관의 홈리스 서비스 제공의 비용 절감과 행정 부담 감소 등 다양한 사회적 가치들이 생산된 것으로 평가할 수 있다.

또 사회적 기업을 통해 홈리스에 대한 지역사회 스티그마 문제를 해소한다. 샌드위치 피플과 자전거 재활용 모두가 주민과 고객들을 직접 대면하는 사업이므로 홈리스와 지역 주민 사이에 불편한 관계를 개선해 사회통합을 강화시키고 사회자본을 창출하는 등 사회적 가치가 창출된다. 또 자전거 재활용은 버려진 자건거들을 수집해 지역 환경을 개선하면서 수리한 자전거를 지역 주민들이 재사용해 지속가능한 환경 개선에 기여하는 사업으로 적지 않은 사회적 가치를 가진 것으로 평가된다.

이처럼 사회적 기업은 취약층의 고용과 기술훈련으로 안정적인 일자리와 주거를 보장받도록 함으로써 정부의 복지사업으로 이뤄낼 수 없는 혁신적인 사회문제 해결의 처방을 제시해준다. 이런 의미에서 사회적 가치법의 시행이 비영리섹터 또는 시민사회 영역에서 두드러진 사회적 임팩트를 생산한 것으로 평가받을 수 있다.

제6장

사회적 임팩트 투자

1. 사회적 임팩트 투자 모델

글로벌 '사회적 임팩트' 동향이 국가 → 사회적(제2장), 시장 → 사회적(제3장), 시민사회 → 사회적(제4장), 사회적 기업으로(제5장) 변화와 혁신이 이뤄지면서 나타나는 혁신적인 발전은 사회적 임팩트 투자(SII)의 성장이다.

1) 사회적 임팩트 투자의 의미

사회적 임팩트 투자의 개념정의

'사회적 임팩트 투자'(social impact investment: SII)는 "사회적 영역에서 도움이 필요한 수혜층을 대상으로 하는 투자자와 투자처 사이의 거래"로 정의할 수 있다(OECD 2015a: 55). 대상이 되는 수혜층은 취약인구이며 제공되는 재화는 공적, 사적 재화의 특성이 혼합된 것이어야 하며, 이 거래는 일반적으로 중간지원조직을 활용해 이뤄진다. 거래의 투자처는 최소한 자체 정관상에 사회적 활동의 의무적 리포팅 규정을 두고, 공식적인 사회적 임팩트 평가를 제공해야 한다. 마찬가지로 투자자는 최소한 SII에 관한 의무적인 리포팅 규정을 두고, 시장수익률 이상이 아니라 마이너스가 되지 않는 수준의 수익을 기대한다(실제로 수익이 시장가 이상이 될 수는 있다).

'임팩트 투자'(impact investing) 개념은 록펠러 재단이 설립한 글로벌 임팩트 투자 네트워크(GIIN: Global Impact Investing Network)가 최초로 소개했다. GIIN에 따르면, 임팩트 투자는 "기업, 조직, 펀드가 재정적 수익 이외에 측정 가능한 사회적, 환경적 임팩트를 생산하기 위한 의도를 가진 투자"이다. 여기에서 '의도'란 일반적으로 '사회적 책임 투자'(socially responsible investment: SRI)와 구분되는 특징인데, SRI는 '단일 보텀라인'(single bottom line)이 되는 수익(profit)을 추구하면서 사회적 또는 환경적 피해를 회피하는 것으로, 임팩트 투자와는 근본적으로 다른 투자이다. GIIN는 임팩트 투자에서 선도적 역할을 수행한다. 개인 투자자와 서비스 공급자는 단독으로 인프라와 시장 차원의 문제들을 단독으로 해결할 역량을 갖추지 못한 한계가 있다. GIIN은 비영리기관으로 임팩트 투자의 규모와 효과성 증진을 위해 2009년 록펠러 재단이 설치하였다. GIIN의 프로그램 어젠다는 투자자들이 당면하는 문제들에 기반해서 임팩트 투자 시장에 장애가 되는 시스템 차원의 장애요인들을 규명해 문제해결을 위한 포럼을 제공해준다.[15]

이상과 같이 임팩트 투자의 의미는 의도성, 수익보장형 투자, 수익기대치와 자산 유형의 범위 등, 세 가지 특성으로 정리해볼 수 있다. 첫째는 의

---

15 http://www.thegiin.org/cgi-bin/iowa/investing/index.html

도성(Intentionality)이다. 투자를 통해 투자자들이 사회적, 환경적 임팩트를 생산하려는 의도가 임팩트 투자의 핵심 요소가 된다. 필수적인 재화와 서비스에 대한 이용 접근을 확대시키고 사업 운영을 통해 긍정적인 임팩트를 생산하는 기업과 펀드에 임팩트 투자가 이뤄지는 것이다. 취약층의 금융서비스, 교육, 보건, 주택, 양질의 일자리에 대한 이용 접근을 확대시키는 임팩트 투자에 투자자본이 활용될 수 있다. 또 기후변화와 환경적 재난의 피해를 완화시키는 사업에도 임팩트 투자가 이뤄질 수 있다. 임팩트 투자는 개도국이나 선진경제국 어디서나 가능한 사업이다.

둘째는 수익보장형 투자다. 임팩트 투자는 최소한 자본금의 회수가 이뤄지는 자본에 대한 금융수익을 보장한다. 증여(grants)는 일반적으로 임팩트 투자는 아니지만 임팩트 투자에 중요한 역할을 한다. 초기 비즈니스 모델을 인큐베이팅 하는 역할을 해서 크레딧 개선 지원, 기술지원 또는 필요한 연구와 개발(R&D)에 대한 펀딩이 가능하다.

셋째는 수익기대치와 자산 유형의 범위이다. 임팩트 투자는 시장수익률 이하 (양여적이라 함) 수익으로부터 리스크 조정의 시장수익률에 이르는 범위의 수익을 생산한다. 임팩트 투자는 현금, 고정 소득, 벤처 자본, 개인주식 등 다양한 자산 유형으로 이뤄질 수 있다. 임팩트 투자자는 보증금 등의 촉진 수단을 통해 수수료를 얻을 수도 있다. 임팩트 투자자들의 수익 기대치와 도구들이 그들의 의도를 반영하며 투자의 경제학 원리로 작용된다. 일부 투자자들은 고위험의 초기단계 사회적 기업을 지원하는 투자를 할 수 있고, 다른 일부는 시장수익률에 근접하는 수익을 기대하고 검증된 비즈니스 모델의 확대에 파이낸싱을 하는 투자를 선택할 수 있다.

사회적 임팩트 측정

임팩트 투자의 핵심은 투자자의 투자를 측정해 사회적, 환경적 성과와 목표 달성도를 보고하는 일이다. 임팩트 측정은 이 같은 투자의 투명성과 책무성을 보장해, 임팩트 투자의 실행 상태를 알리며 임팩트 투자의 섹터를 구축하는 역할을 한다.

투자자의 임팩트 측정 접근법은 목표와 역량에 따라 다양하게 나타난다. 어떤 목표를 측정할 것인지를 선택하는 일은 투자자의 목표와 의도에 달려 있는데, 일반적으로 임팩트 투자를 위한 모범적인 임팩트 측정 요소들은 다음과 같다(GIIN 홈페이지).

- 이해관계자들에게 사회적, 환경적 목표들을 설정해 알린다.
- 표준화된 메트릭스를 활용해 목표와 관련된 성과 메트릭스/타깃을 설정한다.
- 이 같은 타깃을 기준으로 투자처의 성과를 모니터링하고 관리한다.
- 사회적, 환경적 성과를 이해관계자들에게 보고한다.

2) 사회적 임팩트 투자의 발전

임팩트 투자자와 수요기관

SII는 재정적 수익을 내는 투자라는 점에서 증여와는 다른 특성을 갖고 있다. 증여는 재정적 수익을 기대하지 않는 단순한 기금의 제공으로 이뤄진다. 기업재단 등에서 시행하는 프로그램 관련 투자(program-related investment: PRI) 또는 미션 관련 투자(mission-related investment: MRI)는 SII 유형으로 분류될 수 있다.

지금의 SII 시장으로 성장하기까지 민간 재단들이 증여, PRI, MRI 등을 통해 결정적으로 중요한 역할을 했고, 또 개인과 가족 투자자들도 크게 기여하였다(Martin 2013: 6). 은행과 연금기금 등 대형 금융투자기관들은 점차 시장에 진입하는 단계에 있다. SII는 투자의 세계를 거대한 공공재화의 세계와 조율하는 강력한 아이디어가 되며, 언론의 상당한 관심을 모으고 있다. 전문 투자자, 특화된 기금, 정부들이 SII의 주요 자본제공자 역할을 하고 있다. 이들의 동기들은 다양해서, 주류 글로벌 영역(교육, 보건의료, 주택, 식수 등)과 관련되지 않는 일부 시장에 대한 관심으로부터 증여가 아닌 투자로 사회적 또는 환경적 목표를 효율적으로 달성하려는 동기 등이 있다. 재정적 수익 우선인가 아니면 사회적 임팩트 우선인가에 따라 투자자들도 재정 우선, 임팩트 우선 투자자로 양분된다. 또 SII 시장에는 자본 제공자와 자본 수혜자뿐 아니라 중간지원조직, 정부와 전문 서비스 제공자 등 이해관계자들이 관여한다.

SII 시장의 마지막 요소는 SII에 대한 수요를 창출하는 조직들로, 중소기업체뿐 아니라 기업가적 비영리단체, 협동조합 등 사회적 경제 조직들이 있다. 이들 대부분은 사회적 기업 형태를 갖추고 있는데, 법적 형태와는 관계 없이 이들의 공통점은 재정적 수익과 사회적 임팩트를 동시에 추구하는 원칙에 기초한다는 점이다. 그럼에도 일부 정부들은 사회적 기업 등의 법적 지위를 부여하는 동향이 있다. 이 같은 SII 시장의 수요 측면 또한 성장 중에 있다. 영국의 사회적 기업100(SE100) 지수는 2013년 두 번째 해를 맞이하며 향후에도 성공적인 사회적 기업들의 사례들을 소개할 예정이다. SE100 Index는 평균 이상의 성장률을 보여주며, 수익증가율 또한 FTSE100와 SME 섹터에 비교해도 높은 수준이다.

SII 시장의 성장은 대단하지만, 여전히 적지 않은 문제들에 직면해 있다. 2013년 조사에 따르면, 성공적인 투자 사례 기록이 미흡하다는 점이 시장 관계자들의 공통된 지적이며, SII에 활동 중인 기관 시장관계자들이 거의 없다는 점, SII의 보편적으로 인증된 등급(rating)이 없다는 점, SII 기회 부족 등이 문제점들로 꼽히고 있다.

사회적 임팩트 투자와 민간 자본

SII는 민간 자본이 재정적 수익뿐 아니라 긍정적인 환경적, 사회적 성과를 의도적으로 창출할 수 있다는 원칙에 기초한다. 오늘날 SII는 여전히 발전 초기의 시장이라 볼 수 있다. 그런데 전문기관의 추산으로는 2020년까지 4000억~1조 달러 규모로 성장할 것으로 내다보지만, 이 정도라면 2020년 말까지의 전체 금융자산의 0.1%밖에 안되는 소규모이다(Martin 2013: 5). 사회의 빈곤층의 경제적 수요의 증대, 기후변화, 인구증가 등이 복지국가의 성장부진과 맞물려 SII 시장의 확대를 요청할 것이다. 교육, 보건의료, 실업과 환경 등 무수한 도전들에 직면해 혁신적인 기업가들, 공공 및 사부문이 수조 달러에 달하는 자본금이 투자하도록 하며 사회 전반에 혜택을 주는 금융적 혁신도 일으키는 촉매 역할을 할 수 있다.

최근의 연구(Accenture와 Oxford Economics)에 따르면, 2025년까지 서비스 요구의 기대치와 공공지불 능력 사이에서 발생하는 공공서비스 지출 갭은 더욱 증대될 것이다(앞글: 6). 그 갭은 캐나다 990억 달러, 프랑스 1000억 달러, 독일 800억 달러, 이탈리아 300억 달러, 영국 1700억 달러, 미국 9400억 달러 등이다. 따라서 이 같은 갭의 증대 문제에 대한 해결에 민간 자본이 결정적인 역할을 할 수 있다.

SII 시장은 지금은 규모가 작지만 빠르게 성장하는 중이다. 2011년에 2200개의 43억 달러 규모의 임팩트 투자가 이뤄졌는데, 2012년에는 80억 달러, 2013년에는 90억 달러, 2015년에는 152억 달러로 성장하고 있다. GIIN과 J.P. Morgan(2015)의 임팩트 투자자 서베이 결과를 보면 개도국의 SII의 기대 수익은 부채(debt) 투자는 8~11.9%, 지분(equity)에서는 20~24.9%에 달한다. 이 같은 수익은 선진사회의 시장수익 기대치 5~7.9%와 15~19.9%에 비하면 비교적 높은 수익률이다.

사회적 임팩트 투자기관의 증대

임팩트 투자기관은 개인 고액자산가와 재단을 중심으로 점차 증가하는 추세이다. GIIN의 2016년 임팩트 투자자 서베이 결과에 따르면, 2015년 157개 임팩트 투자기관이 7,551개 사업에 152억 달러를 투자했다. 2016년에는 1만 1722개 사업으로 늘려, 2015년보다 16% 증가한 177억 달러를 투자할 계획이다. 임팩트 투자는 최근 10년 기간에 절반 이상의 기관들이 첫 투자를 했는데, 이미 1994년 이전에도 21개가 이뤄진 것을 살펴볼 만하다.

또 임팩트 투자를 한 기관들의 일반적인 투자 동기는 몇 가지 특징으로 구분된다. '책임 있는 투자'를 비롯해, 효율적인 임팩트 목표 달성이 주요 동기로 꼽히며, 다른 여러 동기들도 투자기관의 동기로 나타난다(표 6-1).

또 OECD의 〈2016년 개발협력 보고서〉는 주요 재단들이 임팩트 투자를 자선적 기부와 같은 비중으로 투자하는 현황을 보여준다. 각기 100개와 101개 투자 규모를 보여주며, 기타 투자 유형은 91개로, 임팩트 투자가 전체의 34.2%를 차지한다. 또 180개 재단 중 100개가 임팩트 투자를 한 것으로 조사되어 55%라는 높은 참여도를 보여준다. 지리적으로는 북미와 유럽, 오세아니아 등 개발국에 40%, 나머지 60% 가량이 개발도상국과 글로벌 대상이다.

표 6-1 임팩트 투자기관들의 투자 동기 (2015년 투자기관 서베이 결과) (단위: %)

임팩트 투자의 동기	비중 (복수 응답)
1. 책임 있는 투자자라는 우리 기관의 실천의 일부이다.	52.7
2. 기관의 임팩트 목표 달성에 효율적인 방법이다.	41.1
3. 고객의 수요에 대한 기관의 호응이다.	34.2
4. 성장하는 분야와 지역에 대한 관여의 기회를 제공한다.	33.5
5. 임팩트 투자는 다른 투자 기회보다 금융적 장점이 있다.	13.7
6. 기관의 광범한 포트폴리오에 다양화를 제시해준다.	10.9
7. 규제적 요건을 충족시키기 위해 임팩트 투자를 한다.	2.7

자료 GIIN 2016: 49.

3) 글로벌 메가 트랜드

글로벌 차원의 임팩트 투자 시장을 형성하는 메가 트랜드는 a) BOP에서의 수요, b) 자원 효율성 제고의 필요성, c) 새로운 공공서비스 제공 접근법으로 나타나고 있다(Martin 2013: 15).

BOP로부터의 수요

BOP 또는 '피라미드의 기초'(bottom of pyramid: BOP) 개념은 1930년대에 등장한 용어이다. 지금은 일일 2달러 미만의 생계비로 생활하는 개도국의 40억 인구를 기술하는 데 사용되는 개념이다. 그간 세계은행, 공여국, 원조기관 등의 노력은 BOP 인구의 보건, 재정, 주택 등 고질적인 문제들에 적절한 해결책을 제시해주지 못했다(Prahalad 2010: 27). 이 같은 BOP 문제해결

■ **그림 6-1** 주요 재단들의 투자 포트폴리오: 자선기부, 임팩트 투자, 기타 투자

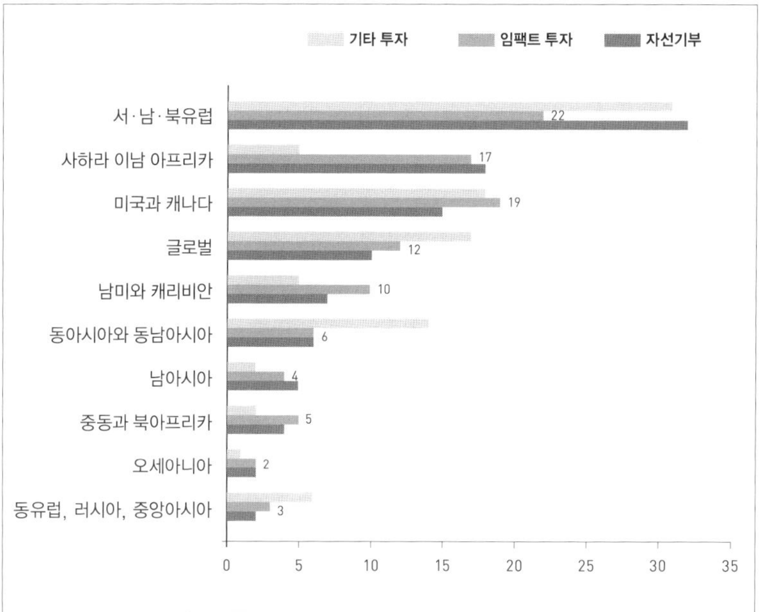

참고 Financial Times가 2015년 180개 주요 재단들을 대상으로 조사한 결과.
자료 OECD 2016c: 107

에 민간기업들이 보충적인 역할을 할 수 있을 것이며, 혁신적이고 시장기초적인 해결책을 제시해줄 것이라는 기대가 임팩트 투자 시장의 성장을 촉진시키고 있다.

BOP의 수요에 대한 투자는 개도국 국내경제의 촉진이라는 부가적인 이익을 주는 가능성을 보여준다. BOP에서의 혁신적 해결책을 진흥시키는 기금의 일부는 전통적인 자본시장에서 그리고 기존의 PPP(public private partnerships) 형태로 투자될 것이다. 일례로 프랑스의 전기공급자 EDF(Electricité de France)는 값비싼 전기료 때문에 전기 접근의 혜택을 누리지 못하는 모로코 국민 10%에 달하는 인구에게 재생에너지를 공급하는 PPP 사

업을 추진하였다. 이 사업을 통해 EDF는 개도국 시장 진출로 재정적 수익을 올리면서 BOP의 에너지 문제 해결에 기여하는 경험을 갖게 되었다. 또 다른 사례로 BOP 인구의 백내장 수술에 대한 임팩트 투자 사례이다. 도이취 뱅크는 2010년 1450만 달러 규모의 아이펀드(Eye Fund)를 비영리기관들과의 파트너십으로 조성했고, 상업 투자자들은 시장수익률을 올렸으며 PRI로 참여한 미국의 재단들도 비교적 낮은 수익을 돌려받았지만 보건의료의 성과에 단순한 증여 지원이 아닌 새로운 자본을 동원해 자신들의 미션을 달성하게 되었다.

자원효율성과 녹색성장

지구 온난화를 막기 위해 필요한 탄소배출 감소율은 연간 4.8%로 추산된다. 세계경제포럼(World Economic Forum)과 블럼버그 신에너지 금융(Bloomberg New Energy Finance)은 2020년까지 탄소배출감소에 연간 5000억 달러의 기금이 필요할 것으로 추산하였다. 2010년 실제 투자 규모는 2430억 달러로, 기대치와는 상당한 투자갭이 발생하고 있다. 2050년 세계 인구가 90억에 달하면 인구의 욕구로 자연자원의 한계가 드러나고 급진적인 자원 효율성과 새로운 인프라에 대한 투자를 압박하게 될 것이다. 에너지 효율성에 대한 투자는 비용절감과 고용 증대를 생산하게 된다. 유럽에서는 지금의 에너지 소비 20% 감소로 백만 개의 일자리가 생겨날 것이며, 이는 연간 600억 유로의 경제효과가 있다고 추산된다.

새로운 자본을 동원해 투자를 유치하기 위해서는 투자 구조를 개선하고 PPP에 비영리섹터의 파트너십을 추가한 PPNP(public-private-non-profit partnerships)이 핵심적인 전략이 되고 있다. 기업체, 투자자, 비영리기관(NPO), 정부의 파트너십은 강력한 녹색재정 확보에 기여한다. 전직 캘리포니아 주지사 아놀드 슈와지니거가 2010년에 창설한 비영리기관 R20 기후행동지역(R20 Regions of Climate Action)은 아시아개발은행(Asian Development Bank: ADB)과 전략적 파트너십을 맺어 프로젝트 파이프라인을 개발하였다. R20 회원 지역들과 중앙정부들과 국제상공회의소 등의 협력기관들은 ADB로부터 재정지원을 받기 위해 프로젝트의 리스크를 완화시키고 ADB와 공동투자를 하고 또는 자신들의 신디케이트를 구성해 저탄소 프로젝트에 대한 투자자들의 확보를 하였다.

새로운 공공서비스 제공 접근법

복지국가의 수혜층에게 복지서비스를 제공하는 인력의 비중은 2000~2010년 기간에 선진경제국에서는 최고 정점에 달했다. 또 빈곤과 상습 범행 등 심각한 도전들도 국고에 많은 비용을 요구하고 있다. 새로운 SII 메커니즘은 이 같은 도전들에 대한 해법으로 등장하고 있다. 영국도 많은 국가들과 마찬가지로 상습 범행에 시달리는 국가인데, 모든 범죄의 절반 가량은 이미 사법체계를 거쳐간 사람들이 다시 관련되어 있다. 이 같은 재범이 납세자에게 지워지는 부담은 연간 95~130억 파운드에 달한 것으로 추산된다. 여기에 사회임팩트채권(SIB)이 해법으로 제시되어, PPP 형태로 민간 투자자들이 서비스 제공에 선불 투자하면 정부는 특정기간 계획된 목표를 달성하게 되면 재정수익을 보장하는 채권이다.

'공공선(public good)에 대한 투자'라는 새로운 접근법도 제시되었다. 일부 정부들은 관계 기관들과 부문들 사의의 공조를 조율하기 위해 '사회혁신' 시장을 지원하는 이니셔티브를 개발해 시행해왔다. 앞서 서술한 영국의 빅소사이어티 자본(Big Society Capital: BSC)은 사회투자재정의 중간기관의 발전을 지원하고, 모범사례 진흥, 정보공유, 사회투자와 주류 금융시장과의 연계 개선을 통한 사회투자에 대한 인식과 신뢰의 확보에 노력한다. 캐나다의 지역사회 경제개발 투자기금(Community Economic Development Investment Funds: CEDIFs)은 지역 기업가들이 당면하는 재정적 장애물을 제거하고 지역의 경제개발을 진흥하기 위해 설립된 민관공조 조직이다.

2. 사회적 임팩트 투자 시장

1) 사회적 투자 자본 시장

전통적인 기부금 기반의 자선적 모델은 이제 사회기업가들의 혁신적인 노력으로 사회적 투자, 임팩트 투자 모델로 전환되고 있다. 이 같은 패러다임 전환을 위해 전통적인 자본시장 기관들이 거래비용을 감소시키기 위해 소셜 섹터에 참여해 자본의 효율적인 배분을 지원한다.

사회적 투자 자본시장을 전통적 자본시장과 비교하면 두드러진 차이를 보여준다.

① 새로운 '가치은행'(value banks)은 전통적인 자본시장의 상업적 은행들과 같은 역할을 수행한다. 저축자로부터 예금을 받아 개인과 기업들에 융자를 제공해준다. 그런데 가치은행들은 소셜 섹터에 초점을 맞춰 비즈니스 모델뿐 아니라 사회적 기업의 특수한 욕구와 요건들에 대해서도 충분한 이해를 갖추고 있다. 게다가 저축자들이 시중 이자보다 낮은 이윤을 감수하므로, 이는 사회적 기업에게 혜택이 된다.

영국의 Charity Bank는 사회적 변화에 투자되기를 바라는 예금자와

표 6-2 사회적 투자 자본시장과 전통적 자본시장 비교

전통적 자본시장		사회적 자본시장	사례
상업적 은행	⟶	가치 은행	CHARITY BANK, Triodos Bank (Make your money make a difference)
투자 은행	⟶	사회적 투자 자문기관	SOCIAL FINANCE, BAMBOO FINANCE
증권거래소	⟶	사회적 증권거래소	IMPACT INVESTMENT EXCHANGE ASIA, NEXT SSE
벤처 캐피털 펀드	⟶	벤처 필랜스로피 펀드	IGNIA, noaber foundation
투자 펀드	⟶	사회적 투자 펀드	responsAbility, SOLAR FOR ALL
연구와 등급기관	⟶	펀딩 컨설팅사	New Philanthropy Capital, PHINEO

자료 SIIT 2011: 6.

투자자의 지원으로 사회적 기업, 재단, 지역사회 조직들에 사회적 금융을 제공한다. Triodos Bank는 네덜란드에 본부를 두고 개발도상국에 투자하는 은행으로, 기업의 사회적 책임과 지속가능한 사회를 지원하는 예금자와 투자자들의 지원으로 문화적 가치와 사람과 환경에 대한 혜택을 주는 기업, 기관, 프로젝트에 사회적 금융을 제공한다. 은행의 미션은 인간의 삶의 질 증진과 인간의 존엄성을 중시하는 사회의 창출을 지원하는 데 있다.

② 전통적인 투자은행의 역할은 기업 고객들을 자문해 수요와 공급을 매칭해주는 역할을 한다. 이 같은 역할은 사회적 투자 자문기관들이 소셜 섹터에서 수행한다. 사회적 기업들에 적절한 금융구조를 설정해주고 적합

한 투자자를 찾아주는 역할을 한다. 영국의 Social Finance는 사회문제가 성공적으로 해결되기 위해서는 사회문제 해결을 목표로 활동하는 조직들이 지속가능한 수입과 투자로써 혁신과 성장을 하도록 지원하는 데 초점을 맞춘다. 이 같은 목적을 위해 Social Finance의 역할은 금융구조를 창안해서 실천이 이뤄질 수 있도록 자본을 모집하는 것이다.

스위스에 본부를 두고 세계적인 개발 프로젝트를 지원하는 Bamboo Finance는 투자자, 파트너 기관, 사회기업가정신 분야 모두를 위한 가치창출을 미션으로 삼는다. 사회에 직접적이고 긍정적인 임팩트를 가지고 있는 기업들의 성장을 위한 사회적 금융을 증대시키는 역할을 한다.

③ 증권거래소는 수요와 공급을 매칭하는 효율적인 공공 플랫폼이다. 증권거래소에서 기업들은 주식이나 채권을 발행해 지속적인 거래가 이뤄지게 된다. 사회적 증권거래소에서는 검증된 비즈니스 모델과 상당한 금융 욕구를 가진 사회적 기업들에게는 매력적인 금융 옵션이 되고 있다. 네 개의 사회적 증권거래소들이 이제는 통합되어 시너지를 창출하고 있다.

싱가포르에 본부를 두고 있는 Impact Investment Exchange Asia는 아시아의 사회적 기업들의 자본 접근성을 강화시켜 사회적 임팩트를 확장시키도록 지원하는 데 목적이 있다. 독일 베를린에 있는 NExt SSE는 사회적, 윤리적, 생태적 초점을 두고 건전한 비즈니스 모델을 가진 조직들로 사회적 벤처에 대한 자본을 투자하는 프로젝트이다. 독일 연방 금융감독기관인 BaFin과의 공조로 실제 거래소가 개설되었다.

④ 투자펀드는 투자자에게 펀드들을 일괄 판매하며 수요와 공급 사이의 중간지원조직 역할을 한다. 중간지원조직의 역할로 거래비용을 줄이고 다변화 효과로 리스크를 줄이는 효과가 발생한다. 마이크로 파이낸스 또는 태양열 산업 분야 등에 투자하는 펀드들을 개인이나 재단들로부터 수

집한다. 지난 15년간 고액 고객과 재단들은 펀딩 전략으로 벤처 캐피털 기술을 활용하고 있다. 소셜 섹터에 새로운 혁신적인 형태로 벤처 필랜스로피(venture philanthropy), 소셜 벤처 캐피털(social venture capital) 등이 소개되고 있다. 용어들은 다양하지만, 공통된 특성들이 있다. 높은 수준의 관여, 맞춤형 금융, 다년간 지원, 조직의 역량구축, 성과 측정 등이다. 따라서 사회적 투자자들은 소수의 사회적 기업에 집중 투자하고 있다. 또한 관리 컨설팅, 프로보노 서비스 등 비금융적 서비스 지원도 한다.

⑤ 연구와 등급기관은 투자자들의 자본 배분 결정을 지원하기 위해 상장 기업들이 등급과 연구 보고를 공표한다. 소셜 섹터에서는 펀딩 컨설팅사가 이 같은 역할을 대신한다.

⑥ 펀딩 플랫폼은 사회적 증권거래소와 같이 수요과 공급을 매칭해주는 플랫폼을 제공하는데, 다만 거래는 이뤄지지 않는 것이 증권거래소와 같은 특징이다.

2) 사회적 임팩트 투자자

사회적 임팩트 투자자들은 아래와 같이 다양하며, 이들의 일반적 특성을 차례로 살펴볼 만하다(Martin 2013: 16-17). 투자자들은 세계적으로 심각한 문제들의 해결에 시장기초적 접근법을 활용한다. 지속가능한 농업, 경제적으로 적정한 주택, 보건의료, 청정기술, 빈곤층을 위한 금융 서비스 등 심각한 문제들은 다양하다(GIIN 2014). 공공과 민간 자본의 다양한 결합 형태로 정부 단독으로 수행하는 것보다 훨씬 더 큰 규모로 사회적 문제들을 해결하는 방식이 SII이다(Rangan et al, 2011).

자선형 투자자

지금의 SII 시장의 성장에는 선도적인 재단들의 역할이 중요했다. 민간재단들은 파이롯트, 연구, 기술지원, 중간조직 지원 등 SII 인프라에 대한 증여 지원 등으로, 전형적으로 종자 단계나 초기 단계의 사회적 기업에 투자하는 프로그램 연계 투자(PRI) 방식을 활용한다. 그런데 비용과 복잡성 때문에 PRI는 널리 활용되지 못하는 한계를 보여준다.

엔젤 투자자와 초기단계 투자자

미국과 유럽에서 엔젤 투자자는 고성장 기업들에 대해 신뢰할 만한 금융 소스가 되고 있다. 정책 당국자들에게는 벤처 자본이 많은 관심을 모으고 있지만, 엔젤투자는 외부의 종자단계와 초기단계의 주식 파이낸싱의 주요 공급원이다. 엔젤 투자자는 벤처 투자자에 비해 시장 사이클에 덜 민감한 성향을 보여주며, 또 전문기술 활용 등 자금제공 이상의 긍정적인 역할도 하는 경향이 있다.

전문 투자자

전문 투자자들은 점차 더 자선(do good)과 수익(do well) 모두를 선호한다. 자선과 수익 두 마리 토끼를 잡는 윤리적 기금은 '사회적 책임 투자'(socially responsible investments: SRI)와 SII로 달성될 수 있다. 정책 당국은 전문 투자자들에게 SII의 장점을 홍보, 진흥하는 역할을 할 수 있다. EU의 새로운 EuSEF 법률은 '사회적 사업'에 70% 이상의 자본 투자를 하도록 규제한다.

기관 투자자

기관 투자자들도 점차 SII 시장에 진입하고 있다. 최근 영국의 450만 연금자의 여론조사는 응답자 47%가 향후 2년 내에 일부 SII를 할 것이라 답했다.

민간 기업의 파트너십

대부분의 첫 사업들은 비즈니스 시장 형성에 어려움을 겪는다. 기존의 소비자들은 검증되지 않은 창업기업의 제품과 서비스에 신중하므로, 판매 사이클은 길어질 수 있다. 따라서 기존의 대기업과의 파트너십은 즉각적이고 의미 있는 수익을 갖다줄 수 있다. 이로써 판매 사이클을 단축시켜 다른 기업들과의 거래 확보에도 도움이 된다.

금융산업

주도적인 금융기관들도 이제 SII 상품들을 내놓기 시작했다. 이들에게 SII 시장은 장기간에 걸쳐 수익의 기회를 제시해준다. 거대 은행들이 SII 시장에 진입한 사례로는 2007년에 출범한 J.P. Morgan의 Social Finance와 2012년에 개시한 '임팩트 투자 플랫폼'(Investing with Impact Platform)이 있다. 플랫폼은 사회적 임팩트뿐 아니라 재정적 리스크와 수익을 평가한 일련의 투자 상품들에 대한 투자자의 접근을 용이하게 해주는 플랫폼이다.

정부

정부는 SII 시장의 환경조성과 진흥에서 중요한 역할을 한다. 정부의 공동투자, 민간 투자자와의 공동 리스크 공유, SII를 위한 투자자 요건 마련, 기업이나 중간조직 펀드에 직접 투자 등 정부의 역할은 다양하다. SII 시장의 인프라 조성에서 중간조직의 씨딩(seeding)은 정부의 역할이 중요한 초기단계가 된다. 또 정부는 내부의 지침과 투자 가이드라인을 통해 SII 시장을 활성화시키는 자체 지침과 지출을 시행할 수 있다. 나아가 사회적 기업 개발과 투자환경 조성을 위한 자원 제공으로 추가적인 SII에 대한 수요를 촉진시킬 수 있다.

3) 사회적 임팩트 투자의 목표

공급기관의 목표

공급기관의 목적은 SII 개념에 중요한 일부가 되지만, 객관적으로 파악하는 데 한계가 있다. 사회적 목적에 초점을 맞춰 투자의 목표를 논의해볼 수 있다. 사회적 목적은 (사전에 목적이 없었는 데도 사회적 결과가 달성된 것처럼) 상황적 결과로부터 법적으로 규정된 목표에 이르기까지 다양하다. 공급기관의 사회적 목적은 기관의 미션과 비전을 살펴보는 방법도 있다.

소셜 벤처가 사회적 문제 해결의 목적을 미션이나 비전에 제시한 것만으로는 SII 조건을 충족한 것으로 보기는 어렵다. OECD 개념정의에서는 사회적 목적을 실행하는 데 충분한 노력을 하고 있다는 확증이 필요하다. 사회적 목적 실행의 확고한 수준으로는 조직의 정관상에 주주들에게 사회적 결과에 대한 리포팅 의무가 포함된다.

사회적 임팩트 투자 태스크포스(SIIT)에 따르면 임팩트 목표는 다음 몇 가지로 구분된다(OECD 2015a: 52).

a) 임팩트를 생산하기 위한 최소한의 법률적 요건을 준수하는 것,

b) 임팩트를 창출하려는 의도, 그리고

c) 임팩트 창출을 주된 목표로 실행하는 것 등이다.

사회적 임팩트에서는 목표 실행이 중요하기 때문에 마지막만이 SII 조건을 충족한 것으로 간주된다. 법률적으로 규정하는 목표 실행이 사회적 목표 실행에서 가장 강력한 증거로 간주된다. 독일의 사회기업가 금융지원기관(Financing Agency for Social Entrepreneurship: FASE)은 사회기업가들을 지원하는 파이낸싱 계약 조건에 사회적 미션 이탈방지를 포함시킨다(앞글: 51).

또한 일부 기업들이 비즈니스 활동으로 야기하는 부정적인 외부경제를 제한시키는 활동과 사회적 목적으로 구분해볼 필요가 있다. 전자는 기업 사회적 책임(CSR)에 해당되는 것으로 SII에는 제외될 수 있다(앞글: 52).

사회적 임팩트의 측정

SII는 다른 금융 수익에서처럼 자신들의 투자 결정에 중요한 요소가 되는 금융적 결과와 사회적 임팩트의 측정을 요청한다. 그런데 SII에서 임팩트 측정의 문제, 사회적 임팩트의 금전적 가치에 관한 공식적인 평가 문제가 제기된다. 어떤 형식이든 사회적 임팩트 측정이 이뤄지지 않으면 어떤 SII 거래도 성립되기 어렵다. 임팩트 사정은 정량분석과 정성분석, 금전적 분석으로 이뤄질 수 있다. 정성분석에는 보건의료 제공의 개선과 같은 임팩트, 정량분석에는 질병치료 환자의 수적 증가 등을 예시해볼 수 있다. 금전적 분석으로는 치료받은 환자의 일인당 금전적 가치와 사회에 혜택이 되는 금전적 가치 등이다.

임팩트 측정 과정 4단계를 공식적인 임팩트 평가과정으로 제시해볼 수 있다(앞글: 52).

첫째, 기획단계에서 (지표의 선정 등) 임팩트 목표와 목표달성에 필요한 전략에 대한 합의가 필요하다.

둘째, 증거 기반을 구축하기 위해 데이터의 수집, 보관, 검증의 절차가 필요하다.

셋째, 임팩트의 질, 수준, 효능성이 수집된 데이터의 분석에 기초한다.

마지막으로, 임팩트와 측정 과정이 검토되어, 임팩트 측정의 지속적인 개선을 위한 투입으로 제공되게 한다.

평가과정은 공급기관이 존재하지 않은 상태에서 사회적 임팩트는 어떠했을까 하는 가정에서 비교집단과의 비교를 필요로 하므로 단순하지는 않다. 가장 광범위한 임팩트 측정 접근법은 사회적 임팩트를 가치로 환산해 보여주는 공식적인 평가를 요구한다. SIB 계약의 디자인에는 사업 자금이 지불되기 전에 설정된 사회적 결과의 지표들이 설정될 것을 요구한다. 사회적 임팩트 측정뿐 아니라 '임팩트 가치 방정식'(impact value equation)의 디자인을 요구하는 것이다(SIIT 2014b).

투자자의 목적

투자자의 사회적 임팩트 목적은 SII에서 중요한 부분이다. 공급기관 목적에서처럼 그 목적 또는 의도를 파악하기란 쉽지 않다. 투자가 기대하지 않은 또는 의도하지 않은 사회적 성과를 생산하는 것처럼 투자자는 사회적 임팩트에 대한 목적이 없이도 사회적 임팩트를 갖게 될 수도 있다. VantagePoint Capital Partners는 금융수익을 생산하는 투자를 하는 것이 목적이지만 청정기술 투자로 긍정적인 환경적 임팩트를 생산해서 2013년 청정기술 분야의 금융투자기관상을 수상하였다. 이 같은 투자는 사회적 임팩트를 달성하려는 뚜렷한 목적이 없기 때문에 SII에 해당되지 않는다고 볼 수 있다. 반면에 Canopus Foundation은 환경적 지속가능성이라는 확고한 미션을 갖고 아프리카의 태양열 에너지에 투자해 온 사례로 분명한 SII에 해당된다.

또한 일부 투자는 공식적으로 특정한 사회적 결과를 달성하는 의도성을 요구하는 경우도 있다. SIB가 대표적인 사례로, 정부 위탁기관은 계획된 목표달성에 대해서만 구체적인 지불을 하는 조건을 제시하므로, 법률적으로 구속적인 사회적 목적이 된다. 따라서 투자자의 목적은 SII에 포함되지 않은 상황적인 결과와 SII에 해당되는 법률적으로 구속적인 결과가 있다. 이 양극단 사이에 다양한 수준의 사회적 목적들이 분포한다. 사회적 목적이 투자와 관련한 사명문이나 다른 문서 형식으로 또는 투자자의 프로필에 서술되는 경우가 있다. 시민 자본(Citizen Capital)은 사회적 비즈니스에 대한 투자의 목적을 명확하게 밝히며 자칭 '임팩트 투자펀드'라 부른다. 또 사회적 목적의 달성이 금융적 측면을 넘어서 '취약지역에 대한 투자' 또는 '취약층의 욕구 해결' 등 비전으로 제시되는 경우도 있다.

재단들의 경우 법적 지위와 관련해 법률적 요건으로 또는 규정에 사회적 미션을 명확하게 밝힌다. 일부 재단들은 사회적 이슈 해결의 방안으로 SII 접근법에 점차 초점을 맞추고 있다. 게이츠 재단의 프로그램 연계 투자 PRI는 교육(Civic Builders 등), 보건(Global Health Fund, BiologicalE Vaccines) 등에 임팩트 투자를 확대하고 있다. PRI 투자방식은 부채와 지분 등을 활용해 금융 수익을 생산하면서 사회적 이슈들을 해결하는 데 목표를 두고 있다.

수익에 대한 기대

투자자의 수익에 대한 기대는 SII에서 매우 중요하다. 투자가 SII인지를 구분하기 위해 수익의 상하 기준이 무엇인지를 설정하는 것은 쉽지 않다. 한 극단에는 기부금(donations)이 있는데, 여기에서 기부금을 돌려받는 것은 전혀 기대할 수 없기 때문에 '투자'가 아니라 자선기부(philanthropy)가 된다. 다른 극단에는 시장의 리스크 조정비율 이상의 수익을 기대하는 경우이다. 이 경우는 주류 영리시장의 투자와 다를 바가 없기 때문에 SII에 해당되지 않는다. 그런데 SII의 실제 수익률이 시장 리스크 조정비율 이상으로 높게 나타난 경우도 있다. 그런데 투자자의 의도가 이런 높은 수익률을 기대한다면 이는 분명 SII에 해당되지 않는 것으로 볼 수 있다.

또한 기업의 이윤배분 정책 측면에서 SII를 구분하는 방법도 있다. 사회적 기업의 경우 어느정도까지 수익을 재투자해야 하는지에 대한 논의도 끊이지 않고 있다. 일정 수준의 이윤배분으로 투자가 긍정적인 수익을 생산하도록 조장하는 것도 필요하다. 또한 사회적 기업이 어느정도 수익을 재분배할 수 있는지는 법적 규정에 근거한다. 이탈리아에서는 사회적 기업의 수익배분을 허용하는 법률 개정이 추진 중에 있다.

4) 사회적 투자 자본의 스펙트럼

사회적 임팩트 투자 자본은 매우 다양하다. 〈표 6-4〉와 같이 왼편의 금융수익에만 관심을 가진 자본부터 오른편의 임팩트에만 초점을 맞추는 자본에 이르는 스펙트럼은 다양하다. 금융수익만을 추구하는 자본 투자부터 '책임 있는 투자'(responsible investment)로의 변화는 환경, 사회, 거버넌스(ESG: environmental, social, governan ce) 실천에 있다. ESG의 책임 있는 투자에서 발전한 투자 유형은 지속가능한 투자로 발전되며 이후 '측정 가능한 높은 수준의 임팩트 해결에 집중'하는 자본투자가 임팩트 투자로 간주될 수 있다.

임팩트 투자 유형에도 네 가지 다른 유형들로 구분될 수 있는데, 각각의 차이를 낳는 기준은 경쟁적 금융수익이다. 임팩트 투자가 금융수익을 생산할 수 없는 수준(위 측)부터 점차 수익을 기대할 수 있는 유형들이 있다. 사회임팩트채권(SIB)과 개발임팩트채권(DIB)의 경우 임팩트 검증이 되지 않아 시장수익 이하의 수익이 될 수 있는 리스크가 있지만 사회문제 해결에 우선적 초점을 맞춘다(Bridges Venture 2015b: 3).

표 6-3 사회적 투자 자본의 스펙트럼

금융only	책임	지속 가능	임팩트(impact)			임팩트only
경쟁적인 금융 수익 제공						
	환경, 사회, 거버넌스(ESG) 리스크 완화					
		환경, 사회, 거버넌스(ESG) 기회 추구				
			측정 가능한 높은 임팩트 해결에 집중			
			경쟁적 금융수익			
				시장수익 이하의 금융수익		
환경적, 사회적, 거버넌스 실천 무시/경시	가치보호의 환경, 사회적, 거버넌스 리스크 완화	가치상승의 점진적 환경, 사회적, 거버넌스 실천 시행	투자자에게 경쟁적 금융수익의 사회문제 해결 제시	투자자에게 낮은 수익 될 수 있는 사회문제 해결 제시	투자자에게 낮은 수익 조건으로 사회문제 해결 제시	투자자에게 금융수익이 될 수 없는 사회문제 해결 제시

자료 OECD 2015a: 13.

3. 임팩트 투자시장 생태계

사회적 임팩트 투자(SII) 시장에는 수요 측과 공급 측, 중개조직의 행위자들이 늘어나면서 SII 생태계가 조성되고 있다. 생태계는 1) 사회적 욕구, 2) 수요 측, 3) 공급 측, 4) 중간지원조직을 구분되며, 5) SII 환경을 조성하는 사회적 체계, 세제, 규제 환경, 금융시장 개발이 진행되고 있다(OECD 2015a: 23-27).

SII 시장의 주요 이해관계자들로는 투자자와 투자처, 중간지원조직과 정책기관 등을 꼽을 수 있으며, 이들 사이의 신뢰관계로 시장이 형성되고 유지되며, 신뢰를 구축하기 위한 가장 중요한 전략이 시장투명성 전략이라고 볼 수 있다. SII는 먼저 사회적 욕구에 대한 파악으로부터 시작된다. 사회적 욕구로는 고령화, 장애, 보건, 아동과 가족, 주택, 실업 등 광범위한 사회적 욕구 분야들이 해당된다. SII의 수혜층은 일반적으로 사회적 취약층으로, 이상의 사회적 욕구 충족으로 혜택을 누리는 분야별 취약층이라고 볼 수 있다.

1) 수요 측면: 서비스전달 조직

사회적 욕구를 파악하는 데 핵심적인 역할 수행자는 사회서비스 전달조직들이다. 여기에는 지역사회조직, 자선기관, 비영리조직, 사회적 기업, 사회적 비즈니스, SII 중심의 비즈니스 등이 있다. 일부 국가들에서는 비영리조직들만이 '사회적' 역할의 조직들로 구분하지만, 명백한 사회적 목적을 수행하는 영리 조직들도 포용하는 제도적 변화가 일어나고 있다. 수요 측

그림 6-2 사회적 임팩트 투자(SII) 시장 생태계

자료 OECD 2015a: 23.

참여자들은 소셜 벤처를 통해 새로운 시장을 창출하면서 사회적 임팩트도 추구하는 새로운 모델들을 탐색하고 있다. 사회적 기업은 사회적 목적과 경제적 목적을 동시에 추구하는 혁신적 비즈니스 모델로서의 전망성을 갖게 되었다.

사회서비스 제공 조직들은 다양한 차원의 지역별, 분야별로 광범위하게 활동하므로 다양한 파이낸싱 욕구를 갖고 있어, 이 같은 욕구들을 충족시키기 위한 금융도구들의 개발이 필요하다. 다양한 발전단계에 있는 소셜 벤처들에 가장 효과적인 금융 도구들과 펀딩 모델은 무엇인지에 대한 이해가 필요하다. 일부 조직들은 혼합형으로 펀딩 접근방식의 복합이 필요하다

(OECD 2015a: 25).

최근 조사에 따르면, 투자자들에는 비즈니스 모델의 실행과 관리가 소셜 벤처에 대한 리스크가 가장 높은 것으로 간주되고 있다. 전통적인 기업들처럼 일부 새로운 소셜 벤처들도 목표 달성에 실패하게 된다. 실패 요인들은 다양해서, 관리, 전략이나 펀딩부터 규제적, 행정적 장애 등이 있다. 그럼에도 사회적 기업들은 일반 기업에 비해 실패율이 낮은데, 그 이유는 현실 문제에 대처하고 있기 때문이다(앞글: 25).

사회적 임팩트 투자자들은 소셜 벤처의 효과성 개선에 중요한 역할을 할 수 있다. 사회서비스 제공 기관들에게 펀딩을 제공할 뿐 아니라 전략, 관리, 성장에 대한 지원도 할 수 있다. SII의 성공은 투자가 이뤄지는 영리 또는 비영리의 임팩트 기관들의 장기적인 지속가능성과 사회적, 금융적 성과에 크게 달려 있다(앞글: 25).

특히 '투자 준비'가 소셜 벤처에게는 핵심 이슈가 된다. 소셜 벤처의 투자 준비와 비즈니스 역량 개선은 SII에 대한 접근의 기회를 제공해준다. 투자 가능성이 높은 소셜 벤처를 창출하는 데는 사회적 부문의 금융적 기술의 개선을 필요로 하고, 또 리스크에 대한 이해가 뒷받침되어야 한다. 영국은 투자 계약과 준비 펀드를 위한 전략 펀드에 1000만 파운드를 개시해 사회적 기업의 자본 확보를 지원한다. 투자 준비를 지원하고 소셜 벤처의 새로운 투자 확보를 지원하며 공공서비스 용역 경쟁력을 갖추도록 지원한다. 소셜 벤처에게 5~15만 파운드의 증여가 제공되어 최소 50만 파운드의 투자로 발전하게 되고 100만 파운드 이상의 계약입찰에 참여한다. 보스톤 컨설팅 그룹(Boston Consulting Group)은 분석을 통해 이 펀드가 "상당한 긍정적 임팩트"를 갖고 있다고 평가하였다.

2) 공급 측면: 자본 제공자

재단의 PRI

공급 측인 자본 제공자들은 자신들의 투자의 다변화의 방안으로 사회적, 금융적 목표를 동시에 추구하는 방안으로 SII에 높은 관심을 갖는다. 공급 측에는 재단, 개인 고액 자산가와 자선기관, 은행 및 기타 금융 서비스 회사와 중간지원조직들이 있다. 또 공공기관은 중앙 정부부처, 지자체 및 기타 정부기관들은 사회서비스의 위탁을 통해 그리고 SII 시장에 대한 직접, 간접적인 지원을 통해 중요한 역할을 맡는다.

지금까지는 가장 적극적인 투자자는 개인과 가족의 고액 자산가로, 다른 투자자에 비해 융통성과 자율성이 높은 투자자다. 재단들은 SII 시장의 개발에서 핵심적인 역할을 맡는다. 그 역할로는 미국의 록펠러 재단이나 독일의 베르텔스만 재단(Bertelsmann Foundation)과 같이 시장 인프라 구축부터 '촉매'자본(catalytic capital)의 공급이나 프로그램 연계 투자(programme related investments: PRI)를 통한 적극적 투자 등에 이른다. 민간 재단들은 정부와 시장으로부터 독립적인 위상을 갖고 민간 투자자들에 비해 더 많은 리스크를 안고 장기적인 '인내 자본'을 제공한다. 재단들은 사회적, 경제적, 환경적 문제들을 해결하는 창의적인 방안들을 탐구해 창출하는 많은 자유의 기회를 갖게 된다.

공공 및 민간 증여는 '첫 손실'(first loss) 또는 '촉매' 펀딩을 제공하는 데 중요한 역할을 한다(GIIN 2013). 증여와 기술지원은 소셜 벤처들이 상업적으로 실행가능한 사회문제 해결방안을 개발하도록 지원하기 위해 SII 이전 단계 또는 같은 단계에서 필요하다. 개발금융기관(DFI)은 시장에서 '촉매' 펀더로 중요한 역할을 한다.

일반적으로 증여는 SII로 간주되지는 않지만 재단들은 시장구축 활동을 통해 또 미션 연계 또는 프로그램 연계 투자(PRI)를 통해 시장에 개입한다. 이 경우 재단들은 리스트를 수반하는 수익이 기대되는 투자에 비해 100% 지원금이 되는 증여를 구분하는 것이 중요하다.

PRI 접근은 재단이 전통적으로 활용하는 증여 제공 모델을 초월해 직접적 부채, 지분, 보증 및 (부채나 지분) 펀드 등의 금융수단들을 구축한다(앞글: 27). 동시에 PRI는 재단의 증여 프로그램에 연계되고, 금융수단들이 재단의 프로그램과 자선 목표를 달성하는 데 활용된다. 혁신적인 펀딩 메커니즘의 활용으로 재단은 다른 투자자들을 유치해 사회적 미션에 동참하도록 함으로써 PRI가 핵심적인 목표로 사회문제를 해결하고 사회적 성과를 생산하도록 추진된 모델이 된다. 일부 사례들에서 PRI는 일반적인 시장수익보다 낮은 비율이지만 금융수익을 생산하는 잠재력도 갖지만, 이것이 투자의 주된 목적은 아니다. 일부 연금 기금, 보험회사, 기타 기관 투자자들도 SII 시장에 동참하고 있다. 그런데 주류 투자자들은 신탁 책임 때문에 최소한의 시장 리스크 조정의 금융수익을 가진 투자에만 초점을 맞추는 경향이 있다.

개인 투자자

최근의 세계경제포럼(World Economic Forum 2014)의 보고서는 주류 기관 투자자들이 SII에 참여하는 실천적 단계들을 소개한다. 개인 투자자들도 SII에 참여한다. 프랑스의 '연대 펀드' 등 사회적 혜택을 가진 연금기금을 통한 방법이나 지역사회에 대한 투자 방법이 일반적인 개인 투자자의 참여 방법이다. 연대기금은 90/10 펀드로도 불리는데, 고용자 연금 계획과 저축에 기초한다. 50인 이상의 고용자를 가진 회사가 정부 승인의 '연대 조직'에

■ **표 6-4** 게이츠 재단의 프로그램 연계 투자(PRI)

게이츠 재단은 글로벌 차원에서는 빈약한 보건과 극심한 빈곤 문제에 그리고 미국에서는 교육 문제에 초점을 맞추는 재단으로, 2009년부터 프로그램 연계 투자(PRI)를 시행한 이후 최근까지 사회적 임팩트 투자에 매우 적극적인 투자기관 역할을 한다. 2012년까지 15억 달러 규모의 투자가 사회적 문제 해결의 프로그램을 제시한 조직들에게 PRI로 제공되었다. PRI는 재단의 사회적 프로그램 목표와 다른 투자자들의 재정수익 목표와 결합시키는 방식으로 민간부문과 긴밀한 공조관계가 중요하다.

아래 예시들처럼 뚜렷한 사회적 포커스를 제시한 조직들의 프로그램에 다양한 형태의 파이낸싱 도구들이 활용되어, 사회적 목표 달성을 추진한다.

표 〈게이츠 재단의 PRI 활동 사례〉

PRI 명칭	사회적 포커스	파이낸싱 도구	사회적 목표
Africa Health Fund	빈약한 보건 해결	지분 펀드(공동투자)	아프리카 보건회사들의 금융접근 개선
ASA International	빈곤층 소액대출	저리의 융자	아프리카, 아시아의 저소득층과 소기업에 금융서비스 제공
Aspire Public Schools	교육	부분적 보증	저소득 지역사회의 차터스쿨 설립과 운영

출처 게이츠재단 웹사이트: www.gatesfoundation.org/How-We-Work/Quick-Links/Program-Related-Investments/

자료 OECD 2015a: 27.

펀드의 10%을 투자하게 되어 있다. 이 펀드는 모기지 회사 Finansol가 운영하고 은행, 소액대출기관, 투자사들과 파트너십으로 관리된다. 초기에는 비영리기관들만이 '연대' 인증을 받았지만 지금은 사회적 미션을 가진 상업 비즈니스들도 연대 조직 인증을 받도록 규정이 바뀌었다.

개인들의 소유하는 금융자산의 대부분은 직원저축과 연금기금 형태이다. 사회적 임팩트 투자 지형을 확장시키기 위해 직원저축과 연금기금에 임팩트 투자 기회를 개방시키는 정책이 추진되고 있다. 프랑스에서는 이미 직원저축 메커니즘을 잘 갖추고 있다. 직원 개인당 고임팩트 사회적 벤처에 포트폴리오의 10%까지 투자할 수 있고 나머지 90%는 엄격한 사회적, 환경적 거버넌스 기준에서 관리되는 사회적 책임의 주식시장 포트폴리오에 투자할 수 있다(Triodos Bank 2014: 18). 이 같은 90/10 펀드를 제공하는 기업들은 세 가지 유형의 직원저축 자산관리사(Natixis AM, Amundi, BNP Paribas AM) 중 하나를 선택해 관리하도록 한다. 이 세 기관이 프랑스 90/10 펀드 자산의 4/3 가량을 운영한다. 이 기관들은 대부분의 자본금을 다시 세 유형의 전국 규모의 사회적 투자 중간기관(이중 사회적 기업도 포함)에 투자한다. 그들은 France Active(기업가 지원 및 파이낸싱), Adie(소액대출), Habitat et Humanisme(사회적 주택)이다. 프랑스 연대기금의 소매자산 규모는 지난 6년간(2007~2013) 크게 늘었다. 1) 기업의 연대 직원저축기금은 1억 5800만 유로에서 4억 3000만 유로로, 2) 상호기금과 은행저축계좌는 8억 6700만 유로에서 18억 9000만 유로로, 그리고 3) 직접 투자는 6억 유로에서 36억 9000만 유로로 6배 이상 늘어났다.

일반 시민들이 임팩트 투자자로 참여하도록 장려하는 일은 사람들로 하여금 서로 유대하는 기회를 제공하며 사회적 가치를 창출한다. 돈으로만 연대하는 게 아니라 투자로써 사회적, 환경적 임팩트에 연대하는 것이다. 개인 투자자들이 임팩트 투자자로 많이 동참함으로써 유동성이 줄고 안정성이 높은 금융 시스템을 갖게 되어 사회 전체에 혜택이 돌아가는 선순환이 일어난다(앞글: 8). 대부분의 사회적 임팩트 투자(SII) 프로그램은 잘 조직화된다 해도 대부분 장기간의 인내 자본을 필요로 한다. 지금의 금융시장에서 보편화된 단기투자에 맞서는 강력한 대체 균형이 되는 장기 투자에 개인 투자자들의 인식 제고가 필요하다. 장기 투자로 기대되는 지역사회 개발과 사회적, 환경적 문제 해결의 임팩트에 대한 개인 투자자들의 이해와 인식제고가 뒷받침되어야 한다.

임팩트 투자는 초기단계에서는 전문 투자자들의 기술과 전문성을 필요로 한다. 그런 다음의 성장 단계에서는 일반 시민을 포함한 투자자들의 참여로 수익증대와 배분 등의 금융적 혜택뿐 아니라 사회적, 환경적 임팩트 증대라는 중요한 혜택들이 개발 대상층이나 대상 지역에 돌아간다. 임팩트 투자 기업들은 포용적, 참여적 거버넌스를 진흥시켜 이해관계자들과 의미 있는 소통을 통해 조직의 혁신과 임팩트의 최적화를 수행할 수 있는 기회를 갖게 된다(앞글: 9). 이 같은 '참여적 포용'(participatory inclusion)의 오랜 전통을 가진 협동조합들과 그와 유사한 사회적 경제 조직들이 임팩트 기업들에 해당된다.

크라우드 펀딩(crowdfunding) 플랫폼은 점차 사회적 기업을 지원하는 방식으로 개인 투자자들의 참여를 유도한다. 대부분의 사회적 목적을 위한 크라우드 펀딩은 기부금 형태이지만, 이제 일부 국가들에서 지분형 크라우드 펀딩(equity crowdfunding) 플랫폼이 생겨 투자기회를 제공해주고 있다.

3) 중간지원조직: 은행, 금융기관, 브로커

중간지원조직(intermediaries)은 SII 생태계의 개발에 중요한 역할을 한다. 투자와 투자처와 시장의 다른 기관들의 연결, 시장의 효율성 개선을 위한 새로운 혁신적인 방안의 제공 등 다양한 역할을 수행한다(OECD 2015a: 27). 시장에서 비용 절감과 리스크 감소를 지원하는 기능들이 주된 역할이 된다. 이 같은 중간지원조직의 역할이 부족하면 분절된 수요와 공급 그리고 복잡한 거래 구조 등으로 거래비용이 높아지는 비효율성이 발생한다.

중간지원조직으로는 상업적 은행, 금융자문기관, 브로커 등이 있다. 새로운 전문가 중간지원조직의 창출과 기존 기관들의 역량 강화가 SII 생태계 조성에 주요한 부분들이다. 다양한 중간지원조직들이 다양한 유형의 임팩트 수행 조직들에 서비스를 제공해주는 전략이 필요하며 생태계의 모든 행위자들은 공조할 수 있도록 인정과 인센티브가 제공되는 것이 바람직하다.

소셜 벤처 펀드

소셜 벤처 펀드(social venture funds)는 십여 년 전에 시작되어 이제 상당한 인기를 모으는 펀드가 되고 있다. 그럼에도 대부분의 펀드는 규모가 작고 짧은 경험을 갖고 있어 기관 투자자들의 참여를 유도하기 쉽지 않다. 이들은 벤처 자본 유형의 모델을 따르지만 지분 투자를 초월한 다른 금융수단들의 복합으로 이뤄질 수도 있다. 벤처 캐피탈처럼, 소셜 벤처 펀드는 리스크와 수익의 균형의 투자방식에 포트폴리오 접근법을 활용한다.

소셜 벤처 펀드는 점차 증가세에 있고, 일부 펀드는 대형 은행이나 개발기관들과 연계되어 있지만 다른 일부는 독립적인 위상을 갖추고 있다. 소셜 벤처 펀드는 일반적으로 특정 분야, 지역 또는 투자 단계에 초점을 맞춘다. 또 증여, 융자, 지분 투자 등의 금융수단의 복합으로 투자해 시장수익을 목표로 한다. 최근에는 기관투자자들의 유치를 위해 '재간접 펀드'(fund-of-funds)가 조성되고 있다(WEF 2013).

소셜 벤처 펀드의 모델들은 다양하게 제시되고 있다(OECD 2015a: 29). 독일의 소셜 벤처 펀드는 심각한 사회적, 환경적 문제들에 혁신적이고 기업가적 해결방안을 가진 사회적 기업들에 투자한다. 영국의 Bridges Ventures는 2002년에 창출된 투자회사로 투자자와 사회 모두에게 수익을 창출하는 임팩트 주도적 투자 접근법을 활용한다. Bridges Ventures는 취약 지역사회에서 활동하는 영리적 벤처에 투자를 시작해 이후에는 사회기업가 펀드(Social Entrepreneurs Fund)를 만들었다.

사회적 증권거래소(Social Stock Exchanges)도 중요한 역할을 한다. 지난 수년간 OECD와 다른 지역의 국가들에서 사회적 증권거래소가 만들어졌다. 런던의 사회적증권거래소(Social Stock Exchange: SSE), 남아공의 Nexii, 싱가포르의 아시아 임팩트 투자거래소(Impact Investment Exchange (IIX) Asia) 등이 있다(앞글: 30). 사회적 증권거래소는 보건, 교육, 환경, 사회적 주택, 지속가능한 산림과 유기농 및 기타 BOP 분야에서 높은 성장을 기록하는 기업들을 타깃으로 한다. 사회적 증권거래소는 금융수익과 사회적 수익 모두를 찾는 개인과 가족, 재단, 기관 투자자들로부터 사회적 비즈니스를 위한 자본을 유치하기 위해 플랫폼을 구축하고 있다.

투자시장 조성 이니셔티브

SII 시장의 인프라와 역량 구축도 중요한 과제이다. 이에 따라 일련의 이니셔티브들이 정부, 재단 등에 의해 시행되고 있는 동향을 주목해볼 수 있다. 영국 정부에 따르면 시장 구축을 위해서는 다양한 행위자들이 상호보완적 역할을 맡는다는 공조 의식이 중요하다. 신뢰와 개방적인 커뮤니케이션이 시장구축 과정에서 핵심적인 키워드가 된다(앞글: 30).

그런데 영국을 제외한 다른 국가에서 BSC와 같은 대형 중간지원조직이 존재하지 않거나 아직 SII의 수요와 공급을 효율적으로 매치시켜줄 수 있을 정도로 충분히 형성되어 있지 않다. 정책 당국과 재단 등의 주요 이해관계자들이 시장구축의 초기 단계에서 중요한 역할을 할 수 있고 중간지원

표 6-5 영국의 빅소이어티 캐피탈(Big Society Capital: BSC)

BSC는 사회부문의 조직들이 사회에 긍정적인 임팩트를 증진시키는데 필요한 자본에 대한 접근을 할 수 있도록 지속가능한 사회적 임택트 투자 시장을 개발, 조성하기 위해 설립된 독립적인 금융기관이다. BSC는 2012년 4월에 개설된 세계 최초의 사회적 임팩트 투자 은행이며, 동시에 사회적 임팩트 투자 도매회사(wholesaler)로 사회적 임팩트 투자 금융중간지원조직에 파이낸스를 제공한다. 중간지원조직들은 현장의 자선단체, 사회적 기업, 사회부문의 비영리단체들에 적절한 수준의 파이낸스를 제공해주는 역할을 한다.

BSC는 사회적 임팩트 투자 시장에서의 주요 시장 실패 문제들을 해결해 현장의 사회부문 조직들에 의해 사회적 임팩트를 증진시키도록 지원하는 미션을 갖고 있다. BSC의 5대 활동 영역은 자본화와 대차대조표 성장, 리스크와 운전자본; 지속가능성과 조직 성장; 시장 메커니즘과 인프라; 자문, 기술 및 정보 등. BSC의 자본금은 휴면예금에서 4억 파운드, 4대 은행(Barclays, HSBC, Lloyds, and Royal Bank of Scotland)에서 2억 파운드의 자본으로 이뤄졌다. 6억 파운드 자본금 대부분은 사회적 금융투자 중간지원조직에 대한 투자금이 된다.

출처 www.bigsocietycapital.com
자료 OECD 2015a: 31.

조직들이 장기적으로 지속가능하도록 환경을 조성해주는 방안을 탐구해 볼 필요가 있다.

사회적 임팩트의 측정

투자자들이 SII 시장에 참여하기 위해서는 사회적 임팩트 측정이 결정적으로 중요하다. 임팩트 측정에서는 등급과 인증 기관들의 역할이 중요하다. IRIS 이니셔티브는 사회적, 환경적, 금융적 성과의 리포팅을 위한 표준 방안의 도입을 지원한다. 글로벌 임팩트 투자 등급체계(Global Impact Investing Ratings System: GIIRS)는 임팩트 투자자를 위한 등급 기관이자 플랫폼 역할을 하며, 다양한 차원의 사회적, 환경적 임팩트와 함께 기업과 펀드의 사회적, 환경적 임팩트를 검토, 분석, 채점한다.

4) 사회적 투자 수단

사회적 투자 시장은 생산품, 펀드, 시장 구조 측면에서 기존의 투자 시장과 나란히 발전하고 있다. 일반적으로 SII는 금융수익과 함께 사회적 또는 환경적 수익을 생산하기 위해 부채 또는 지분 수단을 이용한다(앞글: 32). 부채와 지분 양자 사이의 균형은 투자자와 투자처의 성과 달성에 따라 그리고 두 유형의 금융수단의 스펙트럼의 어느 지점에 위치하느냐에 따라 달라진다. 시장에서 늘어나는 욕구를 충족시키는 새로운 제품과 구조들이 지속적으로 개발되고 있다.

임팩트 투자 수단의 분류

전통적인 파이낸스 수단들과 마찬가지로 사회적 투자 수단들에는 증여, 융자, 보증, 준지분(quasi-equity), 채권과 지분 등이 포함될 수 있다.

지금으로서는 대부분의 사회적 투자는 자선 공동체로부터 유입되는 증여 또는 융자 형식이다. 벤처 자선가들은 순수하게 사회적 혜택을 위한 수익이 없는 자본을 제공하지만, 다른 자선가들은 융자 방식이나 리스크를 조정한 금융적, 사회적 수익을 혼합한 준지분 금융을 활용한다(앞글: 33).

지분투자는 비영리 조직들에게는 옵션이 아니다. 준지분(Quasi-equity)은 부채와 지분 모두를 가진 하이브리드 유형이다. 인내 지분(patient equity)은 사회적 임팩트에 대한 대가로 금융적 수익을 기대하지 않을 수도 있다.

그림 6-3 임팩트 투자 파이낸싱 수단의 분류

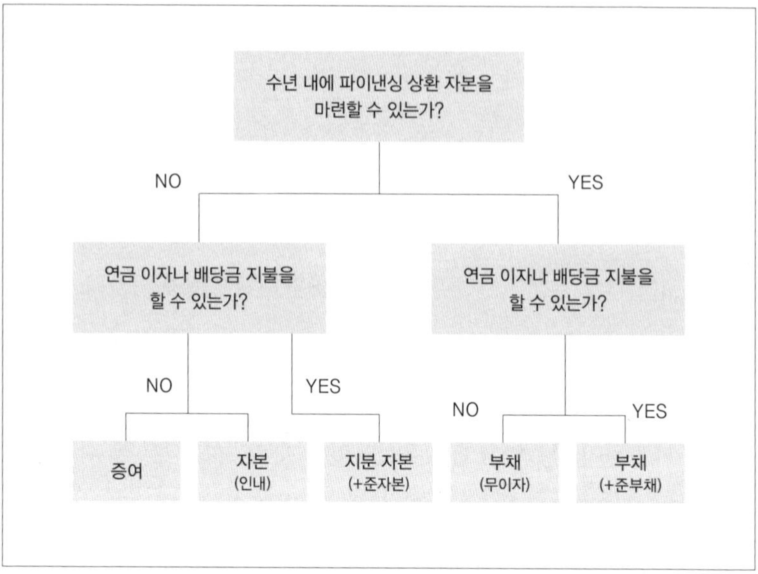

자료 Schwab Foundation 2011.

인내 지분은 장기간 낮은 수익 기대치를 갖고 의결권도 갖지 않는다.

한편 임팩트 투자 금융 수단별로 투자자의 역할은 〈표 6-6〉과 같이 다양하다.

임팩트 투자 수단의 특성

사회적 투자 수단의 일반적 특성은 다음과 같다(SIIT 2011: 11).

① 증여는 재단이나 개인들이 사회 섹터에 제공하는 전통적인 파이낸싱 유형으로 사회적 기업에게는 중요한 펀딩 소스가 된다. 증여는 중요하지만 몇 가지 단점을 갖고 있다. 특정 프로젝트에 대한 지원에 초점을 맞춰

■ **표 6-6** 임팩트 투자 수단별 투자자의 역할

	증여 grant	부채 debt	지분 equity	특기 사항
인큐베이터	○	○		• 수를 증가시켜 광범위한 초기단계 지원 • 혁신적 비즈니스 모델에 초점
엔젤 투자자		○	○	• 초기단계 임팩트 투자에 점차 역할 증대 • 임팩트 투자 중심의 네트워크(Investors' Circle and Toniic) 회원 증가세
중소형 가족재단	○		○	• 한정된 자원으로 주로 증여 지원
대형 재단	○	○	○	• 상당 규모의 증여 펀딩 • 부채, 지분, 보증에 관심 증대
기업 재단	○			• 마케팅과 지역 재투자 기회로 관계 증진
VP 기관	○		○	• 기술지원과 복합적 투자 수단 제공
비영리 펀드	○	○	○	• 영리 펀드에 비해 높은 리스크 부담 • 하이브리드 형태에 실험 시행 증가
영리 펀드		○	○	• 금융 수익 기대로 투자결정 • 시장수익 또는 그 이하의 기대
개발금융기관	○	○	○	• 원조기관은 상당한 증여 펀딩으로 구체적인 결과에 초점. 개발금융기관은 대형 부채와 지분 투자에 초점

자료 Duke University 2014: 14.

간접비용과 사회적 기업 개발에 소요된 지출을 배제하는 문제가 있다. 또 증여는 단기간, 예측불가능한 소스이며, 사회적 기업에게는 높은 모금 비용을 부담하게 한다.

② 지분 자본(Equity capital)은 투자자에게는 리스크가 가장 높은 파이낸싱 수단이다. 사회적 투자자는 사회적 기업에게 기업의 지분(전체 주식의 10% 등)에 대한 특정 금액을 제공한다. 사회적 투자자는 정기적인 연간 수익

을 받지 않지만 사회적 기업이 생산한 수익의 지분을 받는다. 사회적 투자자는 장래 수익의 지분뿐 아니라 통제권과 의결권을 갖는다.

③ 부채 자본(Debt capital)은 수년간 안정적인, 예측가능한 현금 수입을 보장하는 정기 투자 또는 프로젝트에서 이용된다. 부채 자본 제공자는 연간 이자수입을 받기 때문에 안정성과 예측가능성이 중요하다. 부채 자본은 일시적 기간에 제공되어 기간이 지나면 원리금 회수가 이뤄진다. 일반적으로 5~7년 기간 융자로 이뤄지고 있다.

④ 메자닌 자본(Mezzanine capital)은 부채자본과 지분자본을 복합한 금융수단이다. 순수한 지분자본이나 부채자본만으로 투자가 어려운 상황에서 활용된다. 이윤지급은 기업의 이윤과 연계되고, 원리금은 특정기간이 지나면 이뤄지거나 지분 자본 형태로 전환되기도 한다. 이 때문에 사회적 기업이나 사회적 투자자들에게는 다소 매력적인 금융수단이 된다.

⑤ 하이브리드 자본(Hybrid capital)은 이상의 세가지 요소들을 혼합한 유형이다. 이자 비용이 없기 때문에 증여 특성을 갖고 있다. 회수가능한 증여(recoverable grants), 상환요구를 철회할 수 있는 융자(forgivable loans), 전환가능한(채권, 주식 등으로) 증여(convertible grants), 수입 공유 협정 등이 혼합된 하이브리드이다. 되찾을 수 있는 증여란 프로젝트가 미리 지정된 특정시점에 달할 때만이 갚아야 하는 융자이다. 특정 시점에 달하지 않으면 되찾을 수 있는 증여는 증여로 전환된다. 이 같은 메커니즘이 이용될 수 있는 상황은 프로젝트의 성공으로 사회적 기업이 사회적 투자자에게 융자를 되갚을 수 있게 될 때이다. 상환요구를 철회할 수 있는 융자란 프로젝트의 성공으로 증여로 전환되어 양도하는 융자이다. 사회적 기업이 투자자와 투자처가 미리 합의한 목표를 달성하게 되면 융자를 갚지 않아도 되는 것이다. 사회적 투자자가 성공한 기업에게 지분으로 전

환되는 증여를 제공하는 것이 전환가능한 증여이다. '수입공유 협정'은 투자자가 프로젝트에 파이낸스를 제공해 미래의 수입의 몫을 받는 것이다.

5) 사회적 임팩트 투자 환경

SII 시장은 국가의 사정에 따라 다양하게 나타난다. 바꿔 얘기하면 SII는 시행가능한 환경에 많은 영향을 받는다. 사회적, 금융적 시스템이 조직되는 방법에 따라 공공 및 민간 자본의 역할과 혼합이 이뤄지는 환경이 중요하다. 국가의 정치경제적 배경은 세계가치관 조사, OECD 사회조사인 '*Society at a Glance*' 등 주요 사회인식 관련 지표들, 삶의 질 지표들이 기초 자료로 참고될 만하다(OECD 2015a: 34). 또 SII 시장이 잘 기능하기 위해서는 필요한 법률적 제도와 구조들이 갖춰질 필요가 있다.

SII 시장 개발에 장애가 되는 요인들로는 금융과 시장 정보의 유용성을 비롯한 사회조직의 창설과 규율과 관련된 법률적 지원 등이 포함된다(앞글: 35). 그런데 많은 OECD 국가들은 새로운 소셜 벤처의 창업을 진흥시키는 법률적 제도나 시민 규정들을 갖추고 있다. 규율은 SII에 상당한 기여를 한다고 볼 수 있다. 한편으로는 사회적 임팩트에 대한 제3자 평가를 조장해 사회적 수익을 추구하는 투자자들에게 리스크 부담을 줄여주는 역할을 하지만, 기업들에게는 추가적인 비용부담을 갖게 한다. 민간 사회서비스 공급기관들의 원칙은 SII 시장이 사회적 결과 자료, 비교가능한 공적 비용, 사회서비스 공급에서의 민간 금융의 역할에 크게 의존한다는 것을 의미한다.

SII를 위한 가능한 '시장 영역'을 파악하기 위해 다양한 분야 또는 사회적 타깃 분야의 비즈니스 사례를 평가하는 데 필요한 자료가 필요하다(앞글: 35). 세제는 SII의 조건들을 설정하는 데 결정적으로 중요한 영향력을 갖고 있다. 특히 비영리, 기부 및 투자와 관련된 세제 규정들이 중요하다. 일부 국가에서 정부는 사회적 임팩트 투자자와 사회부문 조직들에게 세제혜택, 보증 또는 보조금 지원으로 진흥하는 역할을 한다. 또 다른 국가들은 임팩트 투자처에 기술지원이나 정부조달 방식으로 지원한다. 2014년 영국 정부는 예산에서 새로운 '사회적 투자 면세'를 발표해, 개인들이 인증받은 사회조직들에 투자하면 소득세의 30% 감면 혜택을 준다. 이 같은 세제 혜택으로 정부는 사회부문에 대한 민간투자의 활성화를 추구한다. 2002년 지역사회 투자(community investment) 면세혜택이 민간투자의 활성화에 기여한 것을 참고한 것이다. 미국 또한 일부 세제 인센티브제를 활용한다. 취약 지역사회에 융자나 투자를 하는 지분투자를 하는 개인 납세자에게 연방 소득세 크레딧을 주는 인센티브 제도이다. 2000년 지역사회재생 면세혜택법으로 시행된 프로그램이다.

4. 주요국의 임팩트 투자 정책

주요국의 '사회적 투자' 동향은 다음과 같이 OECD 보고서(Wilson 2014), 각국의 SII 보고서 등을 참고해 영국, 미국, 독일, 프랑스, 호주와 캐나다와 EU의 정책 동향을 차례로 정리해볼 수 있다.

1) 영국의 임팩트 투자

2000년부터의 초기 활성화

영국의 사회적 투자 시장은 가장 활성적인 시장을 대표한다. 지금의 영국의 사회적 투자 시장은 2000년에 영국 사회적 투자 TF(UK Social Investment Task Force) 추천으로 시작되었다고 본다(UK National Adivisory Board 2014). 지역사회 개발 금융조직들이 중요한 역할을 했고, 자선은행들이 활성화된 계기가 되었다. 나아가 자선기관들의 혁신적인 변화가 주목된다. 정부에 대해 전략적으로 중요한 서비스 공급기관으로 변모한 것이다. 또 정부의 역할도 혁신적 변화를 경험해왔다. 사회적 기업이 증여나 보조금에 의존하기 보다는 금융적 지속가능성을 갖추도록 지원하기 위해 정부가 펀드를 조성해 정부 계약을 받아낼 수 있도록 지원해왔다.

주요 인물들의 리더십 또한 결정적인 역할을 한다. 코헨(Ronald Cohen) 등의 핵심적인 인물들이 리더십을 발휘해 새로운 이니셔티브들이 착수되도록 자문을 제공했다. Bridges Ventures, Social Finance, Big Society Capital 등이 이렇게 탄생될 수 있었다. 사회적 금융은 지금 임팩트 투자를 대표하는 사회임팩트채권(SIB)과 개발임팩트채권(DIB)을 창출해 관리하고 있다. 영국에는 현재 14개의 SIB들이 개발 중에 있고, 호주와 미국 등지에서도 법무, 보건, 가족, 홈리스와 고용 분야에서 활용되는 SIB는 임팩트 투자를 대표하는 혁신적인 상품이 되고 있다. 영국의 총리실은 SIB 경험과 모델과 접근법을 공유하고 SIB 개발을 위한 조직으로 SIB 센터(Centre for Social Impact Bonds)를 창설하였다.[16]

또 시장에서는 런던의 사회적 증권시장인 Social Stock Exchange(SSE)가 2013년 6월에 개장해, 공시된 사회적 임팩트 비즈니스를 긍정적인 임팩트와 재정수익을 창출하려는 투자자들을 연결시켜주는 역할을 한다. SSE는 London Stock Exchange Group, City of London Corporation, Big Society Capital, Rockefeller Foundation 등의 지원을 받고 있다(HM Government 2013c).

정부의 이니셔티브 역할

영국 정부는 Big Society Capital 창출과 세제 지원 등으로 임팩트 투자 시장 인프라 구축에서 핵심적인 역할을 수행한다. 이 전략에서는 초당적인 공조가 이뤄지고 있는 특징이 있다. 영국 총리실의 Social Investment and Finance 팀이 중요한 역할을 하는데, 주로 SII 생태계의 핵심관계자들의 얘기를 경험하고 이들과의 공조를 추진한다. 그 결과 임팩트 투자 시장 개발을 위한 광범위한 이니셔티브들이 개발과 지원으로 나타나고 있다, 2014년 예산에서 영국 정부는 새로운 사회적 투자 면세를 발표하였다. 사회적 임팩트 기관들에 투자하는 개인들이 당해년의 소득세에서 투자의 30% 감면 혜택을 받는다.

영국은 일찍이 2002년에 지역사회투자면세(Community Investment Tax Relief) 제도로 지역사회개발 금융사에 대한 민간 투자를 장려해왔다. 영국은 몇 가지 다른 면세 제도를 통해 리스크가 높은 벤처에 대한 투자를 진흥

16 https://www.gov.uk/social-impact-bonds

시켜 왔다. Enterprise Investment Scheme(EIS), Seed Enterprise Investment Scheme(SEIS), Venture Capital Trust(VCT) 등이 대표적인 제도이다.

최근에는 규모는 작지만 전략적인 펀드인 투자계약과 준비(Investment Contract and Readiness) 기금이 개설되어 사회적 기업들의 자본 확보를 지원한다. 이 기금은 소셜 벤처들이 새로운 형태의 투자에 접근하고 공공서비스 용역 경쟁력을 갖추도록 지원한다. 50만 파운드 이상의 투자 유치를 하거나 100만 파운드 정부용역 투찰을 하는 소셜 벤처들에게 5~15만 파운드의 증여를 제공한다.

영국의 '사회적 임팩트 투자' 국가자문위원회는 지금의 세계적인 사회적 임팩트 투자 활성화는 2000년 이래 영국의 수십여 이니셔티브의 지속적인 시행이 선도적인 역할을 했다고 평가한다. 2000년 정부의 사회적 투자 TF의 사회적 기업가 양성 이니셔티브 이래로 다음과 같은 이니셔티브들이 지속되어 오늘에 이르렀다(앞글: 13-25; UK HM Government 2016).

- 2001년 비영리조직 UnLtd의 사회적 기업가 육성 활동,
- 2002년 지역사회 개발 벤처펀드 Bridges Ventures 개시와 Charity Bank 창설,
- 2004년 사회적 기업을 육성하기 위한 지역사회이해회사(Community Interest Company: CIC) 창설,
- 2007년 민관의 공조적 투자로 창설된 중간지원조직 Social Finance,
- 2010년 Social Finance가 추진한 세계 최초의 사회임팩트채권(SIB) 시행,
- 2011년 정부 최초의 사회적 임팩트 투자 사업인 노동연금성의 혁신기금(Innovation Fund) 시행,

- 2012년 사회적 투자은행인 Big Society Capital 창설,
- 2012년 공공서비스(사회적 가치) 법의 시행,
- 2014년 금융수익과 사회수익의 균형을 진흥시키는 사회채권기금(Social Bond Fund) 시행,
- 2015년 정부 기금을 활용해 민간자본을 유치하는 전략으로 치매발견 펀드와 예술임팩트펀드 조성 등이다.

사회혁신과 사회적 임팩트

이상의 사회적 임팩트 투자 이니셔티브들은 다음과 같은 사회혁신과 임팩트 지향의 공통점을 갖고 있다(UK National Advisory Board 2014: 27). 첫째는 다수의 정부 및 민간기관들이 촉진자 역할을 하였다. 정부뿐 아니라 개인이나 기관투자자들, 자선재단과 시민사회조직 등이 사회적 문제와 욕구에 초점을 맞춰 문제해결에 필요한 금융적, 사회적 자본을 조성하는 데 역할을 분담하였다. 둘째, 그들은 수요, 공급, 중개를 지원하는 생태계 개발에 초점을 맞추었다. 수요와 공급과 중개가 상호 지원적이며 의존적 구조를 갖추도록 지원하였다. 셋째, 그들은 광범한 유형의 개입을 확장시키는 역할을 하였다. 정책결정, 시장 이니셔티브, 지원 프로그램, 인프라 개발(관련 조직들) 등이다. 넷째, 그들은 규모의 확장에 비전을 갖고 실제 변화를 촉진시키는 충분한 규모의 개입을 달성하는 노력에 공조하였다. 다섯째, 그들은 선도자 챔피언들을 찾아냈다. 정부, 무수한 개인과 재단, 빅 소사이어티 캐피탈(Big Society Capital) 등이 주요 챔피언들로, 이들이 존재하지 않았다면 지금의 사회적 임팩트 투자 시장도 존재하지 않았을 것이다. 마지막으로, 그들은 시장 개발과 구축에 증여 지원의 필요성을 인지하였다. 중간지원조직들의 역량과 규모를 구축하는 증여 지원을 지속하였다.

2) 미국의 임팩트 투자

지역사회 투자의 전통

미국에서 사회적 투자가 시작된 것은 지역사회투자(community investing)라는 시각이 있다. 취약 지역에 은행, 신용조합, 융자 펀드 등을 통한 금융 서비스를 지원한 것이 시초라는 견해이다(Wilson 2014: 24). 1977년에 제정된 지역사회재투자법(Community Reinvestment Act)은 취약지역에 투자가 이뤄졌던 지역사회개발금융 산업의 창출에 핵심적인 역할을 했다.

지역사회 금융산업은 그후 미국에서 성장하는 대형 시장을 형성했고, 유럽에서도 활성화되고 있다. 그리고 1980년대는 미국을 비롯한 일부 국가들에서 사회적 책임 투자(socially responsible investment: SRI)가 성장한 시기로, 1990년대의 사회기업가정신의 성장과 더불어 투자자들과 자선기관들이 임팩트 투자에 대한 관심을 증대시킨 계기가 되었다.

지금은 광범한 그룹의 투자자들이 사회적 투자 시장에 참여해 사회적 문제들에 대한 새로운 혁신적인 해법을 탐구하고 있다. 기업들도 동참해서 수익창출과 사회적 임팩트를 동시에 추구하는 투자와 사회적 기업의 새로운 모델들을 개발하고 있다. 대학들도 교육과 훈련, 지식과 네트워크 허브 역할과 임팩트 투자시장 개발에서 중요한 역할을 맡고 있다. 또 18~35세의 '밀레니움 세대'(millenniums) 청년층이 사회적 이슈들에 대한 높은 가치관의 인식이 확대되면서 사회적 임팩트에 대한 대중적 관심도 높아지고 있다.

미국에서 대부분의 사회적 투자는 증여와 자선적 기부금 유형으로 이뤄지고 있다(Rangan et al. 2011). 2009년 자선적 기부는 3000억 달러에 이르는데 75% 이상 대부분이 개인들의 기부금이다. 그런데 자선기관들의 변화가 주목된다. 100대 자선기관들이 동참하는 Founders Pledge는

2000~3000억 달러 규모의 펀딩을 사회적 기업과 사회적 투자에 제공할 것으로 추산될 정도로 사회적 투자 열기가 재단들 사이에는 대단한 붐을 이룬다. 미국의 재단들과 개발금융기관(Development Finance Institutions: DFI)들은 개발도상국의 SII에 점차 높은 관심을 갖고 동참해오고 있다. 정부기관인 OPIC(Overseas Private Investment Corporation)는 민간재단인 록펠러 재단, Omidyar Network 등과 같은 사회적 투자에 초점을 맞춰 새로운 혁신을 추진한다. 오바마 대통령은 새로운 혁신 조직인 Office of Social Innovation and Civic Participation(SICP)를 창설해, 심각한 사회적 문제 해결에 혁신적 방안을 동원하는 사회적 투자를 진흥시켰다. SICP는 지역사회 경제를 회복시키고 강력한 지역 공동체를 창출하는 범정부 기관의 정책과 프로그램들을 개발해 사회분야를 강화, 지원하는 데 목표를 설정해두고 있다.

국가임팩트 이니셔티브와 사회혁신기금

2013년에는 국가임팩트 이니셔티브(National Impact Initiative: NII)가 시행되면서, 임팩트 투자를 경제성장과 글로벌 개발의 국가적 전략으로 활용하는 혁신적 변화를 추진하였다. 나아가 중소기업청(Small Business Administration: SBA)은 소기업과 벤처를 지원하는 방안에서 투자 펀드의 규모를 확대하는 등 지원 정책을 추진하였다.

동시에 세제혜택 제도가 새로 도입되었다. 지분투자 전체가 저소득 지역사회에 투자되거나 융자로 제공되는 지분투자를 하는 납세자들에게 연방 소득세 감면 크레딧을 제공하는 제도(New Markets Tax Credits)가 시행되고 있다. 영국식의 사회임팩트채권(SIB) 또는 성과지불(Pay for Success: PFS) 모델의 확대를 위해 백악관은 3억 달러 규모의 PFS 기금을 만들었고 노동성에 1억 9500만 달러 예산 지원으로 주정부들이 직업훈련, 법무, 주택과 장애 서비스 등에 초점을 맞춰 PFS 프로젝트를 시행하도록 증여를 제공한다.

2016년 6월에 사회임팩트 파트너십 성과지불법(Social Impact Partnerships for Pay for Results Act)이 제정되었다. 이는 교육, 복지 등 사회 프로젝트의 재정지원 방식의 혁명적 변화가 일어나는 있다는 것을 예시해준다(Gustafsson-Wright and Gardiner 2016). 측정 가능한, 확고하게 정의된 사회적 혜택의 결과를 생산하는 사회임팩트 파트너십 프로젝트에 주정부와 지방정부가 프로포절에 응모하도록 요청한다. 사회적 혜택의 결과로는 16~24세 청년 실업자의 고용, 고교 졸업, 10대의 계획에 없는 임신 감소, 아동학대와 방치의 발생과 그에 따른 부정적인 결과 해소 등이다.[17]

한편 미국 백악관의 사회혁신과 시민참여실(Office of Social Innovation and Civic Participation: SICP)과 국가봉사단(Corporation for National and Community Service: CNCS)은 서비스와 자원봉사를 진흥시키고 성과와 임팩트를 내는 새로운 해법에 대한 투자를 증대시키고 혁신적인 파트너십 모델들을 진흥시키는 역할을 한다. 2009년부터 시행되고 있는 사회혁신기금(Social Innovation Fund: SIF)이 대표적이다. SIF는 지역사회의 문제해결 방안을 찾아내 성과의 증거로써 확장시키는 민간 자원의 임팩트 동원에 연방 정부가 촉매자 역할을 하는 강력한 접근법이다. 2009년 에드워드 케네디 상원의원의 '미국 자원봉사법'(Serve America Act)이 도입되면서 시행된 SIF는 국가봉사단(CNCS)의 혁신적 프로그램으로, 지역사회의 변화를 이끈 두드러진 임

---

17 https://www.congress.gov/bill/114th-congress/house-bill/5170/text

■ **표 6-7** 미국의 사회혁신기금(SIF) 추진 성과: 2010~2015년

	내용
혁신의 파트너십	전국 311개 중간지원조직과의 파트너십 (1:1) 매칭 – 경제적 기회, 건강한 삶, 청소년 개발의 공조활동
매칭 펀드	연방 증여 (SIF 중간지원조직 증여: $2억 4300만) 민간기금 매칭 (SIF 중간지원조직과 시행기관 증여: $5억 2800만)
지식 공유	프로그램 평가 86개 시행 고차원의 임팩트 모델을 위한 증거기반 구축비($6600만)
임팩트 확장	35개 주정부 시행, 59만 2000명 개인 대상

자료 CNCS 2016. http://www.nationalservice.gov/SIF

팩트 성과를 내고 있는 지속가능한 해결방안들을 비영리기관들이 지정해 지원하도록 권한을 부여하는 프로그램이다. SIF는 시행 6년간 지속적으로 확대되며 사회적 임팩트를 확장시키고 있다.

3) 독일, 프랑스, EU

독일

독일의 사회섹터는 국가의 재정 지원에 크게 의존하는 역사적 전통이 있다. 그 결과 대형의 영향력 있는 비영리섹터 기관들은 이미 공공서비스 전달 역할을 맡아 왔다. 부분적으로 이 때문에도 독일의 SII는 여전히 초

보적 단계에 머물러 있다. 일부에 지나지 않는 행위자들이 매우 밀집된 시장에서 활동하는 모습이다. 그럼에도 중장기적으로 시장이 점진적인 성장을 할 것으로 내다보인다. 현재 두 개의 대형 소셜 벤처 자본 펀드인 본벤처(BonVenture)와 소셜 벤처 펀드(Social Venture Fund)가 있는데, 이 둘이 독일 사회적 임팩트 전체의 2/3가량의 비중을 차지하고, 나머지는 고액 개인 투자자들, 앤젤 투자자 자선기관들이 투자하고 있다. 독일의 전통에서 윤리적, 종교적 은행들의 역할이 상당해서 이들이 도매 투자자들로부터 펀드를 수집해 사회기관들에 대여해주는 역할을 한다.

크라우드 펀딩 플랫폼, 사회임팩트금융(Social Impact Finance)이 2013년에 개설되었다. 중간기관들로는 사회기업가정신의 후견기관들이 있는데, Ashoka와 금융기관인 FASE가 있다. 또 두 개의 BMW 재단들인 Bertelsmann Stiftung & Benckiser Stiftung은 시장 인프라 구축에서 중요한 역할을 맡아 왔다. 사회목적기관(SPO) 에 투자된 사회적 투자의 규모 기준에서 SII는 2400만 유로에 불과하지만 2012년의 새로운 투자가 400~500만 유로에 달했다.

독일 정부는 테크놀로지와 환경 분야의 혁신 펀드 개발에는 적극적이었지만 사회 섹터의 추가 진흥에는 별 다른 노력이 없었다. 독일의 공공개발 은행인 Keditanstalt für Wiederaufbau(KfW)은 사회적 투자를 위한 공동투자 펀드를 개설했고 다른 다양한 이니셔티브들이 등장하고 있다. 독일 최초의 사회임팩트채권(SIB)은 바바리아 주의 자격증과 노동 분야에서 개시되었고, 사회적 증권시장인 NExt SSE는 이제 오픈한지 얼마 되지 않았다. G8 회담 이후 설치된 독일의 국가자문위원회는 전망 있는 임팩트 투자 영역으로 노인 양로, 자격과 노동, 아동과 청소년 분야로 꼽고 있다.

프랑스

프랑스는 GDP의 10% 가량을 차지하는 사회적 경제의 오랜 역사적 전통을 갖고 있다. 프랑스 사회적 경제에는 협동조합, 상조사, 결사체, 사회적 기업들이 있다. 정부는 사회적 투자 생태계 개발을 진흥시키는 데 적극적인 역할을 맡아 왔다. 2012년에 사회적 경제 장관을 임명했고, 새로운 사회적 경제 법을 제정해 사회적 미션을 추구하는 상업적 조직들을 사회적 경제로 포용하였다. 2013년에는 새로운 공공 투자은행인 Banque Publique d'Investissement(BPI)가 개설되어 사회적 기업에 5억 유로를 투자할 계획이다.

사회적 주택은 프랑스 사회적 경제에서 가장 많은 비중을 차지하는 분야인데, 최근에는 연대 금융 시스템이 제1의 대형 영역으로 등극하였다. '연대 금융'(solidarity finance) 또는 90/10 펀드는 고용인의 저축으로 조성된 것으로 약 10억 유로 규모에 달한다. 고용인 50명 이상의 기업들은 정부 공인의 연대조직들에 투자하도록 규제하고 있다. 이 펀드는 Finansol이 규제하고, 은행, MFI, 투자사 등과의 파트너십으로 관리된다. 원래는 비영리조직들만이 '연대'의 명칭을 획득하였지만 이제 법 개정으로 사회적 목적을 추구하는 상업적 기업들도 '연대'의 영역에 포용되고 있다. 연대 금융은 사회적 섹터에 도매 자금 활용의 방안을 제시해주는 것으로 10% 투자에 대한 수익은 낮고 90%에 대한 수익은 높을 것을 가정한 것이다. 일부에서는 연대 투자의 수익이 낮아야 한다고 주장한다. 프랑스와 타국에서는 주류 투자자와 사회적 투자자 사이의 구분이 있다. 프랑스는 '임팩트 투자'에 대한 부정적인 시각을 갖고 있는데. 사회적 투자는 우선 사회적이어야 하고, 그 다음이 투자라는 인식이 강하다.

프랑스 정부는 사회적 투자 섹터의 개발 증진을 위한 전략 개발에 적극적이다. 특히 프랑스 개발기관(French Development Agency: AFD)과 민간 투자 펀드를 통한 섹터 개발에 주력한다.

EU

여러 국가들과 EU 등도 사회적 투자에 대한 관심과 정책들을 다양하게 추진하고 있다. 호주와 캐나다 또한 임팩트 투자에 대한 활동이 점차 늘고 있는 국가들이다. EU는 사회적 비즈니스의 창설, 성장, 펀딩을 진흥시키는 이니셔티브들을 적극적으로 추진하고 있다. 2013년 4월에 "European Social Entrepreneurship Fund(EUSF)"을 개설해, 투자자들이 유럽의 사회적 비즈니스에 70% 이상 투자할 수 있는 펀드들을 알아내도록 지원한다. 또 유럽 이사회의 새로운 조직, Group of Experts on Social Entrepreneurship(GECES)는 사회적 임팩트 측정에 전문적 지원 역할을 맡는다. 유럽투자펀드(European Investment Fund)는 새로운 재간접 펀드를 개시하며 사회적 투자 시장에서 활성적인 역할을 한다.

또한 국가 차원과 국제 차원의 관심도 중요하지만, 여러 국가들에서는 지방 차원의 SIB 실험이 진행 중이다. 영국 Peterbourgh, 미국 뉴욕주 등이 전과자의 재범 감소를 위한 SIB 실험에 한창이다.

한편 개발도상국의 개발에도 사회적 투자가 한창 진행 중이다. 개발 현장에서는 재단, 국제금융기관, 개발금융기관(DFI) 등이 선도적인 역할을 한다. DFI들과 정부 등은 공조해서 글로벌 이슈들을 파악해 혁신적인 대안들을 확장시켜 문제해결을 하는 데 공조한다. PPP는 글로벌 인식과 연대를 위해 필요하며, 또 시장 인프라 창출에 중요한 역할을 한다. 신흥 개발도상 강대국들의 역할도 점차 중요해지고 있다.

제7장

사회적 임팩트 채권(SIB)

1. 임팩트 투자로서의 SIB

사회적 임팩트 투자(Social Impact Investment: SII)를 대표하는 사회임팩트채권(social impact bond: SIB)은 가장 성장하는 SII 시장을 형성하고 있다. 특히 정부의 생태계 지원정책으로 국내뿐 아니라 글로벌 개발에서는 개발임팩트채권(Development Impact Bond: DIB)으로 급성장하고 있다.

1) SIB의 의미와 구조

SIB 개념 정의

'채권'(bond)으로서 사회임팩트채권(SIB)은 무엇을 의미하는가? SIB는 일반적인 채권의 의미보다는 "사회적 결과에 대한 미래의 계약"이 적절한 표현이다(OECD 2015c: 5). 영국에서는 '결과 지불'(Pay for Result), 미국에서는

'성공 지불'(Payment-for-Success) 채권으로, 호주에서는 '혜택 지불'(Pay-for-Benefits) 채권으로 부른다. 채권을 발행하는 기관은 민간부문의 투자자로부터 펀드를 조성해, 이 펀드가 서비스 공공기관에 분배되어 운영비용으로 사용된다. 계약대로 측정 가능한 사회적 결과가 달성되면, 정부는 채권발행기관 또는 투자자들에게 비용을 지불하는 방식이다. SIB는 사회적 혁신 방안으로, 계획된 산출과 지표들을 중심으로 결과에 초점을 맞춰 계약 기간을 통해 그리고 계약 이후에도 독립적인 평가기관의 전문 역량을 활용해 서비스 공급에 효율성과 효과성을 지향하는 문화의 전환을 추진하는 것이다(앞글: 5).

국제사회는 SIB 개념에 대해 다음과 같이 정의하고 있다. SIB는 "정부 또는 위탁기관이 사회적 기업 또는 비영리조직 등의 사회서비스 전달기관 및 투자자들과 계약을 체결해 사전에 정의된 사회적 결과의 전달에 대해 지불하는 혁신적인 금융 메커니즘"이다(Social Finance 2011; OECD 2015g).

SIB 구조와 특성

SIB는 정부 또는 위탁기관과 용역계약을 시행하는 서비스 공급기관 사이의 상호작용의 관계 유형에 기초한다. 이에 따라 직접형, 중개형, 관리형 등 세 가지 유형의 구조들이 구분된다(OECD 2016a). 각 구조는 관리 성과에 대한 책무성과 책임성 측면에서 각기 다른 요건들을 수반한다. 직접형 SIB에는 결과 지불자와 서비스 공급자 사이에 공급계약이 직접 맺어진다. 중개형 구조를 가진 SIB는 공급계약이 결과 지불자와 투자자 소유의 특수목적 중개기관(special purpose vehicle: SPV) 사이에 이뤄지는데, SPV는 공급기관과 계약을 맺고 성과관리 과정을 지원하고 금융모델을 개선시킨다. 관리형 구조의 SIB는 결과지불자와 전체 과정을 관리하는 일차 계약자(중간지원조직) 사이에 계약이 맺어진다. 시행 중인 SIB 1/3가량이 직접형이고 1/4가량이 관리형, 나머지가 중개형이다.

SIB의 정책 범위는 가족과 보육, 교육, 취약층 고용, 홈리스, 상습범행 등 다양한 분야에 이른다. 일부 국가들에서 SIB와 DIB(개발임팩트채권)가 시행 중인데, 그중 호주, 벨기에, 캐나다, 독일, 포르투갈, 미국, 인도, 콜롬비아, 영국 등이 대표적인 국가들이다(OECD 2015c: 6). 2017년 초 현재 세계적으로 54개의 SIB와 DIB가 시행 중이며, 시행전의 디자인 단계는 30개에 이를 정도로 이제 두드러진 글로벌 동향이 되고 있다. 영국과 미국이 각기 33개와 21개를 시행 및 계획 중이며, 그 밖에도 이스라엘 5개와 호주 4개 등 전체 23개국이 하나 이상의 SIB 또는 DIB를 시행 또는 계획 중이다.[18]

SIB의 리스크 요인들

SIB에 관여하는 이해관계자들은 각기 다른 리스크에 직면한다. 위탁기관의 경우 주된 리스크는 조달에 의한 서비스 제공이 실패하는 것인데, 서비스 공급자가 산출에 대한 조달을 체결하면 리스크는 공유된다. 그런데 위탁기관이 결과/성과에 대한 지불을 하게 되면, 리스크는 서비스 공급자에게 전환된다. 이것이 결과에 의한 지불 접근법의 특징이다.

사회적 기업들이 대부분인 서비스 공급기관의 입장에서는 리스크는 결과에 의한 지불 계약에 달려 있다. 서비스 공급기관이 자체 재원에서 계약의 일부를 재정부담하며 완전히 리스크 부담을 안게 되는 경우가 있다. 그런데 은행 융자를 파이낸싱 방법으로 이용하면, 은행과 리스크를 공유

18 http://www.instiglio.org/en/sibs-worldwide/

하게 된다. 마지막으로, SIB에서는 투자자가 결과 달성에 따라 수익을 받는 투자를 해서 리스크는 투자자가 안게 된다.

투자자는 SIB 구조에 따라 다양한 리스크를 안게 된다. 직접형 SIB에서는 결과가 달성되지 않으면 서비스 공급기관이 리스크를 안게 된다. 투자자는 펀드를 빌려서 기업의 자산을 담보로 하는 융자로 우선적 지급을 받는다. 중개형 SIB에서는 리스크가 투자자들 사이에 공유되며 결과 지급은 SIB 구조에 따라 달라진다. 관리형 SIB에서는 직접형과 마찬가지로, 투자자들이 리스크를 안고 있지만 동시에 결과가 달성되면 수익을 얻는다.

2. SIB 개발 지원과 성과 평가

세계적으로 시행 중인 SIB 중 2015년까지 38개에 대한 분석결과는 다양한 정보를 제시해준다. 국가별로는 영국이 가장 많은 24개를 시행 중이며, 분야별로는 사회복지(18개)와 고용(13개)이 대부분을 차지하며, 그 밖에 교정/자활(4개), 교육(3개) 등이다(Gustafsson-Wright et al. 2015: 10-13).

1) SIB 타당성 기준

SIB 실행에 필요한 타당성 기준들은 네 가지로 제시될 수 있다(앞글: 4-5). 첫째는 의미 있는 측정 가능한 결과이다. 결과가 이후에도 지속적으로 좋은 결과로 나타날 것이라는 증거를 제시하지 못하면 결과에 대해 지불하는 것은 별 의미가 없다. SIB 성과지불의 결과 선택에서 프로그램 개입이 성과지불자의 관심사가 되는 결과에 한정되어서는 안되지만, 결과는 우선적으로 성과지불자의 관심사가 되어야 한다. 결과 메트릭스는 장기적인 경제적 결과라는 의미를 가져야 하며 또는 광범한 정치적 어젠다와 관련성이 있어야 한다. 결과는 비용 회피 또는 잠정적으로 재정 절약을 대표할 수 있다. 가장 일반적인 표현으로는 결과가 '금전화될 수 있는'(monetizable) 것이다. 측정 가능한 결과란 특정 상황에서, 특히 자원 제약의 상황에서 측정될 수 있는 결과를 의미한다. 바꿔 얘기하면, 결과를 측정할 수 있는 도구를 갖춰야 하고, 동시에 결과를 정확히 일관되게 측정하는 시스템을 갖춰야 한다. 결과 측정이 단순할수록 SIB의 성공 가능성이 높아진다. 가능하면 행정 자료의 활용으로 결과 측정을 잘 할 수 있다. 프로그램 관리를 활용하고 진행과정의 수정을 할 수 있는 실시간 자료의 수집으로 성공 가능성을 높일 수 있다.

둘째는 성과 달성을 위한 의미 있는 일정이다. 구체적인 성과가 특정 기간에 걸쳐 발생한다는 선행 평가의 상당한 증거가 있으면, 그것을 근거로 성과 달성의 일정표를 작성할 수 있다. 또 바람직한 일정은 결과가 측정 가능하고, 대상층 개인들의 장래 생애주기에 의미 있는 관련성을 가진 일정표라고 볼 수 있다. 성과 달성 일정은 투자자와 성과지불자가 법적, 정치적 상황에서 성과지불을 할 수 있고 할 의지가 있는 일정이 될 수도 있다.

셋째는 성과 달성의 성공 증거이다. 성과를 달성한 성공의 증거는 SIB로 지원된 개입으로 어떻게 서비스가 전달되었는지, 개입의 평가에서 제시되어야 한다. 이 평가는 SIB가 계획된 상황과 유사한 상황에 근거한 평가가 최상의 평가이다. 최소한 성공의 증거는 SIB의 타당성 기준으로, 광범한 국가 차원에서 유용한 증거가 되어야 한다. 무작위통제실험(RCT) 또는 서비스 수혜 대상집단과 서비스 수혜를 받지 않은 통제집단 사이의 결과를 비교하는 다른 방법론에 기초한 평가가 바람직하다. 어느정도로 강력한 증거가 되어야 하는지, 정도의 차이는 결국 투자자와 성과지불자의 리스크 성향에 의존할 수밖에 없다.

마지막은 법적, 정치적 상황이다. 적절한 '정치적' 상황은 SIB의 지원으로 서비스가 전달되는 프로그램에 대한 지지 기반으로, 관련 이해관계자들은 기초, 광역, 중앙정부뿐 아니라 투자자들이다. 특정 서비스에 대한 지지는 정책 프레임워크 또는 전략문서에서 발견되고 또는 선행 서비스 지원 예산에 발견될 수도 있다. 적절한 '법적' 상황이란 정부가 계약이 체결되는 당해 연도부터 1년 이상의 중장기간 성과지불자 역할을 할 수 있는 법률적 근거이다. 또 정부가 중간지원조직에게 직접 재정을 지급하거나 중간지원조직에게 서비스 시행기관 선정 등과 같은 주요 의사결정을 할 수 있는 권한을 위임할 수 있는 법률적 근거도 필요하다. 또 투자자 보호와 투자자 인센티브 제시 등을 위한 법적 근거도 마련되어야 한다. 또 다른 SIB의 타당성 이슈들은 정부가 부채, 지분들을 포함하는 하이브리드 투자에 대한 법적, 제도적 정비 등이다.

요약하면 SIB 개발은 일정한 단계를 거치는데, 먼저 타당성 연구부터 개시될 필요가 있다(그림 7-1). 사회적 과제를 파악해 이에 대한 SIB 기준이 무엇인지를 타당성 조사를 시행한다. 그런 다음 SIB의 구조화 작업이 가능하다. 자본을 유치하고 SIB 개입과 결과 메트릭스를 결정하는 일이 일차적으로 중요하다. 동시에 서비스시행기관을 선정해 계약협상을 진행한 다음 계약을 체결한다. 이후 프로그램은 서비스 제공과 성과관리로 시행되며, 마지막 단계는 평가와 지불이다. 평가가 계획된 결과 메트릭스 기준을 충족했는지를 증거기반의 성과 달성을 확인한 다음, 약속된 지불이 이뤄진다.

■ **그림 7-1** SIB 개발 4단계의 구성요소

단계	임팩트채권 구성요소
1. 타당성 연구	사회적 과제 파악 + 임팩트 채권기준 타당성 조사 +
2. SIB 구조화	자본 유치 + 개입과 결과 메트릭스 결정 + 서비스 시행기관 선정 + 계약 협상과 체결 +
3. 프로그램 시행	서비스 제공 + 성과 관리 +
4. 평가와 지불	평가 = 성과 달성과 지불

자료 Gustafsson-Wright et al. 2015: 7.

2) SIB 개발 지원제도

SIB 개발은 정부의 지원정책을 포함해 다양한 제도적 지원에 의존한다. 지금까지 시행된 영국, 미국 등지의 SIB를 분석한 연구에 따르면, 측정 가능한, 금전화될 수 있는 결과가 가장 중요한 SIB 촉진요인으로 나타난다.

정부의 SIB 생태계 지원정책

지난 수년간의 짧은 기간에 여러 국가의 정부들은 정책 프레임워크와 입법 등으로 SIB 타당성, 디자인, 집행을 지원하는 다양한 제도화를 추진하였다. 영국 정부가 가장 선도적인 역할을 해왔다. 영국 정부는 총리실에 사회적 투자 금융팀에 SIB센 터를 개설해, 영국의 SIB 시장을 분석해 진흥시키는 역할을 수행하였다(앞글: 33). 총리실은 2012년 11월에 3100만 불의 사회결과기금(Social Outcomes Fund)을 시행해 SIB의 성과지불기금을 보충하였다. 이 같은 중앙집중적 기금은 많은 정부기관들이 단독으로 추진하는 것보다 복수로 SIB를 추진하는 데 필요한 지원정책이다. 또 영국의 복권기금에서 조성된 기금의 일부를 배분하는 빅로터리펀드(Big Lottery Fund)는 성과지불에 필요한 기금을 보충하는 6200만 불의 결과개선위탁기금(Commissioning Better Outcomes Fund)을 개설하였다.

한편 미국에서는 오바마 행정부가 SIB 성과지불기금 조성에 앞장섰다. 2012년 회계연도 이래로 백악관의 예산 중 SIB(PFS) 기금을 마련해, 1억 불에서 시작해 5억불까지 조성되었다(앞글: 33). 또 오바마 정부는 국가봉사단(CNCS)에 사회혁신기금(Social Innovation Fund)을 설치해, SIB 개발 등을 위한 8개의 중간지원조직들에 증여를 제공하였다. 그중 하나인 하버드 대학의 SIB 기술지원실은 SIB(PFS) 프로젝트를 개발하는 주정부와 지방정부, 비영리기관들을 지원하는 파트너기관이 되었다. 또 미국 법무성은 '세컨드 찬스 법'(Second Chance Act)을 통해 PFS 프로젝트를 지원하고, 노동성은 노동혁신과 기회법을 통해 노동혁신기금(Workforce Innovation Fund)으로, 그리고 연방 관리예산실(OMB)은 청년을 위한 성과 파트너십 파이롯트 프로그램을 통해 성과지불제를 지원한다. 주정부 차원에서는 10개 주가 PFS를 시행하는 입법을 준비하고, 매사추지츠와 유타주가 입법을 마친 후 PFS 시행에 들어갔다.

영국과 미국 이외의 다른 국가들에서도 SIB 시행에 정부 지원이 지속되고 있다. 호주의 뉴사우스웨일즈 정부는 2015년 사회임팩트투자(SII) 성장을 지원하는 10개 정책을 복합한 SII 정책 시행을 착수하였다. 정책의 초점은 SII 거래 증가, 시장의 성장, 장애물의 제거, 시장 참여자들의 역량 구축 등 SII 생태계 조성에 맞춰져 있다. 한편 캐나다에서는 SIB의 잠재력을 검증하는 2012 경제액션 계획(Economic Action Plan)이 있었다.

SIB 개발 촉진요인

SIB 개발에 결정적으로 중요한 촉진요인들은 다양하다. 특히 측정 가능한, 금전화될 수 있는 결과가 가장 중요한 촉진요인으로 나타난다. 또 서비스 시행기관의 결과 달성의 역량의 증거 또한 매우 중요한 촉진요인이자 지원과제가 된다. 중간기관의 역량과 신뢰성 또한 매우 중요하며, 투자로부터의 잠정적인 절약(정부의 지출절감)도 중요한 요인으로 꼽힌다. 그 밖에도 SII 시장의 성장과 관련된 촉진요인들이 중요한 것으로 꼽힌다, 금융 메커니즘의 준비정도, SIB의 사회적 혜택에 대한 투자자의 확신, 민간 자선기관의 리스크 부담으로 선불 지원, 그리고 기술적 자문과 법률 자문 등이다.

상위의 촉진요인으로 꼽히는 정부의 지원정책을 거시적인 생태계에 초점을 맞춰 영국과 미국 등지의 사례를 〈표 7-1〉과 같이 정리해볼 수 있다.

표 7-1 SIB 개발의 지원과제와 촉진요인 (단위: %)

SIB 개발 지원과제		SIB 개발 촉진요인	
금융 메커니즘 준비	83	측정 가능한 결과	90
사회서비스 확장 역량	73	정부의 지원정책	87
금전화될 수 있는 결과의 유용성	73	시행기관의 성과생산을 위한 증거	74

SIB 개발 지원과제		SIB 개발 촉진요인	
SIB 행위자 사이의 조정	72	중간지원조직의 신뢰성과 역량	67
시행기관의 성과생산을 위한 증거	70	사회서비스공급 역량	61
측정 가능한 결과	70	투자로부터의 잠정적 절약	54
SIB 거래 금융비용	64	금융 메커니즘 준비	52
호혜적인 법적 분위기	63	민간투자자의 사회혜택 확신	47
민간투자자의 수익 확신	57	자선기관의 리스크 부담	46
측정 가능한 결과 기대시간	48	기술적 자문의 유용성	45
기술적 자문의 유용성	47	예방적 개입의 정도	45
선거 사이클	45	적절한 법적 분위기	45
자선기관의 리스크 부담	35	금전화될 수 있는 결과	42
성과지불자의 지불의지	31	데이터 기반에 프로그램 적용	40
정부의 사회서비스 지원의지	30	법률자문의 유용성	26
정부의 SIB 거래 의지	28	민간투자자의 투자수익 확신	18

참고 응답자는 투자자(15), 서비스 시행기관(8), 중간지원조직(16), 성과지불자(정부, 6).
자료 Gustafsson-Wright et al. 2015: 30, 32.

3) SIB 정책논의 쟁점

SIB 지원정책을 둘러싼 논의들이 한창 진행 중인데, 논의의 쟁점들은 다음과 같이 다양하다(앞글: 37-45).

SIB는 민간 투자를 유치하는가?

먼저 SIB 관련 문헌에는 두 가지 주장들이 제기되어 있다. 하나는 증여를 통해 사회서비스를 지원하는 재단 등의 민간 투자자들의 자본을 유치하는 것이다. 다른 하나는 기존의 투자자들과 다른 새로운 투자자들의 자본을 유치하는 것이다.

왜 기존의 재단 등이 임팩트채권에 대한 관심을 갖고 증여에서 투자로 이동하는지에 대해서는 몇 가지 동기들이 있다. 첫째는 사회적 혜택이 되는 투자를 통해 수익을 얻어 다른 사회적 혜택의 서비스에 투자하는 기회를 확장할 수 있다는 점이다. 대표적으로 프로그램 관련 투자(PRI)가 많은 민간재단들이 이용되는 새로운 임팩트 투자이다. 주거와 경제개발 프로젝트 PRI는 소득 창출의 임팩트를 가진 파이낸싱인데, 이와는 달리 SIB는 인프라 투자보다는 인간자본 투자를 요청하는 차이가 있다. 재단들은 기존의 PRI를 이용해 SIB를 확장할 수 있는 기회를 가질 수 있다. 둘째는 사회서비스 재원 마련에 직면하고 있는 지역사회개발금융기관(CDFIs)이 SIB 등의 임팩트 투자의 주요 이해관계자로 부각되고 있다. SIB를 통해 성과가 달성되면 더 많은 투자를 확보해 사회서비스를 제공할 수 있는 기회를 갖게 되므로, 이 기관들의 결과 달성을 위한 서비스 개선의 창의성과 성과 관리가 SIB 전망을 밝게 해준다. 셋째는 전통적인 증여 방식에서는 자선적 투자의 기회를 탐색하는 데 증여의 15~20%를 차지할 정도로 비용부담이 되지만, SIB에서는 이 같은 비용을 절감해 투자 기금의 풀을 확장할 수 있다. 마지막으로 민간투자는 프로그램의 결과 달성(그리고 예산 절감)의 잠재력을 제시해 공공 투자를 확장할 수 있다.

다음으로, 새로운 민간투자자의 관심은 사회서비스 분야에 집중되어, 이들의 참여가 없으면 사회서비스 투자는 정부 지원만으로는 확장되어 사회적 임팩트를 생산하는 데 한계가 있다. 새로운 투자자들은 사회적 선행을 선호하는 고액 자산가, 신용조합, 상업 투자기관과 은행과 연금기금 등이다.

사회적 투자 기회를 촉진하는 시장의 규모가 확장되면서 기관 투자가들의 사회적 파이낸싱이 증대되고 있다. 시행되고 있는 38개의 사례들에서 일부 사회 서비스 분야에 새로운 투자자의 자본이 유입된 것을 확인할 수 있다. 대표적인 골드만 삭스의 경우 미국에서 4개의 SIB에 투자하고 있는데, 그중 두 개가 자체의 임팩트 투자 비즈니스(Urban Investment Group)에서 직접 투자된 것이고, 다른 두 개는 골드만 삭스 사회임팩트펀드에서 투자된 것이다. 이 투자들은 지역사회재투자법(CRA: Community Reinvestment Act) 활동으로 미국 SIB 시장에서는 상당히 중요한 투자 역할을 한다. 미국의 1977년 CRA는 은행 등 금융사가 중저소득 지역사회 투자를 촉진하는 법이다.

또 네덜란드의 ABN AMRO Bank는 자체의 혁신기금에서 펀딩을 하며 또 실업수당기간 단축에도 투자하는 사회공헌 활동을 한다. 기업들의 더블 보텀라인(사회적 책임을 가진 비즈니스) 투자에 대한 관심도 늘고 있어, SIB가 이 같은 관심을 투자로 유도하는 중요한 역할을 한다. 이런 주류 투자처에서 사회 분야로의 이동 추세는 특히 소셜 섹터의 추가적인 자본의 유입을 가능하게 한다.

민간자본의 유입에 따른 보충적인 혜택은 장기적인, 범분야에 걸친 사회적 혜택을 고려해보는 것이다. 민간자본은 단기간에 시행된 프로그램의 결과 달성이라는 확증으로 공공기관의 기금을 확장시켜는 역할로 사회서비스의 재원 확보와 임팩트 달성에 기여한다. 마지막으로 민간자본의 참여로 정부의 사회서비스 조달의 비용을 경감하는 추가적인 이익이 발생할 수 있다. 또한 재단들이 리스크 부담 비용을 감소시켜 결국 정부의 사회서비스 비용부담을 감소키는 추가적인 이익도 발생한다.

SIB는 예방서비스를 정책우선으로 하는가?

SIB는 전통적인 치료적 개입보다는 예방적 서비스를 펀딩하는 특징이 있다. 예방적 서비스는 부정적인 사회적 결과를 제거 또는 감소시켜 장기적으로 공공 및 민간 부문이 부담하는 잠정적으로 높은 교정 비용을 줄여주는 서비스를 의미한다. 서비스가 어느 정도에서 예방적인가를 결정하는 것은 서비스 전달의 시의성과 결과에 관련된다. SIB에서 성과지불자는 긍정적인 결과의 달성 욕구를 갖고 있거나 또는 결과의 달성이 장기적으로 비용 부담을 줄일 것이라는 기대를 갖는다(앞글: 38-39). 비용부담 회피는 성과지불자 정부뿐 아니라 다른 공공기관, 사회 전체가 성과로 나눠갖는 결실이다. 지금까지는 예방적 서비스로 바람직한 결과를 전달하는 비용효과성이 높아질 것이라는 기대가 높다.

SIB 38개 사례 중 하나를 제외한 절대다수가 교도소 재수감, 홈리스로 복귀, 실업상태 유지 등의 부정적인 결과를 예방하는 데 구조화되어 있다. 예외가 되는 포르투갈의 SIB의 경우, 학생들의 문제해결 학습능력의 향상은 간접적으로 학습능력 향상으로 무단결석 등의 부정적 결과를 예방하는 성과를 기대해볼 수 있다. 개인의 생애주기에서 조기 개입의 중요성을 강조하는 연구들은 무수하다. 미국 시카고의 아동-부모센터 교육 프로그램의 경우, 3~9세의 아동과 부모 서비스를 제공하는데, 프로그램 참여로 고등교육 진학, 소득, 사회경제적 신분 향상, 건강보험 가입, 25세 성인으로 성장하면서 약물중독이나 범죄 연류 회피 등 성과로 나타난 것이 확증되었다.

이 같은 생애주기에 걸친 성과관리 덕분에 미국의 취학전 아동 SIB 둘 중 하나는 아동부모센터의 모델을 활용하고 있다. 또 사례가 되는 38개 SIB 가운데 4개는 유아기 아동에, 2개는 2세-10대 연령에, 13개는 성인 청년들에게, 그리고 나머지는 4세-10대 청소년에 초점을 맞춘다. 노인인구에 대해서도 예방적 개입으로 상당한 사회적 혜택이 생산될 수 있지만 잠정적인 투자자들과 성과지불자는 SIB를 이용해 생애주기의 낮은 연령을 대상으로 예방적 개입 프로그램이 더 높은 성과와 투자대비 수익을 보장한다는 기대를 갖고 있다.

SIB는 정부의 리스크 부담을 줄여주는가?

리스크 부담은 이론적으로는 간단하다. 성과지불자인 정부는 결과가 달성될 때만이 서비스 비용을 지불하기 때문에 리스크 부담이 없다고 본다. SIB가 아닌 다른 구조에서는 정부가 여러 리스크 부담을 안게 된다. 그것들은 예산관리 리스크, 계획에 의해 달성되도록 되어 있는 결과가 없는 서비스에 대한 비용지불, 프로그램 확장과 관련된 시행 리스크 등이다(앞 글: 39-40).

또 검증되지 않은 혁신적 접근법과 관련되는 리스크, 또 유망한 것으로 알려진 파이롯트 또는 소규모 프로그램의 확장과 관련된 리스크 등이 있다. 정부는 이런 리스크들을 부담하지 않으려는 속성이 있어 전통적인 예산과정으로 공공서비스를 지원하는 데는 혁신의 한계가 분명하다. 그런데 SIB에서는 리스크를 투자자에게 전가시켜 결과달성에만 지불을 함으로써 리스크의 대부분이 해소된다. 또 그럼으로써 공공자금이 리스크가 없는 혁신적 해결방안을 지원하는 정책도구가 될 수 있다. SIB 지지자들은 SIB가 의도된 결과를 달성한 서비스에 투자되어 납세자의 세금을 절약한 것으로 간주한다.

그렇지만, 위에 열거된 모든 리스크들이 정부로부터 해소된 것은 아니라는 분석이 있다. SIB가 수혜층에게 의도하지 않은 결과가 발생할 수 있고, 이에 대한 비용부담을 정부가 안게 되는 경우이다. 서비스 시행기관이 결과 달성에 유리한 대상자만을 선별해 대상층으로 삼는 체리 피킹(cherry peaking)의 경우, 가장 서비스가 필요한 취약층이 배제되어 이들에 대해 정부가 서비스 비용부담을 해야 하는 사례가 적지 않다. 다른 사례는 투자자들이 예산보다 일찍 계약을 종료시키고 퇴장하는 경우로, 수혜층이 서비스 중도에 남게 되면 정부가 이들에 대해서도 높은 비용부담으로도 서비스 공급의 책임을 져야 한다. 정부의 사회서비스 아웃소싱에서 가끔 발생하는 리스크이다.

SIB는 정책 초점을 결과로 이동하는가

SIB 주요 이해관계자들의 관심은 사회적 결과의 달성에 정책의 초점이 맞춰지는지가 또 다른 논쟁거리가 된다. SIB에서 결과는 이해관계자들이 결정하고 이들 사이의 계약은 성과지불제의 결과 달성의 인센티브를 제시한다. 결과에 대한 결정은 SIB가 어떻게 구조화되는지가 중요한데, 일반적으로 성과지불자와 중간지원조직이 공동으로 결정한다. 이 점이 전통적인 사회서비스 파이낸싱 방식과 전혀 다른 측면이다. 결과기반의 파이낸싱은 새로운 게 아니다. 개발국과 개발도상국에서 성과기반의 용역이 지난 수세기간 시행되어 왔다. 개발협력에서는 최근 다양한 결과기반의 파이낸싱 모델이 시행되어 왔다. 대표적으로 미국의 Center for Global Development의 공급조건현금지불(Cash on Delivery), 세계은행의 결과기반금융(RBF: results-based financing) 등이 있다.

그런데 SIB는 이들과 여러모로 다른 특징들이 있다. SIB는 선행 자본을 제공해 서비스 시행을 지원하며, 또 SIB는 성과관리와 결과 달성에 민간부문의 디시플린(discipline)을 적용시켜 혁신을 추구한다. SIB는 정부와 서비스 시행기관 사이의 사회서비스의 조달과 제공에서의 사고방식이 근본적으로 변화된 것을 주목해볼 수 있다. 시행기관의 선정도 공개경쟁으로 서비스 전달의 역량에 기초한다. 선정된 시행기관들은 자신들의 명예를 걸고 서비스 전달의 결과 달성에 혁신적 접근을 추진한다.

SIB는 스케일 확장을 달성하는가

계획된 스케일 확장을 달성하는지는 SIB 계약대로 시행되었는지를 어떻게 평가하느냐에 달려 있다. 문헌에는 소규모로 서비스 시행을 맡은 비영리기관은 재정과 역량의 부족으로 스케일 확장에는 한계가 있다는 연구들이 제시되어 있다. SIB는 성장자본에 대한 접근의 기회를 제공해 서비스 시행기관들이 더 많은 대상자들에게 서비스를 확장하는 기회를 제공해준다.

그런데 '스케일'(scale)은 상대적 개념으로, 어느 기준에서의 스케일인지가 중요하다. 개도국에서 개발협력의 사회 프로그램이 상당한 스케일 확장을 한 사례는 매우 드물다. 국가 차원에서는 멕시코의 Oportunidades와 브라질의 Bolsa Familia 사회보장 정책은 빈곤가정에 조건부(아이 학교 등교, 예방주사접종 기록 등) 현금지급을 하는 사회보장정책을 성공한 것으로 평가받고 있다. SIB에서는 드물게 영국의 혁신기금(Innovation Fund), 페어찬스기금(Fair Chance Fund)이 스케일 확장 서비스 구조를 갖춘 사례들이다. 이들은 NEET(Not in employment, education and training) 청년의 교육과 고용 서비스를 제공하는 SIB를 전국 차원으로 시행하는 스케일 확장 유형이다.

그런데 현재 시행 중인 38개 SIB 가운데 대다수가 소수의 집단을 대상층으로 하는 한계를 보여준다. 38개 중 25개가 1000명 이상을 대상층으로 서비스를 제공하고 있다. SIB가 목표로 하는 서비스 달성에서 대상층의 위험집단 규모가 얼마인지를 파악하고 이를 현행 프로그램 대상층의 규모와 비교해보면, 스케일의 확장을 경험적으로 분석할 수 있는 방법이 된다. 미국 유타의 취학전 아동의 조기교육 SIB는 학교교육구의 취약층의 절반에 서비스를 제공하는 목표를 제시한다. 그럼에도 다수의 SIB는 스케일 확장을 달성하는 목표를 갖고 있지 않거나 실패한 것으로 나타난다.

SIB는 서비스 전달의 혁신을 진흥하는가?

SIB는 정부의 재정 미흡으로 정부가 할 수 없거나 할 의지가 없는 사회서비스 전달의 혁신에서 새로운 변화를 촉진시키고 있다는 시각이 지배적이다. 서비스 전달의 혁신은 두 가지 유형이 있다. 하나는 새로운 전달 방식의 도입이다. SIB는 프로그램 개입의 첫 단계부터 새로운 전달 방식으로 추진된다. 다른 하나는 전달방식의 혁신 또는 적용의 역량이다. '혁신'은 새로운 다른 방식을 의미하는 것으로, 새로운 방식은 도입보다는 배경과 관련된다. 프로그램이 전혀 시행되지 않았거나, 대상층에 시행되지 않았거나, 특정 서비스 전달 상황에서 특정 시행기관에 의해 이뤄지지 않았다고 볼 수 있다. 그런데 38개 사례 중 첫째(전혀 시행 안 됨)에 해당되는 경우는 하나도 없었다. 모든 38개 SIB가 시행의 경험을 갖고 있다는 것으로, 이는 투자자의 리스크 부담의 성향과 관련된다. 리스크 부담을 안고 싶지 않은 투자자들에게는 프로그램 시행 경험이 있는 시행기관이 경험 있는 지역, 대상층에게 서비스를 공급하면 리스크가 적고 수익도 줄지 않을 것이라는 전제가 있다.

다음으로 다른 대상층, 다른 지역, 다른 배경, 다른 시행기관의 활용은 일부 SIB에서 찾아볼 수 있다. 이 같은 다양한 측면에서 혁신을 시도한 사례가 뉴욕주의 라이커즈 아일랜드(Rikers Island) SIB로, 검증된 선행 치료방법을 이용하면서 더 젊은층을 대상으로 교도소 내부에서 서비스 전달을 시도하는 혁신을 추진하였다. 또 다른 사례는 오하이오의 포스터 케어 SIB로, 홈리스 경험을 가진 부모에 대해서도 다양한 서비스 제공을 하는 혁신성을 가진 SIB이다.

결국 SIB가 혁신을 진흥하는 역할을 했는지에 대해서는 SIB 사례에 따라 차이가 적지 않지만 전체적으로 다소 부정적인 평가가 지배적이다. SIB 시장이 개발되면서 투자자들이 사회적 도전이 되는 이슈들의 혁신적인 해결에 어느정도 투자할 지를 주목해볼 만하다.

SIB는 성과관리를 촉진하는가?

성과관리는 결과 달성에 핵심이 되기 때문에, SIB 논의에서 핵심이 된다. 성과관리는 서비스 시행기관이 개입의 필요요소들을 제대로 전달하고 있는지를 확인해주는 시스템이다. 일부 시행기관들이 성과관리 전략을 개발해 시행할 역량을 갖고 있지만, 많은 시행기관들은 그럴 만한 능력과 재원을 갖고 있지 않은 것이 문제로 제기된다. 특히 정부의 재원으로 이뤄지는 비영리기관의 서비스 제공은 융통성이 거의 없어 성과관리를 위한 융통성을 가질 만한 여유가 없다.

반면에 SIB는 성과관리에 민간부문의 전문성이 결합되어 시행기관인 비영리기관이 정부 용역의 구속으로부터 해방되어 융통적인 성과관리를 하도록 지원한다. 이 같은 융통적인 적응의 역량과 성과지불제의 인센티브제로 시행기관은 결과 달성에 강한 동기부여를 갖게 된다. 성과관리의 성공 여부는 SIB 구조 유형과 유형별 행위자의 역할에 크게 의존한다. 직접형

SIB에서는 시행기관이 성과관리를 하지만, 관리형에서는 중간지원조직이 시행기관의 보조로 성과관리의 책임을 맡으므로 성과관리가 철저해 결과 달성도가 훨씬 높을 수 있다.

SIB는 기관들의 공조를 촉진하는가?

SIB 이해관계자들 사이의 공조는 SIB 성패를 가늠하는 결정요인으로 볼 수 있다. 이해관계자들은 SIB의 6대 행위자별로 구분될 수 있고, 특히 공공과 민간 부문의 다른 성향의 행위자들 사이의 공조의 중요성으로 구분해볼 수 있다. 정부기관들 사이의 공조는 관련 데이터의 수집을 위해서도 필수적인 것으로 SIB 계약에 구체적으로 명시하는 것이 일반적이다. 또 중요한 공조는 기관들과 행위자들 사이의 정보와 노하우의 교환으로 프로그램 효율성을 높이고 창의적인 해결방안 모색하는 데 필수적이다.

핵심 이해관계자들의 SIB 참여 동기를 살펴보면, 기관들 사이의 공조가 가장 중요한 참여 동기라는 응답은 성과지불자에서는 25%, 중간지원조직에서는 7~8%에 지나지 않는다. 공조는 잦은 커뮤니케이션부터 시작된다. 시행 초기부터 활발한 커뮤니케이션으로 상호 신뢰를 구축하는 것이 중요하다는 지적이다.

SIB는 M&E 문화를 정착하는가?

SIB가 M&E 문화를 구축한다는 것은 서비스 시행기관인 비영리기관뿐 아니라 정부기관도 이 같은 문화를 수용한다는 것이다. 이 같은 문화의 변화는 이론상 결과에 대한 초점, 성과 관리, 복수의 이해관계자들의 공조로의 변화를 의미한다. 양질의 데이터의 요구와 이해관계자들 사이의 공조의 요청은 M&E를 경시하는 현행 시스템의 변화를 요청한다.

SIB와 DIB가 오랜 경험을 축적하지 않은 상태이지만 상당한 M&E 문화의 진전이 이뤄지고 있다. 일부 사례에서 SIB는 서비스 시행기관과 정부기관들로 하여금 대상층에 대한 결과와 관련된 주요 데이터를 수집해 관리하도록 규제하고 있다. 일부 이해관계자들은 SIB가 심각한 문제가 되었던 데이터 수집의 문제를 해결하고 있다고 얘기한다.

SIB의 임팩트는 지속가능한가?

마지막으로 SIB는 지속가능한 임팩트를 선도한다는 주장이 있다. 이 논의는 다음 몇 가지로 정리해볼 수 있다. 첫째, SIB는 다년간의 용역 계약으로, 전통적인 1년 단위의 용약과 달리 더 지속적이며 신뢰할 만한 서비스 공급을 가능하게 한다. 이 때문에 수혜 대상층에게는 양질의 보다 지속가능한 결과를 제공한다고 볼 수 있다. 둘째는 SIB는 지속가능한 임팩트를 선도한다는 의미는 예방적 서비스 혜택의 전시 효과를 제공해 정부가 임팩트 목표가 되는 사회적 이슈에 장기적인 정책 실행을 하게 할 수 있다는 점이다. 마지막으로 SIB로 지속가능한 임팩트가 창출된다는 것은 정부가 성과관리, 결과 달성, M&E 시스템의 개발에 대한 정부의 입장에서 중요한 변화를 유도한다는 점이다.

이상의 논의 쟁점들을 정확성의 수준과 성장 가능성에 비추어 요약해볼 수 있다. 대부분이 긍정적인 분석결과를 보여주며, 일부만이 부정적인 평가를 보여주며, 대부분이 조건이 충족될 필요가 있다는 것을 보여준다. 민간 펀딩의 유치는 정확성이나 성장 가능성이 상당하다는 것을 의미할 수 있다. 정부 리스크는 시행을 거치면서 새로 제기될 수 있는 여지를 보여준다. 스케일 확장이 특히 제한적인 단점으로 제시되며, 서비스 전달도 부정적이며, 지속가능성도 여전히 의문으로 제기되고 있다.

표 7-2 SIB 관련 10가지 논의 쟁점에 대한 분석결과 요약

주장	정확성의 수준	성장 가능성
1. 민간 펀딩 유치	긍정적. 추가적 자본 유치를 의미하는 것은 아님.	긍정적
2. 예방 중시	긍정적	긍정적. 어린 유아에 초점을 맞추면 사회적 혜택이 증대
3. 정부 측 리스크 감소	긍정적. 그럼에도 모든 리스크가 완화되는 것은 아님.	거래 이전에 확고한 상당수준의 주의로 준비하면 리스크는 완화
4. 결과에 정책 초점	긍정적	긍정적
5. 스케일 확장	절대적 의미로는 부정적. 상대적 의미로는 다소 긍정적.	SIB 기금을 통해 가능
6. 서비스전달 혁신	대체로 부정적. 서비스가 새로운 형태로 복합되어 새로운 대상층 또는 새로운 지역에 전달되면 다소 긍정적.	긍정도 부정도 아님. 혁신 플랫폼의 다양한 실험으로 검증될 문제.
7. 성과 관리 촉진	여러 코스 조정이 있지만 긍정적.	긍정적. 실시간 자료 코스 조성을 활용.
8. 이해관계자 사이 공조 촉진	긍정적. 좋은 사례들이 있고, 중대한 과제로 드러남.	경험이 축적되면서 공조는 용이하지만, 새 기관들은 어려움에 직면
9. M&E 문화 정착	시스템 차원의 광범한 변화가 있는지는 판단하기 이른 상태이지만 이 방향으로 일부 움직임이 있음.	긍정적. 많은 성장의 잠재력이 있는 영역.
10. 임팩트 지속가능성	판단하기 이르지만, 다년 계약의 SIB는 장기 임팩트 달성에 기여.	긍정적.

자료 Gustafsson-Wright et al 2015: 47.

3. 주요국 SIB 사례

1) 영국의 SIB

영국은 2010년 최초로 SIB를 시행하면서 2017년 현재 수십개의 SIB가 시행 중에 있는 선도적인 국가이다. 아래에서는 2010년 가장 먼저 시행된 피터보로 사례와 2012년에 시행된 사례를 차례로 살펴볼 만하다(Bridges Venture 2015a).

영국 피터보로(Peterborough) SIB

SIB를 가장 먼저 시행한 영국의 대표적인 모델은 피터보로(Peterborough) 사례이다. 영국 법무부가 발표한 2014년 8월에 피터보로 SIB 프로그램의 일차 성과 평가 결과를 살펴보면 다음과 같다. 평가는 재범률이라는 사전에 계획된 목표를 충족시키는 결과를 SIB가 생산했는지에 초점을 맞추었다. 정부와 SIB 위탁기관인 복권기금(Big Lottery Fund)는 재범률의 개선이 계획대로 달성되면 투자자에게 수익을 제공하기로 약속하였다. 이 수익은 투자자와 비영리 서비스 제공조직들의 개입의 효과로 결과되는 재범률 감소로, 이것은 정부가 비용절감의 저축이며 사회에 제공되는 사회적 혜택이 된다.

SIB 결과의 측정은 교도소의 성인 남성 수감자들을 두 집단으로 나눠, 첫 집단은 2010년 9월 9일부터 2012년 7월 1일 기간에 1년 미만 기간에 수감되어 있다 출소한 사람들, 그리고 두 번째 집단은 2012년 7월 기간에 해당된 사람들이다.

투자자들은 결과에 기초한 수익을 제공받게 되는데, 조건은 다음 둘

중 하나를 충족하는 경우이다. 하나는 재범 발생 건수가 약 1000명 규모의 각 집단 모두에서 (비교집단에 비교해) 10% 이하로 감소한 경우이며, 다른 하나는 두 집단 모두의 2000명 가운데 재범 발생 건수가 (비교집단에 비교해) 7.5% 이상 감소한 경우이다. 그런데 첫 집단 1000명의 재범 발생 건수는 8.4% 결과를 보여줘, 위의 조건 1)을 충족하지는 못했지만, 2)의 조건은 충족해 앞으로 제2의 집단 1000명의 재범발생 건수에 따라 투자자에게 수익이 발생할지가 결정될 것이다.

결과평가 방법으로 성향 점수 매칭(Propensity Score Matching) 방법이 활용되었다. 첫 집단인 936명 출소자들의 재범률이 같은 기간 전국 34개 성인 남성 교도소에서 출감한 9360명의 비교집단과 비교해 계산되었다. 분석은 법무부가 제공한 개인신상 자료를 기초로 했고 SIB 중간지원조직인 Social Finance는 추가 자료수집을 지원하였다.

전문평가기관(Rand Europe)의 중간평가 결과 또한 긍정적인 견해를 밝혀준다(UK Ministry of Justice 2015). SIB의 모든 단계에서 관련 기관들 사이의 파트너십이 잘 작동하도록 조정과 진흥의 역할을 맡은 적극적인 서비스 책임자의 역할이 시행과 운영에 결정적으로 중요했다는 것이다. 또 핵심 이해관계자들이 정보 공유와 제공 등 관련 과정들과 절차들을 정착시키는 데 적극적인 노력을 했다. 그 결과 여러 혁신적인 결과를 창출했는데, 특히 펀딩의 융통성이 이뤄지면서 지역의 현실과 서비스 이용자의 욕구에 기초하는 서비스 제공이 원활했으며, 또 통합 사례관리 데이터베이스의 활용으로 지리적 영역과 재범 개입활동 측면에서 혁신적인 변화가 있었다. 서비스 이용자들이 개인별 맞춤형 지원을 받을 수 있었던 것도 SIB의 혁신적 특징이라는 설명이다.

Career Connect의 New Horizon 프로그램 SIB

2011년 영국 총리실과 고용연금부(Department for Work & Pensions), 법무부(Ministry of Justice)가 공동으로 3000만 파운드의 혁신기금(Innovation Fund)을 조성해, NEET(교육, 고용, 훈련 상태에 있지 않은) 청년이나 그런 리스크가 있는 취약 청년들의 생활 개선을 위한 프로젝트를 추진하였다. New Horizon 프로그램은 2015년까지 3년간 선금 지불과 프로젝트 기간의 각종 지원으로 운영되는 SIB로, Bridges Ventures와 기타 기관들의 임팩트 투자로 이뤄진다. 프로그램 시행기관은 a) 청년 대상자들이 학교 수업을 유지하고, 또는 b) 고용에 필요한 자격요건을 갖추거나, c) 취업한 청년들의 일정기간 일자리 유지를 하도록 지원하는 결과를 생산하면 대가로 지불을 받는다.

2012년 공모에 의해 리버풀의 자선기관 Career Connect가 혁신기금에 의해 선정되었다. Career Connect는 청년 전과자, 양육원 시설 생활자 또는 시설 탈퇴 청년으로 교육의 어려움에 처한 청년층 등 세 그룹으로, 이들의 평균 NEET 비율은 전국 평균보다 높다(21% 대 16%). 정부가 설정한 금전가치에 대한 결과치가 되는 '요율 카드'(rate card)에 따라 3928명을 대상으로 4270건의 결과치(학교 수업 유지, 고용수준 획득, 취업자의 일정기간 고용 유지)가 프로그램의 목표로 설정되었다.

New Horizon은 일련의 '회복 코칭'(Resilience Coaching) 프로그램을 진행하고, 온라인 '정서 강화'(Mental Toughness) 진단도구 등을 활용하였고, 개인별 진단이 이뤄진 다음 청년들은 각자가 당면한 상황과 문제에 대한 처방을 위해 1:1 코칭을 받는다. 그 밖에 고용자격수준 획득을 위한 집단수업이 13주간 진행되며 청년 각자의 대인기술과 역량개발에 초점을 맞춘다. 이런 과정을 거쳐 청년들이 학교수업을 유지하고, 웰빙 개선과 장래 직업에 대한 기대와 고용가능성을 높일 수 있다는 전망이 제시되었다.

New Horizon 프로그램 시행 1년만에 일부는 매우 효과적인 것으로 평가되었고 다른 일부는 다소 비효과적인 것으로 밝혀지면서, 결과기반(outcomes-based)의 용역의 특징이 되는 융통적인 프로그램의 변경으로 더 좋은 결과를 낼 수 있게 되었다. 이 점이 기존의 '서비스 수수료'(fee for service) 용역과 크게 다른 점이다. 첫째는 관리정보의 개선이다. 실적 관리자를 선임해서 관련 자료의 효과적인 수집과 추적을 개선해 많은 좋은 결과를 생산하게 되었다. 둘째는 초기 개입의 개선이다. 이미 NEET 상태에 처한 청년들의 생활개선보다는 NEET 리스크에 처한 청년들을 대상으로 조기에 코칭을 수행하는 것이 더 효과적이라는 중간결과를 얻으며, 조기개입으로 프로그램 수정이 이뤄지게 되었다. 셋째는 비교적 젊은층인 14~16세 대상층에게도 고용자격수준 획득을 위한 프로그램을 조기에 제공하며 NEET 리스크를 감소시키는 전략을 추진하였다.

New Horizon 프로그램은 2015년 4월까지 3년간 추진되었다. 계약기간 동안 4222명의 대상 청년층을 대상으로 6가지 측면에서 6044건의 결과치를 생산하였다(표 6-8 참조). 프로그램 제2라운드까지의 주요 결과를 살펴보면, 정부가 지불한 비용(450만 파운드)에 비해 정부가 받은 총가치(924만 파운드)가 훨씬 많아, 두 배가 넘는 결과에 대한 지불 가치가 생산된 것으로 평가된다.

2015년 4월까지의 혁신적인 결과에 따라, Career Connect는 제2차 SIB 수행기관으로 재선정되었다. 전문 펀드인 Bridges Ventures(2015a: 12)는 2002년에 설립된 이후 2016년 초 현재 13개의 다양한 SIB를 시행 중에 있다. 첫째는 청년고용 분야에서는 위에 소개한 정부기관의 Impact Fund에 의해 선정된 Career Connect 이외에도 Community Links 프로그램

표 7-3 New Horizon 프로그램의 주요 결과

	대상층의 결과치(건)	1인당 정부지출비(£)	전체 정부지출비 (1000£)	정부에 대한 총가치(1000£)
학교수업 유지	1,315	871	1,145	1,841
학교행태 개선	1,779	552	982	2,313
직업자격수준 1	1,870	441	825	1,683
직업자격수준 2	728	1,452	1,057	2,402
고용유지(13주간)	198	1,924	381	693
고용유지(26주간)	154	740	114	308
전체 결과	6,044	–	4,504	9,240

자료 Bridges Ventures 2015a: 11.

과 십대와 유아 대상의 Teens and Toddlers 프로그램, 또 청년참여 펀드(Youth Engagement Fund)로 시행되는 프로그램 등이 있다. 둘째, 아동 서비스 분야에서는 Essex의 가족치료(Family Therapy) 프로그램, Manchester의 치료양육(Treatment Foster Care) 프로그램, 또 다른 양육 프로그램 Team Parenting Foster Care, 입양 프로그램 IAAM Adoption 등이 있다. 셋째, 노숙자 프로그램으로는 정부의 Fair Chance Fund로 시행된 St Basils, Depaul, Fusion Housing 등이 있다. 넷째, 보건사회 케어 분야에서는 Ways to Wellness 보건서비스 프로그램이 있다.

2) 미국의 SIB 사례

영국에서 시작된 SIB는 분명한 성과와 임팩트를 창출하면서 미국에서도 정부기관들 중심으로 SIB는 전국적으로 확장되는 추세에 있다. 오바마 행정부는 2011년, 2012년, 2013년에 성과 지불(pay-for-success) 이니셔티브를 추진, 연방 노동성은 2000만 불까지 지원하는 성과지불 용역 계획을 발표하였다.

뉴욕시 라이커즈 아일랜드 SIB

뉴욕시가 미국 최초의 SIB를 설치해, 라이커즈 아일랜드 교도소 수형청소년(16~18세)의 재범률을 낮추는 프로그램을 시행하였다(Liebman & Sellman 2013). 프로젝트는 2012년 9월부터 2015년 8월까지 3년간 시행되며, 대상층은 연간 3000명에 달하는 성인 수형자이다. 비영리기관 MDRC가 중간지원조직으로 프로젝트 운영의 책임을 맡아 두 개의 서비스 제공기관들의 관리 책임을 맡는다. 골드만 삭스가 MDRC에 960만 불의 서비스 및 운영비 펀드를 제공했다. 뉴욕시 정부는 재범률이 8.5% 감소되면 480만 불, 20% 감소되면 1170만 불을 지급하는 성과지불 채권이다. 블럼버그 시장의 자선재단(Bloomberg Philanthropies)이 융자 상환의 720만 불 지급보증을 하였다.

그런데 프로그램 시행 1년에 대한 자료검증 결과, 16~18세 청소년의 상습적 범행은 목표치에 달하지 못해 2015년 8월에 프로그램이 종료되었다. 검증기관인 Vera Institute는 프로그램 성과가 이뤄지지 못한 이유를 파악하지 못했고, 중간지원조직 MDRC는 다음과 같은 몇 가지 단서들을 확인할 수 있었다. 대상층 40% 가량은 프로그램의 다수의 과정에 참여해 긍정적인 성과를 보였지만, 전체 9%만이 프로그램의 전체 12개 세션을 완수했을 뿐이다. SIB 계약 조건에는 30%가 프로그램을 완수할 것으로 기대되었다. 이처럼 대상층의 과정이수 회수가 차이가 발생한 것은 교도소의 보안 점검 등으로 인해 대상층의 참여가 취소, 연기되는 등 여러 문제들이 발생했고, 많은 수형자들의 형 집행 대기 상태에서 다른 교도소로 이송 등 교도소 사정으로 안정적인 프로그램 진행이 어려웠다. 교도기관의 협조가 필수적이라는 교훈을 얻게 된 것이다. 뉴욕시와 투자기관과 중간지원조직이 문제해결을 위한 협상에 들어가, 새로운 프로젝트 시행이 진행될 것으로 기대된다(Berlin 2016).

뉴욕주 재범률 감소 SIB

뉴욕주는 2013년 2000여 명의 전과자를 대상으로 고용창출과 재범률 감소를 목표로 하는 SIB를 시행하였다. 범죄예방뿐 아니라 재수감으로 인한 비용을 절감하는 이중의 성과를 사회적 임팩트 목표로 설정한 것이다. 뉴욕주는 경쟁입찰 과정을 거쳐 비영리 임팩트 파이낸스와 자문회사인 소셜 파이낸스(Social Finance, Inc.)와 계약을 체결하고 프로젝트의 디자인과 관리를 위탁하였다.

Social Finance는 Bank of America, Merrill Lynch와 공조해 1350만 달러 규모의 임팩트 투자 자본금을 유치하기 위한 재산관리 플랫폼을 개설해, 40개의 민간 투자자와 재단의 투자를 유치하였다. 조성된 펀드로 비영리고용전문기관 Center for Employment Opportunities(CEO)는 2000여 명의 뉴욕시와 로체스터시의 지역사회 감독을 맡은 대상자들을 위한 증거 기반의 프로그램을 시행하였다.

SIB의 최소 성과 기준치는 전과자의 고용율을 5% 이상 늘리고, 일인당 수감일을 36.8일 낮추는 것이다. 이 같은 성과 기준으로 뉴욕주는 '성과 지불'(PFS) 계약을 체결해, 목표치가 달성되면 납세자들의 세금이 투자자들의 수익으로 지불되도록 하였다.

뉴욕주는 성과기초의 지불을 고용과 재범의 변화율에 초점을 맞춘 세 가지 결과 메트릭스를 활용하였다. 투자자에 대한 수익지불은 목표로 달성된 임팩트의 정도에 비례적인 것으로 설계되었다. 만약 최소 목표치 달성이 어렵게 되면 뉴욕주는 투자자에게 투자금을 돌려주지 않도록 계약을 맺었다. 프로젝트의 목표 달성을 측정하기 위해 무작위통제실험(randomized control trial: RCT)을 활용한 엄밀한 임팩트 평가 시행된다.

뉴욕주의 SIB는 임팩트 투자 측정 접근법과 결과 메트릭스에서 네 가지 목표를 설정하였다. 1) 뉴욕주의 정책목표들과 CEO의 변화이론을 조율시키는 목표, 2) 프로젝트 결과 공공부문의 혜택과 비용절감이 프로젝트 결과로 제시된 데 대한 뉴욕주 정부가 이해할 수 있도록 할 것, 3) 기존의 공공부문의 자료와 자료 관리체계를 활용할 것, 4) CEO의 프로그램 기록과 기존의 성공적인 결과에 관한 증거자료들의 구축 등이다.

하버드 케네디 스쿨 정부성과실험실(Government Performace Lab: GPL)

하버드 대학의 케네디스쿨(Harvard Kennedy School: HKS)의 정부성과실험실(GPL)은 2010년부터 국가봉사단(CNCS)의 사회혁신기금(Social Innovation Fund)을 제공받아 임팩트 투자를 하는 정부기관과 사회적 기업과 비영리기관들에 2차 펀딩을 하는 중간지원조직의 역할을 맡고 있다. 2016년 5월에도 CNCS의 SIF로부터 216만 불을 제공받아, 이를 전국의 정부기관들과 비영리기관들에 공모를 통해 펀딩하며 기술자문과 성과관리와 평가를 수행하는 역할을 맡는다.

GPL은 2013년 SIB Lab을 설치하고, 미국 전국 지역의 28개 프로포절을 접수받아 4개 주정부와 지방정부에 SIB 프로보노 기술지원을 제공하는 계약을 체결하였다. 또 SIB Lab은 2016년에도 3개의 새로운 SIB 시행에 프로보노 기술자문을 제공하였다. 이로써 미국에는 전체 11개의 SIB 유형의 PFS 프로젝트가 시행 중인데, 그중 7개가 HKS의 프로보노 기술자문으로 개시될 수 있었다.

GPL이 지원하는 지방정부 SIB 사례 세 가지를 살펴볼만하다. 덴버(Denver)시의 경우, 홈리스의 주거 제공과 통합적인 사례관리를 지원하는 5년 기간의 PFS 프로젝트를 시행해, 홈리스들의 주거안정의 성과와 교도생활의 감소 성과가 확인되면 후불하는 제도를 시행한다. 약 210개의 새로운 주거공간이 건축 중이며 주거와 생활 관련 서비스들이 복합적으로 제공된다. 이를 위해 시정부 여러 기관의 지원사업들이 하나로 통합되어 홈리스 서비스를 제공한다. 저소득층 주거 면세제도, 주거 바우처, 콜로라도 주정부의 주거투자기금, 연방정부의 HOME 기금 등이다.

사우스 캐롤라이나 주는 간호가족 파트너십 PFS 프로젝트를 개시해, 첫 아이를 두고 있는 3200개의 저소득층을 대상으로 전문 간호사들의 가정방문 출산관련 보건 서비스를 제공한다. 720만 불의 성과지불금이 조성되어, 조산의 감소, 신생아 병원입원 감소, 신생아와 산모 서비스 증진 등의 성과에 따라 지불된다.

코네티컷 주에서는 아동가족부의 사업으로 아동의 부모의 약물 복용 문제를 해결해 아동과 가족의 복지증진을 위한 성과지불 SIB가 시행되었다. 프로젝트 계약에 따라 Family-Based Recovery Services(FBR)은 500개 가정을 대상으로 약물복용 치료팀과 보조인력을 활용해 가정방문과 약물퇴치 코칭을 시행한다.

3) 네덜란드, 포르투갈, 핀란드 SIB 사례

SIB가 최초로 시행된 영국에 이어, 최근 네덜란드, 포르투갈, 핀란드 등지에서도 SIB들이 시행되고 있다. 이제 SIB는 세계가 주목하는 주요 정책으로 정착되는 동향이다. 아래에서는 각 사례의 프로젝트 준비와 시행상의 장단점을 집중적으로 살펴볼 만하다.

네덜란드 로테르담 비즈니스클럽 SIB

로테르담 비즈비스클럽(Rotterdam Buzinezzclub) SIB는 2014년 3월에 청년 실업과 기업가정신에 초점을 맞춰 시행되었다. 로테르담 시정부와 함께 68만 유로를 공동투자한 사회적 투자 재단 Start Foundation과 ABN AMRO, 그리고 모니터링과 평가의 책임을 맡는 Deloitte and Ortec Finance가 파트너십을 이뤘다(OECD 2015c: 7). 프로그램은 17~27세의 청년 160명을 대상으로 4~6개월 기간에 걸쳐 창업을 개시하거나 임금직 직장을 찾도록 지원한다. 이들 대부분은 기본 자격요건을 갖추지 않아 여러 금융문제 등을 안고 있다.

SIB 계약에는 로테르담 시정부가 청년들의 고용서비스 감소 기간을 기준으로 비용을 저축한 성과에 따라 투자자와 시행기관에 수익과 비용을 지급하는 방식이다. 수익률은 많게는 연12%가 될 수도 있어, 청년들이 빠른 시기에 프로그램을 성공적으로 마치고 창업하거나 일자리를 갖게 되면 투자자에게 수익이 더 많이 돌아가는 방식이다. Buzinezzclub은 투자자와 마찬가지로 청년들이 성공적하지 못해 일자리를 얻지 못하거나 급여가 적은 일자리를 갖게 되면 리스크를 안게 되고, 반대로 계약보다 더 빠르게, 급여가 더 많은 일자리를 얻게 되면 수익이 높아진다.

포르투갈 Junior Code Academy SIB

아동 Junior Code Academy SIB는 포르투갈에서 처음 시행되는 SIB로, 8~9세 초등학생 65명을 대상으로 2015년 2월에 시행되었다(앞글: 8). 컴퓨터 프로그래밍을 통해 아동의 인지적 기술과 학교성적 등 비인지적 기술의 개선을 목표로 프로그램을 시행한다. 파이롯트 단계에서는 정책당국에 정보를 제공하고, 결과기반의 계약 환경에 대한 이해를 제공하며 많은 이해관계자들이 SIB에 참여할 것을 촉진하는 데 목표를 두고 있다.

SIB 개입 모델은 리스본의 세 개 공립 초등학교에서 학교당 한 반은 치료 집단으로 다른 한 반은 통제집단으로 설정해 양집단의 차이를 검증하는 방식이다. 2015년 1월-12월 기간에 매주 2시간의 수업이 진행된다. 컴퓨터 프로그래밍의 임팩트는 학생들의 국어(포르투갈어), 수학, 논리적 사고와 문제해결 능력 등을 양집단 비교분석으로 제시될 것이다. 리스본 시당국은 파이롯트 프로젝트의 리스크를 12만 유로의 선불 펀딩을 제공한 재단(Calouste Gulbenkian Foundation)이 부담하도록 해서, 프로젝트가 계획된 결과를 달성하면 이에 대한 대가를 후불하도록 되어 있다. 결과에 대한 측정과 평가는 독립평가기관인 노바대학(Nova School of Business and Economics)에서 맡는다.

핀란드의 난민 고용 SIB

핀란드가 노르딕 복지국가에서는 최초의 임팩트 투자인 SIB를 2016년부터 시행했다. 2015년부터 본격화된 난민들의 유럽 집단 이주 문제에 대해 난민들의 복지개선과 사회안정과 통합을 위한 혁신적인 방안으로 추진된 것이다.[19] 정부의 역할을 대신하는 비영리기관들이 민간 사회적 금융의 투자로 난민들의 고용훈련 프로그램을 통해 안정적인 일자리를 제공하는 사업을 개시해, 결과가 목표치에 이르면 정부는 비용을 지불하는 방식이다.

핀란드의 고용경제부는 핀란드혁신펀드(Finnish Innovation Fund)인 Sitra와 3년 기간의 SIB 계약을 체결해, 난민 이주자들의 고용 프로젝트 개시에 들어갔다. 고용경제부 자문관은 "확실한 일자리를 갖는 일은 이민자들의 웰빙과 핀란드 사회와의 통합을 증대시키는 일로, 이 같은 파이롯트 프로젝트를 위해 이민자들을 고용해 작업장 훈련을 제공하는 데 관심을 갖고 있는 비즈니스들이 필요하다"며, 민간 기업들과 투자 자본의 관심을 밝혔다. 프로젝트의 목표는 짧은 2개월 내에 이주자의 통합 훈련을 거쳐 바로 일을 시작할 수 있도록 준비해주는 것으로, 그럼으로써 정부의 입장에서는 상당한 비용절감의 성과를 거두는 데 있다.

2015년 보편적 복지국가 스칸디나비아에서도 스웨덴을 비롯한 노르웨이, 핀란드, 덴마크가 사회적 임팩트와 혁신의 정책을 공유하기 위한 사회혁신 포럼(Forum for Social Innovation Sweden)을 개설해, 다양한 분야의 정책 포럼을 진행해왔다.

---

19 자료: Nordic Labour Journal (2015.12.7.) "Finland: Social Impact Bonds to help refugees." http://www.nordiclabourjournal.org/nyheter/news-2015/article.2015-12-07.3565624712

4) 한국의 SIB 사례

한국에서도 SIB가 시도 차원에서 신속하게 시행되고 있다. 2016년 서울시와 경기도가 각기 복지사업에 성과결과 방식의 SIB 시행에 들어갔다. 언론에 보도된 내용을 서울시(국민일보 2016.4.24.) 사례와 경기도(도민일보 2016.4.27.) 사례를 차례로 살펴보면 아래와 같다.

서울시 공동생활가정 아동교육 SIB

서울시는 SIB 1호 사업으로 '공동생활가정 아동교육'을 선정하고 민간투자자를 모집해 2016년 7월 1일부터 사업을 시작한다. 시내 62개 아동복지시설(그룹홈)에서 생활하는 경계선지능 및 경증지적장애아동 100여 명을 양육하고 교육해 가족에게 돌려보내거나 자립을 돕는 사업이다. 시는 IQ 71~84 수준인 경계선지능아동은 정서불안, 따돌림, 학습부진, 사회부적응의 문제를 겪고 있지만 장애로 인정받지 못해 특수교육이나 프로그램을 이용하지 못하는 정책 사각지대에 방치돼 있어 SIB 1호 사업으로 선정했다고 설명했다.

2015년 10월 총괄운영기관으로 선정된 '팬임팩트코리아'가 민간투자자와 사업수행기관을 선정했고 대상 아동을 선정할 예정이다. 이 사업에는 사단법인 PPL, UBS증권 서울지점, 엠와이소셜컴퍼니(MYSC) 등 3개 민간기관이 총 11억 1000만 원을 투자했다. 사업 수행은 대교문화재단 컨소시엄이 맡아 2018년까지 3년간 정서를 치유하고 사회성과 지적능력을 개선시키는 적절한 개입 프로그램을 제공하게 된다. 경계선지능아동은 성인이 돼 아동복지시설을 퇴소할 때 기초생활수급자가 되는 비율이 일반아동의 15배가 넘고 방치하면 정신지체로 떨어지는 것으로 나타났다. 시는 이 사업이 성공할 경우 소외아동의 삶의 질을 높이는 것은 물론 일생에 걸쳐 발생할 사회적 비용투입도 사전에 막게 된다고 강조했다.

서울시는 수급자 1인당 평균 16.7년 동안 연 892만 원을 지급한다. 그런데 이번의 SIB에서는 사업기간 3년 동안 32명이 수급자가 되는 것을 방지하면 서울시는 사업비와 성과급을 내고도 37억원의 예산을 아낄 수 있다는 것이다.

경기도의 해봄프로젝트 SIB

경기도 해봄프로젝트의 도의 지급보증안이 도의회의 승인을 받아 본격화되었다. 해봄프로젝트가 종료되면 성과달성 정도에 따라 도에서 최소 1억 2900만 원에서 최대 17억 7400만 원까지의 투자금과 성과보상금을 민간투자자에게 지급한다.

해봄프로젝트는 민간 투자를 받아 기초생활수급자를 탈수급시키는 사업으로, 민간이 성과를 내면 도에서 투자원금과 성과보상금을 돌려주는 SIB 방식의 복지사업이다. 중간운영기관과 협약을 체결하고 민간 투자자 모집과 참여 대상자 모집을 시작하는 등 사업을 본격 추진할 계획이다. 중간운영기관 우선협상대상자로 선정된 ㈜한국사회혁신금융과 협상을 진행 중이다. 중간운영기관은 기관 사업비 조성을 위해 투자자를 모집하고 성공적 사업추진을 위해 수행기관을 선정 운영하는 등 해봄프로젝트를 총괄 운영하는 기관이다. 특히 성과 목표 미달 시 투자금 미상환에 따른 위험도 부담하게 된다.

해봄프로젝트 목표는 도내 기초수급자 800명을 대상으로 2년 동안 추진되며 참여자의 20%인 237명을 탈수급시키는 것이 성과 목표다. 총 사업비는 18억 7000여만 원이며 이 가운데 민간투자금은 15억 5000여만 원이다. 사업이 종료 시점에서 투자자는 성과 달성 정도에 따라 최대 14.2%의 투자수익금을 받게 된다.

경기도는 투자자들의 투자 위험 부담을 최소화하기 위해 성과목표를 달성하지 못했을 때도 차등적으로 원금을 보장하기로 했다. 예산절감액이 마이너스(-)인 성과달성률(탈수급률) 1~11% 구간은 원금을 차등적으로 보상해주며, 손익분기점인 성과달성률 12% 지점에서는 원금을 전액 지급한다. 예산절감액이 플러스(+) 구간인 성과달성률 13~20%에서는 원금전액과 성과보상금을 지급하게 된다. 해봄프로젝트는 5월부터 6개월 간 투자자와 대상자를 모집한 후 탈수급 밀착 사례관리가 진행된다.

4. SIB의 성과와 문제점

SIB는 사회문제 해결에 혁신적인 처방을 제시하면서 상당한 성과를 올린 것으로 평가되고 있다. 그럼에도 적지 않은 문제들이 제기되었는데, 결과지표에 관한 임팩트 측정 문제부터 SIB 생태계 구축 이슈에 이르기까지 다양하다.

1) SIB의 주요 성과

2017년 초 현재 세계적으로 15개국에서 60개의 SIB 프로젝트가 시행되는 붐을 이루었다. 그중 22개 프로젝트는 성과 자료를 공개하며, 21개가 긍정적인 사회적 결과를 달성한 것으로 평가되었다(Social Fiance 2016). 그중 12개는 중간평가를 거쳐 결과지불이 투자자에게 지불되거나 서비스 전달로 투자되었고, 4개는 투자자에게 투자 자본금을 상환하였다.

Social Finance 등 중간지원조직이 개발한 초기 SIB 실정에 관한 보고에 따르면 SIB 모델은 서비스 개선에 성공적인 방법이 될 수 있다는 결론이다(Social Finance 2016: 23). SIB 프로젝트 대부분이 최소한 타깃 결과 일부에서 측정 가능한 개선을 달성했다. 지금까지 프로젝트 결과보다는 중간 보고가 이뤄진 상태인데 개선 결과에서 차이가 있지만 전체적으로 보면 초기임에도 불구하고 가망성을 보여주는 성공을 제시해 보여준다. 대표적인 22개 프로젝트 사례들을 공공 및 민간 자료에 근거해 살펴보면, 절대 다수 21개가 프로젝트 참여가 일부에 대해 긍정적인 결과를 내고 있다는 것이 밝혀진다.

결과 측정의 방법이 다양하지만 실험적 평가 또는 개인 참여자의 긍정적 변화의 증거(예: 홈리스 개인의 안정적인 주거 유지)가 제시되고 있다(앞글: 26). 22중 12개 프로젝트는 이미 성과지불을 완료해 프로젝트의 금융 구조에 따라 투자자나 서비스 시행기관에 지불이 이뤄졌다. 또 4개 프로젝트는 투자자 자본을 완전히 상환하였다. 목표로 설정한 결과들 일부가 달성되었는데, 학생들의 학교 등교가 늘었고 학업 성취력의 개선되었으며 가정위탁이나 국가 시설보호 대신에 가족의 가정에 머문 아동들이 늘었고, 출소한 전과자들이 안정적인 주거와 직장을 가졌다. 이 같은 결과 달성에는 세밀하게 구조화된 측정치의 기록이 이뤄진 덕분으로, 이를 바탕으로 장차의 서비스 전달에서 잘 된 것과 잘 못된 것들을 참고해 서비스 전달 시스템 개선이 이뤄질 것으로 기대된다.

SIB 프로젝트는 좋은 결과를 보장하지는 않는다. SIB 내재적인 불확실성이 있어, 수혜층에게 좋은 결과들이 실현되지 않을 수 있다. 미국 최초의 SIB인 뉴욕시의 라이커즈 아일랜드(Rikers Island) SIB의 경우가 대표적인 사례가 된다. 16~18세 청소년의 재범 발생을 감소시키는 목표로 시행되었는데 2015년 6월 프로그램 실패가 선언되었다. 대상 집단의 교도소 재수감 일수 10% 감소를 달성하지 못한 것이다. 결국 투자자들이 그간의 프로그램 비용을 전액 부담하고도 투자금 회수가 되지 않은 것이다.

2) SIB 성과 측정의 문제

먼저 SIB의 성과 측정 문제로 미국 유타주의 유아 교육 SIB 사례를 살펴볼 만하다. 유타 SIB는 주정부가 위탁기관이고 골드만 삭스와 프리츠커(Pritzker) 훼밀리 재단이 투자기관, 솔트레이크 시티의 유나이티드 웨이(United Way)가 중간지원조직으로 시행되었는데, 대상층인 3~4세 유아의 유치원 프로그램이 성공적이라는 투자기관들의 발표에 전문가들 사이에 성과 지표 측정에 관한 의문들이 제기되었다(Savedoff and Madan 2015).

프로그램이 첫 시행되었을 때 대상 유아는 110명으로 '위험군'이거나 주정부의 특수교육 서비스 대상 가능성이 있는 유아들이었다. 그런데 그중 한 명만이 특수교육 서비스를 받았고 나머지 대다수가 서비스 이용을 하지 않아 상당한 주정부 예산절감 성과가 있는 것으로 발표되었다. 프로그램은 유치원 대상층의 특수교육 서비스 필요성을 검증하는 그림어휘력검사(Peabody Picture Vocabulary Test: PPVT)를 이용하였다. 전문가들은 검사에서 70점 미만의 점수는 특수교육 서비스 대상으로 간주하며, 교육구가 부담해야 하는 비용은 일인당 3만 3185불에 달한다. 그런데 일부 전문가들은 유치원 프로그램을 이용하지 않고서도 110명 중 일부 유아들이 특수교육 서비스 대상에서 제외될 수 있다고 평가했다. 검사 점수가 70점 미만인 110명의 유아 모두가 유치원 교육 없이 특수교육 서비스 대상자가 될 것이라는 확증이 없다는 것이다. 110명의 유아들은 유치원 프로그램의 수혜를 받았는데, 이런 프로그램은 주정부가 제공하지 않았을 것이지만, 실제로는 공공자금이 아닌 민간 투자금이 투입되어 대신 임팩트에 대한 리스크 부담을 안았다. 이처럼 '성과지불' 방식의 프로그램에서는 매우 정밀한 성과지표를 필요로 한다.

3) 정부정책과 투자시장 조성

나아가 OECD 국가들의 SIB의 정책과 사례들을 분석한 결과를 참고하면, SIB는 공공부문의 서비스 혁신에 상당한 임팩트를 창출할 것으로 기대된다. 그럼에도 정부 정책과 민간 투자시장의 조성 등 생태계 구축 이슈들이 제기되어 있다. OECD는 다음과 같은 연구결과와 시사점들을 제시한다(OECD 2015c: 3). 2010년 영국에서 첫 시행된 이래 몇 년간 SIB가 사회서비스 금융지원을 위한 새로운 접근법으로 많은 주목을 받아 왔지만, 지금은 초기 형성기라 충분한 증거가 제시되어 있지 않아 성공 여부에 대한 판단은 시기상조이다. 이후 성과와 임팩트에 대한 조사와 평가가 수행될 과제로 제시되어 있다.

- SIB는 그 자체가 정책은 아니며, SII 시장의 하나의 수단일 따름이다.
- SIB의 역할은 전통적인 공공서비스 전달과 재정지원을 대체하는 것이

아니라 시민들에게 서비스 비용이 높은 분야에서 공공서비스를 보완하는 수단이다.

- SIB가 복지정책, 광범위한 정책 구도의 변화에 어떻게 적용되어 지리적, 문화적 배경에 적용될 것인지에 대한 이해가 필요하다.
- SIB와 DIB는 결과(성과)에 강한 역점을 두고 있기 때문에 개발협력과 공공정책에서 효율성, 효과성, 평가 문화를 강화시켜 줄 것으로 기대된다.
- SIB의 긍정적인 효과는 시민사회, 시민, 민간부문의 관여와 조정을 통해 '과정 혁신'(process innovation)을 증진시키는 일이라 볼 수 있다.
- SIB 도입에 앞서, 공공기관, 서비스 공급기관, 임팩트 투자자, 재단들 사이의 상호작용의 속성과 수준에 대한 분석이 중요하다. SIB의 금융 부분은 복잡하기 때문에 SIB 메커니즘에 관여하는 모든 이해관계자들의 상당한 수준의 역량구축이 뒷받침되어야 한다.
- SIB는 타깃집단이 잘 파악될 수 있고 측정 가능한 경우에, 그리고 프로젝트 투자에서 발생하는 리스크를 감당할 의지가 있는 지적 역량을 갖춘 투자자 풀(pool)이 존재할 때 가장 잘 시행될 만하다.
- SIB는 사회적 결과(성과)를 측정하기 어려운 상황에서는 적용되기 어렵다. 성과를 달성하는 데 필요한 다각적인 기여활동과 사회적 태도의 변화를 요구하는 상황, 또는 투자자가 수익을 받기 위해 장기간 기다려야 하는 상황이 될 수 있다.
- SIB가 예방적 개입에서 잘 적용될 것으로 기대하는 경향이 있지만, 이런 상황은 국가가 사회문제 해결에 장기적인 접근법으로 직접 투자해야 하는 것으로 간주될 수 있다.
- 타깃집단을 파악하는 데 유의하고 또 SIB 또는 DIB의 결과 모니터링과 측정에도 세심한 주의가 필요하다. 독립적인 엄밀한 평가가 반드시 필요

하다.

- 사회적 결과를 잘 측정하는 것이 도전이 되며, 생태계의 모든 이해관계자들이 금융적, 사회적 결과에 대한 이해와 보고에 필요한 기술을 개발해야 할 것이다.

또 SIB와 DIB는 민간시장의 역할과 공공서비스 공급 메커니즘과 관련한 심각한 문제를 제기한다(앞글: 9). 한편으로는 효율성과 결과에 대한 초점과 다른 한편으로는 사회적 민감성과 윤리, 양자를 가장 잘 결합시켜 경제 성장기뿐 아니라 경제위기와 시장실패의 상황에서도 사회서비스 공급에서의 행태적 변화를 일으키는 것이 이상적인 접근법이다.

한편 EU에서 SIB는 경제위기 이후의 정책 실패를 보완하는 중요한 대안이 되고 있지만 또 다른 형태의 '민영화'라는 비판에 직면해 있다. SIB 투자자들이 "사회문제로부터 이윤을 획득"하기 때문이며, SIB의 서비스전달기관으로 참여한 사회적 기업들이 투자자들의 이윤추구 동기에 사회적 목적 추구의 목적을 상실하는 문제들도 제기된다(OECD 2016b: 19). 그래서 수익 성과만을 추구하는 '크림 스키밍'(cream-skimming) 또는 '체리 피킹'(cherry picking) 현상이 늘고 있다는 것이다.[20]

---

20 Cream-skimming은 공공서비스의 수익성만 강조하다 보면 서비스 수요가 큰 지역, 또는 고수익을 가져올 수 있는 사업에만 쏠리는 경향을 말한다. cherry picking은 본인의 논증에 유리한 사례만 취사선택하는 행위를 말한다.

제8장

사회적 임팩트 평가와 측정

1. 사회적 임팩트 평가 방법론

사회적 임팩트 투자(SII)의 결과에 대한 평가는 SII가 사람들의 삶에 장기 지속적인 영향을 미치는 부분에 초점을 맞춘다. 그럼에도 사회적 임팩트의 측정과 평가는 여전히 발전이 뒤진 영역으로 남아 있다. OECD(2015a: 117)는 임팩트 투자 보고서에서, 시장 참여자들과 정책 당국자들에게 '무엇이 일어나고' '어떻게' 새로운 정책들과 사회혁신들이 시행되었는지에 관한 정보를 제공해주는 양질의 평가는 거의 찾아보기 어렵다고 평가한다.

1) 사회적 임팩트 평가 방법

임팩트 접근법은 각국마다 추진 배경이 달라서 다양하게 나타난다. SII가 사회적 욕구를 충족시키는 역할을 평가하고, 또 SII가 어느 범위에서 정책 인센티브로 지원될 필요가 있는지에 관한 평가 또한 중요한 이슈가 된다.

첫째 영역은 관련된 사회적 결과의 측정으로, 인구층의 욕구를 파악하기 위해, 그리고 사회적 개입의 수혜층 효과성을 파악하기 위해, 삶의 질 측정과 변화를 측정한다. 둘째는 배경 자료로, 일반적인 가계와 지역사회의 사회경제적 상황과 일반적, 특수적인 사회적 개입의 수준과 특성에 관한 자료들이 평가 모델에 대한 통제 요인 개발에 필요하다. 셋째는 시행 결정에 광범위한 정보를 제공하기 위한 정책 평가 그리고/또는 정책 혁신에 관한 평가가 필요하다(OECD 2014b).

평가는 방법론에서 확고하며 평가방법이 관련 연구자와 공식 규제기관들이 SII 시장 개발을 위해 유용되어야 한다. 모든 사회적 개입 평가들의 시의성은 사전에 기획되어 개입에 대한 사회적 수익이 기대되는 시점에 기초해야 한다. 많은 정부들은 공공서비스 공급을 측정하는 역량과 시스템을 잘 갖추고 있지 않을 수 있지만, SII는 평가 자료의 수집을 시도하는 전략적 기회를 제공해줄 수 있다. 효과적인 결과 측정과 효과적인 시장 개발 사이의 균형으로 평가가 이뤄질 필요가 있다.

실험/준실험/비실험 디자인

임팩트 평가 방법은 크게 실험적, 준실험적, 비실험적 디자인으로 구분될 수 있다. 임팩트 투자의 동향은 엄밀한 임팩트의 측정과 평가를 더욱 강하게 요구하기 때문에 비실험 → 준실험적 → 실험적 디자인으로 임팩트 평가방법이 진전되고 있다.

(a) 실험적 디자인(Experimental design)

실험적 디자인 연구는 무작위통제실험(random control trials: RCT)을 이용해 프로그램 참여자를 무작위로 두 개의 대조적 집단으로 비교한다. 치료집단(treatment group)은 프로그램 서비스를 받는 집단, 통제집단(control group)은 그렇지 않은 집단이다. 통제집단은 프로그램이나 개입이 전혀 이뤄지지 않은 상태의 반사실(counterfactual)이다. 무작위 실험으로 치료집단과 통제집단은 처음에는 배경 특성 등의 여러 요인 측면에서 동일하거나 유사한 상태에 있었지만, 서비스 전달 등의 프로그램 개입으로 두 집단 사이의 차이가 발생했는지를 검증한다(그림 8-1). 무작위 실험은 프로그램 개입 이후의 두 집단 사이의 관측된 차이가 프로그램 개입으로 발생한 것인지를 높은 수준의 통계적 유의도 수준에서 검증한다.

(b) 준실험적 디자인(Quasi-experimental design: QED)

무작위 설험이 아닌 다른 방식으로 반사실 집단, 즉 통제집단을 디자인한다. 반사실 통제집단은 프로그램 개입이 없는 집단으로, 치료집단의 관측된 변화를 통제집단과 비교해 프로그램이 참여자에 대한 임팩트를 평가한다. 그런데 두 집단들의 차이는 여러 요인들에 의해 발생된 차이가 될 수 있다는 점에서 엄밀한 실험적 디자인은 아니다. 따라서 준실험적 디자인은 실험적 디자인에 비해 임팩트 평가의 정확성이 낮을 수 있다.

(c) 비실험적 디자인(Non-experimental design)

이상의 실험적, 준실험적 디자인과 다른 디자인은 대부분 비실험적 디자인이다. 과정이나 결과 평가(process or peformance evaluatiuon), 사례연구(case study), 비용효과분석(CEA) 또는 비용효과분석(CBA), 실행가능성 연구 등이 있다.

참고로 미국의 소셜임팩트펀드(Social Impact Fund: SIF)는 전국적인 주/지자체뿐 아니라 민간기관들의 공모사업인데, 2014년 SIF는 72개의 프로그램 평가의 디자인과 시행에 5900만 달러를 투자했다. SIF 시행기관의 평가계획에는 세 가지 디자인 중에서 실험적 디자인 33%, 준실험적 디자인 47%, 비실험적 디자인 19%로 나타났다.[21]

실험적 디자인: 무작위통제실험(RCT)

임팩트 투자의 활성화로 임팩트 평가 방법으로 무작위통제실험(RCT)이 활용되면서 많은 주목을 받고 있다. RCT는 실험적 방법을 대표하는데, 실험 방법은 일반적으로 연구대상의 무작위 선택(selection), 무작위 배정(assignment)으로 동일한 실험군과 대조군을 구축하는 방식이다. 이후 실험군만을 대상으로 사업을 시행하며, 사업이 종료되고 난 후, 대조군과의 비교를 통해 성과를 측정한다(그림 8-1). RCT는 사업을 수행하는 대상지역과 (이론적으로) 동일한 대조군을 마련하여 그 변화를 측정하는 방식으로, 표본 선택 등으로 발생할 수 있는 바이어스를 무작위 추출을 통해 제거할 수 있다.

RCT는 여러 장점이 있지만 단점도 있다(이상미 2017: 6-7). 첫째는 표본을 무작위추출을 함으로써, 평가하고자 하는 사업의 영향을 왜곡시킬 수 있는 바이어스(selection bias)를 제거할 수 있다. 둘째는 사업의 성과에 영향을 줄 수 있는 요인들을 실험군과 대조군에 동등하게 나누어 분산시킬 수 있다. 셋째는 무작위 추출로 실험군을 선정하므로 의혹을 불식시키며, 비

21 http://www.nationalservice.gov/programs/social-innovation-fund/our-model

그림 8-1 RCT의 임팩트 평가 방법

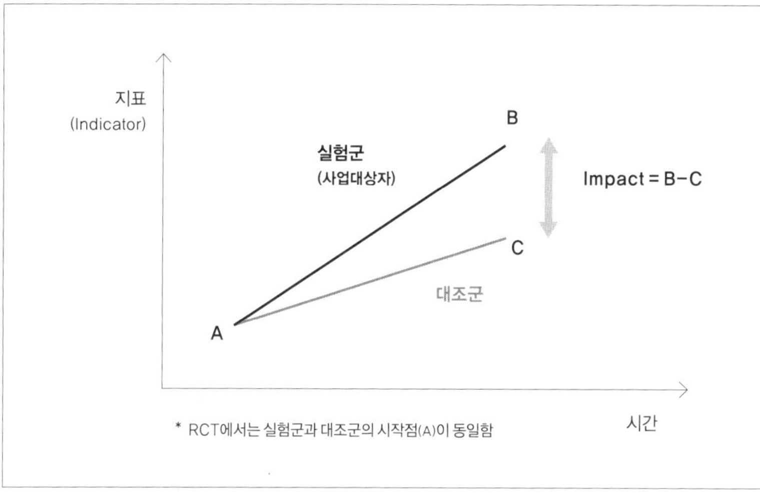

자료 이상미 2017: 5.

교군을 결정하는 데 있어 시간을 절약할 수 있다. 예를 들어 특정 지역 주민 100명의 리스트가 있고, 이 중 50명을 뽑아 실험군에 배정한다면, 나머지 50명이 자동적으로 대조군이 된다. 그럼에도 RCT는 엄밀한 평가방법이기 때문에 이에 따른 단점들도 있다. 첫째는 무작위 추출에서 시간과 비용, 노력이 많이 소요된다. 또한 윤리적인 문제가 발생할 수 있다. 또 사업초기부터 설계가 되어야 하는 문제점도 있으며, 임팩트 평가를 다수 수행하는 기관들은 사업 착수 전, 사전 테스트(pilot study)를 수행하고, 설계상에 문제 등을 세심히 점검해야 한다.

비용효과분석(CBA)와 비용효과분석(CEA)

사회임팩트투자(SII)에서 일반적인 임팩트 평가방법은 비용혜택분석(cost-benefit analysis: CBA)과 비용효과분석(cost-effectiveness analysis: CEA)이다.

CBA는 정책이나 사회적 개입의 비용을 금전적으로 측정된 혜택과 비교하는 방법이며, CEA는 정책의 목표 달성 비용을 대안적 수단들과 비교하는 방법이다(OECD 2014b). CBA에서는 1) 목표 달성의 비용에 관한 정확한 정보가 필요하며, 2) 프로그램의 혜택이 시장 재화는 아니지만 (즉 금전적 가격을 갖고 있지 않지만) 금전적 가치로 측정되어야 한다. CBA는 비용과 혜택을 같은 단위로 표시해 정책 목표가 바람직한 것인지를 제시해 보여주는 데 활용된다. 그런데 CEA는 비용과 혜택을 같은 단위로 측정하지 않기 때문에 정책 목표가 무엇이어야 하는지를 제시해주지는 않는다. 그렇기 때문에 정책 분야별로 비교 평가도 어렵다. 또 엄밀한 의미에서 정책이 복지 개선의 효과가 있는지를 의미하지는 않는다. CEA는 정책 목표를 충족시키는 데 필요한 비용을 결정하는 데 활용되어 그 비용을 다양한 대안들을 통해 비교하는 데 목적이 있는 평가방식이다.

그런데 CBA 방식은 SII에서는 몇 가지 한계가 있다. 사회적 임팩트 투자자와 투자처는 정책 목표와 다른 사회적 욕구 충족의 목표들을 갖게 되는 경우가 있다. 둘째는 투자자와 투자처는 공공정책의 평가에 적절한 가치와 일치할 수도 있지만 그렇지 않을 수도 있는 투자의 가치를 갖게 된다.

한편 SII에서 CEA 평가 방식은 다음과 같은 특징을 보여준다. 먼저 CEA는 보건 정책의 경우 금전적 혜택을 측정하기는 어렵지만 바람직한 결과(생명을 구한 사람의 수 등)을 결정하는 데는 비교적 확고한 평가를 제공해준다. CEA는 비용은 금전적으로 추산해 사회적 욕구와 관련된 (비금전적) 단위의 결과와 비교한다. 결과의 단위 당 비용 계산을 위해 비용 대비 효과의 비율이 계산되어 가장 효과적인 프로그램은 다른 프로그램보다 낮은 비용-효과성 비율을 가진 프로그램이다.

CEA 방식을 사회적 임팩트 투자에 적용시켜 보면 투자자와 투자처는 자신들의 투자가 최소의 비용으로 사회적 욕구를 충족시키는지를 알고자 할 것이고, 정책 당국은 SII의 활성화를 진흥시키는 다양한 정책 프로그램들 가운데 전통적인 국가 주도의 서비스 공급 방식보다 효율적으로 정책 목표를 달성하는 프로그램을 파악하는 데 관심의 초점을 맞춘다.

사회적 개입에 의한 사회적 결과의 개념정의는 다음 몇 가지 기준에 비추어 살펴볼 수 있다(OECD 2015a: 120).

a) 사전 정의(Predefined): SII는 그 목적이 시행전 사전에 정의되어야 한다. 그럼으로써 사회적 개입의 효과를 모든 과정과 시행 측면에서 공통된 목표의 기준으로 평가할 수 있다.

b) 측정 가능성(Measurable): 사회적 개입의 결과가 측정 가능한지, 하나의 기준만으로는 불충분하며 예상되는 사회적 결과를 명확하게 제시할 필요가 있다. 사회적 개입의 일부 측면은 측정하기 어려워, 측정불가능한 결과를 선택함으로써 미래 평가의 가치를 저하시키고 실제로 임팩트에 대한 의문을 제기하게 된다. 빈곤감소와 같은 삶의 질, 범죄발생 감소와 같은 리스크 감소, 응급서비스 이용 감소와 같은 효율성 개선 등의 결과가 금전으로 수치화 될 것인지, 시행전에 정의된 결과들은 측정 가능한 것이어야 한다.

c) 확실한 근거(Valid): 확실한 근거를 가진 결과 측정은 바람직한 결과를 대표한다. 사회적 기업이 바람직한 결과에 대한 확실한 근거가 없는 활동에 초점을 맞추게 되면 사회적 욕구에 대한 부적절한 반응이 일어나게 된다. 평가 대상이 되는 대상층의 특성에 따라 그리고 결과 측정 유형, 특히 서베이 반응에 따라, 결과 측정은 예비조사를 통해 수혜층의 성, 연령 또는 문화에 편향되지 않았다는 점을 확인할 필요가 있다.

d) 반복가능성(Repeatable): 동일한 결과 측정에 대한 복수의 평가를 수행하는 경우, 결과 또는 비용효과성을 결정하려면 결과측정은 반복가능해야 한다. 특정 기간에 걸쳐 2회 이상 복수로 정확하게 측정될 필요가 있다. 사회적 개입의 결과에 대해서는 다양한 복수의 지역에서 측정되는 것이 바람직하다.

2) 임팩트 측정 이해관계자

2013년 G8 "사회적 임팩트 투자 회담" 결과로 임팩트 투자 태스크포스가 조직되어 사회적 임팩트의 측정에 관한 연구가 진행될 수 있었다. 임팩트 측정은 투자자의 긍정적인 영향의 의도를 보여주는 것으로, 임팩트 투자에서는 핵심적인 부분이 된다. 임팩트 측정이 없이는 효과적인 임팩트 투자가 이뤄질 수 없기 때문이다.

임팩트 측정이 필요한 핵심적인 이유와 효과는 다음과 같이 요약될 수 있다(SIIT 2014c: 2). 첫째, 임팩트 투자 생태계의 모든 이해관계자들에게 진정한 가치를 보여줄 수 있고, 둘째, 임팩트 투자로 생산되는 집합적 임팩트의 규모를 증대시키는 자본의 동원이 가능하며, 셋째, 계획된 임팩트를 수행하는 데 투명성과 책무성을 제고할 수 있다.

임팩트 측정에는 세 유형의 이해관계자들이 있다. 첫째는 핵심 이해관계자로 자본의 이동에 관계되는 행위자들이다. 둘째는 측정과 자료서비스 기관으로, 핵심 이해관계자에게 직접적인 측정관련 서비스를 제공하는 전문기관이며, 마지막으로, 사회적 임팩트 생태계 이해관계자로, 임팩트 측정 영역과 관련된 이해관계자들로 구성된다(앞글: 5).

이를 다시 일곱 가지의 이해관계자들로 구분해, 이들 사이의 관련성과 상호작용 및 역할들을 살펴볼 수 있다(앞글: 6).

(1) 위탁기관(commioners)은 성과지불(pay-for-success) 구조에서 핵심 행위자로 임팩트 투자의 주도적 역할을 한다.
(2) 투자처(investee)는 사회적 기업 및 기타 임팩트 전달 비영리 기관들이다.
(3) 측정 자문가는 모니터링과 평가(M&E) 전문가, 사회 임팩트 컨설턴트이다.
(4) 자료제공자는 임팩트 자료의 공유, 집합과 분석관 관련된 서비스나 제품의 제3자 공급자이다.
(5) 검증자(Validators)는 자료의 검증을 지원하는 외부의 핵심기관 관계자이다.
(6) 투자자는 재단뿐 아니라 핵심 관계자와 서비스 공급자에게 자금을 제공하는 공공기관이 있다.
(7) 연구자와 스탠다드 설정자는 소트웨어(thoughtware)를 제공하고 현장과 시장 기준의 어젠다, 원칙, 가이드라인, 기준을 제공하는 조직과 협력기관이다. 싱크탱크, 학계 연구소, UNPRI, GRI, SASB 등의 이니셔티브도 포함될 수 있다.

3) 임팩트 가치사슬 5단계

임팩트 가치사슬

이해관계자들의 역할과 상호작용을 '임팩트 가치사슬'(impact values chain)로 재구성해, 논리 모형 5단계별로 살펴볼 수 있다. 소액대출 예시를

■ **그림 8-2** 임팩트 가치사슬 5단계

	투입 input	활동 activity	산출 output	결과 outcome	임팩트 impact
개념 정의	활동의 서비스에 투입되는 자원	목표 달성을 수행하는 행동/ 임무	수행된 활동의 결과인 즉시적 실행, 산출, 서비스	산출과 서비스의 전달로 나타나는 개인이나 환경 변화, 효과	달성된 결과로 누적되는 사회나 환경 변화, 효과
예시	임팩트 기관 (예:소액대출 기관)에 투자	수혜자 유치를 위한 임팩트 기관의 활동 (예: 캠페인)	임팩트 기관의 서비스를 이용한 수혜자 (예: 대출건수)	수혜자의 변화 (예: 대출로 수입 2배 증가)	임팩트 기관이 환경에 미치는 거시적 변화 (예: 빈곤 감소)
시각	자본의 투입 (초기 투자)	임팩트 목표 수행을 위한 활동	임팩트 자본을 통한 서비스	임팩트 자본으로 발생한 수혜자 소득	임팩트 자본이 만드는 사회적 임팩트

자료 SIIT 2014c: 6.

중심으로 정리해보면, (투입) 소액대출기관에 임팩트 투자를 하면 → (활동) 임팩트 기관(투자처)는 수혜자 유치를 위한 활동을 하고 → (산출) 임팩트 기관(소액대출기관)의 소액대출 서비스를 이용한 수혜자가 늘어나며 → (결과) 수혜자들에게 예를 들면 수입 두 배 증가라는 결과로 나타나고 → (임팩트) 임팩트 기관(소액대출기관)이 지역사회에 미치는 임팩트로 빈곤감소 성과를 얻는다.

투입, 활동, 산출, 결과, 임팩트 예시

사회적 임팩트는 투입으로부터 조직의 활동을 거쳐 산출과 결과가 생산된 이후의 최종 생산물로 볼 수 있다. 각각의 개념정의와 각 단계별 예시를 청년 실업자 고용·훈련 사례로 살펴볼 만하다.

표 8-1 사회적 임팩트 측정 5단계: 개념정의와 예시

개념정의		예시(청년실업자의 고용훈련)
투입 Input	무엇이 이용되나? 활동에 투자된 자원. 현금, 기술, 시간, 건물, 장비 등 고정 자산	기술훈련장을 지원하는 자금이 필요하며, 그 밖에 멘터들의 시간과 훈련, 훈련강사와 멘터들의 시간 (이들 중 일부는 자원봉사자).
활동 Activity	무엇이 이뤄졌나? 계획된 결과를 창출하기 위한 목적으로 투자된 자원으로 이뤄진 활동	복합적인 활동 프로그램. - 동료집단 지지를 개발하는 집단활동, - 자신감 구축과 학습 접근 개선을 위한 핵심 기술 개발, - 고용주들의 직접적인 관여로 현장 훈련과 일자리 접근 기회 제공, - 고용주 지원의 멘터링
산출 Output	어떻게 혜택이 이뤄졌나? 수혜층 활동의 결과(results)	청년실업자의 훈련 참여자수, 참여하는 고용기업에서 일자리를 갖고 일을 시작한 청년수
결과 Outcome	결과적으로 일어난 변화, 활동의 결과로 나타난 단기, 중장기적 효과(변화) 긍정적, 부정적 변화 의도된, 의도되지 않은 결과; 재화와 서비스 또는 사람(자원봉사)의 투입으로 변화된 결과	일자리를 얻어 일정 기간 유지한 개인들의 변화 (지표: 부수적인 생산성); 일자리를 유지한 개인들이 일자리와 소득에 대한 신념 등 태도의 변화(지표: 웰빙 정도); 기술 개발을 위한 역량 증대(지표: 부수적인 생산성 잠재력); 국가의 실업 급여액의 절감(지표: 일정 기간 정부 실업급여 지출 절감액). 가족과 지역사회에 대한 효과로 (예를 들면) 동생의 취업에 긍정적 영향(지표: 부수적인 생산성과 웰빙); 취업과 태도의 변화로 반사회적 행태의 감소 및 경찰 등 공공서비스 관련 감소(지표: 서비스 비용 감소); 지역사회의 절도와 도난 발생 감소.
임팩트 Impact	결과(outcomes) 중 계획된 활동으로 이뤄진 정도; 임팩트에서 제외되는 것은 활동이 없어도 일어날 수 있는 결과, 다른 기관의 활동으로 이뤄진 결과, 시간이 지나면 효과가 없어지는 결과 등.	실제로 취업을 유지하는 개인들에 미치는 성과가 장기간 지속되어 실업과 상대적 박탈감의 악순환에서 벗어나 삶의 근본적인 변화가 일어난 임팩트; 고용훈련에 참여하지 않아도 취업이 될 수 있는 청년들이 이뤄낸 결과는 임팩트 평가에서 제외.

자료 EC 2015b: 32.

4) 사회적 임팩트 측정 단계 모형

사회적 임팩트를 측정하는 임팩트 측정 단계로는 두 가지 모형을 참고해볼 수 있다. 사회적 임팩트 투자 태스크포스(SIIT)가 제시하는 기획-시행-분석-평가 모형과 EU의 공식적인 '사회적 임팩트 측정' 모형이 되는 기획-관여-방법개발-측정-보고 다섯 단계 모형을 차례로 정리해본다.

기획-시행-분석-평가 단계

임팩트 측정은 기획-시행-분석-평가 등 네 단계로 구분해, 각각의 주요 기능과 관련된 가이드라인들을 차례로 정리해볼 수 있다(SIIT 2014c: 7).

"기획(Plan)"은 투자자와 투자처가 목표로 추구하는 임팩트와 공유된 목표에 대한 진전을 측정하는 데 활용할 메커니즘에 대한 합의를 담은 활동이다. 기획에서 목표 설정이 우선 중요하며, 프레임워크 개발과 메트릭스 선택도 중요한 절차로, 〈표 7-2〉의 설명을 참고해볼 수 있다.

"실행(Do)"은 투자자와 투자처가 투자, 펀드, 포트폴리오 차원에서 자료의 수집, 공유, 보관, 검증을 하는 활동들로 자세한 가이드라인은 〈표 8-2〉의 실행방안을 참고해 볼 수 있다.

"분석(Assess)"은 투자자들이 자신 및 투자처의 임무로 생산되는 임팩트의 질, 수준, 효용성을 분석하는 활동이다. 임팩트 목표들에 비교해 투자가 이뤄지는 과정을 이해할 수 있도록 자료 분석과 평가에 초점을 맞춘다.

"평가(Review)"는 투자자와 투자처의 임팩트 측정에서 얻어진 시사점들과 이에 기초한 전략적 의사결정이 포함된다. 자료보고를 통해 핵심 이해관계자와 사업 과정을 공유하고, 임팩트 과정과 결과의 엄밀성을 강화시키는 메커니즘 파악/실행에 초점을 맞춘다.

표 8-2 임팩트 측정 4단계별 가이드라인

측정 단계	가이드라인	설명
기획 Plan	목표 설정	〈바람직한 투자의 임팩트 표출〉 전략적 기획과 정책결정의 기초를 형성하고 투자성과의 준거틀 역할을 하는 확고한 투자 근거/가치창출 이론을 설정
	프레임워크 개발 매트릭스 선택	〈투자성과 평가에 활용될 매트릭스의 결정〉 매트릭스를 통합시켜 자료의 수집과 이용을 제시하는 효과적인 임팩트 측정 프레임워크를 개발해, 기존의 표준안들에 기초한 매트릭스를 활용.
실행 Do	자료수집 저장	〈시의적절하고 조직적으로 자료의 수집과 보관〉 투자처로부터 자료의 획득과 추적에 활용되는 IT, 도구, 자원, 인적자본, 방법들이 잘 기능하는지를 확인
	자료 검증	〈자료의 질적 충분성을 담보하는 검증〉 알려진 자료원에 비교해 계산방식과 전제들을 점검해 임팩트 자료가 완벽하고 투명한지를 검증
분석 Assess	자료 분석	〈수집된 자료로부터 주안점들을 추출〉 임팩트 목표들에 비교해 투자가 이뤄지는 과정을 이해할 수 있도록 자료를 분석하고 평가
평가 Review	자료 보고	〈핵심 이해관계자와 사업 과정 공유〉 모든 이해관계자의 의사결정에 효과적인 정보를 제공하기 위해 일관성, 확실성, 신뢰가 되는 임팩트 자료의 배포
	자료기반 투자 의사결정	〈임팩트 과정과 결과의 엄밀성을 강화시키는 메커니즘 파악/실행〉 보고된 자료에 대한 이해관계자 피드백 사정, 투자근거 또는 가치창출 이론의 변화에 대한 의견 제시

자료 SIIT 2014c: 7.

EU의 '사회적 임팩트' 측정 모형

EU 단일시장법 II는 사회적 기업이 창출한 사회경제적 혜택을 측정하는 방법론을 개발하도록 규제하였다. 이에 따라, 2012년 유럽의 모든 사회적 경제에 적용되는 방법론에 합의하기 위한 조직을 구성해 2013년 말까지 사회적 기업의 사회적 임팩트를 측정하는 방법론을 개발하였다.

2014년에 사회적 임팩트 측정 방법론을 제시하는 보고서 팀은 모든 사회적 임팩트 측정은 다음 네 가지를 조사해 설명할 것을 최소한의 기준으로 제시하였다(EC 2015b: 18).

첫째는 성취한 결과 또는 성과(outcomes),
둘째는 누구를 위한 결과로 어떤 이해관계자(stakeholders)인지,
셋째는 어떻게 그 결과를 성취한 것이지,
마지막은 결과로 나타난 임팩트(impact)는 무엇인지 등이다.

EU는 사회적 임팩트 측정 5단계를 기획, 관여, 측정방법 개발, 측정과 검증, 보고와 개선으로 구분해 제시한다(앞글: 28-32)

① 제1단계: 기획(planning)

외부 이해관자들이 제안된 사업 계획을 이해하고 지원할 것인지를 결정한다. 내부적으로는 기획을 통해 (기획 단계에 효과적인 외부 관여로 가능해진) 자원을 관리하고 바람직한 결과(outcomes)를 제공할 가능성이 높은 활동에 자원을 효과적으로 활용할 수 있게 된다.

② 제2단계: 관여(engaging)

수혜를 받은 이해관계자들이 파악되고 이들에 대한 수혜의 본질이 인정되며, 동시에 이들로부터의 반응 또는 요청이 이뤄진다. 이 단계는 수혜층과 초기부터 공조함으로써 잠정적인 혜택이 있다는 인식을 갖는 것이 중요하다. 마찬가지로 내부의 이해관계자들인 임직원, 관리자, 자원봉사자 등도 제안된 사업을 학습하고 사업이 추구하는 가치에 대한 기대를 공유하는 것이 중요하다.

■ **그림 8-3** 사회적 임팩트 측정 5단계

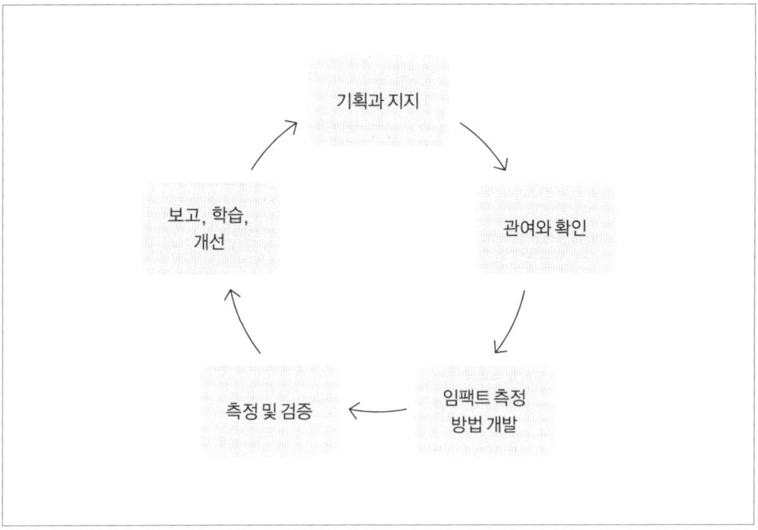

③ 제3단계: 측정방법 개발

사업 계획과 관련된 측정 방법의 개발 단계에서는 계획된 개입 활동들과 기대되는 결과와 임팩트(outcomes and impacts) 등이 측정치를 개발하기 위해 재점검될 수 있다. 측정방법의 기획뿐 아니라 측정 대상이 되는 서비스 개발의 개선 과정으로 자원 배분과 투자 결정을 위한 확고한 기초를 제공한다.

④ 제4단계: 측정과 검증

측정과 검증의 과정으로 내부와 외부의 이해관계자들이 이제는 어떤 활동으로 바람직한 결과와 임팩트를 생산할 수 있는지, 자신들의 노력에 초점을 맞추는 기회를 갖는다.

⑤ 제5단계: 보고와 개선

보고, 학습 및 개선의 과정은 잠정적인 파트너들과 서비스 이용자들에게 찾아가는 현장활동(outreach)과 내부의 서비스 제공 스탭과 관리 역량의 개선 노력들이 핵심적인 활동이다. 투자자와 기금 제공자들에 대한 결과와 임팩트 리포팅을 통해 투자자들과 기금 제공자들의 투자결정과 앞으로의 교훈을 구할 수 있도록 지원한다.

효과적인 측정이 되기 위해서는 다음 조건들이 충족될 필요가 있다(앞글: 33).

- 관련성(relevant): 측정 지표가 되는 결과(outcomes)에서 일어난 일;
- 지지적(helpful): 내부와 외부 이해관계자의 욕구를 충족시키는 일;
- 단순성(simple): 측정이 이뤄지는 과정과 측정결과의 발표에서의 단순함;
- 자연적(natural): 활동(activity)에서 결과(outcome)까지 일상적인 흐름에서 일어난 일;
- 명확성(certain): 측정의 배경부터 결과보고까지의 명확함;
- 수용성(understood and accepted) 모든 이해관계자가 받아들이는 측정.
- 투명성(transparent and well-explained): 측정의 방법과 서비스와 결과와의 관련성에 대한 투명함;
- 검증성(founded on evidence): 실험되고 검증되며 지속적인 개선의 근거를 제시함.

2. 사회적 임팩트 측정 가이드라인

SII는 임팩트 측정 방법에 관심의 초점이 집중되어 있다. 강력한 측정 방법에 기초한 임팩트 측정 결과로 임팩트 투자가 이뤄지고, 임팩트 기관들의 사회적 성과가 대상층과 지역사회에 지속가능한 임팩트로 제시된다.

국내외의 다양한 사회적 임팩트 모델의 임팩트 측정의 사례들은 많지 않은데, 2013년 G8 사회적 임팩트 회담 이후 설립된 사회적 임팩트 태스크포스(SIIT 2014d)의 '임팩트 투자 가이드라인 5가지 사례" 보고서를 아래와 같이 소개해볼 만하다.

첫 번째 사례인 Bridges는 임팩트 투자 접근법을 활용하는 전문가 펀드 메니저로 자체 개발한 임팩트 측정 방법론 개발에 상당한 자원을 투자했다. 임팩트 측정을 활용해 투자처들이 계획된 임팩트를 달성하도록 보장하고 투자의 리스크/수익 프로필에 시사점을 제시해준다.

두 번째 사례인 미국의 Social Finance US와 뉴욕주의 사회임팩트채권(SIB)은 성과지불(pay-for-success: PFS) 메커니즘으로, 프로그램이 타깃 임팩트 성과를 달성할 때만이 대가가 지불되므로 임팩트 측정이 파이낸싱 구조의 핵심을 차지한다. 모든 SIB 이해관계자들은 프로그램 성공을 평가하는 과정에 관여한다. 투자자들은 긍정적 임팩트를 과시하는 데 이해관계를 갖고 있고 위탁기관은 지불 스케줄과 프로그램의 비용절감을 결정하는 데 필요한 임팩트 자료를 요청한다.

세 번째 사례인 Investisseurs & Partenaires(I&P)는 아프리카 지역의 중소기업에 투자의 초점을 맞추는 임팩트 투자 그룹이다. I&P는 자신들의 관리 선택을 강화하기 위해 또 투자처들이 스스로 사업운영의 임팩트를 설정해 최적화 하도록 임파워먼트를 강화시키기 위한 방안으로 투자의 임팩트를 측정하는 데 투자하고 있다.

네번째 사례인 Oikocredit는 투자 협동조합(중간지원조직)으로 조합원 투자자들은 자신들이 투자한 소액대출기관(MFI)이 빈곤감소에 효과적으로 기여하는지, 투자의 임팩트 평가를 수행한다. Oikocredit의 임팩트 측정은 투자처들의 참여에 의존해, 자신들의 조합원들과 공조적으로 각자의 임팩트 측정 역량을 구축하는 데 투자한다.

마지막 사례인 One Acre Fund는 케냐에서 활동하는 비영리기관으로 자신들의 미션 수행 정도에 초점을 맞춰 임팩트 측정을 시행해, 그에 따라 자신들의 활동을 조정하는 실용적인 접근법을 채택한다.

1) 사례 1: 브릿지스 벤처스(Bridges Ventures)

Bridges Ventures는 2002년에 설립된 전문가 펀드 메니저로 투자자와 사회 전체에 최상의 수익을 주는 임팩트 투자 접근법을 활용한다. 수익을 극대화시키기 위해 Bridges는 네 개의 성과 주제를 설정해두고 있다. 그것들은 교육과 기술, 보건과 웰빙, 지속가능한 삶, 서비스 부족의 시장이다.

개요

Bridges는 임팩트 측정 접근법에서 세 가지 목표를 갖고 있다. 1) 타깃 성과(임팩트 수익)의 진전을 보장하는 것, 2) 임팩트 리스트와 수익의 수준에 대한 이해와 임팩트 성과에 따른 투자자본의 재분배, 3) 기업들과 공조해 측정 가치의 모니터링과 개선을 추진해 임팩트 리스크/수익 트레이드오프(tradeoff)를 개선하는 것이다.

Bridges의 임팩트 측정 접근법은 내부와 외부 요소들로 구성되는데, 내부 요소로는 자문기구인 Bridges IMPACT+가 임팩트 분석과 실적관리를 개선시키는 역할을 한다. Bridges의 이사회는 임팩트 측정 전문가들이 참여해 지원한다. Bridges의 임팩트 측정 접근에서 외부 요소들로는 영국과 미국의 임팩트 데이터의 유용성이 높은 환경이 조성된 점이 있다. 또 영국과 미국에는 임팩트 투자 시장이 어느정도 활성화되고 있는 생태계의 장점이 있다. 또 개도국의 투자처들이 자료의 수집, 보관, 관리에 필요한 전자기술 수단을 활용하고 있는 점도 중요한 외부요소들이다.

Bridges의 성공요인들도 복합적이다. 가장 핵심적인 것은 임팩트 측정 접근법을 개발하는 데 투자처의 운영과 측정 관례를 수용하는 데 있다. 리더십과 이사회의 의사결정에 기초한 능동적인 임팩트 측정 접근법은 임팩트 측정에서 Bridges의 성공을 보여주는 대표적인 사례가 된다. Bridges는 투자처와 함께 조직, 펀드, 투자 차원의 임팩트 목표들을 설정한다. 첫째, 네 가지 성과 주제를 설정한다. 둘째, 펀드들은 구체적인 사회적/환경적 임팩트 목표들을 달성하도록 디자인된다. 마지막으로, 투자처와 더불어 펀드의 임팩트 목표와 성과 주제들과 연관되는 임팩트 목표들을 개발한다.

목표설정

Bridges는 세 가지 유형의 펀드에 공통적으로 적용되는 네 가지 성과 주제들이 있다. 교육과 기술, 보건과 웰빙, 지속가능한 삶, 서비스 부족의 시장이 그것이다. 세 가지 유형의 펀드들은 각기 다른 임팩트 수익, 임팩트 리스크, 재정 수익 사이의 균형을 갖고 있는데, 펀드의 다양성은 개별적인 투자에 적합한 펀드를 조성하고 투자자로 하여금 자신들의 목표에 따라 투자할 수 있게 해준다. 재정적 분석을 통해 수익(긍정적 임팩트)과 리스크(임팩트 성과가 기대치에 못 미치는 경우) 양면에서 임팩트를 분석한다. 임팩트 수익/리스크는 투자 측면에서 투자 이전과 투자 기간 모두에서 분석되고 펀드 측면에서 집합되어 각 펀드의 종합적인 임팩트 리스크/수익 프로필에 대한 전반적인 이해를 갖추게 된다.

투자처가 '변화의 이론'과 유사한 '목표 설정문'을 서술해 투자처가 특정 이슈를 제시하도록 하고, 이슈에 대한 임팩트를 갖고 있다는 확신을 갖게 한다. 투자처와의 워크숍을 통해 공조적인 접근으로 임팩트 측정 목표들을 설정해 투자처의 핵심 운영과 미션을 지원하도록 하는 특징이 있다.

프레임워크 개발과 지표선택

Bridges IMPACT 레이더 프레임워크는 개별 투자별로 자료를 수집해 펀드 측면에서 통합하도록 해서, 1) 펀드가 타깃 목표들을 산출하고 있고, 2) 투자처의 비즈니스 모델과 투자자의 재정적 수익 생산 역량이 타깃 성과와 결합되며, 3) 기타 긍정적, 부정적 사회적 결과가 고려되며, 4) 펀드의 투자 성과가 부수적으로 생산되는 정도 등을 보장한다.

투자처와 공조해 임팩트 프레임워크를 개발하고 자신들의 변화의 이론에 비교해 사업의 진전을 가장 잘 평가할 수 지표들을 선택하도록 한다. 이 지표들이 투자처의 점수표가 되어 메트릭스의 양적, 질적 산출과 결과를 구성한다.

자료수집과 관리

모든 관련 자료들은 투자처의 투자 측면에서 수집되기 때문에 투자처 자료수집이 통합되면 각 펀드별로 자료수집과 관리가 이뤄진다.

자료 검증

투자처에서 수집된 자료들의 질과 완결성을 검증하는 작업이 자문기구인 IMPACT+ team이 수행한다. 검증팀은 자료의 통합성을 확인하기 위해 이해관계자와 고객 샘플링으로 검증하는 과정을 거친다. 전체 펀드의 자료검증은 제3전문기관에 정기적인 회계감사를 의뢰한다.

자료 분석

투자처가 제공하는 자료와 점수표에 따라 펀드별 자료분석을 시행한다. 점수표에는 투자처의 보고서에 의존해 임팩트 리스크와 임팩트 수익 등의 메트릭스에 개별 펀드의 실적의 그림을 보여준다. 매년 정기적으로 제출되는 투자처의 점수표에 따라 개별 투자별로 긍정적 임팩트와 부정적 임팩트 등을 재분석한다.

자료 보고

투자처는 IMPACT 점수표에 재정적 수익뿐 아니라 사회적, 환경적 임팩트를 보고하며, 임팩트 투자 중간조직인 Bridges는 연간 임팩트 보고서를 발간한다.

투자 의사결정

Bridges는 IMPACT 점수표를 이용해 투자처의 임팩트를 지속적으로 모니터링하며, 점수표들이 펀드 차원으로 수합되면 펀드 매니저들은 임팩트 수익과 리스크를 분석한다. 통합된 임팩트 자료분석으로 자본의 재분배와 투자결정을 한다. 임팩트 수익, 임팩트 리스크와 재정 수익 등의 펀드 목표들이 연간 정기적으로 모니터링되어 투자결정의 중요 자료가 된다.

2) 사례 2: 뉴욕주 사회임팩트채권(SIB)의 RCT 디자인

개요

뉴욕주는 2013년 사회임팩트채권(SIB)을 시행해 2000여 명의 고위험군 전과자를 대상으로 고용창출과 재범률 감소를 목표로 설정했다. 그럼으로써 공공안전을 개선시키고 재수감으로 인한 비용을 절감하는 이중의 성과를 사회적 임팩트 목표로 설정한 것이다. 뉴욕주는 경쟁입찰 과정을 거쳐 비영리 임팩트 파이낸스와 자문회사인 소셜 파이낸스(Social Finance Inc.)와 계약을 체결하고 프로젝트의 디자인과 관리를 위탁하였다.

Social Finance는 Bank of America, Merrill Lynch와 공조해 1350만 달러 규모의 임팩트 투자 자본금을 유치하기 위한 재산관리 플랫폼을 개설해, 40개의 민간 투자자와 재단의 투자를 유치하였다. 조성된 펀드로 비영리고용전문기관 Center for Employment Opportunities(CEO)는 2000여 명의 뉴욕시와 로체스터시의 지역사회 감독을 맡은 대상자들을 위한 증거 기반의 프로그램을 시행하였다.

SIB의 최소 성과 기준치는 전과자의 고용율을 5% 이상 늘리고, 일인당 수감일을 36.8일 낮추는 것이다. 이 같은 성과 기준으로 뉴욕주는 성과지불(pay-for-success: PFS) 계약을 체결해, 목표치가 달성되면 납세자들의 세금이 투자자들의 수익으로 지불되도록 하였다.

뉴욕주는 성과기초의 지불을 고용과 재범의 변화율에 초점을 맞춘 세 가지 결과 메트릭스를 활용하였다. 투자자에 대한 수익지불은 목표로 달성된 임팩트의 정도에 비례적인 것으로 설계되었다. 만약 최소 목표치 달성이 어렵게 되면 뉴욕주는 투자자에게 투자금을 돌려주지 않도록 계약을 맺었다. 프로젝트의 목표 달성을 측정하기 위해 무작위통제실험(randomized control trial: RCT)을 활용한 엄밀한 임팩트 평가가 시행된다.

뉴욕주의 SIB는 임팩트 투자 측정 접근법과 결과 메트릭스에서 네 가지 목표를 설정하였다: 1) 뉴욕주의 정책목표들과 CEO의 변화이론을 조율시키는 목표, 2) 프로젝트 결과 공공부문의 혜택과 비용절감이 프로젝트 결과로 제시된 데 대한 뉴욕주 정부가 이해할 수 있도록 할 것, 3) 기존의 공공부문의 자료와 자료 관리체계를 활용할 것, 4) CEO의 프로그램 기록과 기존의 성공적인 결과에 관한 증거자료의 구축 등이다.

SIB의 특성상, 뉴욕주의 SIB의 주요 이해관계자들은 임팩트 목표 설정과 임팩트 측정 방법론에 공조해야 한다. 이해관계자들 모두가 프로젝트의 성공 지표들로 활용될 세 가지 결과 메트릭스를 선택해 투자자에게 배당되는 성과기초적 지불금을 계산하도록 되어 있다. SIB의 임팩트 목표는 선과자 등 고위험군의 재수감을 줄이고 고용을 늘리는 것이며, 추가적으로 대상자의 CEO 프로그램 참여율을 중간 목표치로 설정해 프로젝트의 중간점검을 하도록 되어 있다.

프로젝트 자료는 주정부의 행정체계와 CEO로부터 수집되어 플랫폼을 이용해 보관된다. CEO와 뉴욕 주정부는 엑셀 보고서로 개인별, 집합적 운영 데이터를 프로젝트 파트너 기관들과 주간, 월간, 분기별, 특별기간으로 공유한다. 이는 프로젝트 거버넌스 구조에서 설정된 일정표에 따른다. 프로젝트의 상황 진전에 대해 투자자에게 정기적인 데이터 리포팅을 한다.

프로젝트 협력기관들은 정기적으로 운영과 프로젝트 데이터를 분석하며, 데이터는 참여자에 대한 프로젝트의 효과성을 평가하는 데 활용된다. 지속적인 데이터 리포팅으로 SIB 협력기관들과 CEO가 프로그램의 영향을 분석할 수 있도록 하며 그에 따른 의사결정을 할 수 있도록 지원한다. SIB 계약에 기초하므로, 계획된 사회적 임팩트들을 변경할 수는 없지만

CEO가 계획된 임팩트 달성이 어렵다고 판단하면 프로그램을 일부 조정할 수 있는 규정을 마련하였다.

목표설정

2012년 쿠오모(Andrew M. Cuomo) 주지사는 PFS 모델을 활용해 전과자 등 고위험군의 고용과 재수감의 감소를 공약하였다. 대상자들은 안정된 일자리를 갖게 되면 재범을 일으키지 않을 것이라는 이론적 기초에서 이중의 목표가 설정된 것이다. CEO는 자체 프로그램을 통해 이 같은 이중의 목표 달성 추적기록들을 구축하는데, 여기에는 생활기술 교육, 단기 임시직 고용, 풀타임 직업 알선, 취업후 서비스 제공 등이 포함되어 있다.

프레임워크 개발과 지표선택

뉴욕주, Social Finance, CEO 삼자는 하버드 대학의 SIB 기술지원 연구실과 Jones Day 법률사의 자문으로 공조적인 프로젝트 구조를 설계해 임팩트 측정 메트릭스를 선택하였다. 뉴욕주가 투자자에게 지불하는 수익금은 세 가지 결과 메트릭스에 기초한다. 1) 관찰기간 동안 개인당 재수감된 평균 일수, 2) 출소한 이후 4/3분기 기간의 소득금액, 3) CEO의 일자리 전환 프로그램 참여자 수(출소 이후 3년 기간). 이상의 세 가지 메트릭스가 선택된 근거는 1) 개입에 의한 변화이론에 기초하며, 2) 대상자의 삶에 의미 있는 개선을 대표하며, 3) 공공부문의 비용절감과 기타 혜택과 관련되며, 4) 기존의 주정부의 행정자료와 관리 체계와 관련되며, 5) 기존의 평가들이 제시한 성공적인 개입 방법들을 활용하기 때문이다.

자료수집과 관리

대상자 개인별 결과에 관한 자료들이 출소 직후부터 관찰기간 동안 수집된다. 데이터는 1) 뉴욕주 교정부의 행정 지표체계, 2) 뉴욕주 고용부의 분기별 실업보험 임금 데이터, 3) CEO 개입 데이터 등으로, CEO가 자료수집과 보관관리의 역할을 맡는다.

자료 검증

공공정책 연구와 평가사 Chesapeake Research Associates가 평가방법론의 시행을 검토해 결과를 검증하는 역할을 한다. 임팩트 측정이 이뤄지면, 연구소는 데이터 처리와 통계처리를 수행해, 결과 측정과 계산방식이 정확한 데이터를 사용해 합의된 평가방법을 이용했는지를 검증한다.

자료 분석

프로젝트 전과정을 통해, Social Finance, CEO, 뉴욕주는 프로젝트 시행을 감독하고 필요한 수정을 시행하기 위해 메트릭스를 정기적으로 모니터링한다. 의사결정에 정보를 제공하기 위해 CEO와 뉴욕주는 주간, 월간, 분기, 특별기간에 걸쳐 개인별, 집합 운영 보고서를 공유한다.

자료 보고

뉴욕주의 SIB는 공식적인 분기별 투자자 보고서를 제공해, 대상자의 참여 진도 상황을 보고한다. 핵심 메트릭스의 결과들은 관찰기간이 끝나야 유용하지만 투자자 보고서에는 CEO 프로그램을 통한 참여집단의 운영 자료 등이 보고된다. 2019년에 SIB 평가가 완료되면 뉴욕주는 임팩트 측정 평가 결과를 공개할 것이다.

투자 의사결정

프로젝트의 개시와 시행과정 기간에 프로젝트 협력기관들은 중간 점검을 위해 긴밀히 공조하며 프로젝트의 사회적 성과를 극대화시키는 노력을 하였다. 투자자에게는 성과관리가 결정적으로 중요하다.

3) 사례 3: Investisseurs & Partenaires

Investisseurs & Partenaires(I&P)는 2002년에 설립된 임팩트 투자 단체로 아프리카 14개국의 중소기업에 집중적으로 투자한다. I&P의 미션은 아프리카의 민간부문의 개발과 신세대 아프리카 기업가들을 육성하는 데 있다. 2013년까지 50개에 이르는 중소기업에 7000만 유로를 투자해왔다.

개요

I&P의 임팩트 투자 측정 접근법의 목표는 "투자 모니터링을 개선하고, 투자처가 지역사회에 미치는 임팩트를 평가하며, 투자자에게 성과 리포팅을 하는 것"이다. I&P의 임팩트 측정 접근은 내부와 외부 요소들로 구분되어 살펴볼 수 있다. 내부 요소들로는 투자와 경제개발의 경험을 가진 리더들이 주도하는 풍부한 임팩트 펀드이다. 외부 요소로는 투자처 회사들이 임팩트 측정 요소들의 문제들에 직면하는 아프리카 현장에서 활동하며 자료 수집으로 측정의 기초를 제공하는 것이다.

2012년 제2차 펀드(I&P Afrique Entrepreneurs: IPAE)가 시행된 이래로, I&P는 임팩트 측정 방법에 상당한 투자를 해왔다. 2002~2012년 기간에는 통일된 임팩트 측정 전략이 없는 상태에서 사업이 진행되다가 이후부터는 조직전략 차원에서 임팩트 측정 방법을 개발해 시행해 왔다.

임팩트 측정을 통해 I&P가 얻은 최대의 교훈은 "기대 이상으로 조직, 투자자 그리고 투자처에 진정한 가치를 창출했다는 점"이라 자평한다. 특히 투자처 기업들은 개선된 임팩트 측정 방식으로 자신들이 계획된 임팩트를 달성하고 있는지에 대한 시각을 갖게 되었고, 또 투자자로부터 더 많은 투자를 유치할 수 있게 되었다는 것이다.

목표설정

I&P의 미션은 아프리카의 민간부문의 개발에 기여하고 새로운 세대의 책임 있는 아프리카 기업가들을 진흥시키는 데 있다. 이 같은 목표를 달성하기 위해 ESG 정책들을 시행한다. I&P는 잠재적 투자처와 초기단계부터 임팩트 목표에 대해 협의한다. 자신들의 활동을 통해 사회적, 환경적 영향들을 어떻게 창출할 수 있는지, 임팩트 목표들 또는 변화의 이론을 설정할 수 있는지를 협의한다.

프레임워크 개발과 지표선택

I&P는 투자처와 협의해 적절한 메트릭스의 선택 등 자체 구체적인 임팩트 프레임워크를 개발하도록 지원한다. 임팩트 메트릭스는 6개의 임팩트 분야로 구성되는데, 그것들은 지역 공동체에 대한 임팩트, 지역 환경에 대한 임팩트, 타깃 수혜층의 서비스와 제품의 접근에 대한 임팩트 등이다

자료수집과 관리

임팩트 프레임워크가 설정되면 투자처들은 스스로 선택한 메트릭스에 따라 연간 기준으로 자료수집을 하며, 지속적인 관리를 한다.

자료 검증

I&P는 투자처로부터 수합된 자료들을 검증하는 몇 단계 절차를 밟는다. 첫째는 일관성 검증으로, 동일 분야/국가의 기업들과 그리고 지난 해 결과들과 비교한 자료 검증이다. 둘째는 가장 중요한 메트릭스에 초점을 맞춰 투자팀과의 검증 절차로, 내부나 외부 제3기관을 통해 임팩트 자료를 검증하는 절차는 갖고 있지 않다.

자료 분석과 보고

I&P는 자료를 수합해 연간 단위로 투자 측면과 펀드 측면에서 자료분석을 시행한다. I&P는 종합적인 "ESG와 임팩트" 보고서를 투자자에게 제시하고, 세미나를 열어 임팩트 자료에 대한 토의 기회를 갖는다.

투자 의사결정

I&P는 종합적인 "ESG와 임팩트" 보고서에 기초해 세미나를 개최해 세미나의 토의 사항들을 주요 의사결의 자료로 활용한다. 1) 투자처들이 보다 많은 임팩트를 달성할 수 있는 방법, 2) 투자처들이 임팩트 측정 접근법을 개선할 수 있는 방법, 3) I&P가 자체 전반적인 임팩트 목표를 진전시키기 위한 새로운 투자 기회들을 탐색할 수 있는 방법 등이 주요 의사결정 사안들이다.

4) 사례 4: OIKOCREDIT

Oikocredit는 네덜란드의 협동조합으로 회원들은 전세계적으로 참여하고 있다. 대부분 개도국의 사회적 경제 분야인 마이크로 파이낸스 기관(MFI), 협동조합, 공정무역, 중소기업들에 대출과 투자를 한다. 마이크로 파이낸스 부문에서는 세계 최대 규모의 민간 펀딩을 대표하는 기관 중 하나로 자산 규모가 7억 7900만 유로, 자본금 규모 5억 9500만 유로의 규모를 갖추고 있다.

개요

Oikocredit는 주로 농촌의 농업과 여성 분야에 투자하는데 70개국의 854개 사회적 경제 기관들(이 중 566개는 MFI)에 투자해 이들과 파트너십을 구축하고 있다. 이 같은 임팩트 투자를 통해 세계 2800만 인구를 수혜 대상층으로 두고 있다.

Oikocredit는 임팩트 측정 접근법에서 네 가지 목표를 설정해두고 있다. 1) 협력기관의 사회적 성과(임팩트) 측정, 2) 협력기관과 공조해 임팩트 측정과 공급 역량을 개선하는 것, 3) 재정적 수익과 사회적 수익을 바라는 Oikocredit 협동조합원들에게 정보를 제공하는 것, 4) Oikocredit 조직을 사회적 투자기관으로 정당하게 제시하는 것이다.

목표설정

Oikocredit의 미션은 취약층 인구가 크레딧 접근을 통해 역량을 갖추게 해주는 것이다. 이 같은 분명한 미션과 전략을 갖고 있지만 구체적인 '변화의 이론'을 제시하지는 않는다. 대신 투자와 파트너십을 통해 협력기관들이 Oikocredit 미션에 맞춰 스스로의 변화의 이론을 이해하도록 함으로써 수원기관의 오너십을 존중한다.

프레임워크 개발과 지표선택

Oikocredit는 임팩트 측정 프레임워크의 기초가 되는 모니터링 프로토콜로써 ESG 점수표를 개발하였다. 점수표는 협력기관의 자체 변화의 이론으로의 진전을 평가하는 도구가 된다. 점수표는 23개의 메트릭스로 구성되어 있고, 협력기관이 제출하는 21개의 지표들로 보완된다. Oikocredit는 점수표로 접수되는 자료들을 수집, 통합해 검증과 분석을 위해 자료 보관을 한다.

자료수집과 관리

최근의 자료수집 결과는 94%가 협력기관들이 제출한 자료들로 협력기관에 절대적으로 의존해 자료수집이 이뤄진다.

자료 검증

Oikocredit는 다각도로 자료 검증을 수행한다. 지역의 매니저들이 글로벌 사무실에 제출하기 전에 국가 차원의 데이터를 검증하고 글로벌 사무실에서는 검증팀이 분석에 필요한 형태로 자료 재검증을 시행한다. 이런 검증 절차를 거치면 지역별, 글로벌 차원의 사회적 성과보고서가 작성된다. 또한 Oikocredit는 제3자 전문기관의 감사를 시행한다. 2009년에는 M-Cril, 2013년에는 Planet Rating이 각기 감사를 했는데, Oikocredit의 전반적인 사회적 성과가 우수한 것으로 보고되었다.

자료 분석

글로벌, 지역별, 국별 매니저들은 다양한 보고서를 이용해 협력기관들과 더불어 자료를 분석, 해석하며 지지적/수정적 행동지침을 마련하고 시사점을 정리한다. Oikocredit는 연간 실적보고서를 작성해 협력기관들의 성과를 메트릭스 기준으로 취합해 보여준다.

자료 보고

마지막으로 Oikocredit는 자료분석에 기초한 관리 개선을 시행한다. 사회적 성과 보고서에 기초해 투자 의사결정을 하며 협력기관들과 공조적으로 임팩트 측정 방법의 개선과 임팩트 최대화 개선안을 탐구한다.

투자 의사결정

Oikocredit는 투자자와 투자처 협력기관과 긴밀히 공조하는 장점을 갖고 있다. 대부분 협력기관들이 제시한 자료들을 바탕으로 자료수집과 분석과 보고가 진행되면 이를 바탕으로 투자 결정이 이뤄진다. 협력기관들도 임팩트 측정 결과를 참고해 운영 개선안을 모색한다. 특히 Oikocredit는 협력기관의 임팩트 측정 역량 구축에 많은 시간을 투자한다.

5) 사례 5: One Acre Fund

2006년 창설된 One Acre Fund은 동아프리카 농촌 농민들을 지원하기 위해 설립된 비영리기관이다. 농민들의 농작물 수확 증대와 소득 증대에 초점을 맞춰 농사 가치사슬의 개선에 투자한다.

개요

One Acre Fund의 변화의 이론은 생산성 장애를 제거하면 농민들의 농작물 수확이 늘면서 소득도 증대해 빈곤으로부터 해방되는 궁극적인 임팩트가 창출된다는 변화의 논리에 기초한다. One Acre Fund는 그간 18만 명의 동아프리카 농민과 관계를 맺어왔다.

One Acre Fund의 비즈니스 모델은 네 개의 서로 연관된 서비스로 이뤄진다. 1) 농촌의 농민 고객들에게 농사 투입물을 제공, 2) 투입물 구매에 필요한 융통적인 파이낸싱, 3) 농업 훈련, 4) 최적의 보관방법 등 수확 이후의 지원 프로그램 등이다. 이 같은 서비스들로부터 얻어지는 임팩트 목표는 모든 One Acre Fund 제품과 서비스로부터 얻어지는 농민 일인당 연간 소득증대 수익의 135달러에 달한다.

One Acre Fund는 임팩트 측정 접근법에 세 가지 주요 목표들을 설정한다. 1) 아프리카 농민들의 빈곤탈출이라는 조직의 미션에서 평가한 진전도의 평가, 2) 프로그램 운영을 개선하고 프로그램 개발을 지속하기 위한 실행가능한 정보 파악, 3) 이 같은 접근법의 신뢰성의 확보이다.

One Acre Fund의 임팩트 측정 접근법은 여러 내부 및 외부 요소들로 형성된다. 동아프리카에서 제한된 자원으로 비영리사업을 하는 조직으로서, 실용적인 임팩트 측정 접근법을 개발한 것이다. 조직의 미션을 달성하기 위한 실용적 전략으로 일곱 가지의 핵심 결과 메트릭스를 개발해 시행하였다.

One Acre Fund는 서로 다른 투자자와 펀드기관들에 공통적으로 적용되는 측정을 제시하지는 않는다. 또 일반적으로 사용되는 임팩트 용어들이나 리포팅 프레임워크도 이용하지 않는다. One Acre Fund는 설립 이후로 사용해온 임팩트 측정 방식을 고수하는데, 그것은 농민들의 수확량과 소득의 변화에 초점을 맞춘 결과, 성과 자료를 수집하는 방식에 기초한다. 핵심 지표들로는 서비스 대상층인 농민의 수, 농민의 순소득이 되는 금액과 소득 증가율, 그리고 프로그램 지속가능성 등이다.

One Acre Fund의 임팩트 측정 접근법의 장점은 1) 현장에서의 임팩트 측정에 대한 투자, 2) 투자자, 현장 스탭, 농민들과의 긴밀하고 공개적인 관계 형성, 3) 농민들의 샘플링에 의한 인터뷰 등의 질적 조사 등이 장점으로 평가된다. One Acre Fund의 장래의 정책 우선은 "자료의 질과 임팩트를 평가하는 방법론을 개선하는 일"로 꼽는다.

목표설정

One Acre Fund는 조직 설립 이전에 그리고 투자금의 유치 이전에 이미 변화의 이론(조직의 미션)을 설정하였다. 변화의 이론은 조직 내부의 임팩트 측정의 전략으로 활용되어 목표 기준에 의한 진전도를 측정하는 과정을 거친다. 정기적으로 사회적 성과와 재정적 성과를 재평가하는 과정을 거쳐, 조직의 리더십, 국별 책임자, 이사회의 임팩트 기대치를 조정하기도 한다. One Acre Fund는 프로젝트의 긍정적 결과뿐 아니라 농약의 환경 피해, 농민들의 대출상환 능력 상실 등과 같은 잠정적인 부정적 결과들도 파악해 의사결정에 참고한다.

프레임워크 개발과 지표선택

One Acre Fund는 자신들의 성공을 세 개 분야로 구분해 평가한다. 판매, 지속가능성, 임팩트가 그것이다. 이 세 가지 진전도를 평가하기 위해 일곱 개의 지표를 사용한다.

자료수집과 관리

자료수집과 보관에서는 지역 현장 사무실에서 자료수집과 보관 업무를 담당하는 현장의 M&E 기관의 훈련과 공조적 네트워크를 구축한다. 이 과정은 다소 비용이 들지만 농민들의 자기보고 형식의 자료보다는 현장 관리팀의 활용을 더 중시하는 과정이다.

자료 검증

One Acre Fund는 농작물 수확 자료에 대해 정기적인 질적 검토와 이중의 서베이를 통해 임팩트 자료의 통합성을 검증하고 확인한다.

자료 분석

One Acre Fund는 농민 1인당 연간 수익 135달러를 설정해, 이를 기준으로 수확량 자료를 분석해 평가한다. 또 지역별 자료 비교분석, 농작물 유형별 비교 등 다양한 자료분석이 이어진다.

자료 보고

자료 보고에 대해 One Acre Fund는 조직 전반에 관한 연간 보고서를 발간해 대부분의 투자자와 농민 등 핵심 이해관계자들의 기대에 충족할 만한 내용의 자료를 보고한다.

투자 의사결정

자료분석과 의사결정 자료 활동에서는 One Acre Fund의 리더십과 이사회가 연간 임팩트 보고서를 참고해, 임팩트가 많거나 적은 부분들에 대한 검토와 조직의 비즈니스 모델을 재평가하는 의사결정을 한다. One

Acre Fund의 국별 사무소들은 분기/연간 임팩트 자료를 활용해 지방 차원에서의 임팩트 결과에 관한 논의를 진행한다.

3. 사회적 기업의 사회적 임팩트 측정

1) 사회적 기업의 이해관계자 임팩트 측정

임팩트 투자기금의 확대로 기금의 '정책 임팩트 측정'에 관한 논의가 활성화되고 있다. OECD(2015d)는 '사회적 임팩트'가 "조직에 의해 생산되는 사회적 가치와 엄밀하게 관련되어 있다"며, 사회적 임팩트의 4개 요소를 제시한다. 사회적 임팩트는 1)"특정인의 활동의 결과로 창출되는 가치", 2) "수혜자와 다른 모든 영향을 받는 사람들이 경험한 가치", 3) "긍정적 또는 부정적 효과가 포함된 임팩트", 4) "제안된 활동이 없는 상황에 대한 벤치마크에 비교되어 판단되는 임팩트" 등이다(Clifford 2014).

사회적 임팩트는 결국 주요 이해관계자에 대한 임팩트와 직접적으로 관련된다. 사회적 기업의 경우 다양한 이해관계자들이 있기 때문에, '이해관계자 접근법'을 바람직한 임팩트 측정 방법으로 제시한다. 사회적 기업 이해관계자들은 "사회적 기업 성과에 대한 각기 다른 정보 욕구와 기대를 갖고 있고, 또 책무성과 사회적 임팩트 메트릭스에 대한 서로 다른 확고한 요구를 갖고 있다"는 것이다(OECD 2015d: 6).

이해관계자 접근법(stakeholder-based approach)은 사회적 기업의 사회적 임팩트 측정에 대한 관심과 함께, 핵심 이해관계자의 정보 욕구를 충족시켜주는 측정 메트릭스를 선택할 것을 제시한다. 하나의 단일 메트릭스는 다양한 이해관계자가 기대하는 모든 임팩트를 측정할 수는 없기 때문에 사회적 임팩트 측정의 요구를 충족시켜주는 다양한 메트릭스가 필요하다(앞글: 6). 이해관계자마다 다른 목표를 갖고 있기 때문에 사회적 기업이 핵심 이해관계자들의 욕구에 호응하는 가장 적합한 메트릭스를 선택하는 결정권을 갖게 할 필요가 있다. 그럼으로써 사회적 임팩트 측정이 사회적 기업에게 또 다른 부담이 되지 않도록 할 수 있고, 핵심 이해관계자들의 욕구에 기초하는 단일의 통합적 측정결과 보고서를 생산하게 된다.

이해관계자 접근 사례로 이탈리아, 프랑스, 영국 사례를 참고해볼 만하다(앞글: 6-8). 첫째 이탈리아 사례는 노동통합 사회적 기업(WISE)으로, 공공투자기관이 사회적 기업 지원의 순비용과 순이익에 대한 이해를 요구하는 사례로, 사회적 기업 지원이 전통적인 실업지원금 등의 정책들에 비해 비용효율적인지 임팩트 측정을 할 필요가 있기 때문에, 비용효과분석

표 8-3 사회적 임팩트 측정의 이해관계자 접근 사례

이해관계자	정보욕구	방법론	사례분석
공공 투자기관	공공기금의 효율적인 분배방식에 대한 이해와 선택	비용효과 분석 cost-benefit analysis	WISEs (이탈리아)
민간 투자자	투자에 대한 수익 평가	등급 rating	Phitech (프랑스)
지역사회	사회적 기업 활동에 대한 수혜층의 서비스 만족도	사회회계 SAA	Jesmond Community Leisure (영국)

자료 OECD 2015d: 7.

(cost-benefit approach: CBA)이 적절한 이해관계자 접근법이 될 수 있다. 두 번째 프랑스 사례는 민간 투자자들이 장애인 서비스를 제공하는 사회적 기업의 사회적 성과와 임팩트뿐 아니라 자신들의 투자로 생산되는 사회적 임팩트와 재정적 수익을 측정하는 방식에 관심을 갖게 된다. 마지막 영국 사례는 사회적 기업이 운영하는 레저센터가 개인들의 건강과 웰빙을 개선하고 있는지에 관한 사회적 임팩트 측정 방법에 관심이 모아진다.

2) 노동통합형 사회적 기업(WISE)의 사회적 임팩트 측정

배경

불완전한 노동시장과 공공정책의 비효율성 때문에 일자리를 찾는 많은 불이익층이 증대하는 추세이다. 규제정책이나 쿼터제는 여러 요인들 때문에 단지 부분적인 결과만을 내고 있고, 일반 회사들은 적은 규모의 취약층만을 효과적으로 고용하는 상태에 있다. 취약층을 고용하는 회사들의 비용 부담을 줄여주는 보상적 정책들도 정부에게는 비용부담이 크고, 정부의 보호에 의한 고용은 실질적인 적합한 일자리를 제공하지 못하고 있다. 따라서 취약층에 대한 일자리 제공에 새로운 해법이 필요해 등장한 것이 사회적 기업인데, 이제 사회적 기업은 성과와 사회적 임팩트를 생산하고 있는지, 임팩트 측정방법에 초점이 맞춰지고 있다.

WISE 비용효과분석의 목표와 타깃

사례가 되는 비용효과 분석의 메트릭스는 이탈리아 트렌토 지역의 10개 사회적 기업 194명의 취약층에 적용되는데, 지방 공공고용기관과 연구기관(Euricse)이 공조해 임팩트 측정 평가를 수행하였다. 사회적 기업 분야는 환경정화, 제조업, 세탁업이다. 이탈리아 법에 의해 사회적 기업은 근로자 30% 이상을 취약층으로 고용할 것을 규제한다. 사례가 되는 취약층은 신체적, 정신적 장애가 있거나 약물이나 알코올 중독 경험자들이 많다.

연구기관 Euricse는 6년에 걸쳐 노동자의 임금, 정부보조금, 노동자 건강기록 등을 사회적 기업으로부터 제공받아 비용효과분석을 시행하였다. 비용효과분석에는 금전적 비용(사회적 기업에 대한 정부지원금)과 혜택(실업보조금 및 기타 실업 지원금)뿐 아니라 공공기관에 대한 혜택으로 사회적 기업에서 일하는 취약층이 실업상태를 벗어나 고용 경험으로 직접적인 수혜가 되는 공공 보건과 사회서비스 비용의 감소를 분석에 추가하였다.

메트릭스(Metrics)

Euricse는 노동통합 과정의 효율성 평가를 위해 비용효과분석과 웰빙 지수를 결합한 메트릭스를 활용했다. 메트릭스는 WISE를 지원하는 다양한 공공정책을 비교해, 1) 조직 차원에서의 비용과 효과, 2) 취약층 개인별 비용과 효과로 구분하는 비용효과분석을 수행하였다. 그런 다음 WISE 과정에서의 훈련을 마친 다음의 고용기회에 초점을 맞춘 통합과정의 결과를 분석했고, 취약층의 웰빙에 관한 설문조사 결과를 분석하였다.

과정(process)

비용효과분석을 시행하는 과정은 몇 단계로 구분된다. 6년의 기간에 걸쳐 다음과 같은 자료가 수집되었다. 1) WISE의 경제적, 재정적 상태, 2) 해당기간에 고용된 개인별 신상상태, 3) WISE에 고용된 취약층의 공공 복지서비스 수요의 변화, 4) 취약층의 실업상태에서 받게 되는 경제적 혜택과 장애연금 금액 등이다. 비용효과분석은 취약층의 일자리, 웰빙, 협동조합에 대한 인식을 평가하기 위해 인터뷰를 병행하였다.

결과(outcomes)

분석 결과는 단기적 결과와 장기적 결과로 구분되었는데, 단기적 결과는 노동통합 과정 첫 3년 기간의 평균 순효과로 계산되었고, 장기적 결과는 3년 후 WISE 지원이 안 되는 기간의 순효과로 WISE 기간의 훈련을 마친 다음 일반 기업에 고용된 노동자의 기여도가 된다.

메트릭스의 장점

주요 장점으로는 노동통합의 직접 재정지출을 (취약층의 WISE 고용기간 공공 복지서비스 이용 감소와 관련된) 직접 및 간접 비용감소에 비교하는 데 있다. 또 비용효과분석을 웰빙 정보에 결합시켜 공공기관의 효율성과 취약층 고용 효과성을 동시에 분석해 WISE의 사회적·경제적 영향을 제시해주는 장점이 있다. 그럼으로써 전자와 후자 사이의 trade-off 리스크를 평가할 수 있게 해주는 장점도 있다. 이 모델은 다양한 국가에, 다양한 분석적 배경과 정책들에 적용 보급될 수 있지만, 특수한 세제혜택, 지역별 WISE의 특성, 사회정책과 노동정책 요인들을 감안해야 한다.

메트릭스의 단점

메트릭스는 다양한 행위자들로부터 엄청난 양의 자료를 수집해야 분석이 가능하므로 비용이 많이 들고 시간 낭비가 될 수 있다. 공공기관과 WISE 어느 기관도 자신들의 비용과 혜택의 진전과 다른 자료원으로부터의 자료 욕구에 대한 책무성을 제고하는 공식적인 도구를 갖고 있지 않다.

비용효과분석은 너무 복잡해서 WISE 단독으로 하기보다는 연구기관이나 외부 전문기관들이 관리하기가 더 용이한 문제가 있다. 또 분석에는 WISE가 생산하는 다른 외부경제(externalities)를 고려하지 않는다. 사회자본 증대, 사회적 리스크 감소, 취약층 가족의 삶의 질 개선 등이 그것들이다.

결론

비용효과분석은 취약층의 보건의료와 복지서비스 이용 감소에 따른 공공분야의 비용절감 혜택을 중요한 영향으로 포함시키며, 취약층의 WISE 고용으로 얻어지는 순혜택이 노동통합의 효율적 해결방안임을 강조한다. 그러나 WISE의 사회적 임팩트를 평가하는 완전한 비용효과 분석이 되기 위해서는 이상의 다른 외부경제 요인들을 고려할 필요가 있다.

3) 사회적 기업의 임팩트 측정: CDI Ratings

배경

공공 및 민간 투자자들은 사회적 기업에 투자하면서 사회적 기업의 성과에 관한 세밀한 정보를 필요로 한다. 자신들의 투자로 사회적 기업이 사회적 목적을 달성하는 사회적 임팩트를 발휘하는지를 알고자 한다.

사례가 되는 레이팅 접근법(rating approach)은 CDI(Le comptoir de l'innovation)가 개발한 것으로 사회적 기업의 사회적 임팩트에 관한 자료를 제공해주는 임팩트 평가 방식이다(OECD 2015d: 10). 어느 사회적 기업이 효율적인지, 어느 분야에 펀딩이 가장 유용가치가 높은지를 보여주는 방식으로 알려져 있다. 다양한 사회적 기업들의 효율성과 성과를 비교해 영향을 측정하는데, 기본적인 전제는 사회적 기업은 재정적 수익성과 사회적 임팩트를 동시에 획득해야 한다는 점이다.

등급 접근법의 목표와 주요 타깃

CDI 레이팅은 다양한 특성을 가진 사회적 기업들과 이해관계자들에 초점을 맞춘 임팩트 측정 방식이다. 16개 분야(의료, 경제적 포용, 교육, 공정무역 등)의 사회적 기업의 법률적 실체 유형(사기업, 협회, 협동조합, 자선기관, 보건의료 상조회 등) 구분에 따라 질적, 양적인 재정적 및 비재정적 측정기준들을 선택해 분석이 진행된다. 분석 결과는 재정적, 비재정적 점수 배분으로 AAA 등급부터 D 등급까지 제시된다. 메트릭스를 활용하는 공공기관과 민간 투자자들을 위한 비교가능하고 명료한 점수분포가 제시되는 것이다. 각 투자자의 목표와 투자전략에 적용되는 기준들이 제시되어 투자과정의 일부로도 활용된다. CDI 레이팅은 기업의 사회적, 재정적 성과를 명확하게 제시해주는 특징이 있다. 투자자들에게는 동일 분야의 사회적 기업들을 비교해 효율적인 사회적 기업을 판단할 수 있는 비교자료가 제시된다.

사례: 프랑스의 Phitech

Phitech은 2003년에 프랑스 낭시에서 창설된 사기업으로, 시각과 청상 장애인들의 건물과 운송수단에 대한 접근을 개선시키는 혁신적인 해결방안을 개발해왔다. 확성기와 전화기나 리모트 컨트롤 등 개인 장비로 스크린에 디스플레이된 모든 시각적 정보를 대화 버전으로 전환시켜주는 장비 Actitam sound beacon을 개발하였다. 회사는 2013년 60만 유로의 수익을 냈는데, CDI 등급과 다른 기준을 활용한 덕분에 민간 투자자들을 유치할 수 있었다.

메트릭스

재정적 분석은 300개의 가중치를 적용한 분야별 기준에 기초해 시장 역동성과 기업 운영, 수익과 재무구조 등 모든 경제적·재정적 사항들을 고려한다. 다양한 법률적 유형의 사회적 기업(사기업, 협동조합, 협회 등)에 따라 달리 적용되는 기준들을 제시한다.

비재정적 분석은 가중치를 두는 300개의 기준들과 지표들을 활용한다. 환경적·사회적 임팩트 분석은 분야 특수적인 것으로 실적, 효율성, 관련성과 혁신 등을 측정한다. 인력자원 정책 분석은 일자리의 질, 노동조건에 초점을 맞추고 거버넌스 분석으로 마무리를 한다.

분석의 결과 사회적 기업별로 다음의 레이팅이 매겨진다.

- 재정적 모델과 300개 기준에 기초한 10개의 재정적 점수;
- 사회적 모델과 300개의 기준에 기초한 10개의 비재정적 점수.

전체 과정에 따라 사회적 기업의 비재정적 점수표(AAA, AA, A, BBB, BB, B, CCC, CC, C or D)가 재정적 점수표와 비교가능해지며, 동일 분야의 다른 사회적 기업과의 비교도 가능해지며, 사회적 기업별로 강점과 약점이 부각될 수 있다.

과정

재정적 분석의 분야는 분야에 따라 그리고 사회적 기업의 유형에 따라 결정된다. 600개의 기준 중에서 CDI는 장애 분야 사회적 기업에 적합한 기준들을 선택한다.

표 8-4 사회적 기업의 임팩트 측정: 재정적 분석과 비재정적 분석

	내용	
1. 재정적 분석	분석 분야	장애 판정기준
	시장 포지셔닝	시장점유의 진도 가격경쟁(장애인을 위한 다른 방법에 비교한 기술적 생산품/가격 비교우위)
	운영 비용	운영비용의 진도 운영비용/전체수입 구매비용
2. 비재정적 분석	해결방안의 적절성	고객욕구에 적합한 과정 개발 이용자 프로필에 가능한 적합성 접근가능한 콘텐츠 개발 제품과 서비스의 단순성과 상호성 제품이나 서비스의 가격(감당할 만한 가격)
	사회적 성과	이용자 프로필 수혜층 수 최저임금 수혜층 수 제품이나 서비스 영향으로 삶의질 개선이 된 패널그룹의 수혜층 수
	사회적 혁신	제품이나 서비스의 사회적 혁신 정도 이용자 증가 형태의 혁신

자료 OECD 2015b: 11.

메트릭스의 강점과 단점

메트릭스는 정교하며, 실용적이고 잘 조직되어 있다. 분야별 지표에 따라 자료가 수집되어 분석될 수 있으며 분석결과는 쉽게 이해할 수 있도록 제시된다. 메트릭스는 완성적인데, 그 이유는 사회적 기업의 사회적 임팩트

뿐 아니라 사회적 임팩트의 장기 지속성을 보장하기 위해 측정되어야 하는 재정적 실적도 고려하기 때문이다.

CDI 레이팅은 사회적 기업의 실적 측정해 잠재적 투자자에게 임팩트 측정 결과를 제시해주는 장점이 있다. 그럼에도 사회적 기업의 활동의 결과로 나타나는 사회에 대한 저축(비용절감 등)을 측정할 수는 없다. 대신 펀딩의 효율성을 측정하는 데 목표를 두는 재정적 방식이다.

결론

공공 및 민간 투자자들은 투자의 사회적 효율성과 자신들의 포트폴리오를 측정하기 위해 재정적·비재정적 분석에 의존해, 가장 효율적인 사회적 기업들의 성과를 비교하기를 바란다. 이에 CDI 레이팅 방식이 도입되어 투자자의 욕구를 충족시켜주지만 사회적 기업들의 활동으로 생산되는 사회적 비용절감 등의 임팩트를 측정하는 데는 한계가 있다.

4) 지역사회 기반 사회적 기업의 임팩트 측정: SAA 방법

배경

영국의 사회적 기업 사례는 지역사회 기반의 사회적으로 지역주민들에게 레저 서비스를 제공하는 목적을 갖고 있다. 레저서비스 시설은 지역주민 누구나 서비스 수혜를 받는 특성이 있기 때문에 사회적 기업의 사회적 임팩트는 서비스 이용자들의 건강과 웰빙 개선 등 서비스 만족도에 달려 있다. 또 건강과 웰빙의 개선으로 의료적 개입의 감소 효과가 발생해 영국 정부의 국립의료서비스의 비용절감 성과를 갖다줄 수 있다.

레저 서비스의 사회적 혜택은 개인 차원에서 서비스가 이용되기 때문에 측정하기 쉽지 않다. 지역사회 기반의 레저 서비스 기관들은 자신들이 지역사회 전반에 미치는 거시적인 영향에 대해서도 책무성을 갖게 된다. 레저 서비스 조직인 JCL은 재정적 회계 정보로 지역사회 임팩트 등의 사회적 정보를 구할 수 없는 문제를 개선해, 사회적 회계 방식을 활용한 자체 사회적 리포팅 시스템을 구축하였다.

SAA(Social Accounting and Audit)는 사회적 기업들이 생산하는 사회적 변화를 입증하고 개선하고 책무성을 갖도록 지원하는 유용한 프레임워크이다. 사회적 회계를 이용한 사회적 리포팅의 개발 과정은 조직의 기획과 활동의 관리, 성과의 제시를 지원하는 과정이다. 조직 차원에서는 조직이 기존의 기록과 리포팅 시스템을 활용해 사회적·환경적·경제적 성과와 임팩트에 관한 종합적인 개요를 개발할 수 있도록 지원하는 논리적이고 융통적인 프레임워크를 제시한다. 장래의 행동 기획, 상과 개선, 조직의 이해관계자 모두에 대한 책무성 구축에 필수적인 정보를 제공해준다.

지역사회 기반의 사회적 기업을 위한 SAA의 목표와 주요 타깃

JCL 목표는 지역사회 구성원 모두의 건강, 행복, 사회복지의 개선을 위해 양질의 접근가능한 지역사회 시설을 제공하는 데 있다. 시민들과 소외층의 스포츠와 레저 참여를 증대시켜, 지역사회 구성원 모두의 삶의 질 개선을 위해 스포츠와 레저 활동의 파워에 대한 신념이 미션이 되고 있다.

사회적 회계로부터 혜택을 받는 주요 이해관계자는 지역사회 이용자들이다. 사회적 회계 과정은 시설을 이용함으로써 건강과 웰빙을 개선할 수 있다는 방식에 대한 이해를 제공해준다. 사회적 회계 과정에는 직원들과 자원봉사자들이 주요 이해관계자로 참여한다.

사례: 영국의 JCL

JCL은 지역사회 구성원 모두를 위한 스포츠와 레저 서비스 활동을 제공하는 우수 사회적 기업으로 수상하기도 했다. 1991년에 지방정부의 예산삭감으로 일시 폐쇄되었다가 1992년 자선기관의 지원을 받은 사회적 기업으로 재개되면서 두 개의 피트니스 공간, 다목적 댄스 무대, 마사지와 치료실 사우나 등의 시설을 갖추고 있다. 또 시설 밖에서는 육상클럽, 노인요양원의 헬스활동 등이 있다.

메트릭스

JCL은 사회감사네트워크(social audit network) 프레임워크를 활용해 사회적 임팩트 측정을 시행하였다. 이를 동시에 조직의 관리와 효과성 개선에도 활용하였다. 어느 조직에서나 사회적 회계 방식을 활용할 수 있다. JCL은 2004년부터 사회적 회계 방식을 활용해 조직의 정보체계의 통합적 요소 역할을 한다. 사회적 회계는 이해관계자들에게 시설의 가치와 혜택에 대한 기록과 이해의 방식을 제시하며 동시에 이해관계자 경험을 개선할 수 있는 분야를 확인할 수 있는 장점이 있다. JCL은 조직의 목표와 가치를 확인하고 이해관계자 지도로 사회적 회계를 시행하고 이해관계자 컨설팅과 자료수집방법 개선, 사회적 회계 계획의 시행 그리고 사회적 회계의 작성, 평가 및 출판에 이르는 복합적 단계 과정을 개발하였다.

과정

단계별 과정의 핵심 원칙들은 목표와 범위의 명료화, 이해관계자의 민주적 참여, 비교, 투명성 제고, 회계의 검증 등이다. 각 부분들은 활동, 결과, 지표, 벤치마킹 지표에 따라 구체적인 이해관계자 정보를 제시한다. JCL은 조직의 목적에 적합한 지표들을 선택해 관련 자료수집을 진행한다.

강점과 약점

JCL은 지난 수년간의 SAA 방식으로 이해관계자 욕구에 초점을 맞춰 사회적 임팩트 평가를 시행할 수 있었다. 이제는 조직의 내부 주요 특성이 되면서 중요한 관리 정보를 제공해준다. 사회적 회계 시스템은 비용과 시간 양면에서 자원의 중요성을 보여준다. 사회적 회계 생산과정을 통한 이해관계자와의 정례적인 컨설팅으로 JCL은 이해관계자와 지역사회 호응성과 민주성을 제고할 수 있게 되었다. 이해관계자와의 소통은 조직의 임팩트에 대한 이해 측면에서 핵심이 되며 조직의 변화와 혁신을 지원한다.

사회적 임팩트를 측정하는 사회적 회계방식의 약점은 자료수집의 한계에서 찾아볼 수 있다. JCL은 개인 차원의 성과를 제시하는 데 일부 부분적인 정보만을 제시한다. 또 특정 개입활동을 생산되는 결과와 임팩트가 특정 프로젝트의 시행만으로 이뤄진 것으로 평가할 수 없는 문제가 있다. 예를 들면 특정 레저활동에 참여한 개인이 건강과 웰빙의 개선 효과를 얻을 수 있는데, 이런 변화는 다른 요인에 기인한 것으로도 볼 수 있는 것이다.

결론

JCL의 사회적 회계 과정은 8년 기간의 운영과 전략적 과정들에 내포되어 있는 중요한 임팩트 측정 방식이다. 사회적 회계에 제시된 정보들은 JCL의 활동을 개선시키고 활동의 현황을 입증하는 중요한 자료로, 이해관계자들에게 분명하게 정기적으로 임팩트 리포팅을 하는 장점을 갖고 있다. 그럼에도 JCL은 지역사회의 레저 서비스 욕구 충족과 지역사회 고용의 진흥이라는 목표를 달성하기 위해 성공적인 비즈니스를 수행할 필요가 있다.

5) 한국 사회적 기업의 비용효과분석(CBA)

비용효과 성과분석

사회적 기업 성과란 취약층의 고용창출 및 사회서비스 제공, 경제활동을 통한 수익창출 등으로 설정하고, 이런 조직의 목표나 목적이 실제로 어느 정도 성취되었는지를 평가함으로써 사회적 기업의 성과를 파악하는 데 목적이 있다.

서울형 사회적 기업의 성과에 초점을 맞춘 연구는 CBA 평가 방식으로 채택하는데, 프로젝트에서 장기적으로 발생하는 편익과 투입되는 단기적인 비용 사이를 비교해, 사업의 타당성을 평가하는 데 적절한 방법이라 설명한다(문철우 2013: 16). 비용대비 편익효과 분석으로 경제적 성과를 측정하는 방법을 변형시켜, 투입 대비 산출의 비율로 효과를 분석해 사회적 기업의 사회적 성과를 측정한다.

사회적 기업의 성과지수는 사회적 성과지수와 경제적 성과지수로 구분된다. 먼저 사회적 성과의 최솟값 분석으로, 유효한 표본 99개 중 사회적 성과 최솟값이 1보다 큰 48개 사회적 기업은 투입된 자원보다 사회적 기업이 창출한 사회적 가치가 큰 것으로 나타나 목적에 부합하는 성과를 낸 것으로 평가되었다. 다음의 사회적 성과의 최댓값 분석에서는 유효한 표본 99개 중 9개 사회적 기업에서는 사회적 성과 최댓값 1보다 작은 것으로 조사되어, 사회적 기업이 창출한 가치를 가장 크게 측정한 경우에도 창출된 성과가 투입된 자원에 미치지 못하는 사회적 기업이 전체 표본의 10% 정도를 차지한 것으로 나타났다(앞글: 17).

사회적 기업의 사업성과를 평가하기 위해 유효한 표본 81중 49개(60.5%)는 전반적으로 기업 경영을 통해 이익을 창출하고 있어 사회적 기업의 자생력을 확보한 성과를 보여준 반면에, 나머지 31개(38%) 사회적 기업은 이익창출이 없어 정부의 지원금 없이는 지속적인 기업경영을 유지하기 어려운 것으로 분석되었다.

따라서 사회적 성과가 높지만 경영 등 자생력이 취약한 사회적 기업에 대해서는 독립적인 경영이 정상 궤도에 오를 때까지 정부의 인건비 등의 지원이 필요하다는 시사점을 참고할 수 있다. 또 우수한 성과를 내는 사회적 기업에게는 공공구매의 기회를 확장시켜 자생력을 높이도록 지원하는 것이 바람직하다고 지적한다.

사회적 기업의 성과 평가

한편 전국 차원의 사회적 기업의 성과평가 결과에 대해 간략하게 정리해본다. 사회적 기업에 대한 전국 차원의 임팩트 측정이 부재한 가운데, 대신 한국노동연구원의 "2012 사회적 기업 성과분석" 연구를 참고해볼 수 있다. 연구에 따르면, 2012년까지 한국의 사회적 기업은 811개 인증 기업 중 55개(6.8%)만이 인증이 취소되었고, 대부분이 기업경영을 하고 있다. 이는 영세사업자 평균 생존율이 24%에 비교하면 높은 생존율로 평가된다. 사회적 기업들이 노동생산성이 낮은 취약층들을 많이 고용하고 있음에도 정부와 기업 등의 다양한 지원제도의 수혜로 생존율을 높이고 있는 것으로 보여진다(한국노동연구원 2013: 241).

특히 취약층에 일자리를 제공하는 사회적 기업들(61%)이 사회서비스 제공 사회적 기업(7%)보다 훨씬 많은 것이 한국형 사회적 기업의 특징인데, 최근에는 기업당 고용자 수가 점차 감소하고 있는 것은 심각한 문제로 제기된다(앞글: 242-3). 경제적 성과는 점차 개선되는 긍정적인 성과를 보여준다. 평균 매출액이 늘고 있고, 평균 영업 손실은 줄고 있으며, 노동생산성이 상승한다는 평가를 주목해볼 만하다(앞글: 244). 그럼에도 영업 이익을 내지 못하는 기업들이 다수를 차지하고, 일자리 제공형에서도 영업 손실이 늘고 있는 부정적인 성과가 나타난다.

6) 국내외 민간기관의 사회적 임팩트 프로그램 사례 비교

끝으로 민간부문의 비영리기관과 재단들의 사업에서 사회적 임팩트 관련 국내외 프로그램 사례들을 비교분석으로 살펴볼 만하다. 국내에는 아직 본격적인 사회적 임팩트 프로그램 시행이 추진되고 있지 않지만, 아래의 국내의 사업추진 사례를 국외의 선도적인 기관들의 사례들과 비교해 사회적 임팩트 사업의 당위성과 과제를 제시해볼 수 있다.

국내의 사회적 임팩트 사업 사례

먼저 비영리기관인 월드비전, 어린이재단, 굿네이버스, 기아대책, 세이브더칠드런 등 5개 기관의 아동/청소년 사업을 분석해 본 결과는 다음과 같다(양후영 외 2014: 169). 첫째, 기관마다 독특한 아동청소년 사업들이 있지만 사업들 대부분이 기관 중심의 분절화되어 있으며, 장기적인 사회적 임팩트를 추구하기보다는 단편적인 문제 해결에 초점을 둔 사업이 주를 이루었다. 따라서 사업결과 또는 사회적 임팩트에 대한 평가 방식은 주로 산출평가이며, 성과평가는 찾아보기 어렵다. 또한 외국 기관들과는 달리 증거기반(evidence-based) 실천 모델을 개발하는 사업에 대한 지원이 두드러지지는 않았다.

한편 사업 내용과 운영 방식에서도 다음과 같은 특징들이 부각된다

(앞글: 169). 첫째, 주요 사업 내용으로는 아동보호전문기관 운영, 지역아동센터 운영, 아동쉼터·그룹홈 운영 등을 통한 아동 보호 사업이 많은데, 기본적으로 기관마다 뚜렷한 특색이나 방향성의 차이는 거의 찾아볼 수 없다. 둘째, 사업들은 대부분 예방적이기 보다는 사후적인 개입에 초점을 맞춘 사업이다. 예방적인 사업은 일부 기관에서 실시하는 아동권리옹호 사업이 대부분이며, 이 사업을 통해 학교폭력, 성폭력 및 아동학대 예방교육 프로그램을 실시하고 있다. 셋째, 지원방식에서는 산하기관을 위탁 운영하여 기관을 지원하는 방식이 가장 큰 비중을 차지한다. 아동복지시설, 종합사회복지관, 지역아동센터, 아동보호전문기관, 영유아 및 아동 보육시설 운영 등을 산하기관으로 하여, 여기에 대부분의 예산을 투입하고 있다. 또 프로그램 참여 대상자는 기관에서 직접 모집해 이들을 대상으로 프로그램을 진행하거나 직접 생계비 등을 지원하는 방식으로 이루어지고 있다.

한편 기업재단과 기업 사회공헌 사업에서는 다음과 같은 특징이 제시되었다(앞글: 170). 삼성, 현대, LG, CJ, SK 등 기업재단 및 계열사의 사회공헌 활동을 살펴본 결과, 이들은 사업 공모를 통해 매년 사회복지 사업이나 프로그램을 선정해 지원하는 공통적인 특징이 있다. 선정된 사업들은 기관 중심의 단기 프로그램 지원이 대부분이며, 이 또한 분절적이고 단편적인 지원이 갖는 근본적인 한계를 지니고 있다. 사회적 임팩트 관련 지원방식으로는 삼성사회공헌단의 드림클래스 사업과 SK의 행복나눔재단의 사업 정도에 불과하다. 삼성사회공헌단의 경우 영유아기부터 대학생에 이르기까지 생애주기에 맞춰 다양한 프로그램들을 구성해 사업을 시행하면서 사업 평가에서는 산출뿐 아니라 성과까지 포함시켜서 평가를 하는 특징이 다른 재단 사업들과는 다른 차별성이다. 드림클래스의 주요 사업 성과로 참여 중학생들의 우수 고등학교 진학률을 성과로 잡고 있다. 또 SK 행복나눔재단 사업의 경우, 사회적 기업의 발굴, 육성, 및 투자를 목표로 한다. 인재 양성과 사회적 기업가 역량 강화를 위해 KAIST와 사회적 기업 MBA를 운영하며, 관련 학술 연구협력, 사회적 기업 창업에 특화된 커리큘럼 구축 등의 관련 영역에 대한 학술적 지원이 이루어지고 있다. 또한 사회적 기업 성장단계에 따른 '발굴-육성-투자' 플랫폼 구축, 창업지원을 위한 인큐베이팅센터 운영, 전문가들의 노하우 전수 등 다양한 지원도 이루어지고 있다. 특히 사회적 기업이 성장할 수 있는 사회적 기반을 마련하기 위한 임팩트 투자 사업들도 함께 진행하고 있다. 행복나눔재단은 국내에서는 최초로 작은 규모의 임팩트 투자 공모사업을 선도하고 있다.

해외 선도적 재단과의 비교분석

이상과 같이 국내의 사회적 임팩트 사업은 거의 시작도 되지 않은 미개척 단계에 있다. 국외의 주요기관 중 케이시 재단, 빌 게이츠 재단, 맥아더 재단, 옥스팜, 유나이티드 웨이의 사업 내용과 지원 및 평가 방식을 비교한 연구의 결과는 다음과 같다(앞글: 171-2). 먼저 해외 기관들의 가장 주요한 특징은 대부분의 사업들이 아동을 둘러싼 환경의 개선, 특히 가족 및 지역사회의 역량을 강화함으로써 사업의 궁극적인 목표인 사회적 임팩트를 달성하고자 한다는 점이다. 즉 아동의 바람직한 성장·발달 등에 대한 장기적인 성과의 달성은 아동에 대한 직접적인 개입보다는 아동이 살아가는 가족, 학교, 지역사회의 변화를 통한 긍정적인 성과 달성을 지향하고 있다.

둘째, 국외 기관들은 인구집단 수준에서 사회적 임팩트를 달성하기 위해서 10년 이상의 장기적인 대규모 사업 모델을 전략적으로 계획하고 실행하고 있다. 장기적인 접근법은 변화이론 모델에 바탕을 두고 단계적인 프로그램 시행을 제시한다. 국외 기관들은 집단적 임팩트(collective impact)를 달성하기 위하여 같은 지역사회 내에 있는 다양한 영역의 여러 기관들이 참여하는 지역기반의 사업 방식을 지향하고 있다. 특정 도시 및 지역사회를 우선순위 사업지역으로 선정해, 지역사회 내에 존재하는 여러 사회문제를 여러 기관들과의 공조적 파트너십으로 동시다발적으로 개선하는 복합적인 사업을 추진하고 있다.

셋째, 해외 기관들은 2세대적인 접근 방식(two-generation approach) 혹은 가족 역량강화 프로그램 등을 통해 가족의 기능을 강화하고 효율적인 예방, 치료, 교정 중심의 아동·청소년 사업을 진행하고 있다. 부모의 고용을 통한 경제적 안정성 확보와 부모의 아동 관련 지식·기술 향상 등 가족기능 강화에 적극적으로 노력하고 있다. 그러나 이러한 2세대 접근을 체계적으로 진행하는 국내 사업은 거의 없다.

넷째, 해외 기관들은 아동·청소년 사업의 임팩트를 평가할 수 있는 평가지표 개발 및 데이터 구축과 관련된 연구사업을 적극적으로 수행해, 연구 결과를 토대로 인구집단 수준의 임팩트를 지속적으로 추적하고 있다.

마지막으로, 해외기관들은 재단의 기금조성 및 재단 사업의 사회적 임팩트 향상을 위한 수단으로 기금 투자(endowment investment) 방식을 활용하고 있다. 이들은 기존의 증여 배분사업과는 달리 프로그램 관련 투자(Program Related Investments) 및 미션 관련 투자(Mission-related investments)의 형태로 지원하는 사업들이 있으며, 이러한 사업들은 투자한 자금을 회수하거나 투자한 자금을 이용하여 추가 자금을 유치하는 레버리지를 중요한 사업성과 가운데 하나로 꼽고 있다.

이상을 분석한 연구진은 국내 모금기관을 대표하는 사회복지공동모금회에 대해서도 사회적 임팩트 사업 활성화 방안을 제시한다(앞글: 171-2). 먼저 해외의 사회적 임팩트 사업 방식을 활용한다면, 처음에 배분을 통해 지원하던 사업이 기업의 지정기탁이나 다른 재단을 통해 더 많은 지원을 받았을 때 이러한 레버리지 효과로 사업성과 달성도를 향상할 수 있다는 것이다. 따라서 사회복지공동모금회가 사회적 임팩트 달성을 위한 지원사업으로 변화를 추구하기 위해서는 먼저 달성하고자 하는 명확한 산출과 성과를 제시하여야 하며, 이를 토대로 한 변화이론을 구상해 중장기적으로 사업을 추진하는 전략수립이 선행되어야 한다. 장기적인 사회적 임팩트를 달성하기 위한 사업을 위해서는 실제 사업에 적용가능한 적절한 평가방법을 자체적으로 개발해야 하며, 증거기반 실천이 이루어질 수 있는 연구사업의 활성화도 고려할 필요가 있다.

소결론: 한국의 사회적 임팩트

사회적 임팩트를 진흥하는 한국의 생태계 환경은 매우 열악한 상태이다. 민간기관들의 선도적인 역할이 중요하지만 OECD와 G7에서는 정부의 정책시행 역할을 가장 중요한 것으로 제시하고 있듯이 사회적 임팩트의 중요성에 대한 정부의 인식과 정책추진이 우선 뒷받침되어야 한다. 사회적 임팩트는 글로벌 패러다임으로 진행 중이며, 사회적 임팩트 시행이 가장 필요하며 또 가장 잘 추진되는 영역은 소셜 영역을 대표하는 사회적 경제로, 향후 한국 사회적 경제의 사회적 임팩트 창출 효과성을 주목해볼 만하다.

사회적 임팩트는 국가, 시장, 시민사회 차원에서 공조와 파트너십으로 중장기에 걸친 사회적 임팩트 생태계 조성으로 정책과 프로그램으로 실천될 수 있다. 국내의 비영리기관들과 재단들은 선도적인 해외기관들의 사회적 임팩트 사업과 프로그램을 벤치마킹해 사업방식의 혁신적인 전환을 모색해야 할 것이다. 기업과 기업재단뿐 아니라 일반 투자기관들 또한 사회혁신과 임팩트 시대의 요청에 부응하는 임팩트 투자에 동참하는 변화에 동참하는 기회를 마련해야 한다. 중앙과 지방의 정부기관들도 예산과 행정 전반에 걸쳐 '증거기반의 정책결정'과 SIB 등의 성과지불제의 시행으로 공공정책과 공공서비스의 사회적 임팩트 창출에 선도적인 역할을 수행할 수 있다.

참고 문헌

고용노동부, 2015. "사회적 기업, 사회적, 경제적 성과 향상."

구정혜, 2017. "비영리단체 돌봄사업의 가능성과 한계: YWCA 돌봄사업구조 변화 과정을 중심으로." 한양대 공공정책대학원 석사학위논문.

문철우, 2013. "사회적 경제 사회적 가치 측정지표 개발 연구 최종보고." 한국사회적 기업진흥원

양후영 외, 2014. "사회적 임팩트 향상을 위한 배분 분야별 연구: 아동 · 청소년." 사회복지공동모금회 나눔연구소.

이상미, 2017. "영향평가(Impact Evaluation) 방법론 및 사례: RCT(무작위대조군연구) 및 DID(이중차감법)을 중심으로." 개발과 이슈 28호. KOICA.

주성수, 2003a. 『기업시민정신과 NGO』. 도서출판 아르케.

______, 2003b. 『공공정책 거버넌스』. 한양대 출판부.

______, 2010. 『사회적 경제 : 이론, 제도, 정책』. 한양대 출판부.

주성수, 김성현, 2014a. "글로벌 CSR 현황과 발전방안" KOICA.

______, 2014b. "글로벌 CSR 사례집." KOICA.

주성수, 남영숙, 김성규, 2016. "사회적 경제 접근법을 활용한 민간협력 추진전략." KOICA.

한국노동연구원, 2013. "2012 사회적 기업 성과분석." 한국사회적 기업진흥원.

한국사회적 기업진흥원, 2015. "2014 사회적 기업 개요집."

______, 2015. 『따뜻한 혁신 알찬경영 사회적 기업 16.』.

______, 2016. "2015 사회적 기업 개요집."

행복나눔재단, 2016. "2015 Impact Investing."

SK 동반성장위원회, 2014. 『행복한 동행』. 이야기가 있는 집.

Aiken, M. 2007. "What is the role of social enterprise in finding, creating and maintaining employment for disadvantaged groups?"Cabinet Office, Alexander, J., Nank, R., Stivers, C. 1999. "Implications of Welfare Reform: Do Nonprofit Survival Strategies Threaten Civil Society?" Nonprofit and Voluntary Sector Quarterly, 28/4, pp.452-475

Amin, A. 2009. "Extraordinarily ordinary: working in the social economy", Social Enterprise Journal 5/1, pp.30-49.

_____, 2010. The Social Economy: International Perspectives on Economic Solidarity. London: Zed Press.

Amoyat, S. et al. 2012. "Public Policy for the Social Economy: Building a People-Centred Economy in Canada." In Downing, R. ed., Canadian public policy and the social economy. University of Victoria, Canada.

Ashley, C. 2009. "Harnessing core business for development impact: evolving ideas and issues for action." ODI Background Note. London: Overseas Development Institute.

Austin. M. 2003. "The Changing Relationship Between Nonprofit Organizations and Public Social Service Agencies in the Era of Welfare Reform." Nonprofit and Voluntary Sector Quarterly, 32/1, pp.97-114.

Ben-Ner, A. 1986. Non-profit organizations: Why do they exist in market economies? S. Rose-Ackerman (Ed.), The Economics of Nonprofit Institutions. Oxford: Oxford University Press.

Berlin, G. 2016. "Learn from Experience : A Guide to Social Impact Bond Investing."MDRC.

Birchall, J. and Ketilson. L. 2009. "Resilience of the Cooperative Business Model in Times of Crisis." ILO.

Bishop, M. and Green, M. 2008. Philanthrocapitalism. How Giving Can Save the World. Bloomsbury. New York.

Borstein, D., 2004. How to Change the World: Social Entrepreneurs and the Power of New Ideas. Oxford: Oxford University Press.

Bridges Ventures, 2015a. "Better Outcomes, Better Value: The evolution of social impact bonds in the UK."

_____, 2015b. "Bridges Spectrum of Capital."

British Council, 2014. "What will Social Enterprise look like in Europe by 2020"

Canada National Advisory Board, 2014. "Mobilizing Private Capital for Public Good: Priorities for Canada."

Carroll, A., 1979. "A three-dimensional conceptual model of corporate performance". The Academy of Management Review, 4/4, pp.497-505.

_____, 1991. "The pyramid of corporate social responsibility: toward the moral

management of organizational stakeholders." Business Horizons, pp.39-48.
_____, 2006. "Corporate social responsibility: a historical perspective. In The Accountable Corporation, Marc J. Epstein and Kirk O. Hanson, eds. Westport, C.T.: Praeger Publisher. pp.3-30.
CCA, DIDI, 2012. "Canadian Co-operatives in International Development."
Clifford, J. 2014. "Impact Evaluation by Social Enterprises: Measuring the un-measurable?", OECD LEED forum on partnerships and local development.
CNCS(Corporation for National and Community Service). 2016. "2015 State of Social Innovation Fund."
Deacon, B. 2000. "Globalization and Social Policy: The Threat to Equitable Welfare." UNRISD Occasional Paper 5.
Dees, J. and Economy, P. 2001. "Social Entrepreneurship" Dees, Emerson, and Economy eds., Enterprising Nonprofits. New York: John Wiley & Sons.
Defourny, J. and P. Delveterre. 1999. "The Social Economy: The worldwide making of a third sector," Centre d'Economie Sociale, Liege.
Defourny, J. and M. Nyssens. 2008. "Social Enterprise in Europe: recent trends and developments", Social Enterprise Journal, 4/3, pp.202-228.
Deloitte, 2015. "Driving Corporate Growth through Social Impact."
_____, 2016. "In pursuit of impact : Mission-led businesses."
DFID, 2015a. "The Impact Programme Annual Report 2014."
_____, 2015b. "DFID's Evaluation Framework for Payment by Results."
Duke University Fuqua School of Business, 2014. "Fundraising for Global Health Social Enterprises."
Elkington, J. and Hartigan, P. 2008. The Power of Unresonable People. Cambridge: Harvard Business Press.
Emerson, J. Fruchterman, J. and Freundlich, T. 2007. "Nothing Ventured, Nothing Gained: Addressing Critical Gaps in Risk-Taking Expansion Capital for Social Enterprise."
EPSI, 2016. "Co-creating Public Policies or Ways to Bring Citizens into the Process."
European Commission(EC), 2001a. "Social Economy on the European Agenda."
_____, 2001b. "Social Economy(Cooperatives, mutuals, associations, foundations)."
_____, 2011. "Buying Social : A Guide to Taking Account of Social Considerations in Public Procurement."
_____, 2013. "Social economy and social entrepreneurship."
_____, 2014a . "Proposed Approaches to Social Impact Measurement in the European Commission legislation and practice."
_____, 2014b. "Social Innovation : A Decade of Changes."
_____, 2015a. "A Map of Social Enterprises and their Eco-systems in Europe."

______, 2015b. "Proposed Approaches to Social Impact Measurement."
______, 2016a. "A Recipe Book for Social Finance."
______, 2016b. "The Social Business Initiative."
European Parliament, 2016. "Social Economy : Economic and Scienctific Policy."
Evans, M. and S. Syrett. 2007. "Generating social capital? The social economy and local economic development", European and Urban Regional Studies 14/1, pp. 55-74.
Evers, A. 1995. "Part of the welfare mix: The third sector as an intermediate area." Voluntas, 6/2, 159-182.
EVPA, 2015. "A Practical Guide to Adding Value through Non-Financial Support."
______, 2016a. "A Practical Guide to Venture Philanthropy and Social Impact Investment."
______, 2016b. "Impact Measurement in Practice : In-Depth Case Studies."
France National Advisory Board on Impact Investing, 2015. "The Hows and Whys of Social Impact Investing: Financial innovation driving social innovation."
German National Advisory Board, 2015. "Social Impact Investing : Financing Social Change."
GIIN(Global Impact Investment Network), 2016. "Annual Impact Investor Report 2016."
Global Entrepreneurship Monitor(GEM). 2009. "2009 Global Report."
Global Impact Investing Network(GIIN), 2016. "2016 Annual Impact Investor Survey."
Gurría, A. 2013. "Crisis in capitalism: can the modern welfare state and global competitiveness be reconciled?"OECD : Paris.
Gustafsson-Wright, E. and Gardiner, S. 2016. "Paying for success in education: Comparing opportunities in the United States and globally." Brookings.
IBM, 2014. "Engaging Citizens in Co-Creation in Public Services Lessons Learned and Best Practices."
ILO, 2011. "Social and Solidarity Economy"
International Centre for Social Franchising, 2014. "Investing in Social Franchising." http://www.socialenterprise.org.uk/uploads/files/2011/11/social_franchising_manual.pdf
Japan National Advisory Board, 2014. "The Social Impact Investment Landscape in Japan."
J.P. Morgan, Global Social Finance. 2015. "Eyes on the Horizon: The Impact Investor Survey."
Kania, J. and Kramer, M. 2011. "Collective Impact." Stanford Social Innovation Review, Winter 2011.

Landrum, N. 2007. "Advancing the base of the pyramid." Strategic Management Review, 1/1.
Laville, J., B. Levesque and M. Mendell. 2007. "The Social Economy: diverse approaches and practices in Europe and Canada", in Noya and Clarence (eds.), The Social Economy: Building Inclusive Economies, OECD.
Lepage, D. 2010. "Organizing the Social Economy Marketplace." 2010 National Summit on People-Centered Economy. CCEDNet.
Letts, C., Ryan, W., and Grossman, A. 1997. "Virtuous Capital: What Foundations Can Learn from Venture Capitalists." Harvard Business Review.
Liebman, J. and Sellman, A. 2013. "Social Impact Bonds : A Guide for State and Local Governments." Harvard Kennedy School.
Lumley, T. 2017. "A New Paradigm: Toward a User-Centered Social Sector." Stanford Social Innovation Review, Feb.8. 2017.
Mahmud, A. and Parkhurst, M. 2007. "The Role of the Health Care Sector in Expanding Economic Opportunity." CSRI Report No.21. Harvard Kennedy School.
Martin, R. and Osberg, S. 2007. "Social Entrepreneurship: The Case for Definition." Stanford Social Innovation Review, 2007.
Martin, M. 2013. "Status of the Social Impact Investing Market: A Primer." UK Cabinet Office.
Mendell, M. and R. Nogales. 2009. "Social Enterprises in OECD Member Countries: What are the Financial Streams?", in Noya (ed.), The Changing Boundaries of Social Enterprises, OECD, Paris.
Monzon, J. L. and R. Chavez. 2008. "The European social economy: Concepts and dimensions of the third sector", Annals of Public and Cooperative Economics 79/3-4, pp. 548-77.
Nelson, J. 2004. "The Public Role of Private Enterprise: Risks, Opportunities and New Models of Engagement." CSRI Working Paper No.1. Harvard Kennedy School.
_____, 2006c. "Building Linkages for Competitive and Responsible Entrepreneurship." CSRI Report No.8, Harvard Kennedy School. Newell, P. and J. Frynas. 2007. "Beyond CSR? Business, poverty and social justice: an introduction." Third World Quarterly, 28/4, 669-681.
Nonprofit Finance Fund, 2015. "2015 State of the Nonprofit Sector Survey."
Noya, A. and E. Clarence. 2007. The social economy: building inclusive communities, OECD, Paris.
OECD, 2007. "Reviewing OECD Experience in the Social Enterprise Sector."
_____, 2008. Growing unequal? Paris.

______, 2011a. Divided We Stand. Paris.
______, 2011b. Together for Better Public Services : Partenring woth citizens and civil society. Paris.
______, 2013a. "Policy Brief on Social Entrepreneurship." Paris.
______, 2013b. Job Creation through social economy and Social Entrepreneurship." Paris.
______, 2014a. Innovating the Public Sector: from Ideas to Impact. Paris.
______, 2014b. "Integrated Service Delivery for Vulnerable Groups."Paris.
______, 2014c. "Social Expenditures Update."
______, 2015a. Social Impact Investment : Building the Evidence Base. Paris.
______, 2015b."Building Organisational Capacity for Public Sector Innovation."
______, 2015c. "Social Impact Bonds: Promises & Pitfalls." Paris.
______, 2015d. "Policy Brief on Measuring the Social Impact of Social Enterprises." Paris.
______, 2015e. "A How-To Guide for Blended Finance." Paris.
______, 2015f. "OECD Social Impact Investment Project." Paris.
______, 2015g. "Social Impact Bonds-Promises and Pitfalls", Summary Report of the OECD Experts Seminar, Paris, 15 April 2015, France.
______, 2016a. "Understanding Social Impact Bonds." Paris.
______, 2016b. "Social Impact Bonds : State of Plat and Lessons Learnt." Paris.
______, 2016c. "Development Co-operation Report 2016: The Sustainable Development Goals as Business Opportunities."
______, 2017a. "Fixing Globalization : Time to Make it for All." Paris.
______, 2017b. "Boosting Social Enterprise Development." Paris.
OECD netFWD, 2014. "Venture Philanthropy in Development: Dynamics, Challenges and Lessons in the Search for Greater Impact." Paris.
Oxfam, 2013. "The Enterprise Development Programme Annual Review." Paris.
Porter, M. and Kramer, M. 1999. "Philanthropy' New Agenda: Creating Value", Harvard Business Review.
______, 2011a. "Creating shared value: how to reinvent capitalism."Harvard Business Review.
______, 2011b. "Strategy and society: the link between competitive advantage and corporate social responsibility." Harvard Business Review.
______, 2011c. "The competitive advantage of corporate philanthropy." Harvard Business Review.
Prahalad, C., 2010. The Fortune At The Bottom Of The Pyramid: Educating Poverty Through Profits (New Jersey: Pierce Education).
Quarter, J., Mook, L., & Armstrong, A. 2009. Understanding the social economy: A

Canadian perspective. Toronto, ON: University of Toronto Press.
Quarter, J. and Mook, L. 2010. "An Interactive View of the Social Economy." Canadian Journal of Nonprofit and Social Economy Research 1/1, pp.8–22.
Rangan, Kasturi V., S. Appleby, and L. Moon. 2011. "The Promise of Impact Investing."Harvard Business School.
Salamon, L. 1995. Partners in public service: Government-nonprofit relations in the modern welfare state. Baltimore, MD: Johns Hopkins University Press.
Salamon, L., W. Sokolowski and R. List. 2003. "Global Civil Society: An Overview" Johns Hopkins Center for Civil Society Studies, Baltimore, Savedoff, W. and Madan, J. 2015. "A Social Impact Bond without the Impact? Critics Question Success of Early Childhood Development Program."
Schwab Foundation 2011. " Social Investment Manual."
SIIT(Social Impact Investment Taskforce), 2011. "Social Investment Manual : An Introduction for Social Entrepreneurs."
______, 2014a. "Impact Investment : The Inivisible Heart of Markets."
______, 2014b. "International Development."
______, 2014c. "Measuring Impact."
______, 2014d. "Impact Measurement Guidelines in Practice: Five Case Studies."
Skloot, E. 2000. "Evolution or Extinction: AStrategy for Nonprofits in the Marketplace." Nonprofit and Voluntary Sector Quarterly, 29/2, pp.315-324.
Social Economy Europe. 2016. "Annual Report 2015."
Social Enterprise Coalition, 2014. "The Social Franchising Manual.."
Social Enterprise UK. 2014. "State of Social Enterprise Survey 2013"
Social Finance, 2011. "A Technical Guide to Developing Social Impact Bonds."
______, 2016. "Social Impact Bonds: The Early Years."
Teasdale, S. 2012. "What's in a Name? Making Sense of Social Enterprise Discourses", Public Policy and Administration 27/2, pp.99-119.
Trembley, 2012. "Advancing the Social Economy: International Perspectives." in Downing, R. ed., Canadian public policy and the social economy .University of Victoria.
Triodos Bank, 2014. "Impact Investment for Everyone."
UKAID, 2015a. "The Impact Programme."
______, 2015b. "DFID Impact Fund: Fund Snapshot."
______, 2015c. "Results Framework of the DFID Impact Programme."
______, 2015d. "Tracking reach to the Base of the Pyramid through impact investing."
UK HM Government. 2013. "G8 Social Impact Investment Forum: Outputs and Agreed Actions", UK Cabinet Office, London.

_____, 2016. "Social investment: a force for social change : 2016 strategy."
UK Ministry of Justice. 2015. "The payment by results Social Impact Bond Pilot at HMP Peterborough: final process evaluation report."
U.K. National Advisory Board. 2014. "Building a social impact investment market: The UK experience."
UN, 2013. "From corporate social responsibility to corporate sustainability: Moving the agenda forward in Asia and the Pacific."
UNDP, 2008. "Social Enterprise: A new model for poverty reduction and employment generation."
_____, 2012. "The Women and Wealth Project: Empowering positive women through social enterprises."
_____, 2014. Impact Investment in Africa.
UNGC. 2015. "Impact : Transforming Business, Changing the World."
U.S. National Advisory Board. 2014. "Private Capital, Public Good."
Walsh, J., J. Kress and K. Beyerchen. 2005. "Book review essay: promises and perils at the bottom of the pyramid."Administrative Science Quarterly, September, pp. 473-482.
Wartick, S., and P. Cochran. 1985. "The evolution of the corporate social performance mode." Academy of Management Review, pp. 758-769.
Weisbrod, B. 1974. Toward a theory of the voluntary non-profit sector in a three-sector economy. In E. Phelps (Ed.), Altruism, Morality and Economic Theory. NY: Russell Sage. pp. 171-195.
_____, 1977. The Voluntary Non-profit Sector. Lexington, MA: D. C. Heath.Wilson, K. E. 2014. "New Investment Approaches for Addressing Social and Economic Challenges", Paris: OECD. http://dx.doi.org/10.1787/5jz2bz8g00jj-en
Wood, D. 1991. "Corporate social performance revisited."Academy of Management Review, 16/4, pp. 691-718.
World Economic Forum, 2009. "The Next Billions: Business Strategies to Enhance Food Value Chains and Empower the Poor."
_____, 2013. "From the Margins to the Mainstream Assessment of the Impact Investment Sector and Opportunities to Engage Mainstream Investors."
_____, 2014. Paying for Zero: Global Development Finance and the post-2015 Agenda.
_____, 2016. "Social Innovation: A Guide to Achieving Corporate and Societal Value."

찾아보기

【ㅅ】

【ㅈ】

【ㅎ】

【abc】

주성수 한양대학교 공공정책대학원 교수이자 제3섹터연구소장으로 재직 중이며, 시민사회와 사회적 경제 연구 및 활동을 이어오고 있다. 시민사회에서는 1992년 경실련 사회복지위원회와 강동송파 경실련 공동대표, 1995년 한국자원봉사포럼 총무, 1996년 한국대학사회봉사협의회 전문위원, 1998년 공동모금회(사랑의열매) 기획위원, 1999년 KOPION 자문위원, 2007년 아시안프렌즈 이사로 활동해왔다. 2013년에는 서울시NPO지원센터 제1기 운영위원장을 맡았고, 현재는 국가자원봉사진흥위원회 위원, 성동구 사회적경제위원회와 마을공동체위원회 위원장으로 활동하고 있다. 대학에서는 1997년에 제3섹터연구소를 창설해 현재까지 열두 명의 연구교수들과 함께 국내외 시민사회와 사회적 경제 연구에 집중하는 20여 년의 시간을 가졌다. 또한 1차(2004~2006)와 2차(2008~2010)에 걸쳐 글로벌 시민사회연대 네트워크인 CIVICUS의 48개국 글로벌 시민사회지표 조사분석에 한국 대표로 국제 연구활동을 진행했다. 학술지 〈시민사회와 NGO〉의 편집위원장을 맡아 시민사회와 사회적 경제의 다양한 분야 전문가들과 학술교류를 나눠왔다. 사회적 경제 관련 저서로는 『사회적 경제: 이론, 제도, 정책』(2010, 한양대학교출판부), 『사회적 경제 접근법을 활용한 민간협력』(2016, KOICA), 『사회적 경제 국내외 사례집』(2016, KOICA), 『한국 시민사회사: 민주화기(1987-2017)』(2017, 학민사) 등이 있다.

한양학술총서 005

사회적 경제와 사회적 임팩트

펴낸날 2017년 8월 30일 초판 1쇄

지은이 주성수 · **펴낸이** 이영무

펴낸곳 한양대학교출판부 · **출판등록** 제4-7호(1972.2.29)

주소 서울 성동구 왕십리로 222 · **전화** 02.2220.1432-4 · **팩스** 02.2220.1435

홈페이지 press.hanyang.ac.kr · **이메일** presshy@hanyang.ac.kr

디자인·편집 정준기 · **표지** 안광일 · **인쇄** 현문

정가는 뒤표지에 있습니다. 잘못된 책은 구입하신 곳에서 교환해드립니다.

이 도서의 국립중앙도서관 출판예정도서목록(CIP)은

서지정보유통지원시스템 홈페이지(http://seoji.nl.go.kr)와

국가자료공동목록시스템(http://www.nl.go.kr/kolisnet)에서 이용하실 수 있습니다.

CIP제어번호: CIP2017018223

ISBN 978.89.7218.546.8 (94330)

978.89.7218.470.6 (세트)